高等学校“十二五”精品规划教材

材料力学

主　编　申向东

副主编　郭松年

参　编　李　平　张学科　赵占彪

中国水利水电出版社

www.waterpub.com.cn

内 容 提 要

本书是参照教育部高等学校力学教学指导委员会非力学类专业力学基础课程教学指导分委员会提出的材料力学课程教学基本要求进行编写的。主要内容包括：轴向拉伸与压缩；材料的力学性质；连接构件的强度计算；扭转；弯曲内力；弯曲应力；弯曲变形；应力状态分析和强度理论；组合变形；能量法；压杆稳定；动载荷等。每章均有小结和习题。

本书适合农业水利工程、水利水电工程、土木工程、给水排水工程、环境工程、森林工程、机械工程、交通运输及相关院校专业的师生使用，也可供工程技术人员参考。

图书在版编目（CIP）数据

材料力学/申向东主编．—北京：中国水利水电出版社，2012.1（2015.2 重印）
高等学校"十二五"精品规划教材
ISBN 978－7－5084－9201－8

Ⅰ.①材… Ⅱ.①申… Ⅲ.①材料力学-高等学校-教材 Ⅳ.①TB301

中国版本图书馆 CIP 数据核字（2011）第 246457 号

书　名	高等学校"十二五"精品规划教材 **材料力学**
作　者	主编　申向东
出版发行	中国水利水电出版社 （北京市海淀区玉渊潭南路 1 号 D 座　100038） 网址：www. waterpub. com. cn E－mail：sales@waterpub. com. cn 电话：（010）68367658（发行部）
经　售	北京科水图书销售中心（零售） 电话：（010）88383994、63202643、68545874 全国各地新华书店和相关出版物销售网点
排　版	中国水利水电出版社微机排版中心
印　刷	北京纪元彩艺印刷有限公司
规　格	184mm×260mm　16 开本　18.75 印张　445 千字
版　次	2012 年 1 月第 1 版　2015 年 2 月第 3 次印刷
印　数	6001—9000 册
定　价	**35.00** 元

前言

本书为高等学校“十二五”精品规划教材，是作者结合近几年教学改革的阶段性成果，在《高等学校精品规划教材　材料力学》（申向东任主编，中国水利水电出版社2005年7月出版，已发行10000余册）的基础上重新编写的。全书共十三章，内容包括反映材料力学基本要求的轴向拉压杆件、材料的力学性能、剪切、扭转、弯曲以及应力状态与强度理论、压杆稳定、能量法、动载荷与疲劳强度等。采用本教材时，可根据各专业的不同要求和学时数对内容酌情取舍。

参加本书编写工作的有：甘肃农业大学郭松年（第一、二、三章），内蒙古农业大学赵占彪（第四、十二章），宁夏大学张学科（第五、十一章、十三章），内蒙古农业大学申向东（第六、七、八、十章），内蒙古农业大学李平（第九章）。全书由申向东任主编，郭松年任副主编。

本书适合土木工程、水利水电工程、农业水利工程、农业机械化、森林工程、交通工程及相关院校专业的师生使用，也可作为一般工程技术人员的阅读参考书。

由于作者水平有限。书中错误在所难免，恳请广大读者提出宝贵意见与建议。

作　者

2012年7月

目　　录

第一章　绪　论

第一节　材料力学的任务

任何建筑物和机械都是由一些构件（Member）（或零件）组成的。作用在建筑物和机械上的外力通常称为载荷（Load）。例如，厂房外墙受到的风力，水坝受到的水压力，车床主轴受到的切削力以及物体的自重等。建筑物中承受载荷而起骨架作用的部分称为结构。

要使结构物或机械能正常地工作，就必须保证组成它的每个构件在载荷作用下能正常工作。因此在工程中对所设计的构件都有一定的要求。其要求如下。

(1) 强度要求。强度（Strength）是指构件或材料抵抗破坏的能力。强度有高低之分，在一定的载荷作用下，说某种材料的强度高，就是指这个构件或这种材料不易破坏。所谓破坏，是指构件断裂或发生过大的塑形变形。例如厂房中的吊车梁，当强度不足时，在吊车载荷作用下就可能断裂。显然这是不允许的。

(2) 刚度要求。刚度（Stiffness）是指构件或材料抵抗变形的能力。在工程中，对一构件来说，只满足强度要求是不够的，如果变形过大，也会影响正常使用。例如，厂房中的吊车梁在载荷作用下产生的变形过大时，也会影响吊车的平稳行驶；机床上的轴变形过大时，将影响机床的加工精度等。因此，工程中对构件的变形常根据不同的工作情况给予一定的限制，使构件在载荷作用下产生的弹性变形不能超过一定的范围。这就要求构件具有足够的刚度。

(3) 稳定性要求。稳定性（Stability）要求是指承受载荷作用时构件在其原有形状下的平衡应保持为稳定的平衡。例如，受压的细长杆（图 1-1），当压力 F_P 不太大时，杆可以保持原来直线状态的平衡；当压力增加到超过一定限度时，杆就不能继续保持直线形状，而突然从原来的直线形状弯成曲线形状，这种现象称为丧失稳定或简称失稳。稳定要求就是要求这类受压构件不能丧失稳定。

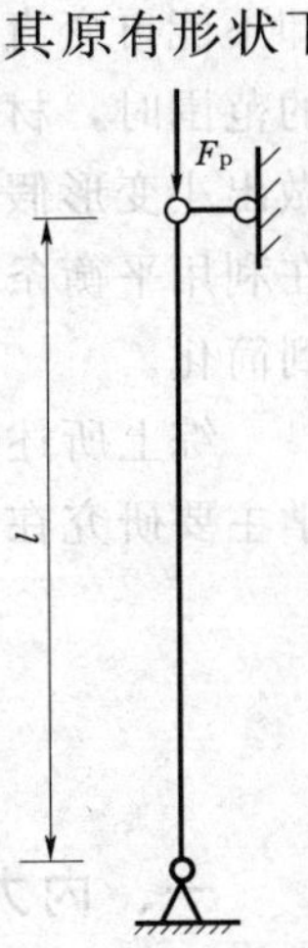

图 1-1　压杆

要是构件满足上述三个方面的要求，似乎只要使构件的尺寸做得粗厚些并选用优质材料来制作就可以了，但是这样做又可能造成材料的浪费和结构的笨重，有时也不美观，可见安全可靠与经济适用两者间常常是矛盾的。材料力学（Mechanics of materials）的任务就是为构件的强度、刚度、稳定性要求提供必要的理论基础和计算方法，使设计的构件在形状、尺寸和选用的材料诸方面既满足承载能力要求又经济实用。

构件的强度、刚度、稳定性问题均与所选用材料的力学性质有关，材料的力学性质是指材料在力的作用下抵抗变形和破坏等方面表现出来的性能，这些力学性能均需通过材料实验来测定。此外，有些单靠现有理论解决不了的问题，需借助实验来解决。因此，实验研究和理论分析同样重要，都是完成材料力学的任务所必需的手段。

第二节 材料力学的基本假设

在理论力学中，研究物体在外力作用下的平衡和运动规律。物体的微小变形是次要因素，而把物体抽象成刚体。在材料力学中，研究物体的强度、刚度和稳定性问题时，变形则成为一个主要因素。而且刚度要求本身就需要考察变形，所以材料力学必须把物体看成可变形的固体，简称变形固体。

工程中使用的固体材料是多种多样的，而且其微观结构和力学性质也非常复杂，为了使问题得到简化，通常对变形固体作如下基本假设。

(1) 均匀连续性假设。认为组成物体的物质毫无空隙地充满了整个物体的几何容积。实践证明，在工程中，将构件抽象为连续、均匀的变形体，所得到的计算结果是令人满意的。根据这一假设，从构件截取任意微小部分进行研究，并将其结果推广到整个物体；同时，也可以将那些用大尺寸试件在实验中获得的材料性质，用到任意微小部分上去。

(2) 各向同性假设。认为材料沿各个方向的力学性质都是相同的。常用的工程材料如钢、塑料、玻璃以及浇注得很好的混凝土等，都可认为是各向同性材料。如果材料沿不同方向具有不同的力学性质，则称为各向异性材料。根据这个假设，在研究了材料在任一方向的力学性质后，就可以将其结论用于其他任何方向，即不考虑材料的方向性问题。

(3) 弹性小变形假设。固体材料在载荷作用下所发生的变形可分为弹性变形和塑性变形。载荷卸除后能完全消失的变形称为弹性变形，不能消失的变形称为塑性变形。如取一段直的钢丝，用手将它弯成一个圆弧，若圆弧的曲率不大，则放松后钢丝又会变直，这种变形就是弹性变形；若变形的圆弧曲率过大，则放松后弧形钢丝的曲率虽然会减小些，但却不能再变直了，残留下来的那一部分变形就是塑性变形。一般地说，当载荷不超过一定的范围时，材料将只产生弹性变形。弹性变形可能很小也可能相当大，在材料力学中通常做出小变形假设。在工程实际中大多数构件在载荷作用下的变形符合小变形假设，因此，在利用平衡条件求支座反力、构件内力时可以不考虑变形，仍用原来尺寸，从而使计算得到简化。

综上所述，材料力学认为一般的工程材料是均匀连续、各向同性的变形固体。材料力学主要研究在弹性范围内小变形条件下的强度、刚度和稳定性问题。

第三节 截面法与应力

一、内力 (Internal force)

物体在外力或其他因素（如温度变化）作用下将产生变形，其内部各点间的相对位置将有变化，从而产生抵抗变形的相互作用力，就是材料力学中所研究的内力。也就是说，材料力学所研究的内力是由外力引起的，内力将随外力的变化而变化，外力增大，内力也增大，外力去掉后，内力将随之消失。

内力的分析与计算是材料力学解决构件的强度、刚度、稳定性问题的基础，必须予以重视。

二、截面法（Method of section）

图 1-2（a）所示代表某一受力物体，欲求某一截面上的内力，可设想用一平面把物体截为两部分，取其中的任意部分为研究对象。将去掉部分对留下部分的作用以力的形式表示之，此力就是该截面上的内力。然后用静力平衡条件求出构件截开面上的内力。这种方法称为截面法。由于在基本假设中已假设物体是均匀、连续的变形体，所以内力在截面上也是连续分布的。通常是将截面上的分布内力用位于该截面形心处的合力（简化为主矢和主矩）来代替，如图 1-2（b）所示。因构件在外力作用下处于平衡状态，所以截开后的保留部分也应该是平衡的。

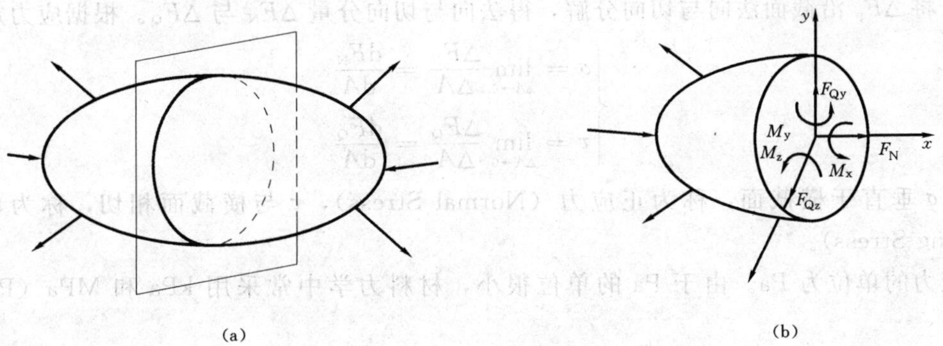

图 1-2 截面法

用截面法求解的步骤为：

（1）截开：假想在需求内力截面处将物体截成两部分。

（2）代替：将两部分中的任一部分留下，并把弃去部分对留下部分的作用以力来代替。

（3）平衡：建立研究对象的平衡条件，由已知的外力求出截面上的未知内力。

必须指出，静力学中的力（或力偶）的可移性原理，在用截面法求内力的过程中是有限制的。

三、应力（Stress）

构件截面上的分布内力集度称为应力。如图 1-3（a）所示为任一受力构件，现研究 m—m 截面上点 M 处的内力，在截面上取一微小面积 ΔA，设微小面积 ΔA 的分布内力的合力为 ΔF_p，则 $\frac{\Delta F_p}{\Delta A}$ 为这一微小面积 ΔA 范围内单位面积上的内力。称 $\frac{\Delta F_p}{\Delta A}$ 为微小面积

ΔA 的平均应力，用 p_m 表示，即

$$p_m = \frac{\Delta F_p}{\Delta A}$$

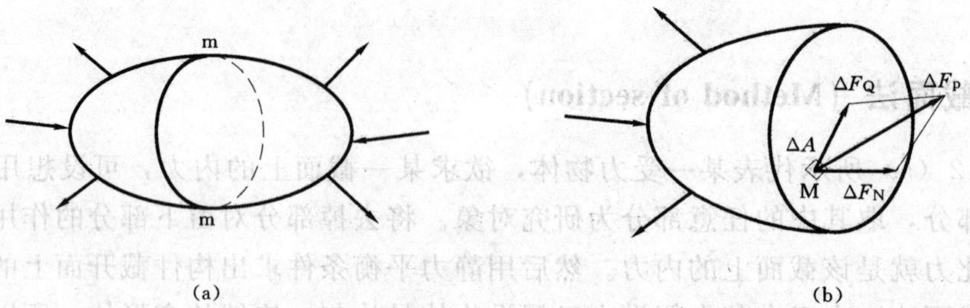

图 1-3 应力定义

当所取的面积趋于无穷小时，上述平均应力趋于一极限值。这一极限值称为截面上一点处的应力。

若将 ΔF_p 沿截面法向与切向分解，得法向与切向分量 ΔF_N 与 ΔF_Q。根据应力定义有

$$\begin{cases} \sigma = \lim\limits_{\Delta A \to 0} \dfrac{\Delta F_N}{\Delta A} = \dfrac{dF_N}{dA} \\ \tau = \lim\limits_{\Delta A \to 0} \dfrac{\Delta F_Q}{\Delta A} = \dfrac{dF_Q}{dA} \end{cases} \tag{1-1}$$

式中，σ 垂直于横截面，称为正应力（Normal Stress），τ 与横截面相切，称为切应力（Shering Stress）。

应力的单位为 Pa。由于 Pa 的单位很小，材料力学中常采用 kPa 和 MPa（Pa＝N/m^2）。

第四节 应变与胡克定律

由第二节知，材料力学是研究变形体的，当构件受外力作用后，构件各质点的位置要发生相应的变化（见图 1-4），即产生了变形。变形的大小是用位移和应变这两个量来度量的。

位移是指位置的改变，即构件发生变形后，构件中各质点及各截面在空间位置上的改变。位移可分为线位移和角位移。如图 1-4 中，AA′为线位移，θ 为角位移。

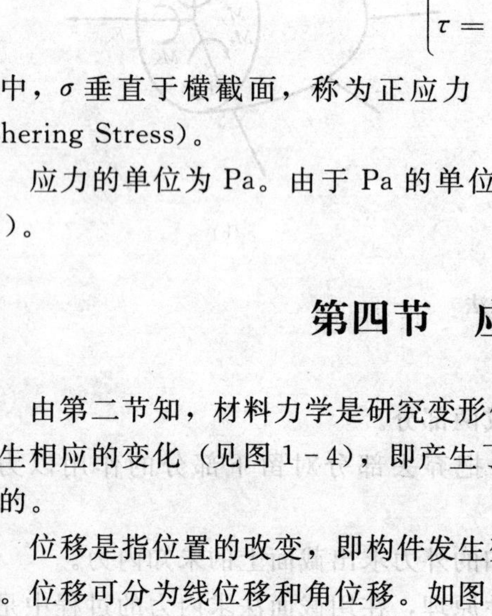

图 1-4 位移与变形

不同点的线位移以及不同截面的角位移一般都不相同，它们都是位置的函数。

为了说明应变，从图 1-4 所示的构件中，围绕某点 K 截取一微小六面体［见图 1-5 (a)］来研究。

此微小六面体的变形有：

(1) 沿棱边方向的伸长和缩短。如沿 x 方

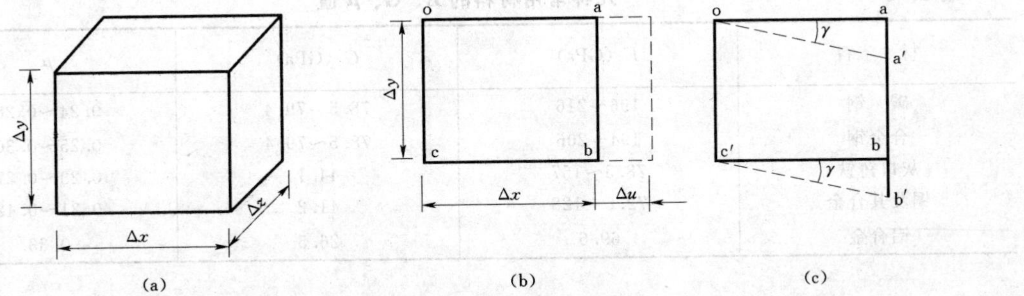

图 1-5　正应变与切应变

向原长为 Δx，变形后为 $\Delta x+\Delta u$ [见图 1-5 (b)]，Δu 是沿 x 方向的伸长量，称为绝对伸长。但 Δu 还不足以说明沿 x 方向的伸长程度，因为 Δu 还与边长 Δx 的大小有关，因而取相对伸长 $\frac{\Delta u}{\Delta x}$ 来度量沿 x 方向的变形。$\frac{\Delta u}{\Delta x}$ 实际上是 Δx 范围内单位长度的平均伸长量，仍与所取的 Δx 的长短有关，为了消除尺寸的影响，取下列极限

$$\varepsilon_x = \lim_{\Delta x \to 0} \frac{\Delta u}{\Delta x}$$

式中，ε_x 称为 K 点处沿 x 方向的线应变。

(2) 棱边夹角的改变。如棱边 oa 和 oc 间的夹角变形前为直角，变形后该直角减小 γ，角度的改变量 γ 称为切应变。

构件中不同点处的线应变及切应变一般也是各不相同的，它们也都是位置的函数。

应变与应力是相对应的，且存在着一定的关系。线应变与正应力相对应，切应变与切应力相对应。实验结果表明：若在弹性范围内加载（应力小于某一极限值），对于只受单向正应力或承受切应力的六面体，正应力与正应变以及切应力与切应变之间存在着线性关系

$$\sigma_x = E\varepsilon_x \quad 或 \quad \varepsilon_x = \frac{\sigma_x}{E} \qquad (1-2)$$

$$\tau = G\gamma \quad 或 \quad \gamma = \frac{\tau}{G} \qquad (1-3)$$

式（1-2）和式（1-3）称为虎克定律（Hooke law）。其中 E 称为弹性模量（Modulus of elasticity）或杨氏模量；G 称为剪切弹性模量（Shear modulus）或切变模量，它们表征了材料抵抗弹性变形的能力。单位均为 MPa 或 GPa。

E、G、μ 是表征材料力学行为的三个弹性常数，对各向同性材料而言，实验和理论均可以证明三者之间满足如下关系

$$G = \frac{E}{2(1+\mu)} \qquad (1-4)$$

工程中几种常用材料的 E、G、μ 值见表 1-1。

表 1-1 几种常用材料的 E、G、μ 值

材 料	E（GPa）	G（GPa）	μ
碳 钢	196～216	78.5～79.4	0.24～0.28
合金钢	194～206	78.5～79.4	0.25～0.30
灰口铸铁	78.5～157	44.1	0.23～0.27
铜及其合金	72.6～128	41.2	0.31～0.42
铝合金	69.6	26.5	0.33

第五节 构件变形的基本形式

作用在构件上的外力是多种多样的，因此，构件的变形也是各种各样的。不过这些变形的基本形式通常可以归结为以下四种。

一、轴向拉伸或压缩（Tension and compression）

当构件两端作用一对大小相等、方向相反、共线且作用线与杆轴线重合的外力时，构件将产生轴向伸长或压缩变形，分别如图 1-6（a）、（b）所示。

二、剪切（Shear）

这种变形是作用在构件上的一对大小相等、方向相反、作用线相距很近的横向力引起的，构件将产生剪切变形，如图1-7所示。

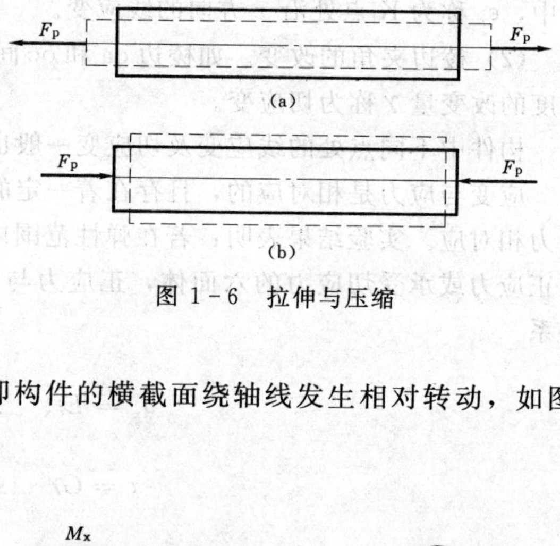

图 1-6 拉伸与压缩

三、扭转（Torsion）

在一对转向相反、作用面垂直于杆轴线的外力偶作用下，构件将产生扭转变形，即构件的横截面绕轴线发生相对转动，如图 1-8所示。

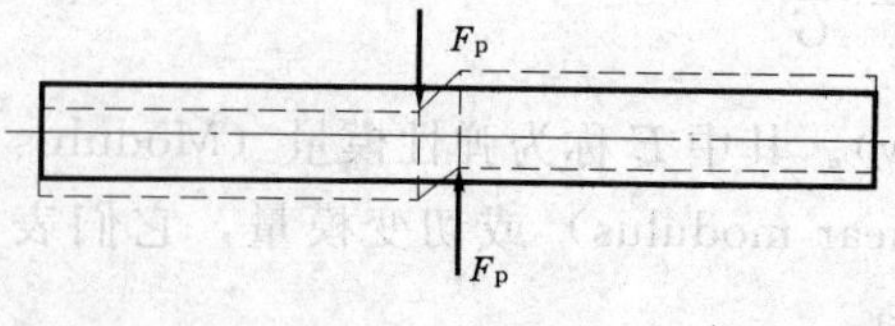

图 1-7 剪切

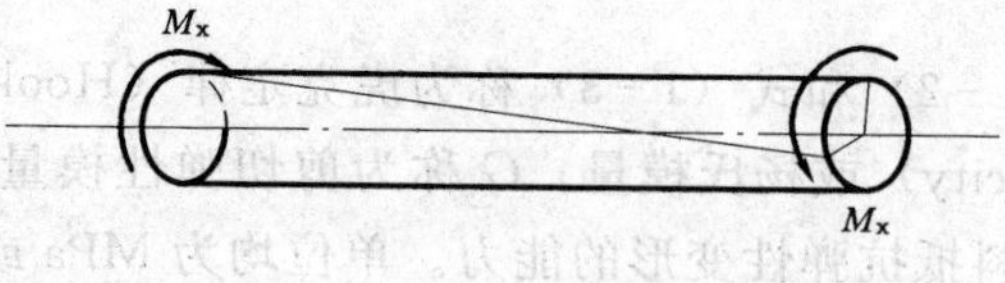

图 1-8 扭转

四、弯曲（Bend）

在一对转向相反、作用面在构件的纵向平面内的外力偶作用下，构件将发生弯曲变形，变形后的轴线成为曲线，如图 1-9 所示。

工程中，实际构件的变形，可能只是某一种基本变形，也可能是几种基本变形同时存在的组合变形。

以后各章将就上述基本变形形式及同时存在两种或两种以上的基本变形的组合情况，分别加以讨论。

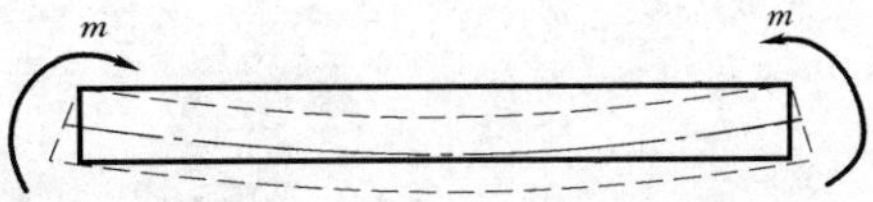

图 1-9　弯曲

小　结

1. 材料力学的任务，即强度、刚度、稳定性。

强度：是指构件抵抗破坏的能力。刚度：是指构件抵抗弹性变形的能力。稳定性：是指构件维持其原有平衡状态的能力。

2. 材料力学的基本假设：即连续性、均匀性、各向同性和小变形假设。

3. 内力是外力作用下，构件各部分之间的相互作用力，它与杆件的变形同时发生。求内力的方法为截面法，用截面法求内力时应注意：

(1) 若所取脱离体有约束，画受力图和写平衡方程时，不要漏掉约束反力。

(2) 不能任意应用力的等效原理。

4. 应力是一点处的内力集度。应力是与“截面”和“点”这两个因素分不开的，同一截面上不同点的应力值是不同的；同一点位于不同截面上的应力值一般也不相同。构件在外力作用下，其横截面上应力的分布规律需通过观察与分析才能知道，轴向拉压杆横截面上的应力是均匀分布的。

5. 杆件变形的基本形式：轴向拉伸或压缩、剪切、扭转、弯曲四种。

习　题

1-1　材料力学的研究任务是什么？它能为设计构件解决哪些方面的问题？

1-2　所谓构件的强度、刚度和稳定性指的是什么？试就日常生活或工程实际举一两个实例说明。

1-3　何谓材料力学的研究方法？它具有什么重要意义？

1-4　材料力学的研究对象是什么？变形固体的基本性质有哪些？

1-5　材料力学对变形固体作了哪些基本假设？作这些基本假设的根据是什么？理论力学中把固体看作绝对刚体的假设在材料力学中为什么不能适用？

1-6　构件变形基本形式有哪几种？试就日常生活或工程实际举一两个实例说明。

第二章　轴向拉伸与压缩

第一节　轴向拉伸与压缩的概念

轴向拉伸或压缩变形是构件基本变形之一。轴向拉伸或压缩变形的受力特点是：构件两端受一对沿着杆轴线、大小相等、方向相反且共线的外力 F_p 作用，如图 1-6(a)所示。当两个外力相互背离构件时，构件受拉而伸长，称为轴向拉伸，如图 1-6(a)所示。当两个外力相互指向构件时，构件受压而缩短，称为轴向压缩，如图 1-6(b)所示。

受轴向拉伸或压缩的构件在工程中是常见的。如钢木组合桁架中的钢拉杆，如图2-1所示；起重机吊装重物 W 时，如图 2-2（a）所示，吊索 AB 受拉力 F_p 的作用，如图 2-2（b）所示。

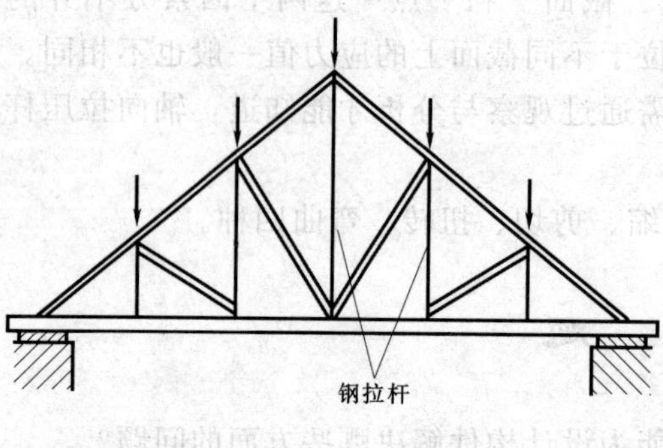

图 2-1　轴向受力构件

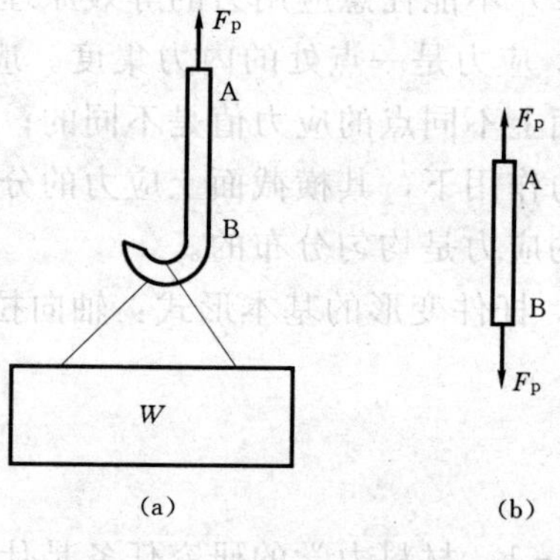

图 2-2　轴向受拉构件

第二节　轴向拉伸或压缩时横截面上的内力和应力

一、轴力与轴力图

1. 轴力

物体在受到外力作用而变形时，其内部各质点间的相对位置将发生变化。与此同时，各质点间相互作用的力也发生了改变。上述相互作用力由于物体受到外力作用而引起的改变量，就是内力。如果，外力均沿杆轴线方向作用，那么杆的横截面上只有轴力 F_N (Normal force) 一种内力分量。

内力的分析与计算是材料力学解决构件的强度、刚度、稳定性问题的基础，必须予以重视。关于内力的计算方法，已在第一章中阐述。如图 2-3（a）所示，一杆受拉力 F_p 作用，求其横截面 m—m 上的内力。应用力截面法，其步骤如下：

（1）先假想用一平面，在 m—m 处将杆截为两段。

（2）然后在这两部分中，任取一部分作为研究对象，如图 2-3(b)所示，在该段上除 F_p 外，还有横截面上的内力 F_N。显然内力 F_N 垂直于横截面，并与杆的轴线重合。

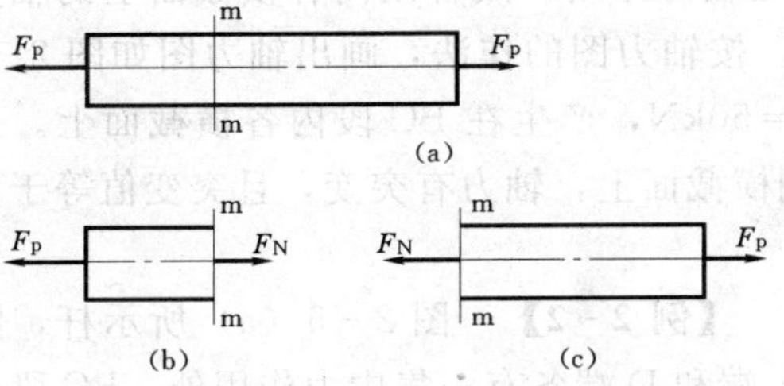

图 2-3　横截面上的内力

（3）考察所取部分杆段在原有的外力及轴力 F_N 共同作用下处于平衡，根据平衡条件

$$\sum F_x = 0 \quad 有 \quad F_N = F_p$$

F_N 即为轴力。如取右段杆为研究对象，如图 2-3（c）所示，也可求得横截面 m—m 上的轴力，其大小必与由左段杆求出的相同。

轴力的正负号规定如下：当轴力的指向与横截面的外法线方向一致时为拉力，取正号；反之为压力，取负号。

2. 轴力图

在工程中，有时杆会受到多个沿轴线作用的外力，这时，杆在不同杆段的横截面上将产生不同的轴力，此时需按外力分段计算轴力。为了直观地反映出杆的各截面上轴力沿杆长的变化规律，并找出最大轴力及其所在横截面的位置，通常需要画出轴力图（Diagram of normal force）。其方法是：以平行杆轴线的坐标为横坐标，其上各点表示横截面的位置：以垂直于杆轴线的纵坐标表示横截面上轴力的大小，画出的反映轴力与横截面位置关系的图线，即为轴力图。正的轴力画在横坐标的上方，负的轴力画在下方，并标明正负号。

现举例说明轴力图的作法。

【例 2-1】　求图 2-4（a）所示杆的轴力并画出轴力图。

解：（1）求轴力。

CD 段：假想沿横截面 1—1 处将杆截开。为计算方便，取右段杆为研究对象，如图 2-4（b）所示，假定 F_{N1} 为拉力，由平衡方程 $\sum F_x=0$ 求得

$$F_{N1} = 20\ (\mathrm{kN})$$

结果为正，说明原先假定 F_{N1} 为拉力是正确的。

BC 段：假想沿横截面 2—2 处将杆截开，取右段为研究对象，如图 2-4（c）所示。由平衡方程，求得

$$F_{N2} = 20 - 70 = -50\ (\mathrm{kN})$$

结果为负，表示 F_{N2} 为压力。

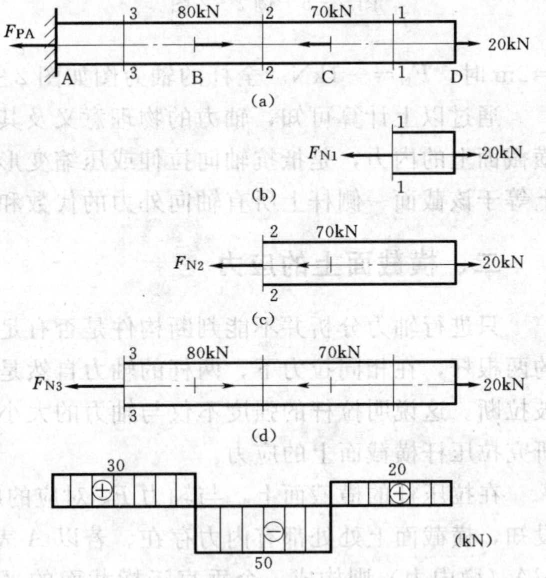

图 2-4　例 2-1 图

AB 段：假想沿横截面 3—3 处将杆截开，取右段为研究对象，如图 2－4（d）所示。由平衡方程，求得

$$F_{N3}=20-70+80=30\,(\text{kN})$$

结果为正，说明 F_{N3} 是拉力。

在求上述各横截面的轴力时，也可取左段杆为研究对象，这时首先由全杆的平衡方程求出左端的约束反力 F_{pA}，再计算轴力。

（2）画轴力图。因 CD、BC、AB 三段上均无载荷作用，故各段内各横截面上的轴力分别与横截面 1—1、2—2、3—3 上的轴力相等。按轴力图的作法，画出轴力图如图 2－4（e）所示。由该图可见，最大轴力为 $|F_N|_{max}=50\text{kN}$，产生在 BC 段内各横截面上。由轴力图还可看出，在杆集中力作用处的左右两侧横截面上，轴力有突变，且突变值等于集中力的大小。

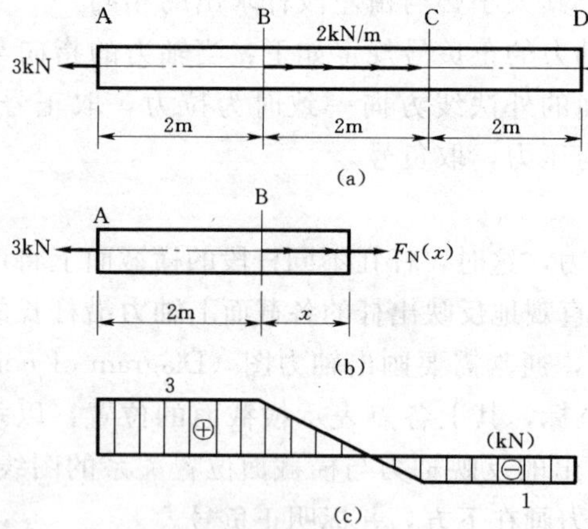

图 2－5　例 2－2 图

【例 2－2】　图 2－5（a）所示杆，除 A 端和 D 端各有一集中力作用外，BC 段作用有沿杆长均匀分布的轴向外力，集度为 2kN/m。画出杆的轴力图。

解： 用截面法不难求出 AB 段和 CD 段杆的轴力分别为 $F_{NAB}=3\text{kN}$（拉力），$F_{NCD}=1\text{kN}$（压力）。

BC 段：假想在距 B 点为 x 处将杆截开，取左段杆为研究对象，如图 2－5（b）所示。由平衡方程，可求得 x 截面的轴力为

$$F_N(x)=3-2x$$

由此可见，在 BC 段内，$F_N(x)$ 沿杆长线性变化。当 $x=0$ 时，$F_N=3\text{kN}$；当 $x=2\text{m}$ 时，$F_N=-1\text{kN}$。全杆的轴力图如图 2－5（c）所示。

通过以上计算可知，轴力的物理意义及其计算规则为：轴力是杆受轴向拉伸或压缩时横截面上的内力，是抵抗轴向拉伸或压缩变形的一种抗力；某一横截面上的轴力，在数值上等于该截面一侧杆上所有轴向外力的代数和；轴力以拉力为正，压力为负。

二、横截面上的应力

只进行轴力分析并不能判断构件是否有足够的强度。例如，用同一材料制成粗细不同的两根杆，在相同拉力下，两杆的轴力自然是相同的，但当拉力逐渐增大时，细杆必定先被拉断。这说明拉杆的强度不仅与轴力的大小有关，而且与内力集度——应力有关。本节研究拉压杆横截面上的应力。

在拉压杆的横截面上，与轴力 F_N 对应的应力是法向应力 σ（即正应力）。由连续性假设知，横截面上处处都有内力存在。若以 A 表示横截面面积，则微面积 dA 上的内力元素 σdA（微内力）则构成一个垂直于横截面的平行力系，其合力就是轴力 F_N。于是有如下关系

$$F_N = \int_A \sigma \mathrm{d}A \tag{a}$$

由于应力 σ 的分布规律未知，因而式（a）尚不能直接用来计算正应力。

为了求得 σ 的分布规律，应从研究构件变形入手。为了观察和分析构件的变形，如图 2-6（a）所示，加载前在其表面上画出两条横线 ab、cd，两条纵线 ef、gh。加载后构件发生变形，如图 2-6（b）所示，变形后的 ab、cd、ef、gh 分别记作 a′b′、c′d′、e′f′、g′h′，发现 ab 和 cd 仍为直线，且垂直于轴线，只是分别平行地移至 a′b′和 c′d′。根据这一现象，可以假设：变形前为平面的横截面，变形后仍保持为平面且仍垂直于轴线。这就是平面假设（Plane assumption）。由此假设可知，拉杆所有纵向纤维的伸长是相等的。根据均匀连续性假设，所有纵向纤维的力学性能相同。由以上两条可推想各纵向纤维的受力是一样的。所以横截面上各点的正应力 σ 相等，即正应力均匀分布于横截面上，σ 等于常量。于是由式（a）得

$$F_N = \sigma \int_A \mathrm{d}A = \sigma A \tag{b}$$

$$\sigma = \frac{F_N}{A} \tag{2-1}$$

式（2-1）同样可用于 F_N 为压力时的压应力计算。当受压杆为细长杆时容易被压弯，则属于稳定性问题。正应力的符号一般规定拉应力为正，压应力为负。

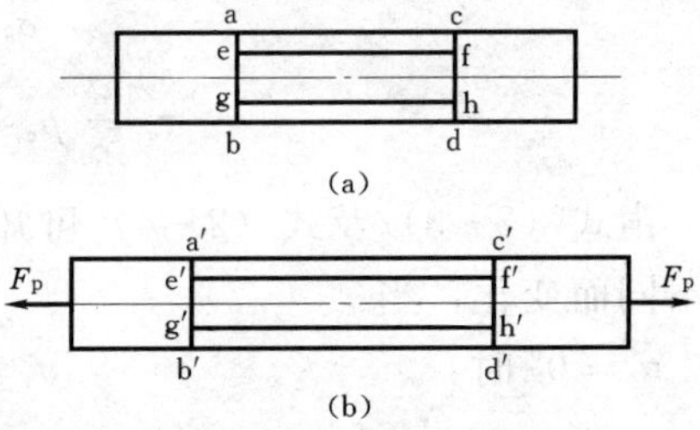

图 2-6　轴向拉伸

导出式（2-1）使用了平面假设，因而该式只适用等截面直杆，且外力合力与构件轴线重合。对于截面沿杆轴缓慢变化的直杆，外力合力与轴线重合，式（2-1）仍可使用。可写成

$$\sigma(x) = \frac{F_N(x)}{A(x)} \tag{2-2}$$

式中，σ（x）、F_N（x）和 A（x）表示这些量都是横截面位置（坐标 x）的函数。

第三节　轴向拉伸或压缩时斜截面上的应力

以上讨论了轴向拉伸、压缩时，直杆横截面上的正应力，但不同材料的实验表明，拉压杆的破坏并不总是沿横截面发生，有时却是沿斜面发生的。为此应进一步讨论斜截面上的应力。

设直杆的轴向拉力为 F_p，如图 2-7（a）所示，横截面面积为 A，由式（2-1），横截面上的正应力 σ 为

$$\sigma = \frac{F_N}{A} = \frac{F_p}{A} \tag{a}$$

设与横截面成 α 角的斜面 k—k 的面积为 A_α，A_α 与 A 之间的关系应为

$$A_\alpha = \frac{A}{\cos\alpha} \tag{b}$$

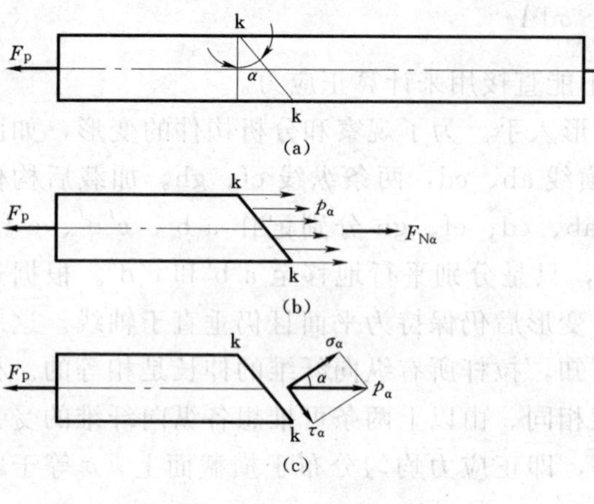

图 2-7 斜截面应力

若沿截面 k—k 假想地把构件截开，以 $F_{N\alpha}$ 表示斜截面 k—k 上的内力，由左段的平衡，如图 2-7（b）所示，$F_{N\alpha}=F_p$。

仿照上节证明横截面上正应力均匀分布的方法，可知斜截面上的应力也是均匀分布的。若以 p_α 表示斜截面 k—k 上的应力，于是有

$$p_\alpha=\frac{F_{N\alpha}}{A_\alpha}=\frac{F_p}{A_\alpha}$$

以式（b）代入上式，并注意到式（a）所表示的关系，得

$$p_\alpha=\frac{F_p}{A}\cos\alpha=\sigma\cos\alpha \qquad (c)$$

把应力 p_α 分解成垂直于斜截面的正应力 σ_α 和相切于斜截面的切应力 τ_α，如图 2-7（c）所示，得

$$\sigma_\alpha=p_\alpha\cos\alpha=\sigma\cos^2\alpha \qquad (2-3)$$

$$\tau_\alpha=p_\alpha\sin\alpha=\sigma\cos\alpha\sin\alpha=\frac{\sigma}{2}\sin2\alpha \qquad (2-4)$$

由式（2-3）及式（2-4）可知，σ_α 和 τ_α 都是 α 的函数，所以都随着斜截面方位角 α 的不同而变化，当

$\alpha=0°$ 时： $\sigma_\alpha=\sigma_{max}=\sigma$，$\tau_\alpha=0$

$\alpha=45°$ 时： $\sigma_\alpha=\frac{\sigma}{2}$，$\tau_\alpha=\tau_{max}=\frac{\sigma}{2}$

$\alpha=90°$ 时： $\sigma_\alpha=0$，$\tau_\alpha=0$

上述结论说明，在 $\alpha=0°$ 的横截面上产生最大的正应力而切应力却为零；最大切应力发生在与横截面成 45°的斜截面上，数值等于最大正应力的一半，该面上的正应力和切应力相等；而在 $\alpha=90°$（平行于杆轴线）的纵向截面上则没有任何应力。

由此可知，铸铁拉伸破坏时，断裂面之所以与轴线相垂直，是由于最大正应力所引起；而铸铁压缩破坏时，断裂面与轴线约成 45°，以及低碳钢拉伸到屈服时，出现与轴线成 45°的滑移线则是由于最大切应力所引起。

第四节 轴向拉伸或压缩时的强度计算

拉压构件的安全工作条件为最大工作应力 σ_{max} 小于或等于许用应力 $[\sigma]$，即

$$\sigma_{max}=\frac{F_N}{A}\leqslant[\sigma] \qquad (2-5)$$

称为构件轴向拉伸或压缩时的强度条件。根据该条件可进行以下三方面的计算：

（1）强度校核（Check the strength）：当外力、构件各部分尺寸及材料的许用应力均

为已知时，验证危险点的应力强度是否满足设计要求。

（2）截面设计（Design the section）：当外力与材料的许用应力均为已知时，根据强度条件设计构件横截面尺寸。

（3）确定许可载荷（Calulate the allowable load）：当构件的横截面尺寸以及材料的许用应力为已知时，确定构件或结构所能承受的最大载荷。

以上三类问题，通常叫做强度设计，下面举例加以说明。

【例 2-3】 结构尺寸及受力如图 2-8 所示。设 AB、CD 视为刚体，BC 和 EF 为圆截面钢杆，截面面积相同，直径 $d=25\text{mm}$，两杆材料均为 Q235 钢，其许用应力 $[\sigma]=160\text{MPa}$，若已知荷载 $F_p=39\text{kN}$，试校核该结构的强度是否安全。（本书未注明的长度单位均为 mm。）

解：（1）分析危险状态：该结构的强度与 BC 和 EF 两杆的强度有关，在强度校核之前，应先判断哪一根杆最危险。由于二杆直径及材料均相同，故受力大的杆最危险，受力分析如下：

取杆 AB 连同支座 A，杆 CD 连同支座 D 作为分离体，受力如图 2-8（b）所示，由 $\sum M_A=0$，$\sum M_D=0$ 得到

$$F_{N1}\times 3.75-F_p\times 3=0$$

$$F_{N1}\times 3.8-F_{N2}\sin30^\circ\times 3.2=0$$

解出 $F_{N1}=31.2\text{kN}$，$F_{N2}=74.1\text{kN}$

可见杆 EF 受力最大，故其为危险杆。

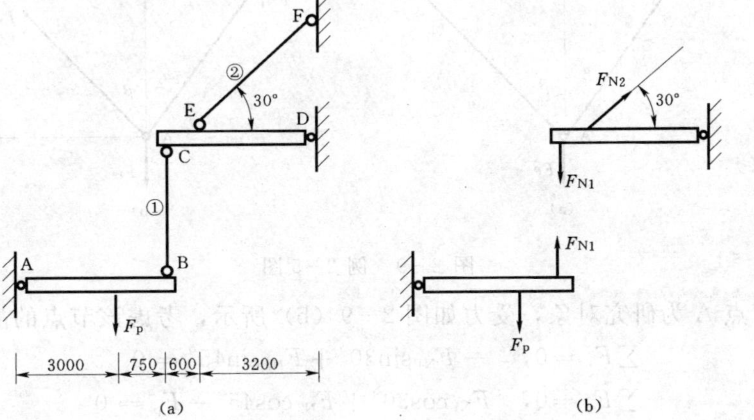

图 2-8　例 2-3 图

（2）计算应力：杆 EF 横截面上的应力为

$$\sigma=\frac{F_{N2}}{\frac{\pi d^2}{4}}=\frac{74.1\times10^3\times4}{\pi\times25^2\times10^{-6}}=151\times10^6(\text{Pa})=151\ \text{MPa}$$

（3）校核强度：因为 $[\sigma]=160\text{MPa}$，$\sigma=151\text{MPa}$，所以满足强度条件 $\sigma_{max}\leqslant[\sigma]$。可见杆 EF 的强度是安全的，亦即整个结构的强度是安全的。

【例 2-4】 上例中若杆 BC 和 EF 的直径均为未知，其他条件不变，试设计两杆所需的直径。

解：两杆材料相同，但受力不同，故所需直径不同。设杆 BC、EF 的直径分别为 d_1 和 d_2，则由强度条件可以得到

$$\sigma = \frac{F_{N1}}{\dfrac{\pi d_1}{4}} \leqslant [\sigma]$$

$$\sigma = \frac{F_{N2}}{\dfrac{\pi d_2}{4}} \leqslant [\sigma]$$

应用上例所得结果，得到

$$d_1 \geqslant \sqrt{\frac{4F_{N1}}{\pi[\sigma]}} = \sqrt{\frac{4 \times 31.2 \times 10^3}{3.14 \times 160 \times 10^6}} = 15.8\ (\text{mm})$$

$$d_2 \geqslant \sqrt{\frac{4F_{N2}}{\pi[\sigma]}} = \sqrt{\frac{4 \times 74.1 \times 10^3}{3.14 \times 160 \times 10^6}} = 24.3\ (\text{mm})$$

【例 2-5】 已知桁架如图 2-9（a）所示，在节点 A 受铅直力 F_p 作用。设 AB 杆直径 $d_1 = 20$mm，许用应力 $[\sigma]_{AB} = 140$MPa，AC 杆直径 $d_2 = 18$mm，许用应力 $[\sigma]_{AC} = 160$MPa，$\alpha = 30°$，$\beta = 45°$，试求该桁架的许可载荷 $[F_p]$。

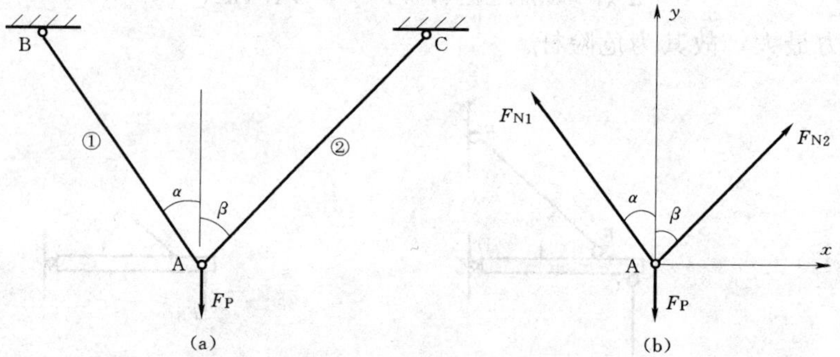

图 2-9 例 2-5 图

解：取节点 A 为研究对象，受力如图 2-9（b）所示，考虑该节点的静力平衡有

$$\sum F_x = 0, \quad -F_{N1}\sin 30° + F_{N2}\sin 45° = 0 \tag{a}$$

$$\sum F_y = 0, \quad F_{N1}\cos 30° + F_{N2}\cos 45° - F_p = 0 \tag{b}$$

$$F_{N1} = 0.732F_p, \quad F_{N2} = 0.517F_p$$

按 AB 杆强度条件，有 $[F_{N1}] \leqslant A_1\ [\sigma]_{AB} = 43.96$kN

由式（b）第一式得

$$[F_p]_1 = \frac{[F_{N1}]}{0.732} = \frac{43.96}{0.732} = 60.05\ (\text{kN})$$

按 AC 杆强度条件有

$$[F_{N2}] \leqslant A_2[\sigma]_{AC} = 40.96\ \text{kN}$$

由式（b）第二式得

$$[F_p]_2=\frac{[F_{N2}]}{0.517}=\frac{40.96}{0.517}=79.23\ (\text{kN})$$

$$\text{许可载荷}[F_p]=\min\ ([F_p]_1,\ [F_p]_2)\ =60.05\text{kN}$$

本例也可以按如下方法计算：

求出 $[F_{p1}]=60.05$kN 后，将 $F_p=[F_{p1}]$ 代入式（b）中第二式，得

$$F_{N2}=0.517F_p=31.05\ (\text{kN})$$

对 AC 杆作强度校核

$$\sigma_{AC}=\frac{F_{N2}}{A_2}=\frac{31.05\times10^3}{\frac{\pi}{4}\times18^2}=122\text{MPa}<[\sigma]_{AC}$$

AC 杆强度条件满足，所以 $[F_p]=[F_{p1}]=60.05$kN。

［讨论］

由上面计算可知，当 AB 杆工作应力达到许用应力时，AC 杆仍有一定强度储备，故可认为设计不尽合理。合理的设计应使构件的承载能力之比等于内力之比，即 $[F_{N1}]/[F_{N2}]=F_{N1}/F_{N2}$，这样的设计可使图 2-9 结构中的两杆工作应力同时达到许用应力，称为等强度设计。注意到

$$\frac{[F_{N1}]}{[F_{N2}]}=\frac{A_1[\sigma]_{AB}}{A_2[\sigma]_{AC}}=\frac{A_1\times140}{A_2\times160}=\frac{F_{N1}}{F_{N2}}=\frac{0.732}{0.517}$$

得出
$$\frac{A_1}{A_2}=1.62$$

对于非等强度设计，不可以只使用平衡方程 $\sum F_y=0$ 由 $[F_{N1}]$、$[F_{N2}]$ 计算许可载荷 $[F_p]$，即

$$[F_p]=[F_{N1}]\cos30°+[F_{N2}]\cos45°=66.81\ (\text{kN})$$

不成立；而对于等强度设计，则上式成立。

第五节　轴向拉伸或压缩时的变形分析

实验表明，构件在轴向拉力或压力的作用下，沿轴线方向将发生伸长或缩短，同时，横向（与轴线垂直的方向）必发生缩短或伸长，如图 2-10 和图 2-11 所示，图中实线为变形前的形状，虚线为变形后的形状。

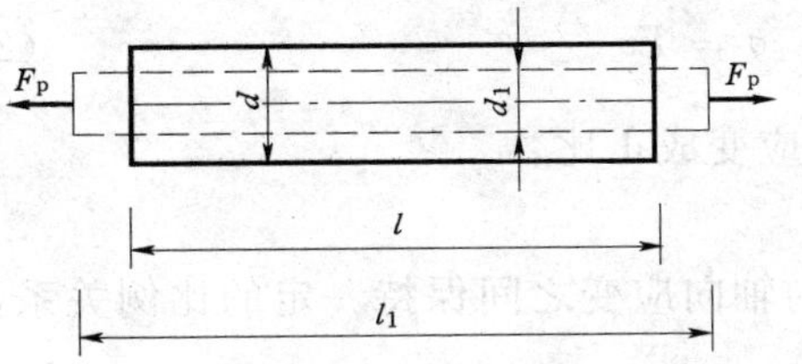

图 2-10　拉伸

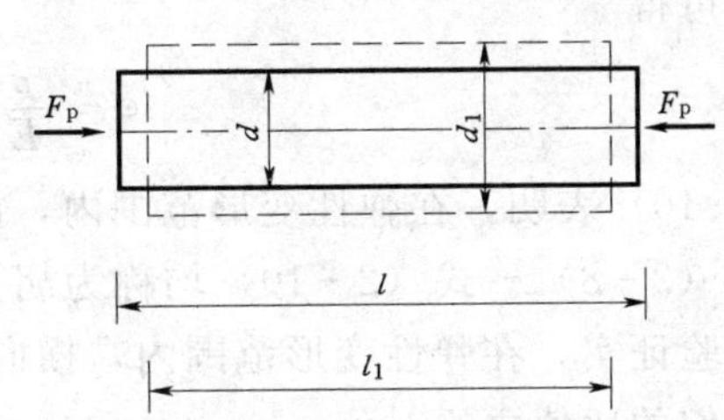

图 2-11　压缩

设 l 与 d 分别为构件变形前的长度与直径，l_1 与 d_1 为变形后的长度与直径，则变形后的长度改变量 Δl 和直径改变量 Δd 将分别为

$$\Delta l = l_1 - l \tag{a}$$

$$\Delta d = d_1 - d \tag{b}$$

Δl 和 Δd 称为构件的绝对伸长或缩短，即总的伸长量或缩短量，其单位为 m 或 mm。

将绝对伸长量除以构件的初始尺寸，即得单位伸长，称为应变。对轴力为常量的等直杆，分别为

$$\varepsilon = \frac{\Delta l}{l} \tag{2-6}$$

$$\varepsilon_1 = \frac{\Delta d}{d} \tag{2-7}$$

式中　ε——轴向线应变；

ε_1——横向线应变。

它们都是无量纲的量。

今后规定，Δl 和 Δd 伸长为正，缩短为负；ε 和 ε_1 的正负号分别与 Δl 和 Δd 一致。因此规定：拉应变为正，压应变为负。

实验表明，在弹性变形范围内，构件的伸长 Δl 与力 F_p 及杆长 l 成正比，与截面面积 A 成反比，即

$$\Delta l \propto \frac{F_p l}{A}$$

引入比例常数 E，把上式写成

$$\Delta l = \frac{F_p l}{EA} \tag{2-8}$$

E 值与材料性质有关，由实验测定，称为弹性模量，其单位为帕（N/m^2），与应力单位相同。

式（2-8）表明，Δl 与乘积 EA 成反比，即该乘积越大，伸长 Δl 越小，所以 EA 代表构件抵抗拉伸（压缩）的能力，称为抗拉（压）刚度。

若以 F_N 换 F_p，将式（2-8）写成

$$\Delta l = \frac{F_N l}{EA} \tag{2-9}$$

则更为确切，因为伸长的大小与内力 F_N 是直接联系着的。若将 $\varepsilon = \frac{\Delta l}{l}$，$\sigma = \frac{F_N}{A}$ 代入式(2-9)可得

$$\varepsilon = \frac{\sigma}{E} \quad 或 \quad \sigma = E\varepsilon \tag{2-10}$$

式（2-10）表明，在弹性变形范围内，应力与应变成正比。

式（2-8）～式（2-10）均称为胡克定律。

实验证实，在弹性变形范围内，横向应变与轴向应变之间保持一定的比例关系，以 μ 代表它们的比值之绝对值

$$\mu = \left| \frac{\varepsilon_1}{\varepsilon} \right| \tag{2-11}$$

或写成

$$\varepsilon_1 = -\mu\varepsilon \tag{2-12}$$

负号表示横向应变与轴向应变总是异号。μ 值称为横向变形系数，或泊松比，是一个无量纲的量。在弹性变形范围内，每一种材料的 μ 值均为一常数，可由实验测得。

E 和 μ 都是表征材料弹性的常量，在表 1-1 中列有几种常用材料的 E、G、μ 值。

【例 2-6】 图 2-12 为一等直钢杆，材料的弹性模量 $E=210\text{GPa}$，试计算如下：(1) 每段的伸长；(2) 每段的线应变；(3) 全杆总伸长。

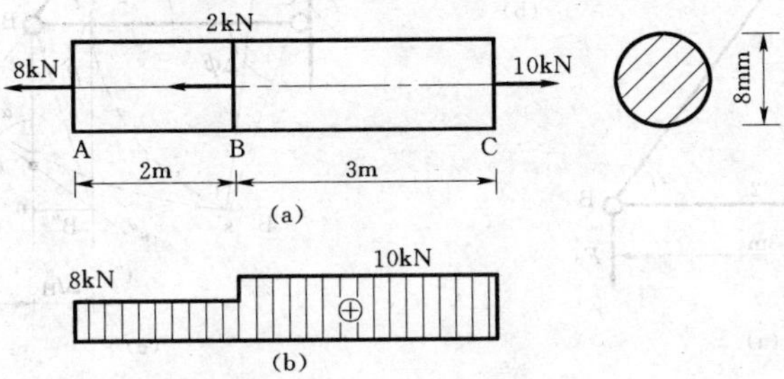

图 2-12　例 2-6 图

解： 先求出每段的轴力，并作轴力图［见图 2-12 (b)］，然后求：

(1) AB 段的伸长 Δl_{AB}。根据式 (2-9) 得

$$\Delta l_{AB} = \frac{F_{NAB} l_{AB}}{EA} = \frac{8000 \times 2}{210 \times 10^9 \times \dfrac{\pi \times 8^2 \times 10^{-6}}{4}} = 0.00152\ (\text{m})$$

BC 段的伸长为

$$\Delta l_{BC} = \frac{F_{NBC} l_{BC}}{EA} = \frac{10000 \times 3}{210 \times 10^9 \times \dfrac{\pi \times 8^2 \times 10^{-6}}{4}} = 0.00284\ (\text{m})$$

(2) AB 段的线应变 ε_{AB}。根据式 (2-6) 得

$$\varepsilon_{AB} = \frac{\Delta l_{AB}}{l_{AB}} = \frac{0.00152}{2} = 7.6 \times 10^{-4}$$

BC 段的线应变为

$$\varepsilon_{BC} = \frac{\Delta l_{BC}}{l_{BC}} = \frac{0.00284}{3} = 9.47 \times 10^{-4}$$

(3) 全杆总伸长为

$$\Delta l_{AC} = \Delta l_{AB} + \Delta l_{BC} = 0.00152 + 0.00284 = 0.00436(\text{m}) = 4.36\ \text{mm}$$

【例 2-7】 图 2-13 (a) 为一铰接三脚架，在节点 B 受铅垂力 F_p 作用。已知：杆 1 为钢制圆截面杆，直径 $d_1=30\text{mm}$，杆 2 为钢制空心圆截面杆，外径 $D_2=50\text{mm}$，内径 $d_2=44\text{mm}$。$F_p=40\text{kN}$，$E=210\text{GPa}$。求节点 B 的位移值及其方向。

解： (1) 先求杆 1 和杆 2 的轴力。为此，截取节点 B 为脱离体，其受力图如图 2-13 (b) 所示。由平衡条件 $\sum Y=0$，有

$$F_{N1}\sin\alpha = F_p$$

$$F_{N1} = \frac{F_p}{\sin\alpha} = 40 \times \frac{5}{4} = 50\ (\text{kN})$$

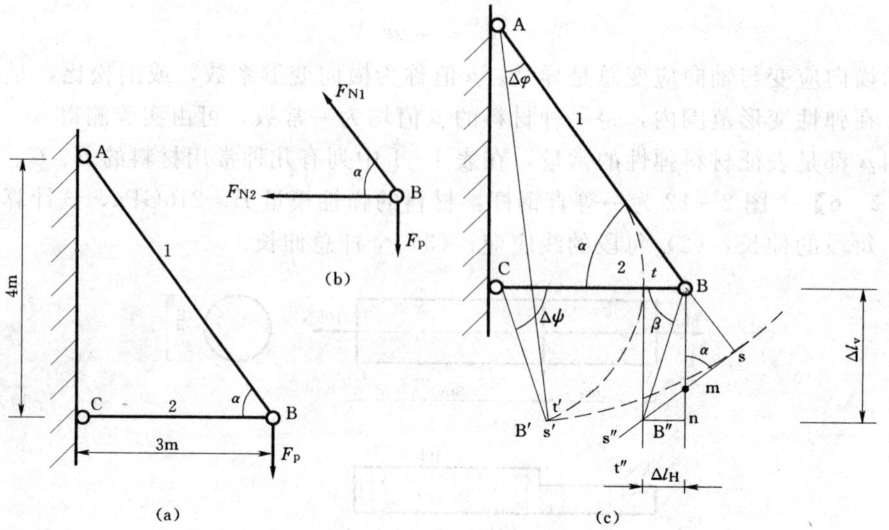

图 2-13　例 2-7 图

又由平衡条件$\sum X=0$，得

$$F_{N2}=-F_{N1}\cos\alpha=-50\times\frac{3}{5}=-30\ (\mathrm{kN})$$

(2) 然后分别求两杆的伸长。根据胡克定律$\Delta l=\dfrac{F_N l}{EA}$，有

$$\Delta l_1=\frac{F_{N1}l_1}{EA_1}=\frac{50\times10^3\times5}{210\times10^9\times\frac{\pi}{4}\times0.03^2}=0.0017(\mathrm{m})=1.7\ \mathrm{mm}$$

$$\Delta l_2=\frac{F_{N2}l_2}{EA_2}=-\frac{30\times10^3\times3}{210\times10^9\times\frac{\pi}{4}\times(0.05^2-0.044^2)}=-0.001(\mathrm{m})=-1\ \mathrm{mm}$$

(3) 最后求节点 B 的位移。为了求节点 B 的位移，可假想将杆 1 和杆 2 在 B 点拆开[见图 2-13 (c)]，并分别将杆 1 的长度$\overline{AB}$增加$\overline{Bs}=\Delta l_1$，成为$\overline{As}$，杆 2 的长度$\overline{CB}$减少(因杆 2 为缩短) $\overline{Bt}=\Delta l_2$，成为$\overline{Ct}$，然后以 A 点为圆心，以$\overline{As}$为半径作圆弧 ss′，以 C 点为圆心，以$\overline{Ct}$为半径，作圆弧 tt′，两圆弧的交点 B′应是节点 B 在变形后的位置。由于变形量是微小的，所以杆 1 和杆 2 在变形过程中所转动的角度 $\Delta\varphi$ 和 $\Delta\psi$ 与角 α 相比是微量，可忽略不计，于是可以从 s 点作$\overline{As}$的垂线$\overline{ss''}$，在 t 点作$\overline{CB}$的垂线$\overline{tt''}$，来代替上述两个圆弧，以其交点 B″的位置代替 B′的位置，也就是以$\overline{BB''}$作为 B 点的位移。

在求位移$\overline{BB''}$值时，可先分别求其铅垂分量 Δl_V 和水平分量 Δl_H 值，得

$$\begin{aligned}\Delta l_V&=\overline{Bn}=\overline{Bm}+\overline{mn}=\frac{\overline{Bs}}{\sin\alpha}+\overline{B''n}\cot\alpha\\&=\Delta l_1\frac{5}{4}+\Delta l_2\frac{3}{4}=0.0017\times\frac{5}{4}+|-0.001|\times\frac{3}{4}\\&=0.0028(\mathrm{m})=2.8\ \mathrm{mm}\end{aligned}$$

$$\Delta l_H = \overline{Bt} = |\Delta l_2| = |-0.001|(m) = 1\ mm$$

上两式中 Δl_2 取绝对值是因为这都是几何关系。然后可求得

$$\overline{BB''} = \sqrt{\Delta l_V^2 + \Delta l_H^2} = \sqrt{0.0028^2 + 0.001^2} = 0.003(m) = 3\ mm$$

为了求位移$\overline{BB''}$的方向，设$\overline{BB''}$与水平轴的夹角为 β，于是有

$$\beta = \tan^{-1}\frac{\overline{tB''}}{\overline{Bt}} = \tan^{-1}\frac{\overline{Bn}}{\overline{Bt}} = \tan^{-1}\frac{\Delta l_V}{\Delta l_H} = \tan^{-1}\frac{2.8}{1} = \tan^{-1}2.8$$

由此得

$$\beta = 70.35° = 1.228\ (rad)$$

即位移的方向为向左下方。

【例 2-8】 图 2-14（a）为一等直杆，长 l，截面积 A，材料容重 γ。求整个构件由自重所引起的伸长 Δl 值。

解： 在自重作用下，不同截面上的轴力是变量，所以不能直接用公式（2-9）来计算伸长值，而需取一微段杆来考虑。

在离自由端距离 x 处取一微段杆，长为 dx，以此为脱离体，其受力如图 2-14（b）所示，图中 $F_N(x)$是长为 x 的杆段的自重，即

$$F_N(x) = xA\gamma$$

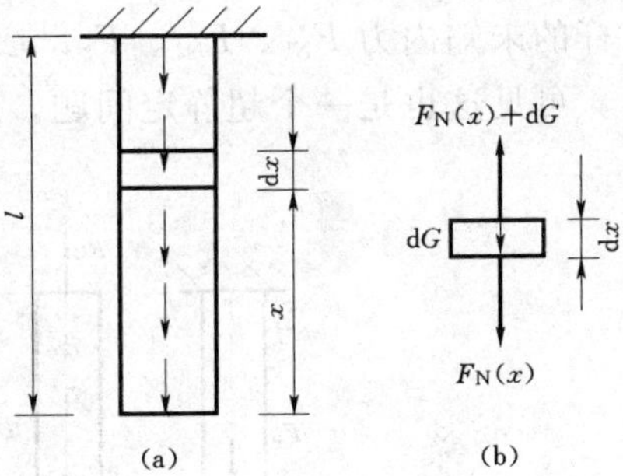

图 2-14　例 2-8 图

dG 为微段杆的自重，即

$$dG = dxA\gamma$$

此值与 $F_N(x)$相比是微量，可忽略不计。这样一来，可认为微段杆内各截面的轴力都等于 $F_N(x)$，是常量，于是就可直接应用胡克定律(2-9)来求微段杆的伸长 $\Delta(dx)$

$$\Delta(dx) = \frac{F_N(x)dx}{EA} = \frac{\gamma x\,dx}{E}$$

整个构件的伸长为

$$\Delta l = \int_{(l)} \Delta(dx) = \int_0^l \frac{\gamma x\,dx}{E} = \frac{\gamma l^2}{2E}$$

把此结果改写成

$$\Delta l = \frac{(\gamma A l)l}{2EA} = \frac{1}{2}(\Delta l)'$$

式中 $(\Delta l)'$等于把整个杆的自重作为集中载荷作用在杆端所引起的伸长。由此可得结论：等直杆自重所引起的伸长等于把自重当作集中载荷作用在杆端所引起的伸长的一半。

第六节　拉伸或压缩的超静定问题

一、超静定结构的基本概念

前面各章节中所讨论的绝大多数结构，因为未知力个数与独立的平衡方程个数相等，

仅用平衡条件可以安全确定其约束反力和内力。这种仅依靠静力学平衡方程就可以确定结构的全部约束反力和内力的问题称为静定问题（Statically determinate problem），这样的结构称静定结构。

但是，在工程上有更多结构中所含有的未知力（内力或约束反力）个数超过独立静力学平衡方程个数，仅靠静力学的平衡条件不可能确定结构的全部未知力。这种问题称为超静定问题（Statically indeterminate problem）。这样的结构称超静定结构（Statically indeterminate structure）。

例如，图 2-15（a）所示两端固定的直杆 AB，取杆的轴线方向为 x 轴方向，沿着杆的轴线受到一个集中载荷 F_p 的作用，两端只有沿着杆轴的反力 R_A 和 R_B。两个未知反力与载荷 F_p 构成一个共线力系，独立的平衡方程只有一个，即 $\sum F_x=0$。该杆是一个超静定问题。图 2-15（b）中所示的杆系，在节点 A 处作用向下载荷 F_p。在 F_p 的作用下，三杆的未知内力 F_{N1}、F_{N2}、F_{N3} 与 F_p 构成一个平面汇交力系，而独立的平衡方程只有两个。可见这也是一个超静定问题。

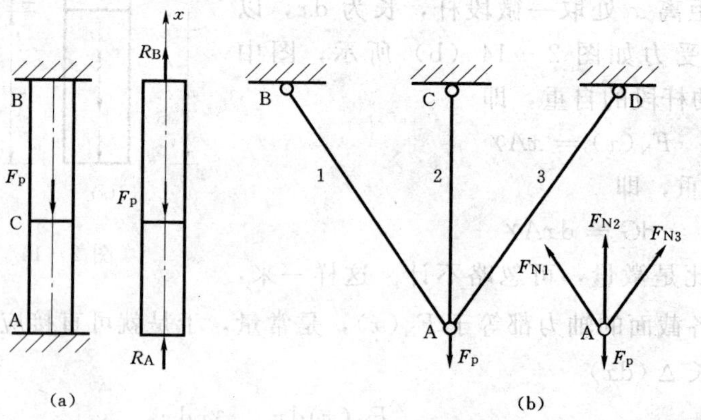

图 2-15　拉压超静定结构

一般地讲，假设一个结构存在 n 个相互独立的平衡方程，同时含有 m 个未知力，记 $r=m-n$，在 $m=n$ 时，$r=0$，称该结构为静定结构；在 $m>n$ 时，$r>0$，我们称该结构为 r 次超静定结构，并称该结构中存在 r 个多余约束。超静定现象在工程结构中甚为普遍，同时，超静定结构具有一些静定结构所没有的性质。第一，由于多余约束的存在，使得内力在结构中的分布不再惟一地取决于几何形式，刚度较大的杆件会分担较大的内力，刚度较小的杆件则分担的内力较小。第二，在结构温度发生变化时，各杆件因为多余约束的存在而不能自由地发生变形而引起温度应力。第三，在杆件存在制造上的几何尺寸误差时，因多余约束的存在而不得不强行装配，从而引起装配应力。因此，研究超静定问题显得非常重要。

二、求解超静定问题的基本方法

求解超静定问题的基本思路是以未知力作为未知数，从静力平衡方程、变形协调几何关系及内力与变形之间的物理关系三方面去综合考虑。但对于不同结构，求解的具体方法有些区别。

求解拉压超静定结构的方法。

对于拉（压）构件组成的超静定结构，由于方程总数的不够，还要设法找出补充方程。通常可先研究构件各部分或各个构件变形之间的几何关系式，此关系式称为变形协调方程（Compatibility equations）。然后应用变形与力之间的物理关系（Constitutive equations），把几何关系式中各个变形分别用相应的力表示出来（注意：二者的正负号必须一致），从而得到含有未知力的补充方程。在实际问题中，一般都能找出足够的补充方程，联立独立的静力平衡方程，使得方程的个数与未知力的个数相等。最后，求解这一联立方程组，就能求出全部未知力。具体步骤可总结为如下。

（1）平衡：列出有效的独立平衡方程。

（2）协调：列出变形协调方程。

（3）物理：利用物理关系，将变形协调方程中的各变形或位移用未知力表达。

（4）求解：各独立平衡方程与用未知力表达的变形协调方程即补充方程构成方程组，求解此方程组，得到全部未知力。

【例 2-9】　图 2-15（a）所示的双固定端杆受轴向载荷结构。假设杆段 AC 材料弹性模量为 E_1；BC 材料弹性模量为 E_2，C 点轴向载荷 F_p，两段长度皆为 l，横截面积皆为 A。试求支反力 R_A 和 R_B。

解：（1）静力平衡：拆除两端支座，假设两个支反力均向上，平衡方程

$$\sum F_x = 0: \quad R_A + R_B = F_p \tag{1}$$

（2）变形协调：由于杆端都是固定的，杆的总伸缩量为零，现分段表示为

$$\Delta l_{AB} = \Delta l_{AC} + \Delta l_{CB} = 0 \tag{2}$$

（3）物理关系：计算两段变形，注意内力 $F_{NAC} = -R_A$，$F_{NBC} = R_B$

$$\Delta l_{AC} = \frac{F_{NAC} l}{E_1 A} = -\frac{R_A l}{E_1 A}; \quad \Delta l_{CB} = \frac{F_{NBC} l}{E_2 A} = \frac{R_B l}{E_2 A}$$

代入式（2）得

$$-\frac{R_A l}{E_1 A} + \frac{R_B l}{E_2 A} = 0$$

即

$$R_A = \frac{E_1}{E_2} R_B \tag{2'}$$

这就是补充方程。

（4）求解：解方程组（1）和（2′），可以得到

$$R_A = \frac{E_1}{E_1 + E_2} F_p; \quad R_B = \frac{E_2}{E_1 + E_2} F_p$$

解出的未知力均为正，说明两支反力的真实方向与假设相同。

【例 2-10】　图 2-16（a）所示的杆系结构。假设杆 1、2、3 材料弹性模量均为 E；横截面积皆为 A。A 点有向下载荷 F_p，杆 2 长 l。试求各杆内力 F_{N1}、F_{N2} 和 F_{N3}。

解：（1）静力平衡。分析节点 A，假设三根杆的轴力 F_{N1}、F_{N2} 和 F_{N3} 均为拉伸，如图 2-16（b）所示，列平衡方程

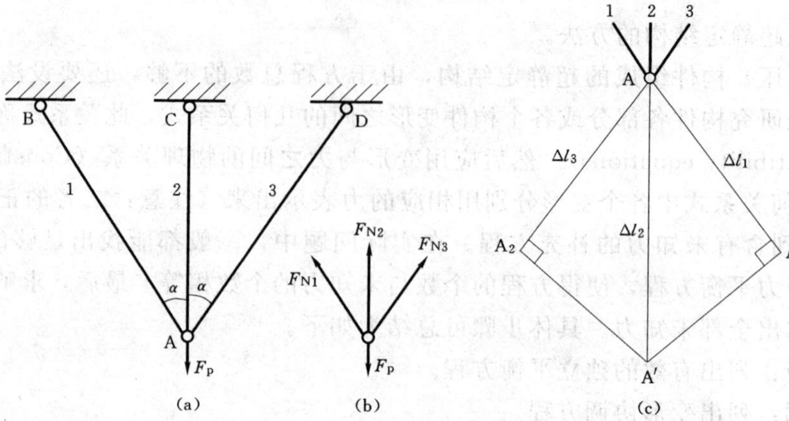

图 2-16　例 2-10 图

$$\sum F_x = 0:\quad -F_{N1}\sin\alpha + F_{N3}\sin\alpha = 0$$

$$\sum F_y = 0:\quad F_{N1}\cos\alpha + F_{N2} + F_{N3}\cos\alpha = F_p$$

化简为

$$F_{N1} = F_{N3}$$

$$2F_{N1}\cos\alpha + F_{N2} = F_p \tag{1}$$

（2）变形协调。由于各杆的轴力都已假设为正，各杆变形也必须假设为伸长，在小变形的假设下，使用切线代替圆弧的位移图进行分析，如图 2-16（c）所示。杆 1 和杆 2 的变形关系为

$$\Delta l_1 = \Delta l_2\cos\alpha \tag{2}$$

（3）物理关系。计算两杆变形

$$\Delta l_1 = \frac{F_{N1}l}{EA\cos\alpha};\quad \Delta l_2 = \frac{F_{N2}l}{EA}$$

代入式（2）得

$$\frac{F_{N1}l}{EA\cos\alpha} = \frac{F_{N2}l}{EA}\cos\alpha$$

即

$$F_{N1} = F_{N2}\cos^2\alpha \tag{2'}$$

（4）求解：解方程组（1）和（2′），可以得到

$$F_{N1} = F_{N3} = \frac{\cos^2\alpha}{2\cos^3\alpha + 1}F_p;\quad F_{N2} = \frac{1}{2\cos^3\alpha + 1}F_p$$

解出的未知力均为正，说明三根构件的轴力均与假设（拉伸）一致。

【例 2-11】　图 2-17（a）所示的刚性杆 ACB 受 B 点向下载荷 F_p 作用，长度 AC=BC=a，CD=BE=l。假设杆 1 材料弹性模量为 E_1，横截面积为 A_1；杆 2 材料弹性模量为 E_2，横截面积为 A_2。试求两杆的内力。

解：（1）静力平衡。分析刚性杆 ACB，拆除杆 1、杆 2，假设各杆内力 F_{N1} 和 F_{N2} 均为拉伸，保留支座 A，如图 2-17（b）所示。

$$\sum M_A = 0:\quad aF_{N1} + 2aF_{N2} = 2aF_p$$

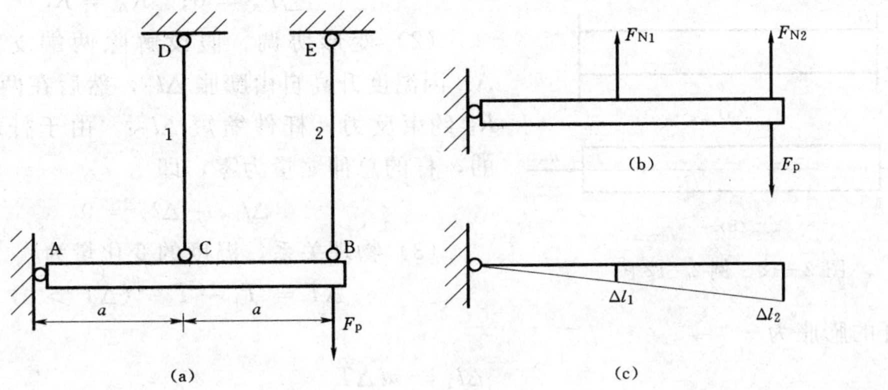

图 2-17　例 2-11 图

化简为

$$F_{N1}+2F_{N2}=2F_p \tag{1}$$

（2）变形协调。由于刚性杆 A 端固定铰支，杆 1、2 的伸长量存在图 2-17（c）所示的比例

$$2\Delta l_1=\Delta l_2 \tag{2}$$

（3）物理关系。计算两拉杆变形

$$\Delta l_1=\frac{F_{N1}l}{E_1A_1};\quad \Delta l_2=\frac{F_{N2}l}{E_2A_2}$$

代入式（2）得

$$\frac{2F_{N1}l}{E_1A_1}=\frac{F_{N2}l}{E_2A_2}$$

即

$$2F_{N1}=\frac{E_1A_1}{E_2A_2}F_{N2} \tag{2'}$$

（4）求解：解方程组（1）、（2′），可以得到

$$F_{N1}=\frac{2E_1A_1}{E_1A_1+4E_2A_2}F_p;\quad F_{N2}=\frac{4E_2A_2}{E_1A_1+4E_2A_2}F_p$$

解出的未知力均为正，说明两内力方向与假设相同。

三、温度应力和装配应力

1. 温度应力

工程中经常遇到由于温度变化使杆件伸长或缩短。对于静定结构由于构件可以自由变形，所以不会因此而产生应力。但对于超静定结构，由于温度变化引起的尺寸改变受到限制，所以在构件中将产生耐力，与其相应的应力，称为温度应力。

【例 2-12】　图 2-18（a）所示结构。材料弹性模量为 E，线膨胀系数为 α，杆长度为 l，横截面积为 A。结构在安装时温度为 T_0，无初始（装配）应力，在工作时温度为 $T_1>T_0$。试求工作时的支反力 R_A 和 R_B。

解：（1）静力平衡。A、B 两固定端限制 AB 杆因温度升高而产生的膨胀，所以必有约束反力 R_A、R_B 作用下两端，如图 2-18（b）所示。

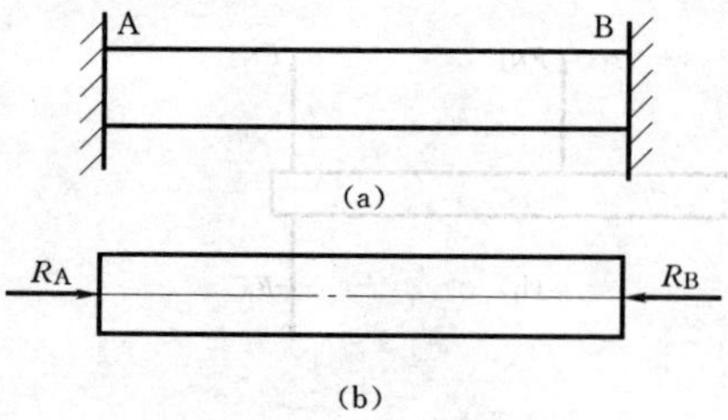

图 2-18 例 2-12 图

$$\sum F_x = 0; \quad R_A = R_B$$

（2）变形协调。假设解除两端支座，让构件 AB 因温度升高自由膨胀 Δl_T，然后在两端加上 R_A、R_B 约束反力，杆件缩短 Δl_{FN}。由于杆端都是固定的，杆的总伸缩量为零，即

$$\Delta l_{FN} + \Delta l_T = 0 \tag{1}$$

（3）物理关系。温度的变化量为

$$\Delta T = T_1 - T_0 \quad (\Delta T > 0)$$

杆的膨胀为

$$\Delta l_T = \alpha l \Delta T \tag{2}$$

支反力引起的变形为

$$\Delta l_{FN} = \frac{-R_B l}{EI} \tag{3}$$

将式（2）和式（3）代入式（1）求解得

$$\frac{-R_B l}{EA} + \alpha \Delta T l = 0$$

故

$$R_A = R_B = \alpha EA\Delta T$$

然后，再利用一个平衡条件，即可解得杆的内力

$$F_N = R_A = \alpha EA\Delta T \quad （压） \tag{4}$$

应力为

$$\sigma = \frac{F_N}{A} = \alpha E\Delta T \quad （压） \tag{5}$$

此内力 F_N 称为温度内力，σ 称为温度应力。

由此可知，对于超静定结构，温度的变化将会引起内力，即应力的变化。

作为算例，设上述杆的长 $l=1\text{m}$，截面面积 $A=10000\text{mm}^2$，$E=200\text{GPa}$，$\alpha=12\times10^{-6}/°\text{C}$，$\Delta T=T_1-T_0=50\ °\text{C}$，试求此杆的温度内力及应力 σ 的值。

解：按式（4），温度内力为

$$F_N = R_A = \alpha EA\Delta T = 12\times10^{-6}\times200\times10^9\times10000\times10^{-6}\times50 = 1200\ (\text{kN})$$

按式（5），温度应力为

$$\sigma = \alpha E\Delta T = 12\times10^{-6}\times2\times10^5\times50 = 120\ (\text{MPa})$$

应该指出，在超静定结构中，若构件具有较大的线膨胀系数，由于大的温差会带来高的应力，有时会超过材料的比例极限甚至屈服极限。因此，温度应力在设计中是不容忽视的。在工程中，常采取一些措施来设法避免或减低温度应力。两段钢轨之间预先留出适当的空隙以及蒸汽管道的伸缩节等就是实际的例子。

2. 装配应力

构件制成后，有时会遇到尺寸不符合要求而发生误差的情况。这对于静定结构，对内力不会造成影响。

如图 2-19（a）实线所示，为一静定结构，设 AC 杆比设计要求长了一些，于是把它与 BC 杆装配在一起后，对结构的几何形状会有微量的变化，如图中虚线所示，但这不会影响使用，也不会改变杆内的内力情况。因为组成静定结构的各杆变形时不会受到约束

的。但若是超静定结构，如图 2-19（b）实线所示，设杆 3 在制造时比要求短了 δ 值。于是，为了使杆 3 同杆 1、2 强行装配在一起，如图 2-19（b）中虚线所示，则势必要使杆 3 拉长 Δl_3，使杆 1、2 缩短 Δl_1，才能在点 A″处联结。这样一来，这结构在未使用时，已在杆 3 内产生了拉应力，而在杆 1、2 内产生压应力。要计算这些应力，须从下列三方面进行考虑。

（1）静力方面。取节点 A″为脱离体［见图 2-19（c）］，设杆 3 被拉长，故其轴力 F_{N3} 为拉力，杆 1、2 被缩短，故其轴力 F_{N1} 和 F_{N2} 为压力。这里假定杆 1 和杆 2 的刚度相同。根据平衡条件有

$$\begin{cases}\sum F_x = 0, \quad F_{N1}\sin\alpha - F_{N2}\sin\alpha = 0 \\ \sum F_y = 0, \quad F_{N3} - F_{N1}\cos\alpha - F_{N2}\cos\alpha = 0\end{cases} \tag{1}$$

（2）几何方面，由图 2-19（b）可知 Δl_1 和 Δl_3 有几何关系如下

$$\Delta l_3 + \left|\frac{\Delta l_1}{\cos\alpha}\right| = \delta \tag{2}$$

此即变形条件。

（3）物理方面，由胡克定律，有

$$\Delta l_3 = \frac{F_{N3}\, l}{E_3 A_3}; \quad \Delta l_1 = \frac{F_{N1}\, l}{E_1 A_1 \cos\alpha} \tag{3}$$

此即物理方程。

将式（3）代入式（2），得

$$\frac{F_{N3}\, l}{E_3 A_3} + \frac{F_{N1}\, l}{E_1 A_1 \cos^3\alpha} = \delta \tag{4}$$

此即补充方程。把它与平衡方程（1）联立求解，得

$$\begin{aligned} F_{N1} &= F_{N2} = \frac{E_1 A_1 E_3 A_3 \cos^3\alpha}{l(2E_1 A_1 \cos^3\alpha + E_3 A_3)}\delta \\ F_{N3} &= 2F_{N1}\cos\alpha \end{aligned} \tag{5}$$

内力都是正值，说明原设方向都是正确的。求得内力值后即可求得应力值。

以上就是由于杆件制造尺寸不精确而引起的内力和应力，称为装配内力和装配应力。

【例 2-13】 设图 2-19（b）的三杆由相同的钢圆管制成，$E=200\text{GPa}$，$A=200\text{mm}^2$，$l=1\text{m}$，$\alpha=\frac{\pi}{6}$，$\delta=1\text{mm}$，试求三杆的应力。

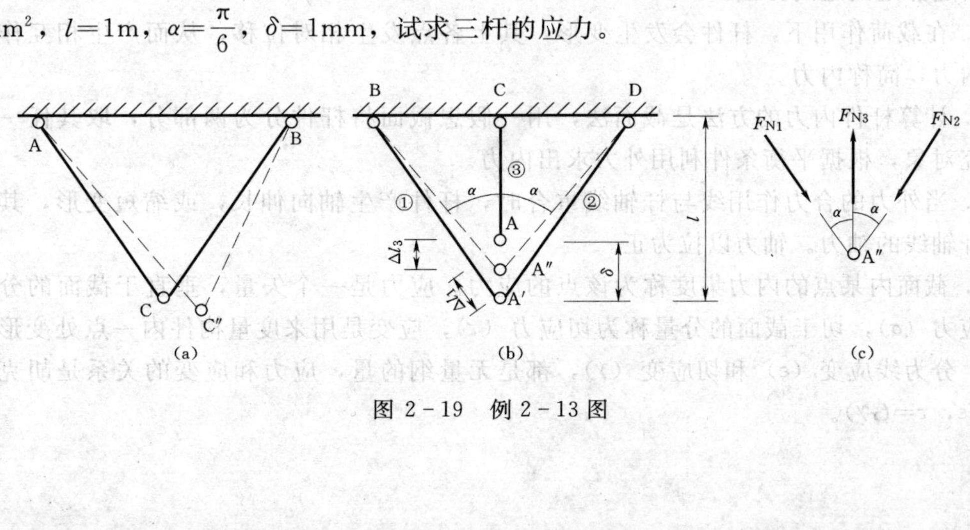

图 2-19 例 2-13 图

解：把上述数值分别代入式（5），得内力

$$F_{N1}=F_{N2}=\frac{EA\cos^2\alpha}{l(2\cos^3\alpha+1)}\delta=\frac{200\times10^9\times200\times10^{-6}\times\cos^2\left(\frac{\pi}{6}\right)\times1\times10^{-3}}{1\left[2\times\cos^3\left(\frac{\pi}{6}\right)+1\right]}$$

$$=13050\ \text{N(压)}$$

$$F_{N3}=2F_{N1}\cos\alpha=22600\text{N}$$

相应的应力为

$$\sigma_1=\sigma_2=\frac{F_{N1}}{A}=\frac{13050}{200\times10^{-6}}=65.25\ (\text{MPa})(\text{压})$$

$$\sigma_3=\frac{F_{N3}}{A}=\frac{22600}{200\times10^{-6}}=113\ (\text{MPa})$$

一般地说，装配应力对结构是不利的，因为它使得结构在未受荷载时已有了初应力。但事情是一分为二的，有时且要利用初应力为工程服务。如例 2－13 中由三杆组成的结构，若使用时承受向下的节点荷载，如图 2－19（b），那么，由此荷载所引起的三杆内力都是拉力。此时，若故意将杆 1、2 制造得比要求长些，这样把它与杆 3 一起装配好后，这二杆内已有了压的初应力。然后当荷载作用上去后，产生的拉力就被已有的初压力抵消一部分，从而达到节省材料的目的。

在钢筋混凝土结构里，装配应力的概念在预应力构件里得到广泛的应用，从而可节省大量的材料。

小 结

本章主要讨论了杆件在轴向拉伸（或压缩）变形形式下由横截面及斜截面上的内力计算、应力计算、变形分析、强度计算。简单介绍了拉压超静定问题。学习本章要郑重围绕“应力、强度”这样一条主线，正确理解内力、应力的基本概念，熟练掌握绘制和检验轴力图的方法，认识和掌握分析轴间变形形式下横截面上应力的方法，应力分布规律及熟练应用，正应力计算公式和强度条件解决杆件的强度问题，掌握杆件的变形分析及计算，掌握分析超静定问题的方法。

1. 在载荷作用下，杆件会发生变形，其上各点发生相对位移，从而产生相互作用的附加内力，简称内力。

2. 计算杆件内力的方法是截面法，用一假想截面将杆件分为两部分，取其任一部分为研究对象，根据平衡条件利用外力求出内力。

3. 当外力的合力作用线与杆轴线重合时，杆件产生轴向伸长，或缩短变形，其内力是沿杆轴线的轴力。轴力以拉为正。

4. 截面内某点的内力集度称为该点的应力。应力是一个矢量，垂直于截面的分量称为正应力（σ），切于截面的分量称为切应力（τ），应变是用来度量构件内一点处变形程度的量，分为线应变（ε）和切应变（γ），都是无量纲的量，应力和应变的关系是胡克定律（$\sigma=E\varepsilon$，$\tau=G\gamma$）。

5. 拉伸或压缩横截面上的应力，根据平面假设，用 $\sigma=\frac{F_N}{A}$ 来计算，拉伸或压缩时的强度条件为 $\sigma=\frac{F_N}{A}\leqslant[\sigma]$，可解决工程中三方面的强度问题。

6. 计算拉压杆变形的理论依据是胡克定律。杆件伸长或缩短量用 $\Delta l=\frac{F_N l}{EA}$ 计算。EA 值越大，杆件抵抗变形的能力就越强，胡克定律是材料力学中最基本、最重要的定律之一。材料力学发展至今，其绝大部分内容几乎都是以该定律为基本条件的，因此必须了解这个定律的含义。

7. 拉伸或压缩超静定问题。

(1) 基本概念：未知力个数与独立平衡方程个数相等的结构称静定结构，静定结构的内力用静力平衡条件可以完全求解。未知力个数超过独立平衡方程个数，仅靠静力平衡条件不能确定全部未知力的结构称为超静定结构。

(2) 求解拉压超静定结构的步骤为：

平衡：列出有效的独立平衡方程。

协调：列出变形协调方程。

物理：应用物理关系，将变形协调方程中的各变形或位移用未知力表达。

求解：平衡方程与用未知力表达的变形协调方程联立求解，得到全部未知力。

习　题

2-1　作题 2-1 图示杆件的轴力图。

2-2　作题 2-2 图示杆件的轴力图。已知 $F_p=3\text{kN}$。

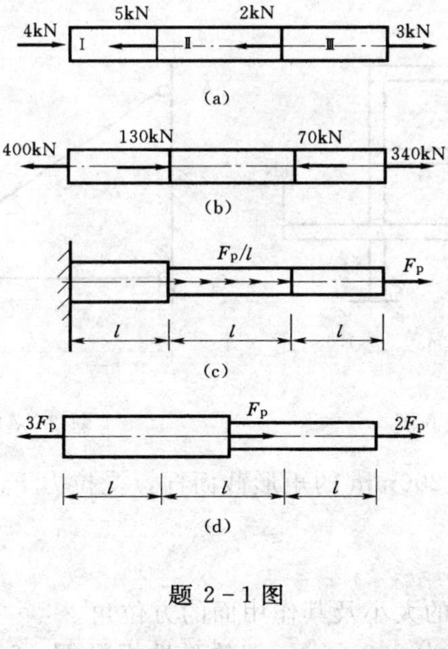

题 2-1 图

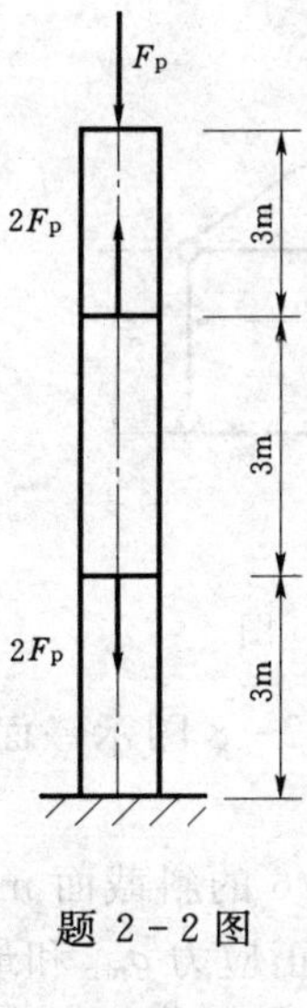

题 2-2 图

2-3　两块钢板用三个螺栓连接［题 2-3 图（a）］，受力 F_p 作用。设每个螺栓承担 $F_p/3$ 的力［题 2-3 图（b）］。不计这些力的作用线与板的轴线之间的微小距离，认为它们沿轴线作用，试作板 AB 的轴力图。已知：F_p、a、b 及 c 值。

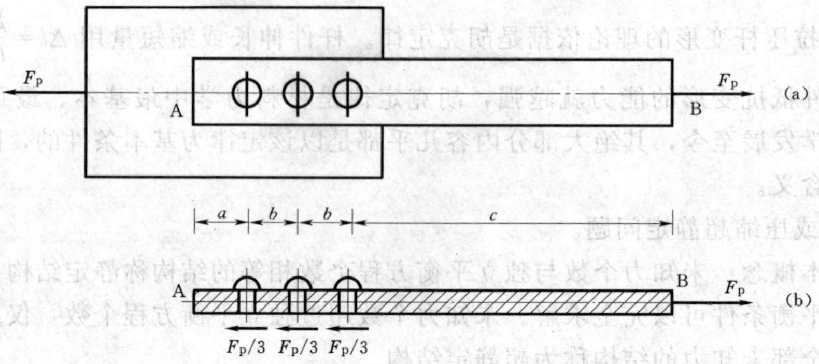

题 2-3 图

2-4　设在题 2-1 图（a）中杆件的横截面积是 10mm×20mm 的矩形，试求杆件各截面上的应力。

2-5　在题 2-5 图示结构中，所有各杆都是钢制的，横截面面积均等于 $3\times10^{-3}\text{m}^2$，力 $F_p=100\text{kN}$。试求各杆的应力。

2-6　题 2-6 图示两根截面为 100mm×100mm 的木柱，分别受到由横梁传来的外力作用，试求两柱上、中、下三段内的应力。

2-7　题 2-7 图示一三脚架，由两杆 AB 和 BC 组成，该两杆材料相同，抗拉和抗压许用应力均为［σ］，截面面积分别为 A_1 和 A_2。设杆 BC 的长度 l 保持不变，而杆 AB 的倾角 θ 可以改变。试问当 θ 等于多少度时，该三脚架的重量最小。

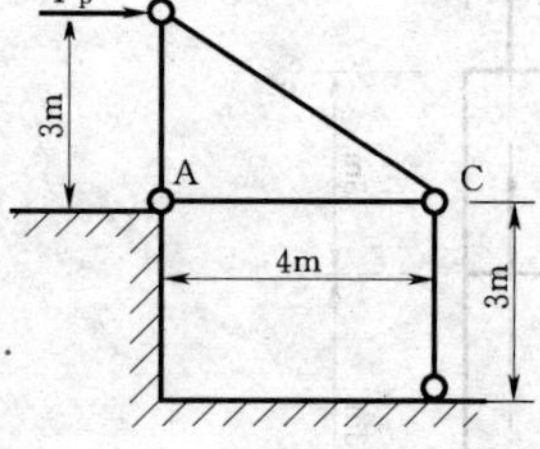

题 2-5 图

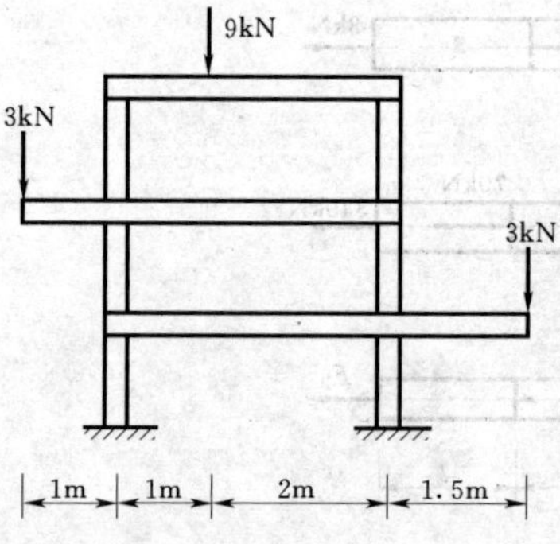

题 2-6 图

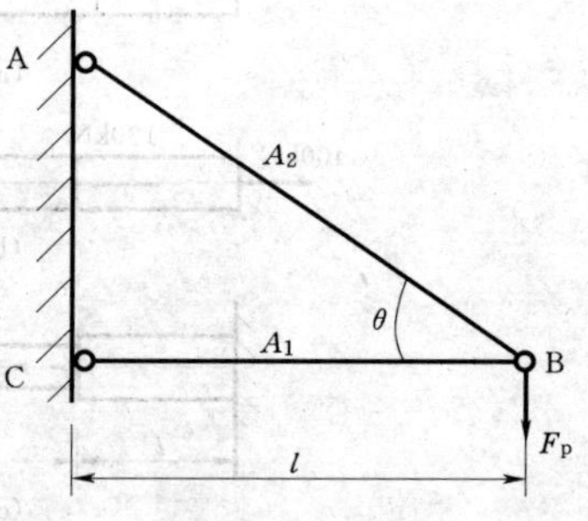

题 2-7 图

2-8　题 2-8 图示一面积为 100mm×200mm 的矩形截面杆，受拉力 $F_p=20\text{kN}$ 的作用。试求：

(1) $\theta=\pi/6$ 的斜截面 m—m 上的应力；

(2) 最大正应力 σ_{max} 和最大剪应力 τ_{max} 的大小及其作用面的方位角。

2-9　题 2-9 图示钢杆的横截面面积为 200mm^2，钢的弹性模量 $E=200\text{GPa}$，求各

段杆的应变。伸长及全杆的总伸长。

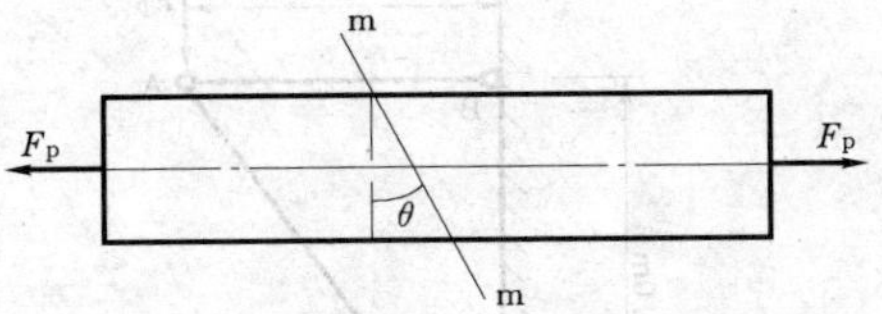

题 2-8 图

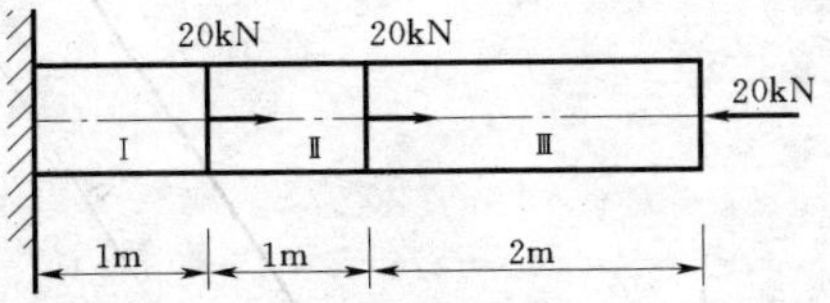

题 2-9 图

2-10　题 2-10 图示一刚性杆 AB，由两根弹性杆 AC 和 BD 悬吊。已知：F_p、l、a、E_1A_1 和 E_2A_2，试求：当横杆 AB 保持水平时 x 等于多少？

2-11　题 2-11 图示一三脚架，在节点 A 受铅垂力 $F_p=20\text{kN}$ 的作用。设杆 AB 为圆截面钢杆，直径 $d=8\text{mm}$，杆 AC 为空心圆管，面积 $A=40\times10^{-6}\text{m}^2$，二杆的 $E=200\text{GPa}$。试求：节点 A 的位移值及其方向。

2-12　题 2-12 图示一正方形铰接体系，由五根同材料同截面的杆件组成，在节点 A、B 受一对 F_p 力作用。已知：F_p、E、A、l，试求 A、B 两点的相对位移值。

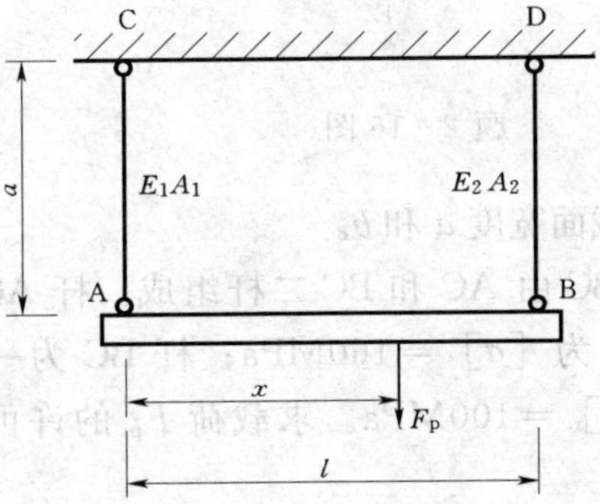

题 2-10 图

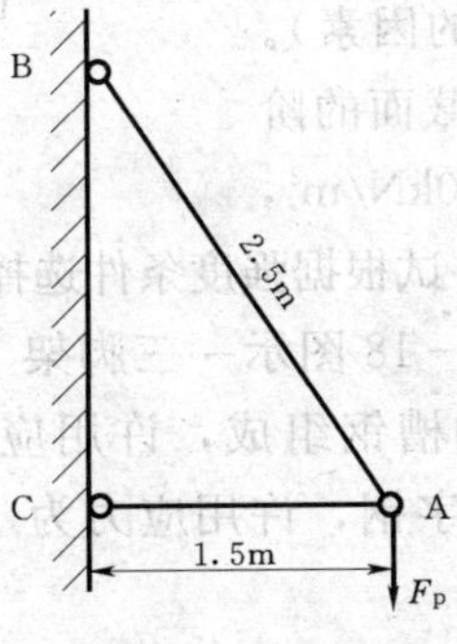

题 2-11 图

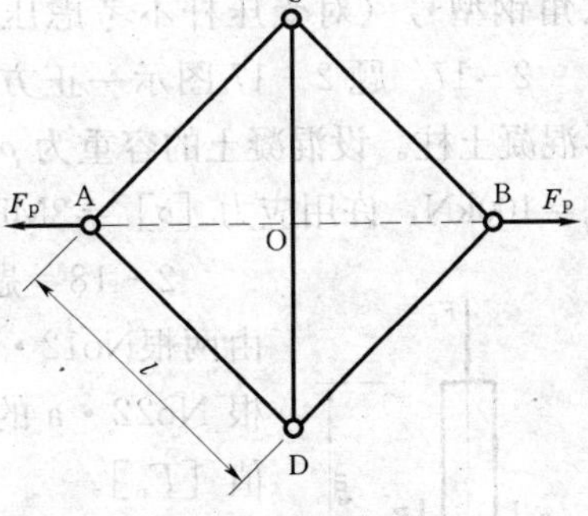

题 2-12 图

2-13　题 2-13 图示一钢制圆轴，受轴向压力 $F_p=600\text{kN}$ 的作用。设材料的弹性模量 $E=200\text{GPa}$，泊松比 $\mu=0.3$。试求该轴在 F_p 力作用下，长度和直径的改变量 Δl 和 Δd 及其占原尺寸的百分数。

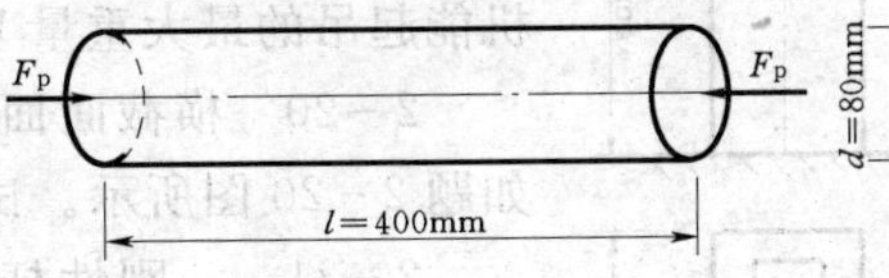

题 2-13 图

2-14　题 2-14 图示一三脚架，在节点 A 受 F_p 力作用。设 AB 为圆截面钢杆，直径为 d，杆长为 l_1；AC 为空心圆管，截面积为 A_2，杆长为 l_2。已知：材料的许用应力 $[\sigma]=160\text{MPa}$，$F_p=10\text{kN}$，$d=10\text{mm}$，$A_2=50\times10^{-6}\text{m}^2$，$l_1=2.5\text{m}$，$l_2=1.5\text{m}$。试作强度校核。

2-15　题 2-15 图示一三脚架，在节点 A 受 F_p 力作用。设杆 AB 为钢制空心圆管，其外径 $D_{AB}=60\text{mm}$，内径 $d_{AB}=0.8D_{AB}=48\text{mm}$；杆 AC 也是空心圆管，其内、外径的比值也是 0.8；材料的许用应力 $[\sigma]=160\text{MPa}$。试根据强度条件选择杆 AC 的截面尺寸，并求出 F_p 力的最大容许值。

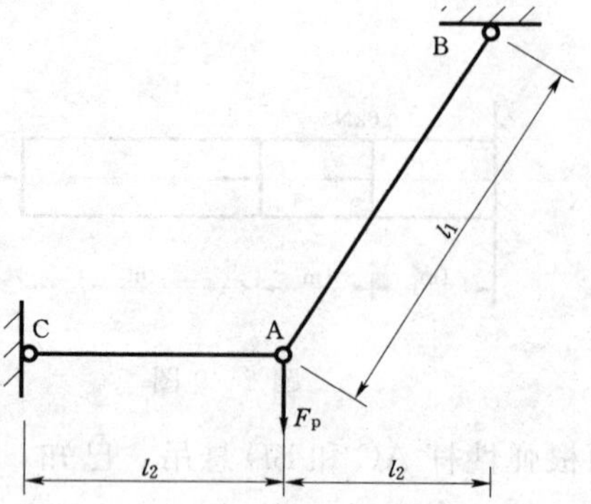

题 2-14 图

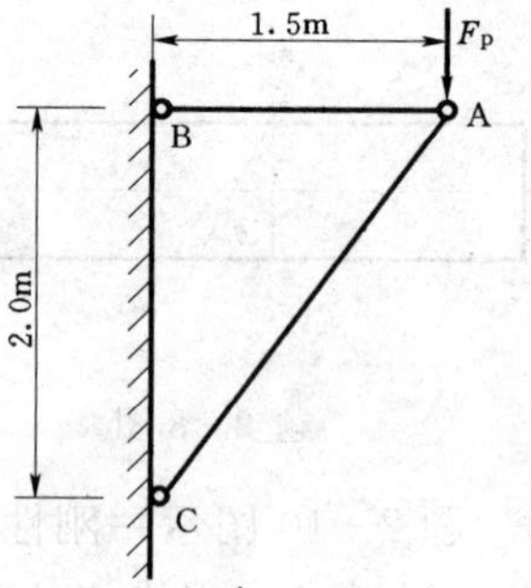

题 2-15 图

2-16 题 2-16 图 (a) 示一桁架，每杆长均为 1m，并均由两根等边角钢焊接而成［题 2-16 图 (b)］。设 $F_p=400$kN，钢的许用应力 $[\sigma]=160$MPa。试对每杆选择以角钢型号（对受压杆不考虑压弯的因素）。

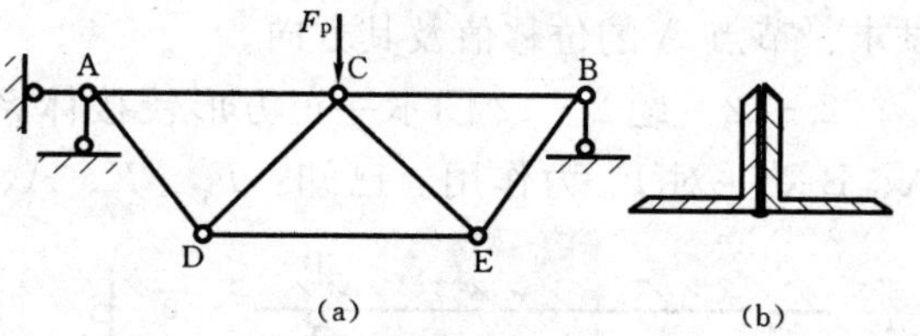

题 2-16 图

2-17 题 2-17 图示一正方形截面的阶形混凝土柱。设混凝土的容重为 $\rho=20\text{kN/m}^3$，$F_p=100$kN，许用应力 $[\sigma]=2$MPa。试根据强度条件选择截面宽度 a 和 b。

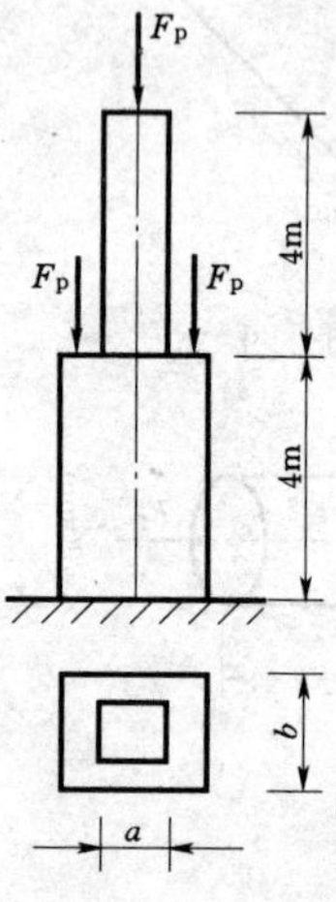

题 2-17 图

2-18 题 2-18 图示一三脚架 ABC 由 AC 和 BC 二杆组成。杆 AC 由两根No12·b的槽钢组成，许用应力为 $[\sigma]=160$MPa；杆 BC 为一根 No22·a 的工字钢，许用应力为 $[\sigma]=100$MPa。求载荷 F_p 的许可值 $[F_p]$。

2-19 题 2-19 图示一起重设备的简图。设拉索 AB 的截面积 $A=400\text{mm}^2$，许用应力 $[\sigma]=60$MPa。试由拉索的强度条件确定该起重机能起吊的最大重量 W。

2-20 横截面面积为 $A=10000\text{mm}^2$ 的钢杆，其两端固定，载荷如题 2-20 图所示。试求钢杆各段内的应力。

2-21 一刚性杆 AB，由三根同材料、同截面、等长的弹性杆悬吊，受力如题 2-21 图所示（F_p 力沿杆③方向）。已知：F_p、a、l、E、A。试求三杆内力。

2-22 如题 2-22 图所示，一阶梯形钢杆，上部的截面积为 $A_上=500\text{mm}^2$，下部的截面积 $A_下=1000\text{mm}^2$。在温度 $t_1=+5$℃时被固定于二刚性平面之间。试求当温度升高至 $t_2=+25$℃时，在杆的两部分内引起的应力值。钢的线膨胀系数为 $\alpha=12\times10^{-6}$/℃，$E=200$GPa。

2-23 题 2-23 图示一结构，AB 为刚性杆，DE 和 BC 为弹性杆，该两杆的材料和截面积均相同。试求当该结构的温度降至 30℃时，两杆的内力。已知：$F_p=100$kN，$E=200$GPa，$a=1$m，$l=0.5$m，$A=400\text{mm}^2$，$\alpha=12\times10^{-6}$/℃，$\Delta T=-30$℃。

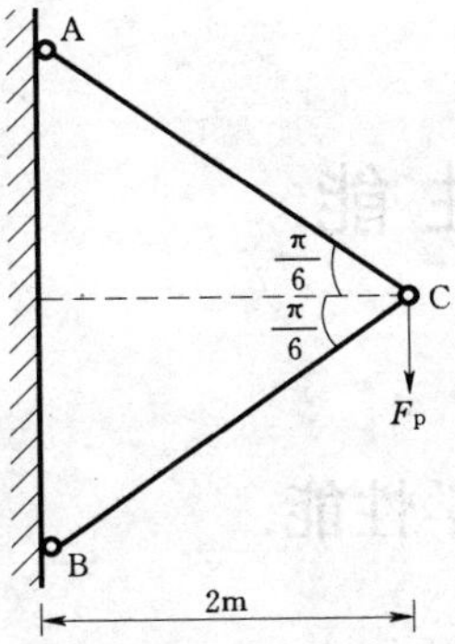

题 2-18 图

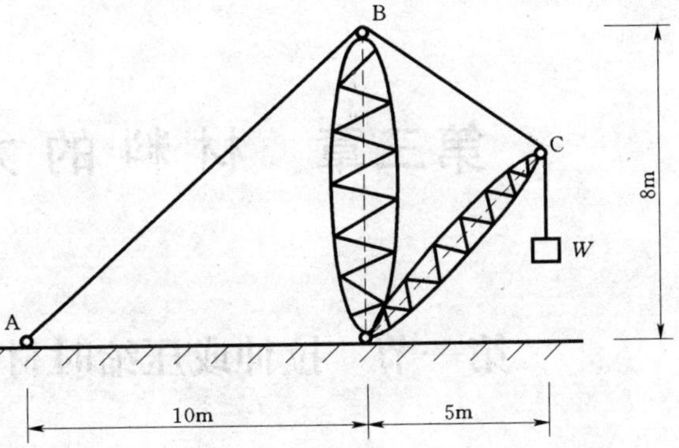

题 2-19 图

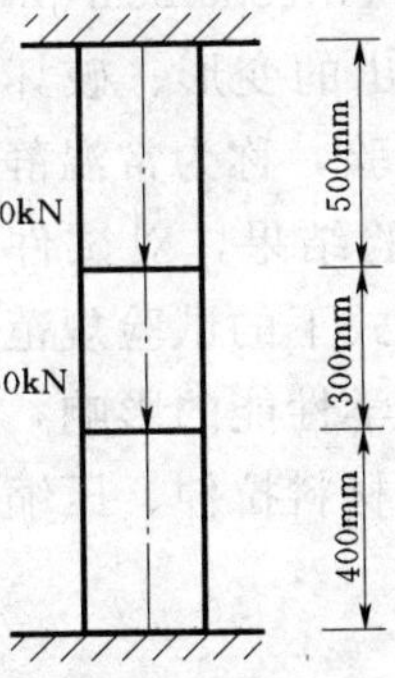

题 2-20 图

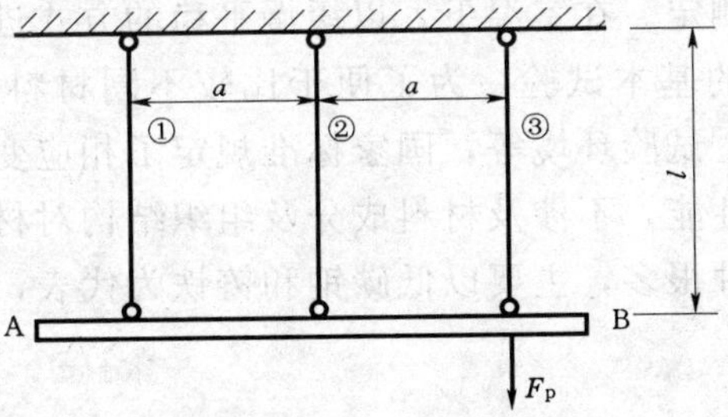

题 2-21 图

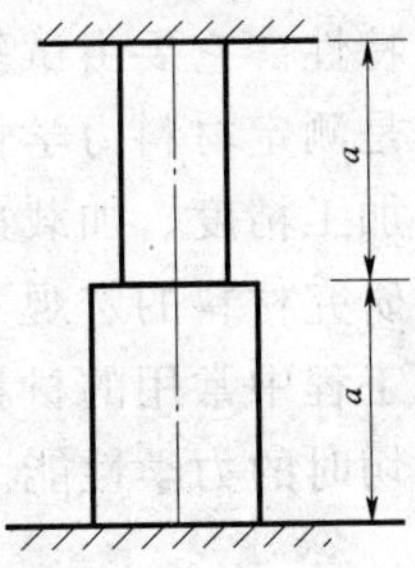

题 2-22 图

2-24　题 2-24 图示杆件在 A 端固定，另端离刚性支承 B 有一空隙 $\delta=1\text{mm}$。试求当杆件受 $F_P=50\text{kN}$ 的力作用后，杆的轴力。设 $E=100\text{GPa}$，$A=200\text{mm}^2$，$a=1.5\text{m}$，$b=1\text{m}$。

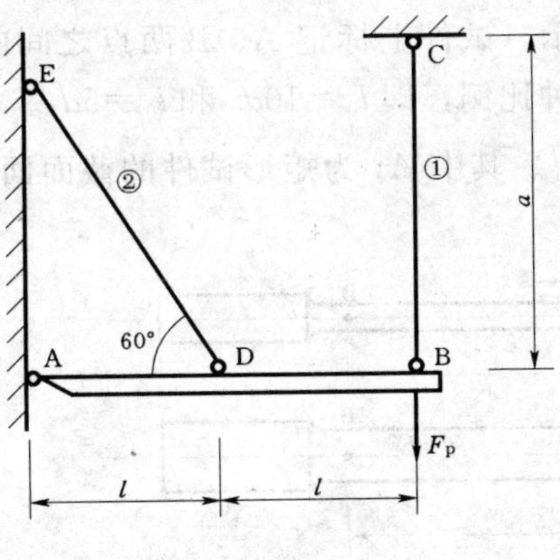

题 2-23 图

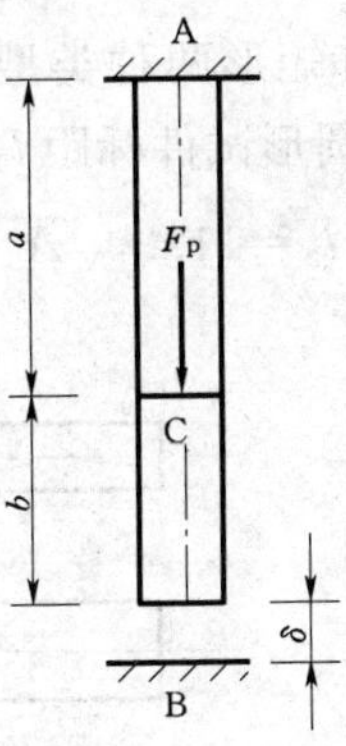

题 2-24 图

第三章　材料的力学性能

第一节　拉伸或压缩时材料的力学性能

一、概述

分析构件的强度时，除计算应力外，还应了解材料的力学性能（Mechanicai property）。材料的力学性能也称为机械性能，是指材料在外力作用下表现出的变形、破坏等方面的特性。它要由试验来测定。在室温下，以缓慢平稳的方式进行试验，称为常温静载试验，是测定材料力学性能的基本试验。为了便于比较不同材料的试验结果，对试件的形状、加工精度、加载速度、试验环境等，国家标准规定了相应变形形式下的试验规范。本章只研究材料的宏观力学性能，不涉及材料成分及组织结构对材料力学性能的影响，并且由于工程中常用的材料品种很多，主要以低碳钢和铸铁为代表，介绍材料拉伸、压缩以及纯剪切时的力学性能。

二、低碳钢拉伸时的力学性能

低碳钢是工程中使用最广泛的金属材料，同时它在常温静载条件下表现出来的力学性能也最具代表性。低碳钢的拉伸试验按《金属材料　拉伸试验　第1部分：室温试验方法》（GB/T 228.1—2010）国家标准在万能材料试验机上进行。标准试件（Standard specimen）有圆形和矩形两种类型，如图 3-1 所示。试件上标记 A、B 两点之间的距离称为标距，记作 l_0。圆形试件标距 l_0 与直径 d_0 有两种比例，即 $l_0=10d_0$ 和 $l_0=5d_0$。矩形试件也有两种标准，即 $l_0=11.3\sqrt{A_0}$ 和 $l_0=5.65\sqrt{A_0}$。其中 A_0 为矩形试件的截面面积。

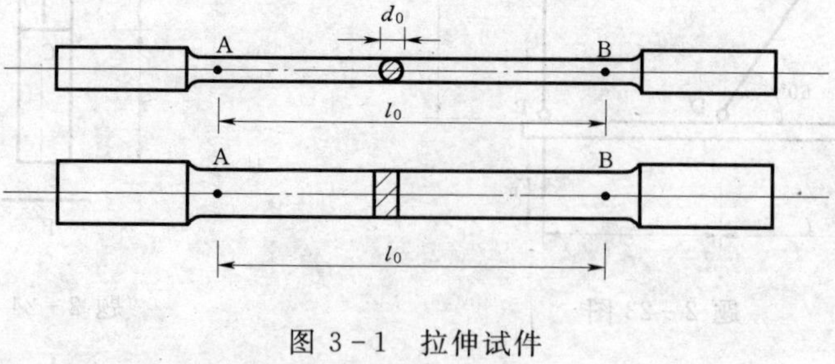

图 3-1　拉伸试件

试件装在试验机上，对试件缓慢加拉力 F_p，对应着每一个拉力 F_p，试件标距 l_0 有一个伸长量 Δl_0 表示 F_p 和 Δl 的关系曲线，称为拉伸图或 F_p—Δl 曲线，如图 3-2（a）所示。由于 F_p—Δl 曲线与试件的尺寸有关，为了消除试件尺寸的影响，把拉力 F_p 除以试件横截面的原始面积 A_0，得出正应力 $\sigma=\frac{F_p}{A_0}$ 为纵坐标；把伸长量 Δl 除以标距的原始长度 l_0，得出应变 $\varepsilon=\frac{\Delta l}{l_0}$ 为横坐标，做图表示 σ 与 ε 的关系［见图 3－2（b）］称为应力—应变图或 σ—ε 曲线（Stress－strain curve）。

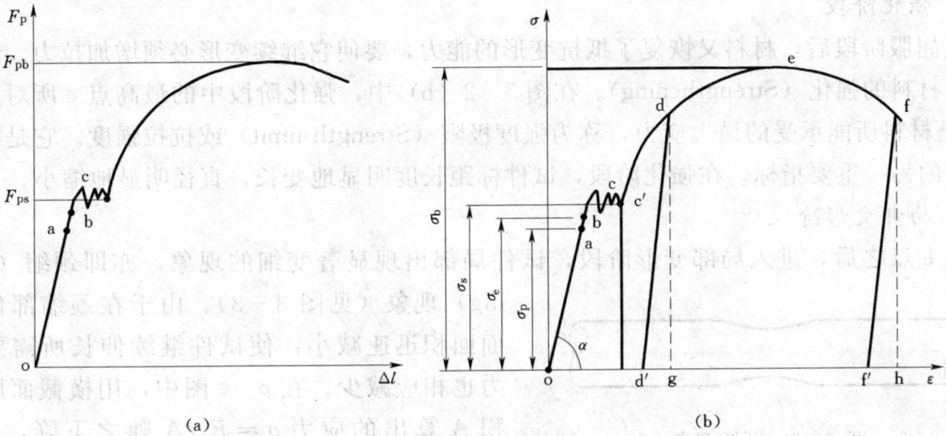

图 3－2 低碳钢拉伸曲线

根据试验结果，低碳钢的拉伸力学性能大致如下。

1. 弹性阶段

由斜直线 oa 和很短的微弯曲线 ab 组成。斜直线 oa 表示应力和应变成正比关系，即 $\sigma\propto\varepsilon$，直线的斜率即为材料的弹性模量 E，写成等式 $\sigma=E\varepsilon$，就是拉伸或压缩的胡克定律。与 a 点对应的应力 σ_p 称为比例极限（Proportional limit）。显然，只有应力低于比例极限时，应力才与应变成正比，材料才服从胡克定律。这时，称材料是线弹性的（Linear elasticity）。

对于微弯曲线段 ab，应力和应变之间不再服从线性关系，但解除拉力后变形仍可完全消失，这种变形称为弹性变形（Elastic deformation），b 点对应的应力 σ_e 是材料只出现弹性变形的极限值，称为弹性极限（Elastic limit）。由于 ab 阶段很短，σ_e 和 σ_p 相差很小，通常并不严格区分。

在应力大于弹性极限后，如再解除拉力，则试件产生的变形有一部分消失，这就是上面提到的弹性变形。但还遗留下一部分不能消失的变形，这种变形称为塑性变形或残余变形（Plastic deformation）。

2. 屈服（流动）阶段

当应力超过 b 点增加到 c 点之后，应变有非常明显的增加，而应力先是下降，然后作微小的波动，在 σ—ε 曲线上出现接近水平线的小锯齿形线段。这种应力基本保持不变，而应变显著增加的现象，称为屈服或流动（Yield）。在屈服阶段内的最高应力（c 点）和最低应力（c′点）分别称为上屈服极限和下屈服极限。上屈服极限的数值与试件形状、加载速度等因素有关，一般是不稳定的。下屈服极限则相对较为稳定，能够反映材料的性质，通常就把下屈服极限称为屈服极限（Yield limit）或屈服点，用 σ_s 来表示。

对于粗糙度值很低的表面光滑试件，屈服之后在试件表面上隐约可见与轴线成 45°的滑移线。

材料屈服表现为显著的塑性变形，而零件的塑性变形将影响机器的正常工作，所以屈服极限 σ_s 是衡量材料强度的重要指标。

3. 强化阶段

过屈服阶段后，材料又恢复了抵抗变形的能力，要使它继续变形必须增加拉力。这种现象称为材料的强化（Strengthening）。在图 3-2（b）中，强化阶段中的最高点 e 所对应的应力 σ_b 是材料所能承受的最大应力，称为强度极限（Strength limit）或抗拉强度。它是衡量材料强度的另一重要指标。在强化阶段，试件标距长度明显地变长，直径明显地缩小。

4. 局部变形阶段

过 e 点之后，进入局部变形阶段，试件局部出现显著变细的现象，亦即颈缩（Necking）现象（见图 3-3）。由于在颈缩部位横截面面积迅速减小，使试件继续伸长所需要的拉力也相应减少。在 σ—ε 图中，用横截面原始面积 A 算出的应力 $\sigma=F_p/A$ 随之下降，直到 f 点，试件被拉断。

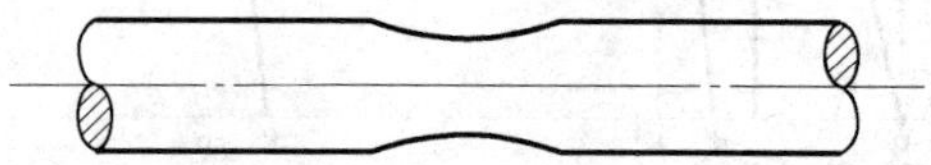

图 3-3 颈缩现象

5. 延伸率和断面收缩率

试件拉断后，由于保留了塑性变形，试件加载前的标距长度 l_0 拉断后变为 l_1。用百分比表示的比值

$$\delta=\frac{l_1-l_0}{l_0}\times 100\% \tag{3-1}$$

称为延伸率（Percentage elongation）。试件的塑性变形（l_1-l_0）越大，δ 也就越大。因此，延伸率是衡量材料塑性的指标。低碳钢的延伸率很高，其平均值为 20%～30%，这说明低碳钢的塑性性能很好。

工程上通常按延伸率的大小把材料分成两大类，$\delta>5\%$的材料称为塑性材料，如碳钢、黄铜、铝合金等；而把 $\delta<5\%$的材料称为脆性材料，如铸铁、玻璃、陶瓷等。

原始横截面面积为 A_0 的试件，拉断后颈缩处的最小截面面积变为 A_1，用百分比表示的比值

$$\varphi=\frac{A_0-A_1}{A_0}\times 100\% \tag{3-2}$$

称为断面收缩率。φ 也是衡量材料塑性的指标。

6. 卸载定律和冷作硬化现象

在上述的实验过程中，如果不是持续将试件拉断，而是加载至超过屈服极限后如到达图 3-2（b）中的 d 点，然后逐渐卸除拉力，应力应变关系将沿着斜直线 dd′回到 d′点，斜直线 dd′近似地平行于 oa。这说明：在卸载过程中，应力和应变按直线规律变化。这就是卸载定律。拉力完全卸除后，应力—应变图中，d′g 表示消失了的弹性变形，而 od′表示保留下来的塑性变形。

卸载后，如在短期内再次加载，则应力和应变又重新沿着卸载直线 dd′上升，直到 d 点后，又沿直线 def 变化。可见在再次加载时，直到 d 点以前材料的变形是弹性的，过 d 点后才开始出现塑性变形。比较图 3-2（b）中的 oabcc′def 和 d′def 两条曲线，可见在第二次加载时，其比例极限（亦即弹性阶段）得到了提高，但塑性变形和延伸率却有所降低。这种现象称为冷作硬化。

工程上经常利用冷作硬化来提高材料的弹性阶段。如起重机用的钢索和建筑用的钢筋，常用冷拔工艺以提高强度。又如对某些零件进行喷丸处理，使其表面发生塑性变形，形成冷硬层，以提高零件表面层的强度。但冷作硬化也像世间一切事物一样无不具有双重性，其有利之处将在工程中得到广泛应用，不利之处是由于冷作硬化使材料变硬变脆，给塑性加工带来困难，且容易产生裂纹，往往需要在工序之间安排退火，以消除冷作硬化带来的影响。

三、其他塑性材料拉伸时的力学性能

工程上常用的塑性材料，除低碳钢外，还有中碳钢、某些高碳钢和合金钢、青铜、黄铜、硬铝和退火的球墨铸铁等。图 3-4 中是几种塑性材料的 σ—ε 曲线。其中有些材料，如 16Mn 钢和低碳钢一样，有明显的弹性阶段、屈服阶段、强化阶段和局部变形阶段。有些材料，如黄铜 H62，没有屈服阶段，但其他三阶段却很明显。还有些材料，如高碳钢 T10A，没有屈服阶段和局部变形阶段，只有弹性阶段和强化阶段。

对没有明显屈服极限的塑性材料，可以将产生 0.2%塑性应变时的应力作为屈服指标，并用 $\sigma_{0.2}$ 来表示（见图 3-5）。

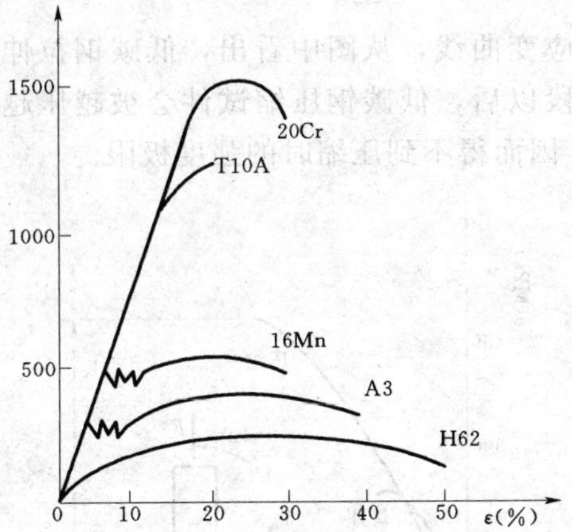

图 3-4　常见塑性材料应力应变曲线

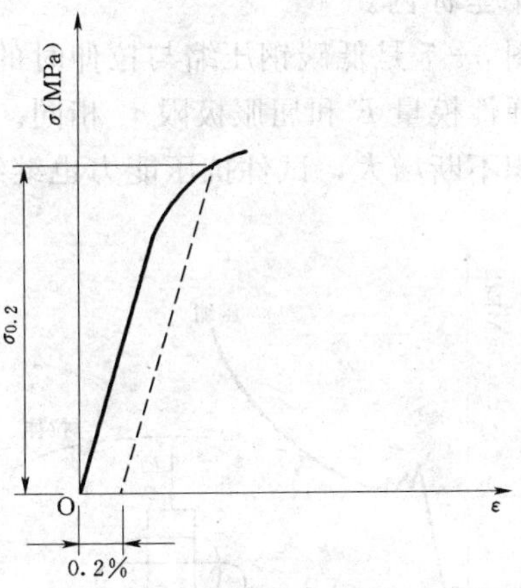

图 3-5　名义屈服极限

各类碳素钢中，随含碳量的增加，屈服极限和强度极限相应提高，但延伸率降低。例如合金钢、工具钢等高强度钢材、屈服极限较高，但塑性性能却较差。

四、铸铁拉伸时的力学性能

铸铁也是工程中广泛应用的材料之一，拉伸时的应力应变关系是一条微弯曲线。如图

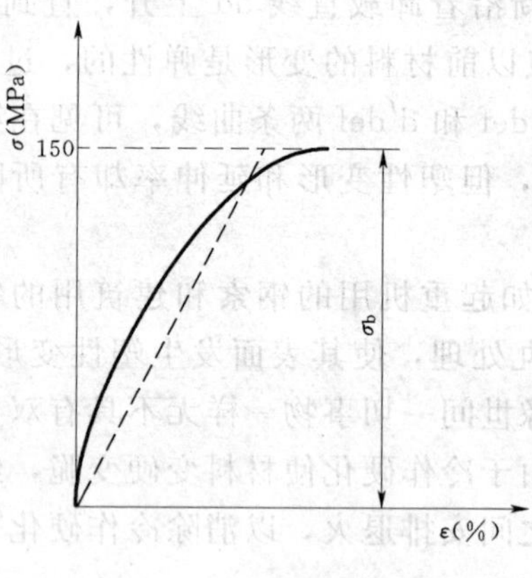

图 3-6　铸铁拉伸曲线

3-6 所示，没有直线区段，没有屈服和颈缩现象，试件断口平齐、粗糙，拉断前的应变很小，延伸率也很小，几乎没有塑性变形，所以只能测得拉伸时的强度极限 σ_b（拉断时的最大应力）。铸铁是典型的脆性材料，由于没有屈服现象，强度极限 σ_b 是衡量强度的惟一指标。

由于铸铁 σ—ε 图是一微弯的曲线，弹性模量 E 的数值随应力的大小而变。但在工程中铸铁的拉应力不能很高，而在较低的拉应力下，则可近似认为服从胡克定律。通常取 σ—ε 曲线的割线代替曲线的开始部分，并以割线的斜率作为弹性模量，称为割线弹性模量（Secant modulus）。

铸铁等脆性材料的抗拉强度很低，所以不宜作为受拉构件。但铸铁经球化处理成为球墨铸铁后，力学性能有显著变化，不但有较高的强度，还有较好的塑性性能。国内不少工厂成功地用球墨铸铁代替钢材制造曲轴、齿轮等零件。

五、低碳钢和铸铁压缩时的力学性能

压缩试验也是考察材料力学性能的基本试验之一。金属的压缩试件一般制成很短的圆柱，以免被压弯。按试验规范 GB/T 7314—2005 要求，一般试件的长度是直径的 1.5～3 倍。为了比较低碳钢和铸铁拉伸与压缩时的力学性能的异同，将 σ—ε 曲线画在同一个坐标内。

图 3-7 是低碳钢压缩与拉伸时的应力—应变曲线，从图中看出，低碳钢拉伸与压缩时的弹性模量 E 和屈服极限 σ_s 相同。屈服阶段以后，低碳钢压缩试件会被越压越扁，横截面积不断增大，试件抗压能力也继续提高，因而得不到压缩时的强度极限。

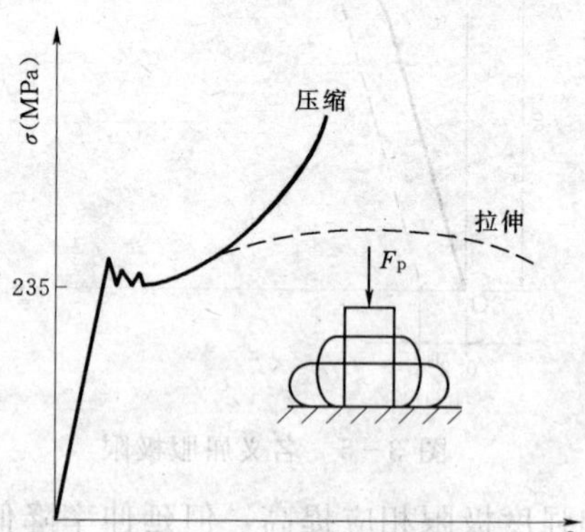

图 3-7　低碳钢压缩

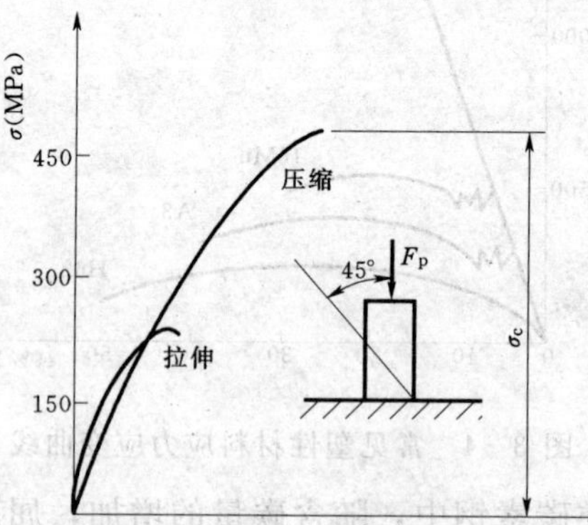

图 3-8　铸铁压缩

图 3-8 是铸铁压缩与拉伸时的应力—应变曲线。铸铁是一种典型的脆性材料，压缩时的力学性能与拉伸时有较大差异，从图 3-8 可看出，此种材料拉伸与压缩时的弹性模

量基本相同，但压缩时的强度极限 σ_b 是拉伸时的 4～5 倍，试件在变形不大的情形下突然破坏，破坏断面的法线与轴线约成 45°～55°的倾角，表明试件沿斜截面因相对错动而破坏。

低碳钢和铸铁目前仍是工程中使用最为广泛的典型的塑性与脆性材料，这两种材料表现出来的力学性能具有一定的代表性。一般认为，低碳钢及其他塑性材料是拉、压力学性能相同的材料，在了解其拉伸性能之后，不一定再去做压缩试验。铸铁所反映出的拉伸与压缩力学性能有较大的差异，对于其他脆性材料也有同样情形。脆性材料抗压强度高，价格低廉，宜于制成受压构件使用，特别是铸铁，坚固耐磨，高温熔融态时流动性很好，广泛用于浇铸制成的床身、机座等零部件。

综上所述，衡量材料力学性能的指标主要有：比例极限（或弹性极限）σ_p（σ_e）、屈服极限 σ_s、强度极限 σ_b、弹性模量 E、延伸率 δ 和断面收缩率 φ 等。对很多金属来说，这些量往往受温度、热处理等条件的影响。表 3－1 中列出了几种常用材料在常温、静载下 σ_s、σ_b 和 δ 的数值。

表 3－1　　几种常用材料的力学性能

材料名称	牌　号	σ_s 或 $\sigma_{0.2}$ (MPa)	σ_b (MPa)	δ_s (%)
普通碳素钢	Q215	186～216	333～412	26～31
	Q235	216～235	373～461	25～27
	Q275	255～274	490～608	19～21
优质碳素结构钢	15	225	373	27
	40	333	569	19
	45	353	598	16
普通低合金结构钢	12Mn	274～294	432～441	19～21
	16Mn	274～343	471～549	19～21
	15MnV	333～412	490～549	17～19
	18MnMoNb	441～510	588～637	16～17
合金结构钢	40Cr	785	981	9
	50Mn2	785	932	9
碳素铸钢	ZG15	196	392	25
	ZG35	274	490	16
可锻铸铁	KTZ45—5	274	441	5
	KTZ70—2	539	687	2
球墨铸铁	QT40—10	294	392	10
	QT45—5	324	441	5
	QT60—2	412	588	2
灰铸铁	HT15—33		拉 98.1～274	
	HT30—54		拉 255～294	

第二节 失效、许用应力及安全系数

一般来说构件的破坏表现为构件发生断裂（Rupture）（或破裂）或产生过大的塑性变形（永久变形）而失效。由材料力学性能的研究可知，表征塑性材料破坏的行为是屈服，表征脆性材料破坏的行为是断裂。因此，塑性材料的屈服极限 σ_s 和脆性材料的强度极限 σ_b 分别被定义为两类材料的极限应力。为保证构件有足够的强度，在载荷作用下构件的实际应力 σ（称为工作应力）显然应低于极限应力。但实际中还应使构件具有必要的安全储备，一般应使工作应力不超过许用应力 $[\sigma]$（Allowable stress），而 $[\sigma]$ 按如下两式计算

对塑性材料

$$[\sigma]=\frac{\sigma_s}{n_s}$$

对脆性材料

$$[\sigma]=\frac{\sigma_b}{n_b}$$

式中，大于 1 的系数 n_s 或 n_b 称为安全系数（Safety factory）。

根据不同工况对结构和构件的要求，正确选择安全系数是重要的工程任务。绝大多数情形下都是由工业部门或国家规定。选择安全系数的总原则是既安全又经济。具体选择时一般需要考虑以下几方面。

（1）材料性能方面的差异，包括材料的均匀程度、质地好坏，是塑性还是脆性，以及冶炼、机加工等过程都会使材料的成分和强度有差别。

（2）构件在服役期可能遇到的各种意外情况，如短时间的超载或临时的不利工作条件，经历多次“启动（加载）—运行—停车（卸载）”的过程，这些都会使材料强度减小。

（3）构件可能承受的载荷类型，绝大多数设计载荷很难精确已知，只能是工程估算的结果，此外使用场合的变化或变更，也会引起实际载荷的变化。有动载荷、循环载荷、冲击载荷的作用，安全系数则应大些。

（4）可能发生的失效形式，如脆性材料失效（断裂）前没有明显的预兆，而是突然发生。而塑性（韧性）材料失效时有明显的变形，在失效前有预兆，能知道超载的存在。前一种情形则取较大的安全系数。

（5）分析方法的不精确性，所有工程设计方法，都以一定的简化假定作基础，由此得到的计算应力只是实际应力的近似。方法精度越高，安全系数则可越小。

（6）构件所处的工况情况，对于在腐蚀或锈蚀等难以控制的恶劣条件下工作的构件，安全系数则应取得较大。

许用应力和安全系数的数值，可在相关行业的一些规范中查到。作为一名工程技术人员，如何深入了解工程实际，深刻理解规范的科学本质，在兼顾经济和安全的前提下，科学地选取安全系数，不是单纯靠学习本课程知识就可以做到的，而是需要长期实际工作的

锻炼和积累。

安全系数的规范也不是固定不变的，随着科学技术的飞速发展，各种计算技术、试验技术与测试仪器等方面的进步，人们对于客观世界的认识会不断深入。与此同时，设计水平、工艺水平及产品质量也会不断提高，安全系数的规范必将更加完善和合理。

第三节　温度和时间对材料力学性能的影响

金属材料在高温和低温下的力学性能与常温下有着显著的差别，且往往与作用时间的长短有关。另外，加载速率对材料力学性能也有较大影响。由于工程中有许多零件，例如汽轮机的叶片，长期在高温中运转；又如液态氢和液态氮的容器，则在低温下工作。有的构件受到不同加载速率的载荷。因此，需要研究上述因素对材料力学性能的影响，这里只做简单介绍。

一、短期静载下温度对材料力学性能的影响

为确定金属材料在高温下的性能，可在指定温度下对试件进行短时静载拉伸试验，一般在 15～20min 内将试件拉断。图 3－9（a）为碳钢、图 3－9（b）为低合金钢有关力学性能（σ_s、σ_b、E、δ、φ）等在不同温度下变化的情况。从图中可看出，σ_s 和 E 随温度的升高而降低。在 250～300℃之前，随温度的升高，δ 和 φ 降低而 σ_b 增加；在 250～300℃之后，随温度升高，δ 和 φ 增加而 σ_b 降低。

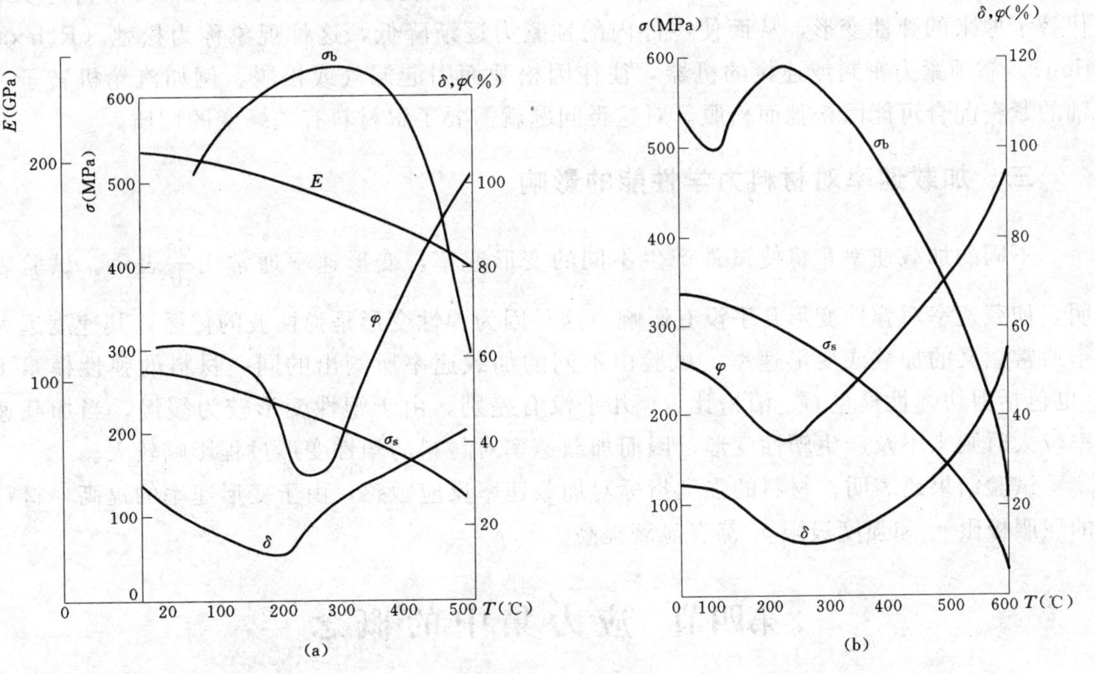

图 3－9　温度影响

在低温情况下，碳钢的弹性极限和强度极限都有所提高，但延伸率则相应降低。这表明在低温下，碳钢倾向于变脆。

二、高温、长期静载下材料的力学性能

金属在一定的温度和应力作用下，随着时间的增加而缓慢地发生塑性变形的现象称为蠕变（Creep）。

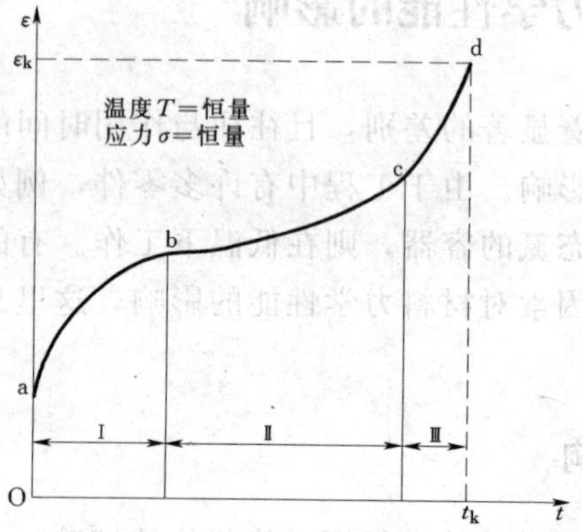

图 3-10 蠕变曲线

对于某些有色金属及其合金，在室温下也会发生蠕变，碳钢在 300～305 ℃、合金钢在 350～400℃以上才会出现蠕变。在高温下工作的零件往往因蠕变而引起事故。例如汽轮机的叶片可能因蠕变发生过大的塑性变形，以致与轮壳相碰而打碎。图 3-10 是典型蠕变曲线的示意图，图中 Oa 段是初始载荷的瞬时应变 ε，若初始应力超过试验温度下的弹性极限，则 Oa 段既应有弹性应变也应有塑性应变。ab 段蠕变速率$\frac{d\varepsilon}{dt}$（曲线的斜率）在不断减少，称为减速蠕变阶段。bc 段蠕变速度基本不变，称为等速蠕变阶段。超过 c 点后蠕变速度迅速增加，至 d 点试件断裂，cd 段则称为加速蠕变阶段。

高温下工作的零件，在发生弹性变形后，如何保持其变形总量不变，根据胡克定律，则零件内将保持一定的预紧力。随着时间的增长，因蠕变而逐渐发展的塑性变形将逐步地代替了原来的弹性变形，从而使零件内的预紧力逐渐降低，这种现象称为松弛（Relaxation）。靠预紧力密封或连接的机器，往往因松弛而引起漏气或松脱。例如汽轮机转子与轴的紧密配合可能因松弛而松脱。对这类问题就需要了解材料有关蠕变的性质。

三、加载速率对材料力学性能的影响

不同的加载速率，将使试件产生不同的变形速率，变形速率通常用$\frac{d\varepsilon}{dt}$表示。试验表明，加载速率对弹性变形几乎没有影响，这是因为弹性变形是弹性波的传播，其速度远大于通常意义的加载或变形速率。试验由不同的加载速率所测出的同一材料的弹性模量 E（也包括剪切弹性模量 G、泊松比 μ）几乎没有差别。由于塑性变形较为缓慢，当加载速率较大时则来不及产生塑性变形，因而加载速率对材料的塑性变形过程影响较大。

试验结果还表明，材料的强度指标对加载速率反应敏感，由于变形速率的提高，材料的屈服极限 σ_s 和强度极限 σ_b 都有显著提高。

第四节 应力集中的概念

实验验证，当杆件承受轴向拉伸（或压缩）时，在载荷作用的附近区域和截面发生剧

烈变化的区域，式（2-1）不再适用。前者表现为应力的分布规律受到不同加载方式的影响，其影响范围可由圣维南原理解释；后者则表现为应力在截面变化部位局部升高，被称为应力集中（Stress concentrations）现象。

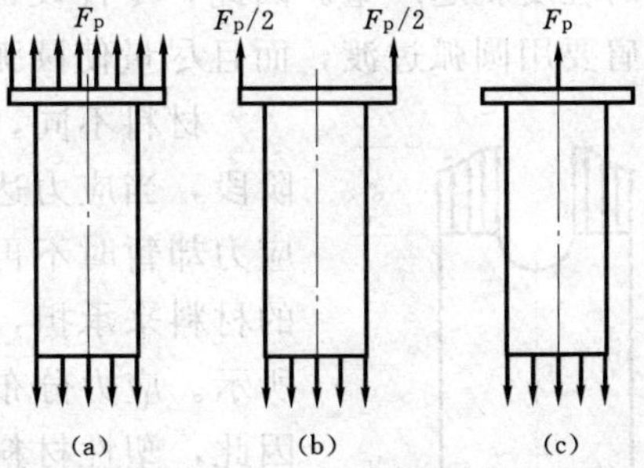

图 3-11

一、圣维南原理

在工程实际中，由于构件所处工况的不同，在外力作用区域内，外力分布方式有各种可能，例如图 3-11（a）和图 3-11（b）中的拉力作用方式就是不同。实验证明：杆端载荷的作用方式，将显著地影响作用区附近的应力分布规律，但距杆端较远处上述影响逐渐消失，应力趋于均匀，其影响范围和 1～2 倍的横向尺寸相当，此即圣维南原理。由此原理可知，虽然图 3-11（a）、（b）所示杆件上端外力的作用方式不同，但可用与外力系静力等效的合力来代替原力系，这就简化成相同的计算简图［见图 3-11（c）］。在距端截面略远处都可用公式（2-1）来计算应力。

二、应力集中的概念

由于工程实际的需要，有许多零件必须开有切口、切槽、油孔、螺纹、轴肩等，以致在这些部位上截面尺寸发生剧烈变化。实验结果和理论分析都表明，在零件尺寸剧烈变化处的横截面上，应力并不是均匀分布的。例如，开有圆孔和切口的板条（见图 3-12）受拉时，在圆孔或切口附近的局部区域内，应力将剧烈增加，但在离开圆孔或切口稍远处，应力就迅速降低而趋于均匀。这种因构件外形突然变化引起的局部应力急剧增大的现象称为应力集中。

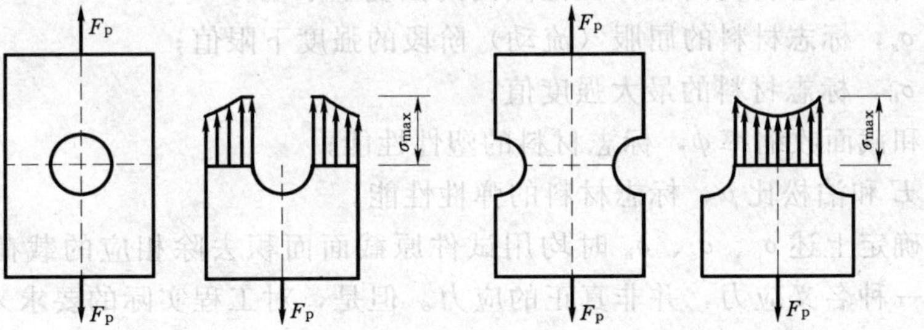

图 3-12

设发生应力集中的截面上的最大应力为 σ_{max}，同一截面上的平均应力为 σ_m，则比值为

$$k=\frac{\sigma_{max}}{\sigma_m} \tag{3-3}$$

称为理论应力集中系数（Fatigue stress concentration factor）。它反映了应力集中的程度，是一个大于 1 的系数。实验结果表明：截面尺寸改变得越急剧，角越尖，孔越小，应力集

中的程度就越严重。因此，零件设计加工时应尽可能使截面的变化缓慢一点，如阶梯轴的轴肩要用圆弧过渡，而且尽量使圆弧半径大一些。

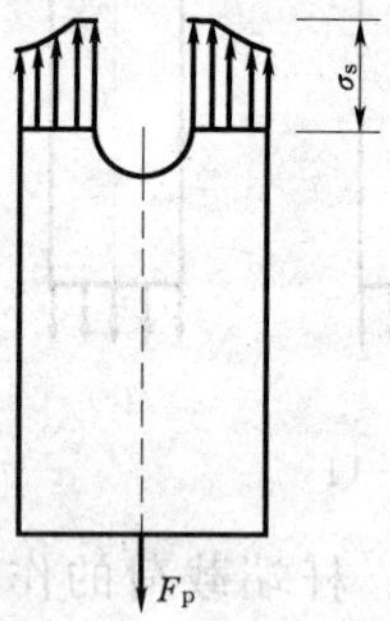

图 3-13 应力集中

材料不同，对应力集中的敏感程度也不同。塑性材料因为有屈服阶段，当应力达到屈服极限 σ_s 后该处材料的变形可以继续增加，而应力却暂时不再加大。如外力继续增加，增加的力由截面上尚未屈服的材料来承担，使该截面上的应力相继增大到屈服极限，如图 3-13 所示。应力分布逐渐趋于均匀，相应地限制了最大应力 σ_{max} 的数值，因此，塑性材料对应力集中并不敏感，而脆性材料由于没有屈服阶段，应力集中处的最大应力 σ_{max} 较快地达到材料的强度极限 σ_b，该处将首先产生裂纹，导致破坏。所以脆性材料对应力集中表现很敏感。用脆性材料制成的零件，即使在静载下，也应考虑应力集中对零件承载能力的削弱。至于灰铸铁，其内部的不均匀性和缺陷往往是产生应力集中的主要因素，而零件外形改变所引起的应力集中就可能成为次要因素，对零件的承载能力不一定造成明显的影响。

工程中许多构件由于工况的要求，经常存在有切槽、螺纹、钻孔等，致使截面发生突然变化，因而应力集中是工作中常见的现象，应给予充分的注意。

小 结

对于金属材料在常温、静载荷条件下，若按照断裂时其塑性变形的大小来分类，可分为塑性材料和脆性材料，在它们中又分别选取低碳钢和铸铁作为典型。本章重点内容就是研究这两种材料在常温、静载荷作用下的力学性能。

通过低碳钢拉伸试验，可以测定出它的下述主要力学性能指标：

比例极限 σ_p，标志材料的线弹性范围内的强度上限值；

屈服极限 σ_s，标志材料的屈服（流动）阶段的强度下限值；

强度极限 σ_b，标志材料的最大强度值；

延伸率 δ 和截面收缩率 ψ，标志材料的塑性性能；

弹性模量 E 和泊松比 μ，标志材料的弹性性能。

注意：在确定上述 σ_p、σ_s、σ_b 时均用试件原截面面积去除相应的载荷而求得的，因此，它们只是一种名义应力，并非真正的应力。但是，对工程实际的要求来说，应用它们去解决构件的设计问题，是完全适用和可靠的。

对于无明显屈服阶段的塑性材料，工程中规定产生塑性应变为 0.2%时的应力为名义屈服极限 $\sigma_{0.2}$，例如标距为 100mm 的拉伸试件，在卸载后能产生塑性变形为 0.2mm 时的应力即为 $\sigma_{0.2}$。材料的屈服现象，表明了斜截面上的最大剪应力对受拉杆的塑性变形有着重大影响，使我们认识到全面了解杆件各个截面上的应力情况是很重要的。

由拉伸图和 σ—ε 图曲线下的面积所代表的物理意义，能很好理解后面章节中学习的变形能和变形比能的概念，它不仅能使我们了解拉断试件所需消耗的功与试件变形之间的关系，而且还能表示出材料抵抗冲击作用的能力。

低碳钢具有强度较高，塑性性能较好，晶体组织较均匀等特点，这也是一般塑性材料具有的特点。铸铁与低碳钢相比较，其抗拉强度低，塑性性能差；但铸铁的抗压性能远大于它的抗拉性能，这也是一般脆性材料的特点。要注意材料的特点，合理选择和使用材料。

工程中规定塑性材料以屈服极限 σ_s 或 $\sigma_{0.2}$ 作为极限应力 σ_{jx}；脆性材料取强度极限 σ_b 作为极限应力 σ_{jx}，一般将 σ_{jx} 除以安全系数 n 即得材料的许用应力 $[\sigma]$。由于材料并不具有理想的匀质性，构件工作时可能会出现超载现象以及应力计算的近似性等，所以必须采取安全系数使设计出的构件具有一定的强度储备。若同一种材料所处情况不同时，应采用不同的安全系数。

习 题

3-1 塑性材料应变硬化后，材料的力学性能发生了变化。试判断以下结论哪一个是正确的：

(A) 屈服应力提高，弹性模量降低；

(B) 屈服应力提高，塑性降低；

(C) 屈服应力不变，弹性模量不变；

(D) 屈服应力不变，塑性不变。

正确答案是________

3-2 关于材料的力学一般性能，有如下结论，请判断哪一个是正确的：

(A) 脆性材料的抗拉能力低于其抗压能力；

(B) 脆性材料的抗拉能力高于其抗压能力；

(C) 塑性材料的抗拉能力高于其抗压能力；

(D) 脆性材料的抗拉能力等于其抗压能力。

正确答案是________

3-3 低碳钢材料在拉伸实验过程中，不发生明显的塑性变形时，承受的最大应力应当小于的数值，有以下 4 种答案，请判断哪一个是正确的：

(A) 比例极限；

(B) 屈服强度；

(C) 强度极限；

(D) 许用应力。

正确答案是________

3-4 根据题 3-4 图示 3 种材料拉伸时的应力—应变曲线，得出的如下 4 种结论，请判断哪一种是正确的：

(A) 强度极限 σ_b①$=\sigma_b$②$>\sigma_b$③，弹性模量 E①$>E$②$>E$③，延伸率 δ①$>\delta$②$>\delta$③；

(B) 强度极限 σ_b②$>\sigma_b$①$>\sigma_b$③，弹性模量 E②$>E$①$>E$③，延伸率 δ①$>\delta$②$>\delta$③；

（C）强度极限 σ_b③＞σ_b①＞σ_b②，弹性模量 E③＞E①＞E②，延伸率 δ③＞δ②＞δ①；

（D）强度极限 σ_b①＞σ_b②＞σ_b③，弹性模量 E②＞E①＞E③，延伸率 δ②＞δ①＞δ③。

正确答案是________

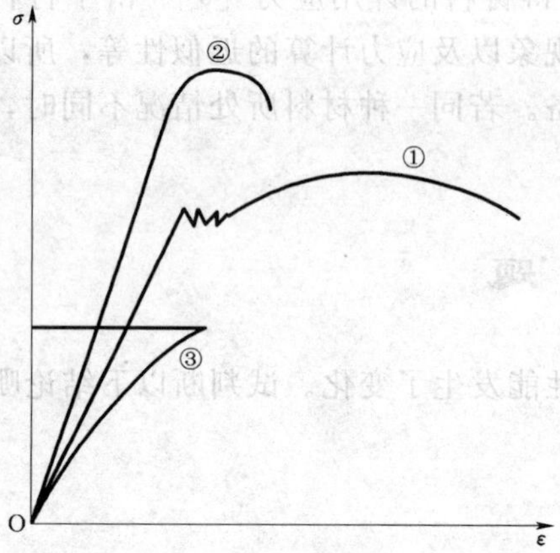

题 3－4 图

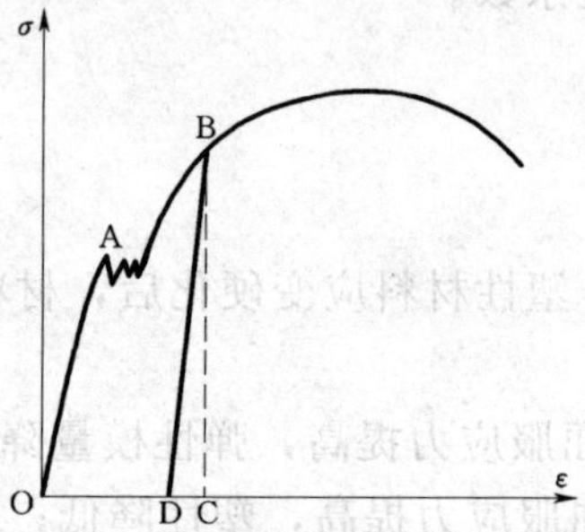

题 3－7 图

3－5　关于低碳钢试样拉伸至屈服时，有以下结论，请判断哪一个是正确的：

（A）应力和塑性变形很快增加，因而认为材料失效；

（B）应力和塑性变形虽然很快增加，但不意味着材料失效；

（C）应力不增加，塑性变形很快增加，因而认为材料失效；

（D）应力不增加，塑性变形很快增加，但不意味着材料失效。

正确答案是________

3－6　关于条件屈服强度有如下 4 种论述，请判断哪一种是正确的：

（A）弹性应变为 0.2％时的应力值；

（B）总应变为 0.2％时的应力值；

（C）塑性应变为 0.2％时的应力值；

（D）塑性应变为 0.2 时的应力值。

正确答案是________

3－7　如题 3－7 图所示低碳钢加载→卸载→再加载路径有以下 4 种，请判断哪一种是正确的：

（A）OAB→BC→COAB；

（B）OAB→BD→DOAB；

（C）OAB→BAO→ODB；

（D）OAB→BD→DB。

正确答案是________

第四章　连接构件的强度计算

第一节　剪切的实用计算

一、剪切（Shear）的概念

在生产实践中，经常遇到剪切问题，剪切包括连接件的剪切和扭转时的剪切两部分内容，本章主要讨论连接件的剪切。剪切变形是杆件的基本变形之一。剪切变形的主要受力和变形特点是构件受到与其轴线相垂直的、大小相等、方向相反且作用线相距很近的两个外力作用，如图 4－1（a）所示，使构件产生沿着与外力作用线平行的受剪面 m—n 发生相对错动的变形，如图 4－1（b）所示。

工程中，剪切变形常出现在构件的连接部分。如连接两块钢板的螺栓接头，如图 4－2（a）所示，木结构中的榫连接［见图 4－2（b）］和焊缝［见图 4－2（c）］等。这里的螺栓、榫和焊缝等连接件都是主要承受剪切作用的零件。

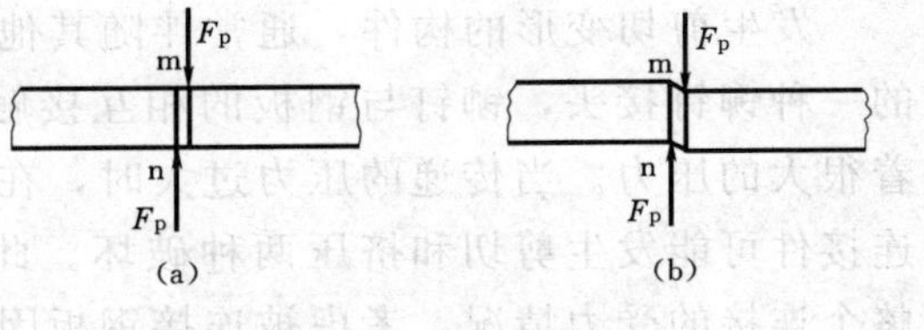

图 4－1　剪切变形

当构件在外力作用下，只有一个剪切面，如外力过大，剪切面的横截面面积相对较小，构件将沿着这一剪切面［见图 4－2（a）］被剪断，这种情况称为单剪切。

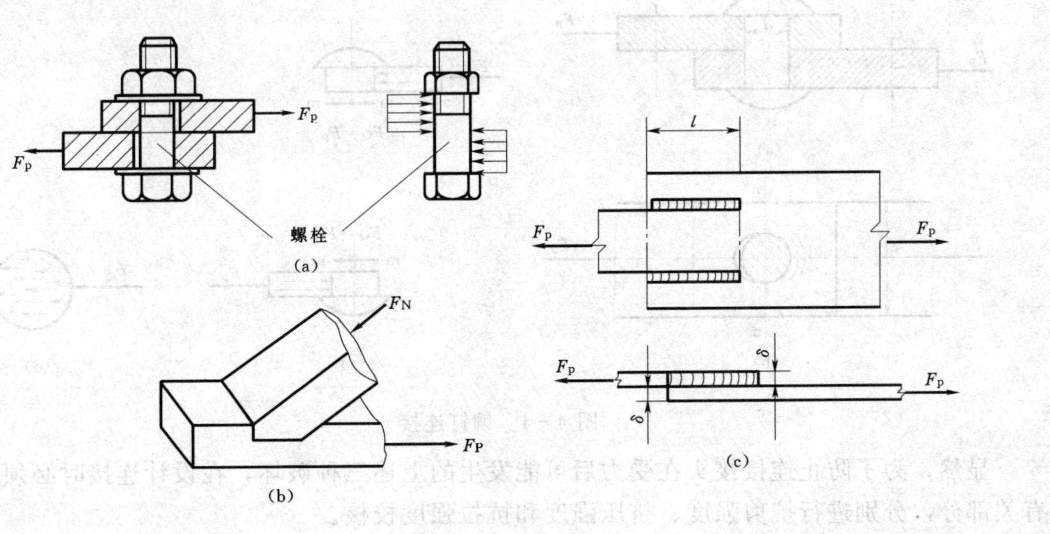

图 4－2　单剪切

图 4-3（a）所示为一种剪切试验装置的简图，试件受力情况如图 4-3（b）所示，这是模拟一种销钉连接的工作情况，当载荷 F_P 增大至破坏截面载荷时，试件将在剪切面 m—m 和 n—n 处被剪断。这种具有两个剪切面的情况，称为双剪切。

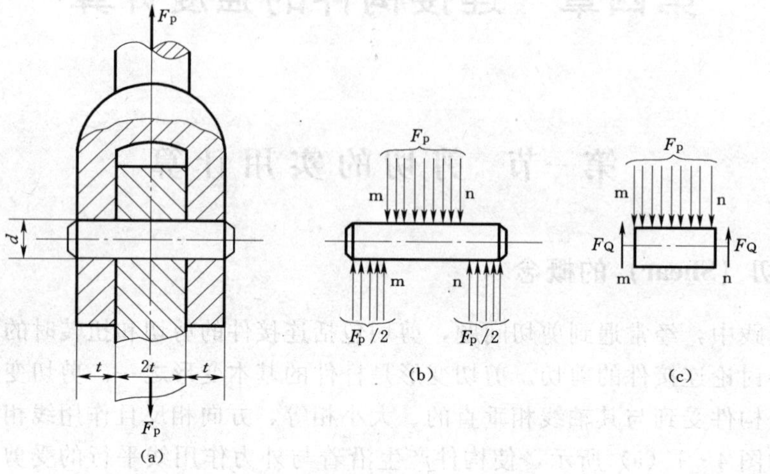

图 4-3　双剪切

发生剪切变形的构件，通常伴随其他形式的变形。如图 4-4（a）所示，是最简单的一种铆钉接头，铆钉与钢板的相互接触表面，称为挤压面，虽其面积很小，却传递着很大的压力。当传递的压力过大时，在挤压面处将被压溃［见图 4-4（b）］。可见，连接件可能发生剪切和挤压两种破坏。此外，为了保证整个连接的安全，还必须根据整个连接的受力情况，考虑被连接钢板因铆钉孔的存在使钢板沿 n—n 截面被拉断的破坏情况。

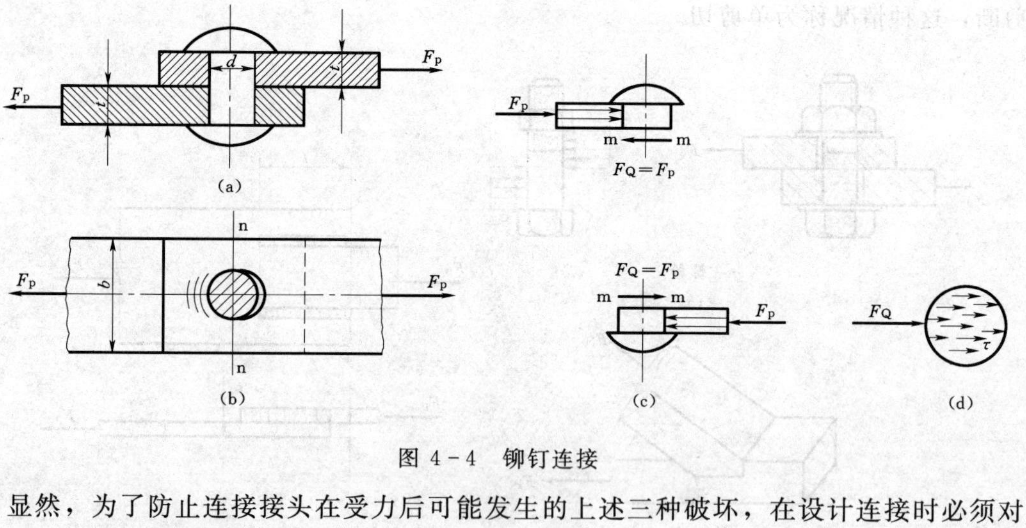

图 4-4　铆钉连接

显然，为了防止连接接头在受力后可能发生的上述三种破坏，在设计连接时必须对其有关部分，分别进行抗剪强度、挤压强度和抗拉强度校核。

由上可知，如铆钉、螺栓等连接件，它们在结构中所占体积虽小，但其受力情况却非常复杂，用精确的理论方法分析它们的应力是非常困难的。工程上，通常是采用一种经过简化但切合实用的计算方法，以代替复杂的受力分析，这种计算方法称之为实用计算。

二、剪切的实用计算

图 4-4 (a) 中所示的铆钉连接，当外力 F_p 增加到某一值时，铆钉将沿 m—m 截面被剪断。剪切面上的内力计算仍采用截面法。即假想用一截面 m—m 将铆钉截开，并取上部分（或下部分）为分离体［见图 4-4 (c)］，设剪切面上的内力——剪力为 F_Q，根据 $\sum F_x=0$，可知 $F_Q=F_p$。

对铆钉进行抗剪强度计算时，一般情况下都忽略钢板与钢板之间的摩擦力以及其他次要因素的影响，而假设每个铆钉所受的剪力相等。当有 n 个铆钉共同工作时，如果它们的直径相等，可以假设每个铆钉平均分担接头处所承受的总拉（压）力。

现设 n 为铆钉的数目，d 为铆钉的直径，F_p 为每根拉（压）杆的外力，则每个铆钉所承受的剪力为

$$F_Q=\frac{F_p}{n} \tag{4-1}$$

设切应力在剪切面内均匀分布［图 4-4 (d)］，剪切面面积为 A_Q。切应力为 τ，则

$$\tau=\frac{F_Q}{A_Q}=\frac{\frac{F_p}{n}}{\frac{\pi d^2}{4}} \tag{4-2}$$

因此，抗剪强度条件可以表示为

$$\tau=\frac{\frac{F_p}{n}}{\frac{\pi d^2}{4}}\leqslant[\tau] \tag{4-3}$$

式中 τ——名义切应力（平均切应力）；

$[\tau]$——铆钉材料的许用切应力，它是根据同类连接件直接进行剪切实验得出来的。把试验所得的破坏载荷，按照同样的名义切应力公式算得材料的极限切应力 τ_{jx}，将此极限应力除以适当的安全系数，即可得到材料的许用切应力 $[\tau]$。

根据强度条件还可以计算接头处所需铆钉的个数，即

$$n\geqslant\frac{F_p}{\frac{\pi d^2}{4}[\tau]} \tag{4-4}$$

试验说明，钢连接件的许用切应力 $[\tau]$ 与拉伸许用应力 $[\sigma]$ 之间，大致有如下关系

塑性材料 $[\tau]=(0.6\sim0.8)[\sigma]$

脆性材料 $[\tau]=(0.8\sim1.0)[\sigma]$

材料的许用切应力可以从有关规范中查得。

第二节 挤压的实用计算

连接件除了承受剪切作用外，在挤压面上还发生局部受压的现象，称为挤压。挤压面

(Bearing surface) 上传递的压力称为挤压力。图 4－5 给出了螺栓连接时承受挤压作用的情况。当挤压力超过一定限度时，连接件或被连接件在挤压面附近将产生明显的塑性变形，即发生了挤压破坏，使连接接头丧失承载能力。在有些情况下，构件在剪切破坏之前可能首先发生挤压破坏，所以需要建立挤压强度条件。

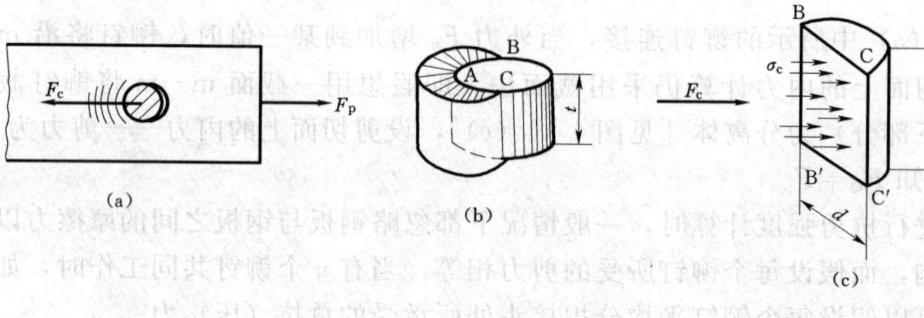

图 4－5　挤压受力图

一般情况下，构件中挤压应力的分布是非常复杂的。图 4－5（b）中所示连接件与被连接件的实际挤压面为半个圆柱面，其上挤压应力的分布是不均匀的，在挤压最紧的 A 点，挤压应力最大，向两旁逐渐减小，在 B、C 部位挤压应力为零。精确地计算分布的挤压应力是比较困难的，故采用挤压的实用计算。在挤压的实用计算中，假设挤压力 F_c 是均匀地分布在连接件及与其接触的构件的挤压面面积 A_c 上，故挤压面上名义挤压应力 (Breading stress) 为

$$\sigma_c=\frac{F_c}{A_c} \tag{4-5}$$

式中，A_c 为挤压面面积，在实用计算中，通常是用通过螺栓直径的直径平面［见图 4－5 (c)］来代替半圆柱曲面，并假设挤压应力是均匀地分布在直径平面上。当连接件与被连接件为平面挤压时，其挤压面积 A_c，就按实际接触面积计算。

设每个螺栓承受同样挤压力，则其挤压强度条件为

$$\sigma_c=\frac{F_c}{A_c}=\frac{\frac{F_p}{n}}{dt}=\frac{F_p}{ndt}\leqslant[\sigma_c] \tag{4-6}$$

式中　d——螺栓直径；

t——钢板厚度。当两块钢板厚度不同时，应取其中较小的一个；

$[\sigma_c]$——材料的许用挤压应力。

当钢板和螺栓材料不同，即许用挤压应力不同时，应取许用应力较小值来建立强度条件。

根据挤压强度条件，也可以计算连接接头处所需的铆钉（螺栓）的数目，即

$$n\geqslant\frac{F_p}{dt[\sigma_c]} \tag{4-7}$$

试验表明，许用挤压应力比许用压应力［σ］要大。对于钢材约等于(1.7～2.0)［σ］。这是因为轴向压缩时，整个杆件都会受到影响，压应力遍及整个杆件的内部，在横截面上均匀分布，即横截面上各点处的应力都同时达到最大值。而挤压应力只限于接触面附

近的区域，只有局部范围内达到最大挤压应力值。因此，只在局部范围内引起塑性变形，而周围的材料仍未发生塑性变形，而且将会阻止变形的扩展，从而提高了杆件的抗挤压能力。

为了使一个铆钉（螺栓）接头在传递外力时既不会发生剪切破坏，又不会发生挤压破坏，就必须按式（4－4）和式（4－7）分别计算所需的铆钉（螺栓）数，并取其中的大数作为实际需要的铆钉（螺栓）数。

铆钉（螺栓）连接，有时也采用对接形式，如图4－6（a）所示，是用两块盖板铆接在一起，计算方法与搭接情况类似。其内力采用截面法求解，每个铆钉均有两个受剪面，通常假设两个面上的剪力相等。因此在每边有 n 个铆钉的对接头上作用的外力为 F_p 时，铆钉每个受剪面上的剪力 F_Q 如图4－6（b）、（c）所示就等于两个铆钉所受到的外力 $\frac{F_p}{n}$ 的一半，即

$$F_Q = \frac{F_p}{2n} \tag{4-8}$$

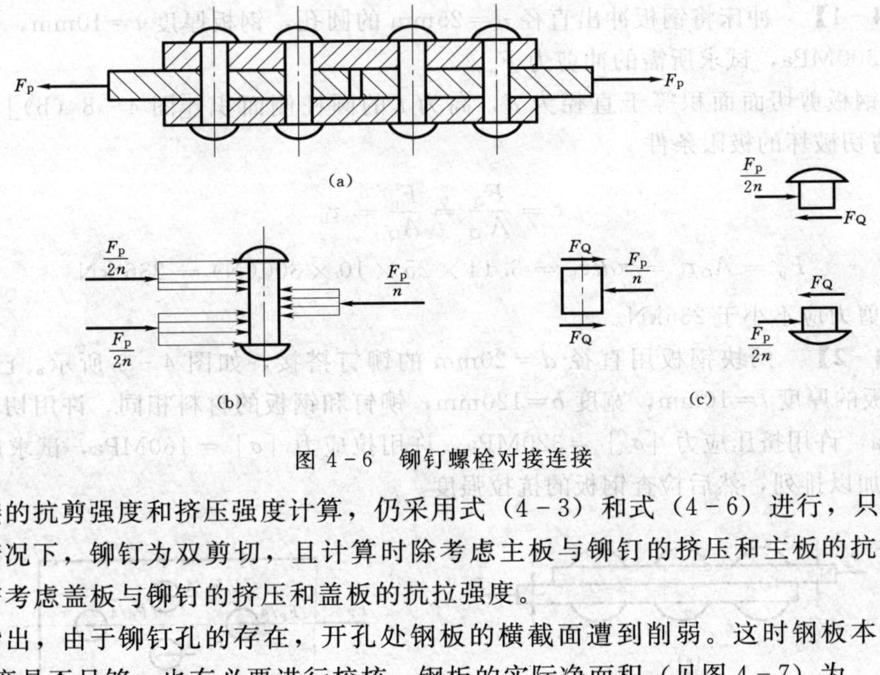

图4－6　铆钉螺栓对接连接

对接的抗剪强度和挤压强度计算，仍采用式（4－3）和式（4－6）进行，只是需要注意这种情况下，铆钉为双剪切，且计算时除考虑主板与铆钉的挤压和主板的抗拉强度之外，尚需考虑盖板与铆钉的挤压和盖板的抗拉强度。

须指出，由于铆钉孔的存在，开孔处钢板的横截面遭到削弱。这时钢板本身的抗拉（压）强度是否足够，也有必要进行校核。钢板的实际净面积（见图4－7）为

$$A_j = (b - nd)t$$

式中　A_j——净截面面积；

b——钢板宽度；

t——钢板厚度；

n——危险截面上排列的铆钉数；

d——铆钉的直径。

于是，钢板不被拉断的强度条件为

$$\sigma = \frac{F_p}{A_j} \leqslant [\sigma] \tag{4-9}$$

上面介绍的实用计算方法，从理论上虽不够完善，但对一般的连接件来说，用这种简化方法进行计算还是比较方便和切合实际的，故到目前为止，在工程计算中，仍被广泛地采用着。

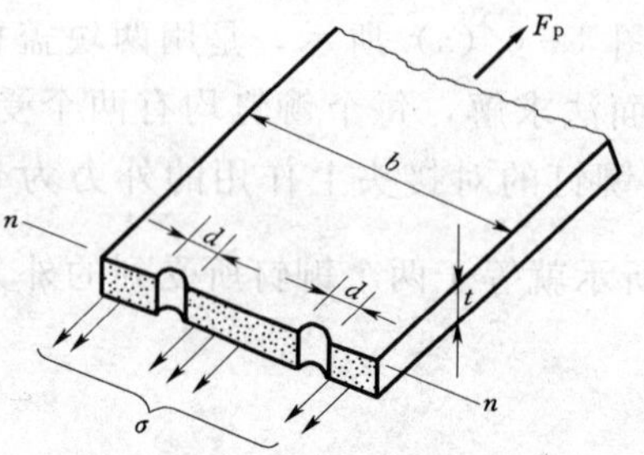

图 4-7 钢板的净面积计算

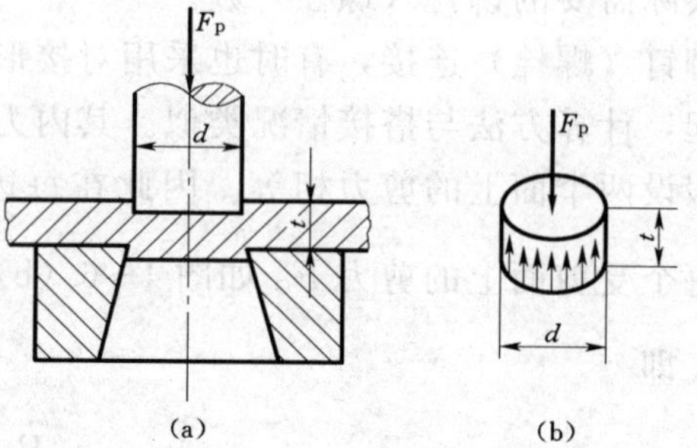

图 4-8 例 4-1 图

【例 4-1】 冲床将钢板冲出直径 $d=25$mm 的圆孔，钢板厚度 $t=10$mm，抗剪强度极限 $\tau_b=300$MPa，试求所需的冲剪力 F_p。

解：钢板剪切面面积等于直径为 d，高为 t 的圆柱侧面积［图 4-8 (b)］即 $A_Q=\pi dt$，按剪切破坏的极限条件

$$\tau = \frac{F_Q}{A_Q} = \frac{F_p}{A_Q} = \tau_b$$

得
$$F_p = A_Q \tau_b = \pi dt \tau_b = 3.14 \times 25 \times 10 \times 300(\text{N}) = 236\ \text{kN}$$

所需的冲剪力应不小于 236kN。

【例 4-2】 两块钢板用直径 $d=20$mm 的铆钉搭接，如图 4-9 所示。已知 $F_p=160$kN，板的厚度 $t=10$mm，宽度 $b=120$mm，铆钉和钢板的材料相同，许用切应力［τ］=140MPa，许用挤压应力［σ_c］=320MPa，许用拉应力［σ］=160MPa，试求所需的铆钉数，并加以排列，然后检查钢板的抗拉强度。

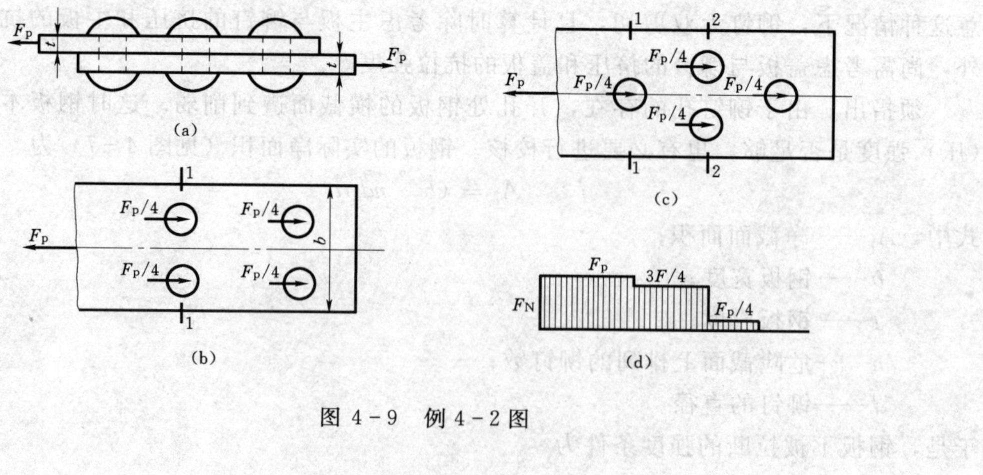

图 4-9 例 4-2 图

解： 设所需的铆钉数为 n，铆钉受单剪切，由于铆钉直径相同。可以假定各铆钉所承受的剪力相同，且剪力沿各剪切面均匀分布，故每个铆钉所受的剪力为 $F_Q=\dfrac{F_p}{n}$

按抗剪强度条件
$$\tau=\frac{F_Q}{A_Q}=\frac{\dfrac{F_p}{n}}{\dfrac{\pi d^2}{4}}\leqslant[\tau]$$

代入数据得
$$n\geqslant\frac{4F_p}{\pi d^2[\tau]}=\frac{4\times160\times10^3}{\pi\times20^2\times140}=3.64$$

按挤压强度条件计算，每个铆钉所承受的挤压力为 $F_c=\dfrac{F_p}{n}$，挤压面积为 $A_c=td$。

按挤压强度条件
$$\sigma_c=\frac{F_c}{A_c}=\frac{\dfrac{F_p}{n}}{td}\leqslant[\sigma_c]$$

代入数据
$$n\geqslant\frac{F_p}{td[\sigma_c]}=\frac{160\times10^3}{10\times20\times320}=2.5$$

所需铆钉数，应同时满足接头处的剪切与挤压的强度要求，故该结构处应按抗剪强度选取铆钉数 $n=4$。

现讨论铆钉的排列方式，排列可分为并列排列和错列排列两种情况。

如将铆钉按图 4-9（b）的并列排列，上板 1—1 截面上的轴力为 F_N，横截面面积为
$$A_1=(b-2d)t$$

此截面为危险截面，其上拉应力为
$$\sigma=\frac{F_N}{A_1}=\frac{F_N}{(b-2d)t}=\frac{160\times10^3}{(120-2\times20)\times10}=200(\text{MPa})>[\sigma]$$

所以这种并列排列钢板的抗拉强度不足。改按图 4-9（c）所示的错列排列，上板的轴力如图 4-9（d）所示，1—1 截面上的拉应力为
$$\sigma_1=\frac{F_N}{(b-d)t}=\frac{160\times10^3}{(120-20)\times10}=160(\text{MPa})=[\sigma]$$

在 2—2 截面，轴力为 $F_{N2}=F_p-\dfrac{F_p}{4}=\dfrac{3}{4}F_p$

板的横截面面积 $A_2=(b-2d)\ t$

板在 2—2 截面上，各点拉应力为
$$\sigma_2=\frac{F_{N2}}{A_2}=\frac{3F_p}{4(b-2d)t}=\frac{3\times160\times10^3}{4\times(120-2\times20)\times10}=150(\text{MPa})<[\sigma]$$

所以满足钢板的抗拉强度要求。故铆钉的排列可按图 4-9（c）所示的错列排列实施。

【例 4-3】 图 4-10 所示一铆接接头。力 $F_p=200\text{kN}$，如材料的许用应力分别为 $[\sigma]=160\text{MPa}$，$[\tau]=120\text{MPa}$，$[\sigma_c]=300\text{MPa}$，$b=200\text{mm}$，$b_1=160\text{mm}$，试校核接头的强度。

解： (1) 铆钉的受力分析。此构件为对接接头，如图 4-10（a）、（b）所示。故每个铆

钉承受的力为$\frac{F_p}{n}$，其中 $n=5$，说明对接口一侧的铆钉数是 5 个，每个铆钉均有两个剪切面。

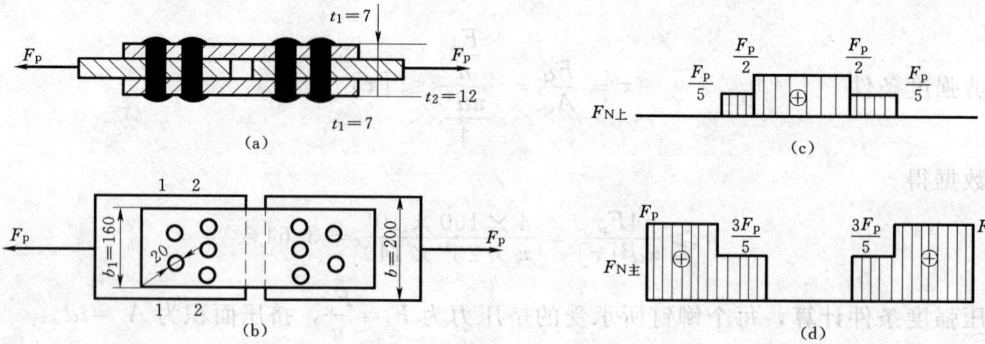

图 4-10　例 4-3 图

(2) 主板与上、下盖板的受力分析。因为每个铆钉承受的剪力 F_Q 相等，主板与上、下盖板的轴力图如图 4-10 (c)、(d) 所示。

(3) 铆钉的抗剪强度计算。铆钉横截面上切应力

$$\tau=\frac{F_p}{2n\frac{\pi d^2}{4}}=\frac{200\times10^3}{2\times5\times\frac{\pi}{4}\times20^2}=63.7(\text{MPa})<[\tau]$$

即铆钉满足抗剪强度要求。

(4) 挤压强度计算。挤压面上的挤压应力

$$\sigma_c=\frac{F_p}{nt_2d}=\frac{200\times10^3}{5\times12\times20}=166.7(\text{MPa})<[\sigma_c]$$

所以主板和铆钉满足挤压强度要求。

(5) 主板和盖板的抗拉强度校核。

主板 1—1 截面上

$$\sigma_{1-1}=\frac{F_{N1}}{A_1}=\frac{F_p}{(b-2d)t_2}=\frac{200\times10^3}{(200-2\times20)\times12}=104(\text{MPa})<[\sigma]$$

主板 2—2 截面上

$$\sigma_{2-2}=\frac{F_{N2}}{A_2}=\frac{\frac{3F_p}{5}}{(b-3d)t_2}=\frac{\frac{3}{5}\times200\times10^3}{(200-3\times20)\times12}=71.4(\text{MPa})<[\sigma]$$

所以主板的抗拉强度足够。

盖板 1—1 截面上

$$\sigma_{1-1}=\frac{\frac{F_p}{5}}{(b_1-2d)t_1}=\frac{\frac{200\times10^3}{5}}{(160-2\times20)\times7}=47.6(\text{MPa})<[\sigma]$$

盖板 2—2 截面上

$$\sigma_{2-2}=\frac{\frac{F_p}{2}}{(b_1-3d)t_1}=\frac{\frac{200\times10^3}{2}}{(160-3\times20)\times7}=143(\text{MPa})<[\sigma]$$

所以盖板的抗拉强度足够。

第三节　焊接的实用计算

钢结构中构件的连接常用焊接（Jointing）的方法，主要是施工简便以及可避免铆钉孔对构件截面的削弱。焊接形式有对接与搭接（见图 4-11）两种。焊缝可分为对接焊缝和角焊缝。当受力方向与焊缝的长度方向垂直时的角焊缝称为正面角焊缝（也叫端焊缝），当受力方向与焊缝的长度方向平行时的角焊缝称为侧面角焊缝（也叫侧焊缝），如图 4-11 所示。

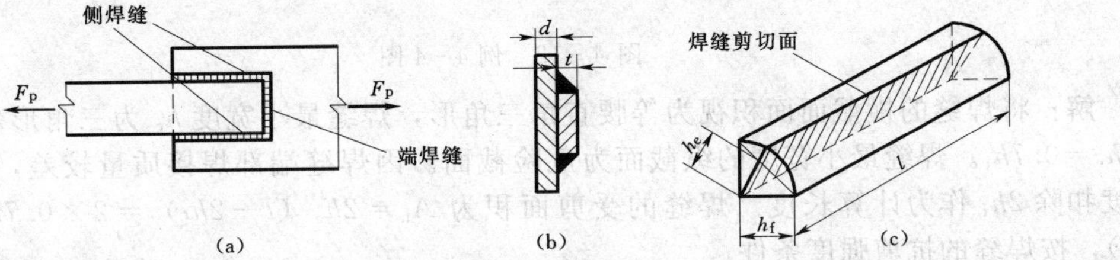

图 4-11　角焊缝

一、对接焊缝的强度计算

对接用来连接同一平面内的构件。对接焊缝主要承受轴向拉伸或压缩。

计算焊缝应力时，假定焊缝与被焊构件一样，应力是均匀分布的。计算焊缝的面积时，不考虑焊缝凸出部分，并且因焊缝端部的焊接质量较差，通常将焊缝实际长度减去 $2t$，所以焊缝强度条件为

$$\sigma = \frac{F_p}{(b-2t_{min})t_{min}} \leqslant [\sigma_h] \tag{4-10}$$

式中　σ——焊缝应力；

t_{min}——取两块钢板厚度的较小者；

b——焊缝实际长度，即钢板实际宽度，$(b-2t)$ 为焊缝计算长度；

$[\sigma_h]$——焊缝材料的许用拉（压）应力，可查有关手册。

二、搭接焊缝的强度计算

搭接是一个构件搭在另一个构件上，在边缘焊成三角形焊缝的连接方式如图 4-11所示。这种焊缝称角焊缝。

根据实验结果，角焊缝在轴向力作用下是沿着焊缝截面面积最小的截面发生剪切破坏如图 4-11（c）所示。计算时，可以认为角焊缝横截面是一等腰直角三角形，直角边边长为 h_f 称为焊脚尺寸。则最小宽度 h_e 称为焊缝有效厚度。即 $h_e = h_f \cos 45° \approx 0.7h_f$。

焊缝最小截面面积为 $0.7h_f l$，故其抗剪强度条件为

$$\tau = \frac{F_p}{0.7h_f l} \leqslant [\tau_h] \tag{4-11}$$

式中　τ——焊缝内的切应力；

$[\tau_h]$——焊缝材料的许用切应力；

l——角焊缝的总计算长度，每条焊缝的计算长度为实际长度减去 $2h_f$。

【例 4-4】 两块钢板用角焊缝连接如图 4-12 所示。已知板的许用应力 $[\sigma]=160\text{MPa}$，焊缝的许用切应力 $[\tau_h]=100\text{MPa}$，板宽 $b=100\text{mm}$，厚度 $t=15\text{mm}$，焊缝实际长度 $l=120\text{mm}$，焊脚尺寸 $h_f=15\text{mm}$，试求许可载荷 F_p。

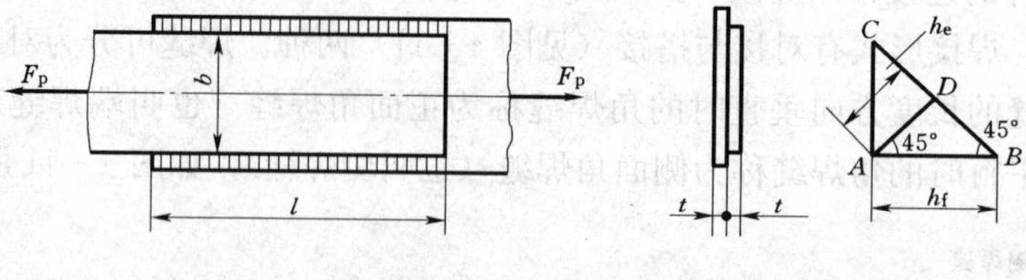

图 4-12 例 4-4 图

解： 将焊缝的横截面面积视为等腰直角三角形，焊缝最小宽度 h_e 为三角形斜边的高，即 $h_e=0.7h_f$。焊缝最小宽度的纵截面为危险截面。因焊缝端部焊接质量较差，故将焊缝长度扣除 $2h_f$ 作为计算长度。焊缝的受剪面积为 $A_h=2h_e(l-2h_f)=2\times0.7h_f\times(l-2h_f)$，按焊缝的抗剪强度条件

$$\tau=\frac{F_p}{A_h}\leqslant[\tau_h],\text{则 } F_p\leqslant[\tau_h]A_h$$

所以 $F_p\leqslant2\times0.7h_f(l-2h_f)[\tau_h]=2\times0.7\times15\times(120-2\times15)\times100\ (\text{N})=189\text{kN}$，按钢板的抗拉强度条件

$$F_p\leqslant A[\sigma]=b\times t\times[\sigma]=100\times15\times160(\text{N})=240(\text{kN})$$

所以，许可载荷为两者中的较小者，即 $F_p=189\text{kN}$。

小 结

本章主要讨论了连接件的剪切计算，重点介绍了剪切、挤压和焊接的实用计算，是材料力学的基本内容，是需要掌握的部分，本章的主要内容如下：

1. 剪切的特点：作用于连接件两侧的力垂直于连接件的轴线，其大小相等、方向相反，并且作用线距离很近，使连接件的两部分沿受剪面发生相对错动的变形。工程中的连接件如螺栓、铆钉、销钉、键和焊缝等都是承受剪切的构件。

2. 剪切的实用计算

$$\tau=\frac{F_Q}{A_Q}=\frac{\dfrac{F_p}{n}}{\dfrac{\pi d^2}{4}}$$

式中 τ——名义切应力。与剪切面 A_Q 相切；

d——连接件的直径。

3. 伴随着剪切，必定有挤压现象，在外力作用下，连接件和被连接件之间，在接触面上相互压紧，这就是挤压现象。

挤压的实用计算

$$\sigma_c=\frac{F_c}{A_c}=\frac{\dfrac{F_p}{n}}{dt}$$

式中 σ_c——名义挤压应力，是正应力；

A_c——挤压面积；

d——铆钉、螺栓等连接件的直径；

t——两侧被连接件较小厚度。

由于铆钉孔的存在，开孔处钢板的横截面遭到削弱，这时钢板本身的抗拉强度是否满足要求，也有必要进行校核。即

$$\sigma = \frac{F_p}{A_j} \leqslant [\sigma]$$

式中 A_j——净截面面积，$A_j = (b - nd)t$；

b——钢板宽度；

t——较薄钢板厚度；

n——危险截面上排列的铆钉数；

d——铆钉的直径；

$[\sigma]$——钢材的抗拉（压）许用应力。

4. 由于焊接方法和焊接技术的迅速发展，工程中大量采用焊接连接，焊缝的形式分为对接焊缝和搭接角焊缝，则焊缝的实用计算分

对接焊缝 $$\sigma = \frac{F_p}{(b - 2t_{min})t_{min}} \leqslant [\sigma_h]$$

式中 σ——焊缝应力；

t_{min}——取两块钢板厚度的较小者；

$[\sigma_h]$——焊缝材料的许用拉应力。

搭接焊缝

$$\tau = \frac{F_p}{0.7h_f l} \leqslant [\tau_h]$$

式中 τ——焊缝内切应力；

l——角焊缝的总计算长度，每条焊缝的实际长度减去 $2h_f$；

$[\tau_h]$——焊缝材料的许用切应力。

习 题

4-1 夹剪如题 4-1 图所示，销子 C 的直径 $d=5$mm，当加力 $F_p=0.2$kN，剪直径与销子直径相同的铜丝 A 时，求铜丝 A 与销子 C 横截面上的平均切应力，已知 $a=30$mm，$b=150$mm。

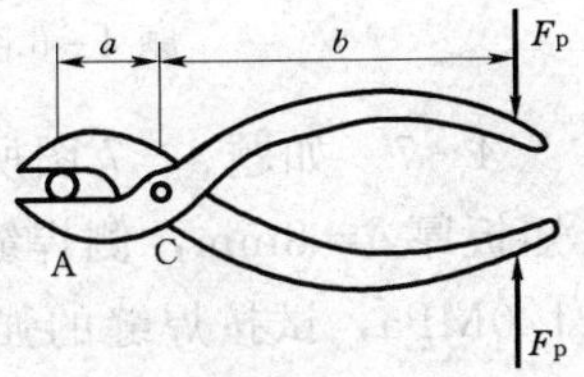

题 4-1 图

4-2 试校核题 4-2 图示拉杆头部的抗剪强度和挤压强度，已知 $D=32$mm，$d=20$mm，$h=12$mm，杆的许用切应力 $[\tau]=100$MPa，许用挤压应力 $[\sigma_c]=240$MPa。

4-3 水轮发电机组卡环的尺寸如题 4-3 图所示，已知轴向载荷 $F_p=1450$kN，卡环材料的许用切应力 $[\tau]=80$MPa，许用挤压应力 $[\sigma_c]=150$MPa，试对卡环进行强度

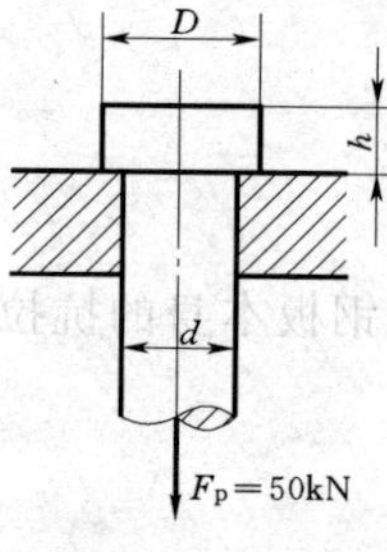

题 4-2 图

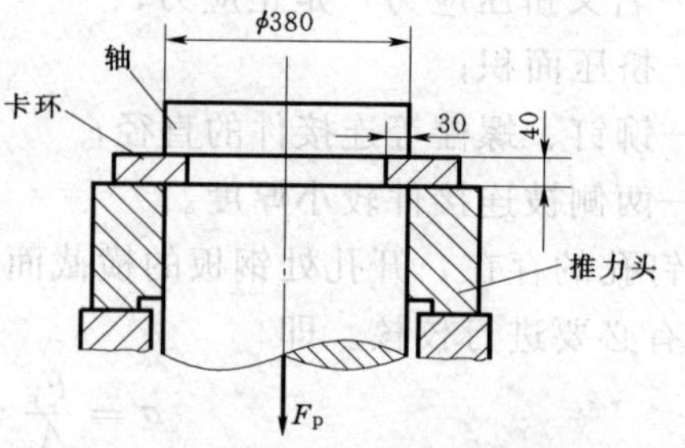

题 4-3 图

校核。

4-4　题 4-4 图示螺栓接头，$F_p=40kN$，螺栓的许用切应力 $[\tau]=130MPa$，许用挤压应力 $[\sigma_c]=300MPa$。试按强度条件计算螺栓所需的直径。

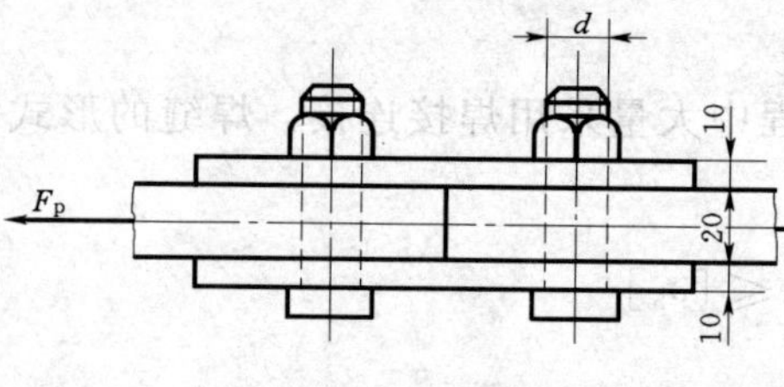

题 4-4 图

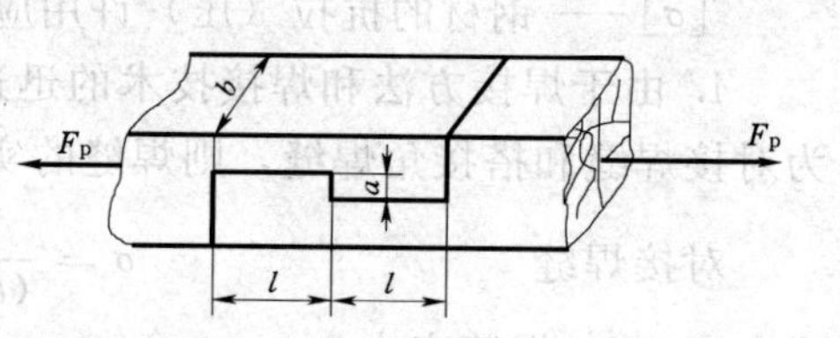

题 4-5 图

4-5　矩形截面的木拉杆接头如题 4-5 图所示，轴向拉力 $F_p=50kN$，截面宽度 $b=250mm$，木材的顺纹许用挤压应力 $[\sigma_c]=10MPa$，顺纹的许用切应力 $[\tau]=1MPa$，试求接头处所需的尺寸 l 和 a。

4-6　两矩形截面木杆，用两块钢板连接如题 4-6 图所示，如截面的宽度 $b=250mm$，沿拉杆顺纹方向承受轴向拉力 $F_p=50kN$，木材的顺纹许用挤压应力 $[\sigma_c]=10MPa$，顺纹许用切应力 $[\tau]=1MPa$，求接头处所需的尺寸 δ 和 l。

题 4-6 图

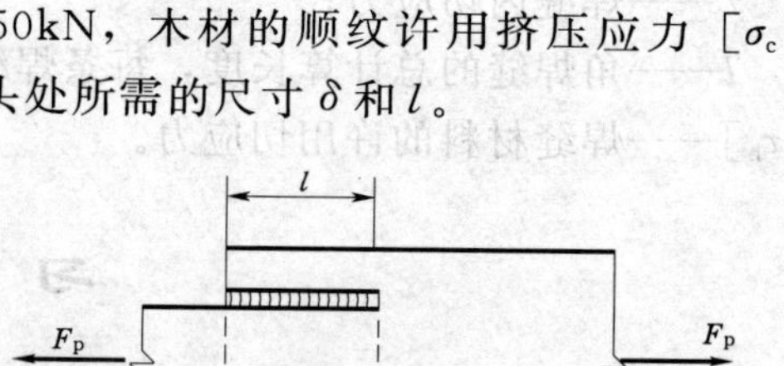

题 4-7 图

4-7　如题 4-7 图所示，两块宽度不同的钢板由角焊缝搭接，受轴向拉力 F_p 作用，已知板厚 $\delta=8mm$，侧焊缝长 $l=130mm$，焊脚尺寸 $h_f=\delta$，焊缝材料的许用切应力 $[\tau_h]=120MPa$，试按焊缝的强度条件求许可拉力。

第五章 扭 转

第一节 扭 转 的 概 念

在工程中常会遇到这样一类直杆，它所受到的外力经简化后，其主要组成部分之一是作用在垂直于杆轴线的平面内的力偶。我们将杆件受作用面垂直于其轴线的力偶作用，从而发生横截面绕杆轴线相对转动的变形，称为杆件的扭转（Torsion）。

扭转是杆件变形的基本形式之一。描述扭转变形可以采用杆中两个横截面绕轴线相对转动而产生的角位移 φ，如图 5-1 所示。φ 称为扭转角（Angle of twist）。

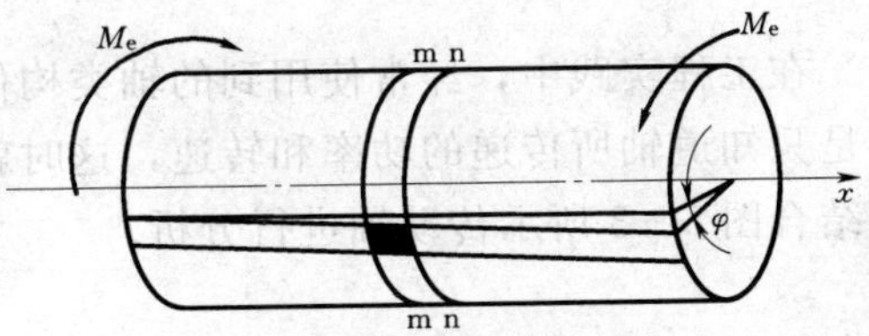

图 5-1 圆轴扭转

在工程实际中受扭转的构件有许多种，如汽车方向盘上的转向轴［见图 5-2（a）］，钻机上的钻杆水轮发电机的主轴［见图 5-2（b）］，机器中的传动轴［见图 5-2（c）］，桥梁及厂房等空间结构中的某些构件等。这些

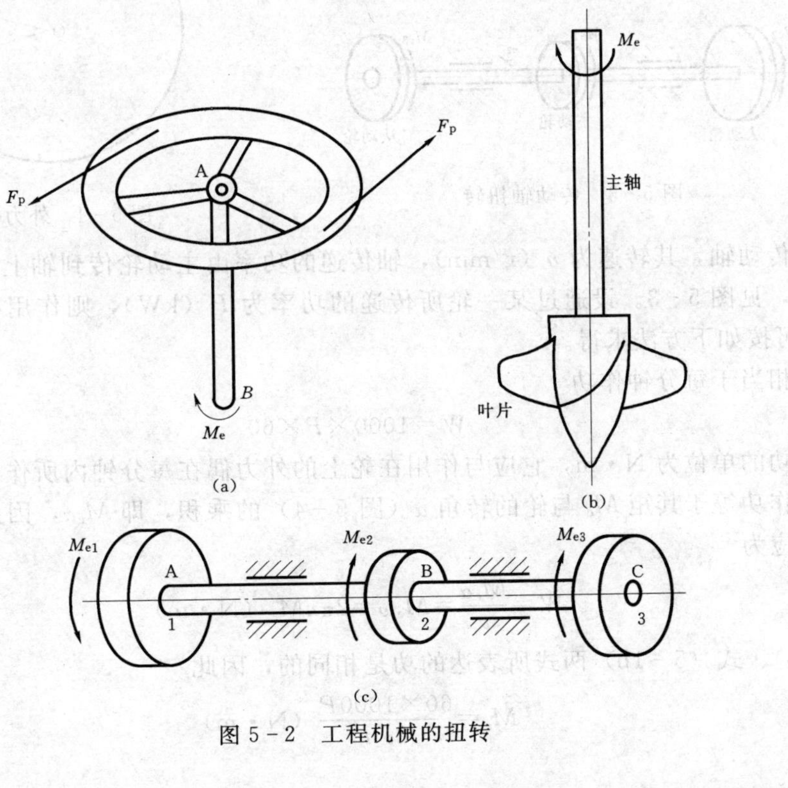

图 5-2 工程机械的扭转

杆件在工作时，都会发生扭转变形或以扭转为主要的变形形式。习惯上把以扭转为主要变形形式的杆件称为轴（Axle）。在各种工程机械中，轴是最常见的构件之一。

工程中轴类构件多数具有实心或空心的圆形横截面，因此研究圆形横截面杆件的扭转变形和破坏规律尤为重要。本书将主要讨论圆截面杆件的扭转问题，由于圆截面的等直杆在变形后横截面仍为平面，对这类杆可以用材料力学的方法来求解，它是扭转问题中最简单的情况。而对于非圆截面的杆件，由于它在扭转时横截面将发生翘曲，因而，不可能再按平面假设来确定其横截面上切应力的变化规律，用材料力学的方法就不可能对这类问题求解了。本章只作一个简要的介绍。

第二节　外力偶矩和扭矩

一、外力偶矩的计算

在工程实践中，经常使用到的轴类构件发生扭转变形的外力偶矩往往并不直接给出，而是只知道轴所传递的功率和转速，这时就要通过换算来求得轴发生扭转的外力偶矩。下面结合图 5－3 所示传动轴进行分析。

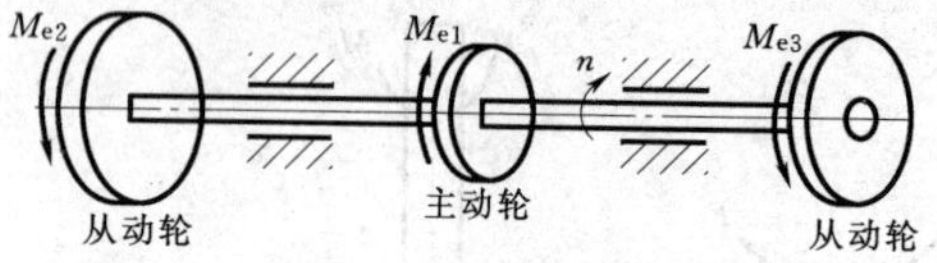

图 5－3　传动轴扭转

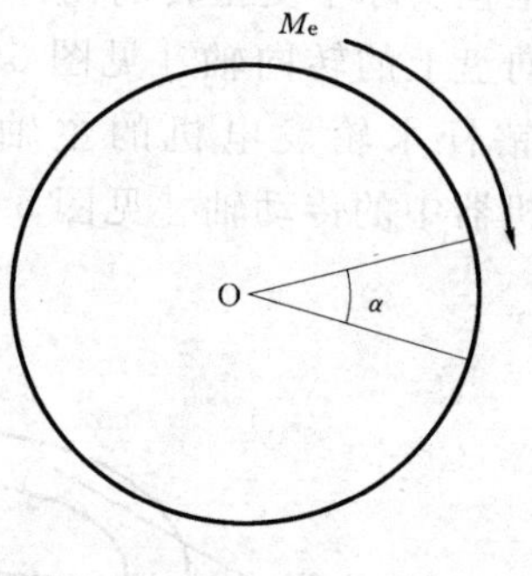

图 5－4　外力偶做功

设一传动轴，其转速为 n（r/min），轴传递的功率由主动轮传到轴上，再通过从动轮分配出去，见图 5－3。设通过某一轮所传递的功率为 P（kW），则作用在此轴上的外力偶矩 M_e 可按如下方法求得。

P 的功率相当于每分钟作功

$$W=1000\times P\times 60 \qquad (5-1a)$$

这里功的单位为 N·m，它应与作用在轮上的外力偶在每分钟内所作的功相等。由于外力偶所作功等于其矩 M_e 与轮的转角 α（图 5－4）的乘积，即 $M_e\alpha$，因此，外力偶每分钟所作功应为

$$W=\frac{M_e\alpha}{t}=M_e\omega=2\pi nM_e\ (\text{N}\cdot\text{m}) \qquad (5-1b)$$

式（5－1a）、式（5－1b）两式所表达的功是相同的，因此

$$M_e=\frac{60\times 1000P}{2\pi n}\ (\text{N}\cdot\text{m}) \qquad (5-2a)$$

$$或\ M_e = 9.55\frac{P}{n}\ (kN \cdot m) \qquad (5-2b)$$

式中 P 的单位为 kW。

工程计算中有时采用公制单位马力，由于 1kW=1.36 马力，则有 1 马力=0.7355kW，故有

$$M_e = 7.02\frac{P}{n}\ (kN \cdot m) \qquad (5-3)$$

式中 P 的单位为马力。

应用式（5-2）或式（5-3），可以很方便地计算出作用在轴上的外力偶矩。

在确定外力偶的转向时，应注意到主动轮上的外力偶的转向与轴的转向方向相同，而从动轮上的外力偶的转向则与轴的转动方向相反；这是因为从动轮上的外力偶是阻力。例如图 5-3 所示传动轴中，外力偶 M_{e1} 的转向与轴的转动方向相同，而外力偶矩 M_{e2} 和 M_{e3} 的转动则与轴的转动方向相反。

二、扭矩及其计算

当作用在轴上的所有外力偶矩都确定之后，即可以应用截面法来确定横截面上的内力。根据力偶只能与力偶平衡，横截面上的内力只能是内力偶矩，简称扭矩（Torque），用 M_x 表示。

以图 5-5（a）所示的轴为例来说明：

设作用在杆上的外力偶分别为：$M_{e1}=6M$，$M_{e2}=M$，$M_{e3}=2M$，$M_{e4}=3M$，应用截面法将杆在横截面Ⅰ—Ⅰ处将杆假想的截开，研究其左半段杆［见图 5-5（b）］的平衡，由平衡概念可知，横截面上的内力系的合力一定也是一个力偶矩，从而使每个轴段都保持平衡。

由平衡方程 $$\sum M_x = 0,\ M_{x\mathrm{I}} - M_{e1} + M_{e2} = 0$$

得 $$M_{x\mathrm{I}} = M_{e1} - M_{e2} = 6M - M = 5M$$

此即横截面Ⅰ—Ⅰ上的扭矩值，内力偶的转向则如图 5-5（b）所示。

扭转杆件横截面上内力系所合成的力偶矩称为该横截面处的扭矩。

如果研究其右半段杆件的平衡，则在同一截面上所求得的扭矩与上面得到的在数值上相等但转向却相反［见图 5-5（c）］。这正体现了两段轴之间的相互作用关系。为使从两段杆所求得的同一横截面上的扭矩在正负号上一致，根据杆的变形情况，在材料力学中采用右手螺旋法则来规定扭矩的正负号，即右手四指表示扭矩的转向，拇指则代表扭矩矢量的方向，当矢量方向与截面外法线方向一致时扭矩为正，反之为负。按照这

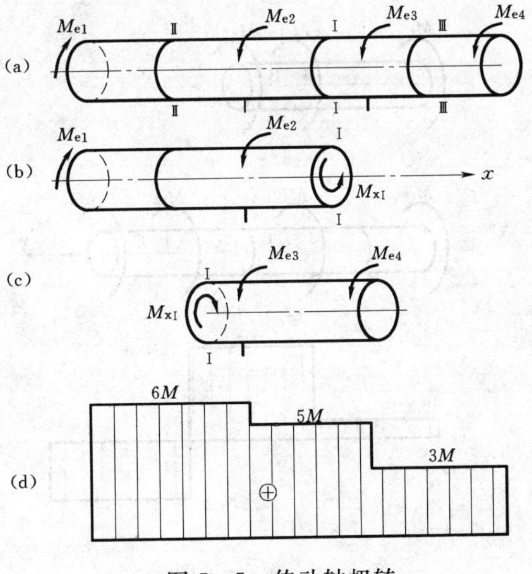

图 5-5　传动轴扭转

一符号规则，图 5－5 中轴的横截面Ⅰ－Ⅰ 处的扭矩，无论从图 5－5（b）还是从图 5－5（c）中求出的结果，其符号都是正的。

如果一根轴上受到多个外力偶矩的作用，则轴上各横截面处的扭矩一般是不同的，这时应将轴分为多段依次截开，反复应用截面法和平衡条件，逐步求出各横截面处的扭矩。

同理，用截面法求得图 5－5（a）中Ⅱ—Ⅱ和Ⅲ—Ⅲ两横截面上的扭矩均为正，其数值分别为

$$M_{x\text{Ⅱ}} = M_{e1} = 6M$$

$$M_{x\text{Ⅲ}} = M_{e4} = 3M$$

在本例中，每一段杆内各横截面上的扭矩分别等于 $M_{x\text{Ⅰ}}$、$M_{x\text{Ⅱ}}$ 和 $M_{x\text{Ⅲ}}$。

【例 5－1】　图 5－6 所示为一根等截面圆轴，左端固定，在Ⅰ、Ⅱ截面上作用着外力偶 $M_{e1}=4\text{kN}\cdot\text{m}$，$M_{e2}=8\text{kN}\cdot\text{m}$，自由端处的外力偶矩 $M_{e3}=3\text{kN}\cdot\text{m}$，试求轴各截面上的扭矩。

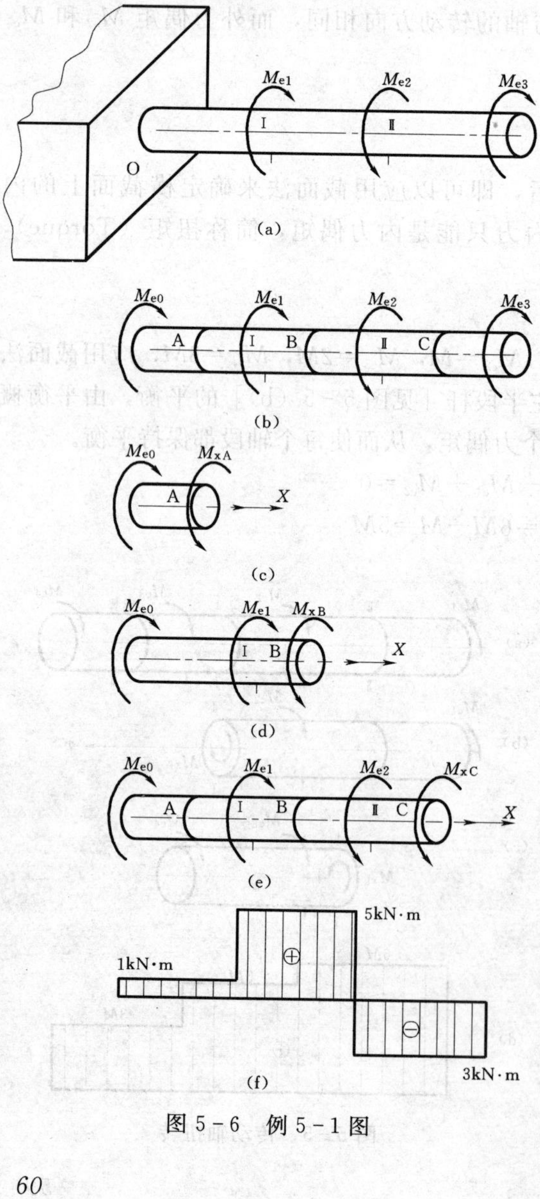

图 5－6　例 5－1 图

解：为方便起见，先由整体平衡方程求出左端约束反力偶 M_{e0}，如图 5－6（b）所示，由

$$\sum M_x = 0$$

得　$$-M_{e0}-M_{e1}+M_{e2}-M_{e3}=0$$

所以 $M_{e0}=M_{e2}-M_{e1}-M_{e3}=1\text{kN}\cdot\text{m}$

依次沿 A、B、C 处将杆截开，如图 5－6（c）、（d）、（e）所示，只取左段研究。

由图 5－6（c）中所示，设 A 截面上扭矩为 M_{xA}，注意 M_{xA} 按正扭矩的方向假设其转向，于是由

$$\sum M_x = 0$$

得　$$M_{eA}=M_{e0}=1\text{kN}\cdot\text{m}$$

类似地由图 5－6（d）、（e）可得

$$M_{eB}=M_{e0}+M_{e1}=5\text{kN}\cdot\text{m}$$

$$M_{xC}=M_{e0}+M_{e1}-M_{e2}=-3\text{kN}\cdot\text{m}$$

同样道理，也可取右端各段来研究，结果是一样的。同时可以看出，在相邻的两个外力偶矩之间的轴段上，各横截面上的扭矩是一样的。

由此例中还可看出：

（1）在假设扭矩方向时应采用“设正”的方法，即按材料力学中规定的正方向假设扭矩的转向，这样由平衡方程算出的扭矩符号将与材料力学的规定一致。

(2) 从上述计算过程中可以得出扭矩计算的一般规则，即轴上任意截面处的扭矩，数值上等于该截面一侧的轴上所有外力偶矩的代数和，其转向与这些外力偶的合力偶矩的转向相反。

三、扭矩图

如果轴上同时作用多个外力偶矩，则不同杆段的横截面上的扭矩一般是各不相同的。为了形象地描述扭矩沿杆轴线的变化规律，以便确定危险截面的位置。在求出轴上各横截面处的扭矩之后，可以作出轴的扭矩图。即以杆的轴线作为横坐标轴，而以各横截面的扭矩作为纵坐标的数值，所得的图形便可直观地表示出扭矩沿轴线的变化规律。这样绘出的图线称为扭矩图 (Diagram of torque)。

【例 5-2】 一传动轴如图 5-7 所示，其转速 $n=300\text{r/min}$，主动轮 A 输入的功率 $P_{k1}=500\text{kW}$，若不计轴承摩擦所耗的功率，三个从动轮输出的功率分别为 $P_{k2}=150\text{kW}$、$P_{k3}=150\text{kW}$ 及 $P_{k4}=200\text{kW}$。试作轴的扭矩图。

解：首先按式 [5-2 (b)] 计算外力偶矩 [见图 5-7 (a)]，则

$$M_{e1}=9.55\frac{P_{k1}}{n}=\frac{9.55}{300}\times500=15.9\ (\text{kN}\cdot\text{m})$$

$$M_{e2}=M_{e3}=9.55\frac{P_{k2}}{n}=\frac{9.55}{300}\times150=4.78(\text{kN}\cdot\text{m})$$

$$M_{e4}=9.55\frac{P_{k4}}{n}=\frac{9.55}{300}\times200=6.37\ (\text{kN}\cdot\text{m})$$

由此轴的计算简图，如图 5-7 (b) 所示，用截面法计算各段轴内的扭矩，扭矩的正负号按前述的规定。先计算 CA 段内任意横截面Ⅱ-Ⅱ，如图 5-7 (b) 所示上的扭矩。沿横截面Ⅱ-Ⅱ将轴截开，并研究左边一段轴的平衡，假设 $M_{x\text{II}}$ 为正值扭矩，如图 5-7 (c)所示，由平衡方程

$$\sum M_x=0,\ M_{e2}+M_{e3}+M_{x\text{II}}=0$$

得　$M_{x\text{II}}=-M_{e2}-M_{e3}=-9.56\text{kN}\cdot\text{m}$

结果为负号，说明 $M_{x\text{II}}$ 应是负值扭矩。

同理，在 BC 段内：$M_{x\text{I}}=-M_{e2}=-4.78\text{kN}\cdot\text{m}$

在 AD 段内 $M_{x\text{III}}=M_{e4}=6.37\text{kN}\cdot\text{m}$

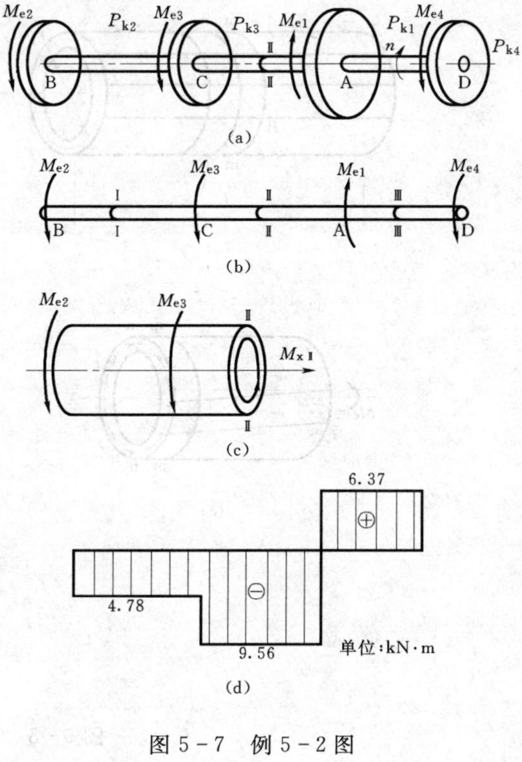

图 5-7　例 5-2 图

根据这些扭矩的数值及其正负号即可作出扭矩图，如图 5-7 (d) 所示，从图可见，最大扭矩 $M_{x\max}$，在 CA 段内，其值为 9.56kN·m。

第三节　薄壁圆筒的扭转和纯剪切的概念

在研究一般圆轴扭转的应力与变形问题之前，先分析它的一个特例，即薄壁圆筒的扭转，并进而介绍纯剪切的有关概念。

一、薄壁圆筒的扭转

当圆筒的筒壁厚度 t 远小于其平均半径 R_0 时，即称为薄壁圆筒（Thin - walled barrel）。在工程中当 $R_0/t \geqslant 10$ 时一般就认为是薄壁圆筒。

取一薄壁圆筒如图 5 - 8（a）所示，其两端面承受产生扭转变形的外力偶矩 M_e［图 5 - 8（b）］，圆筒任一横截面上的内力是扭矩，由截面上的应力与微面积 dA 之乘积的全盛等于截面上的扭矩可知，横截面上的应力只能是切应力。要了解沿横截面圆周上各点处切应力的变化规律并确定各点应力的数值，先要观察和分析其变形情况。为此预先在圆筒表面上用等间距的圆周线和纵向线画出一系列的正方形格。在圆筒两端施加外力偶，扭转后可以发现表面的变形现象有：各圆周线的大小、形状和两条圆周线之间的距离均保持不变，只是绕轴线相对转过了同一个角度，从而使纵向线也倾斜了同一个角度 γ。变形前表面上的矩形 ABCD，变形后成为菱形，如图 5 - 8 所示。

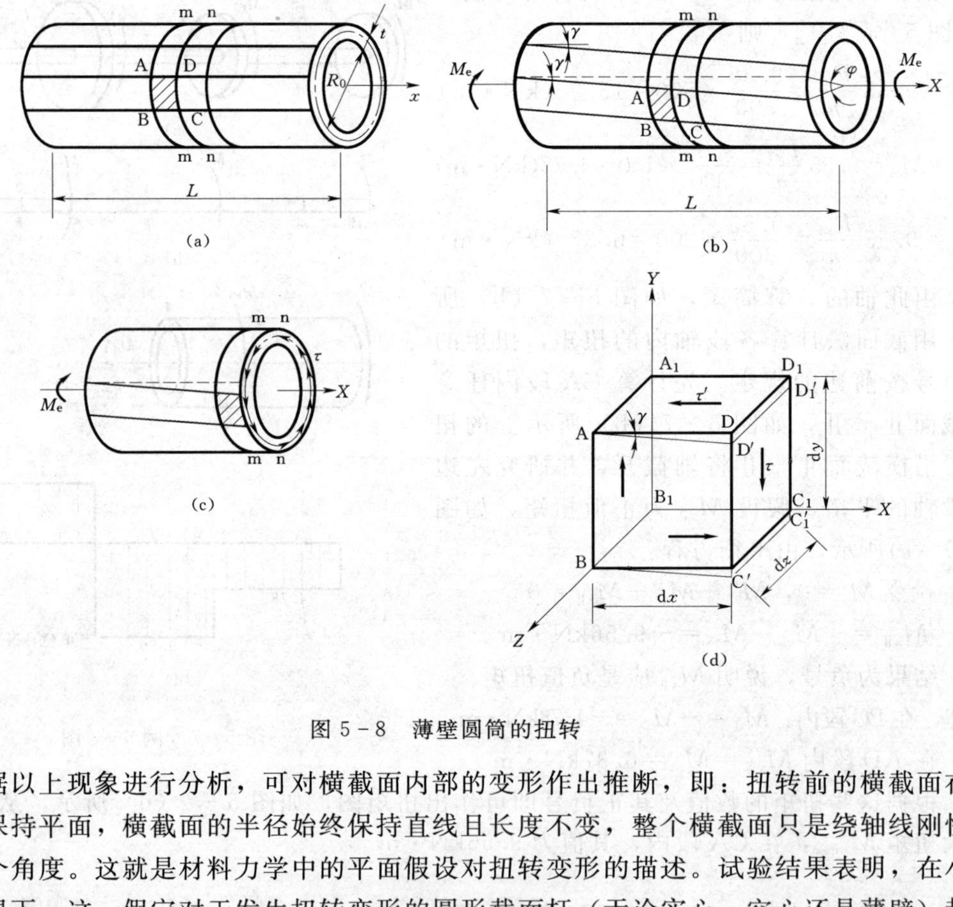

图 5 - 8　薄壁圆筒的扭转

根据以上现象进行分析，可对横截面内部的变形作出推断，即：扭转前的横截面在扭转后仍保持平面，横截面的半径始终保持直线且长度不变，整个横截面只是绕轴线刚性转过了一个角度。这就是材料力学中的平面假设对扭转变形的描述。试验结果表明，在小变形的前提下，这一假定对于发生扭转变形的圆形截面杆（无论实心、空心还是薄壁）都是正确的。

我们再从平面假设的基础上对横截面的应力形式进行分析：①由于横截面之间的距离不变，故而横截面上只有切应力而无正应力；②因为横截面相对转动时的各点位移方向都垂直于半径，所以切应力的方向垂直于半径；③切应力沿圆周方向均匀分布，同一圆周上各点处的切应力都相等；④由于筒壁很薄，可近似认为切应力沿半径方向也是均匀分布的，从而切应力在横截面上均匀分布。这样，扭转切应力在横截面上的分布情况可以由图5-8（c）所示。

至于切应力τ的数值和指向，可由静力学条件确定。因为横截面上切应力的合成结果就是扭矩，所以有

$$\int_A \tau \mathrm{d}A \cdot r$$

式中 $\mathrm{d}A$——面积微元；

$\tau \mathrm{d}A \cdot r$——$\mathrm{d}A$上的切应力对轴线的力矩。

$$\tau = \frac{M_x}{R_0 A} \approx \frac{M_x}{2\pi R_0^2 t} \tag{5-4}$$

薄壁圆筒横截面上扭转切应力的这一计算公式是在假设它们的大小沿径向壁厚不变的情况下导出的。由此引起的误差，在$t/R_0=10\%$时为45%。

再考虑纵向截面上的应力情况，在圆筒的表面处用横截面、径向截面以及与表面平行的面截取一微小的正六面体作为单元体，如图5-8（d）所示。左、右侧面是圆筒横截面的一部分，所以只有切应力而无正应力，切应力可由式（5-4）求出。两面上的切应力数值相等均为τ，方向相反（因为两横截面上的扭矩方向相反）于是组成一个力偶矩为（$\tau \mathrm{d}z\mathrm{d}y$）$\mathrm{d}x$的力偶。为保持平衡，单元体上的上、下两个侧面也必须有切应力τ'，并组成力偶（$\tau' \mathrm{d}z\mathrm{d}x$）$\mathrm{d}y$与力偶（$\tau \mathrm{d}z\mathrm{d}y$）$\mathrm{d}x$相平衡，这两个力偶必须转向相反，而其矩则相等，即

$$(\tau \mathrm{d}z\mathrm{d}y)\,\mathrm{d}x = (\tau' \mathrm{d}z\mathrm{d}x)\,\mathrm{d}y$$

$$\tau = \tau' \tag{5-5}$$

式（5-5）表明，在互相垂直的两个平面上，垂直于截面交线的切应力必须成对存在，且大小相等，方向则同时指向或同时背离此交线。这就是切应力互等定理或切应力成对定理（Theorem of conjugate shearing stress）。该定理具有普遍意义，在同时有正应力的情况下同样成立。前后面表示圆筒的内、外表面，故没有应力。于是根据切应力互等定理可知，纵向截面上的应力应当如图5-8（d）所示。

二、纯剪切的有关概念

1. 纯剪切

单元体各面上只有切应力而无正应力的应力状态称为纯剪切（Shearing state）。薄壁圆筒的扭转是纯剪切的典型例子。从后面可以看到，一般圆筒扭转时，除轴线上的各点外，其他点处的应力状态也是纯剪切。

2. 切应变的概念

单元体在纯剪切的应力状态下，正六面微体将变为平行六面微体，两侧面将发生微小的相对错动而使原来垂直的两个棱边的夹角改变了一个微量γ，如图5-8（d）或图5-9

(a) 所示，显然 γ 是由切应力 τ 引起的。于是就将单元体中直角的改变量 γ 称为切应变 (Shearing strain)。从图 5-8 (b) 中可以看出

$$\gamma=\frac{R\varphi}{l} \tag{5-6}$$

式中　R——圆筒的外半径。

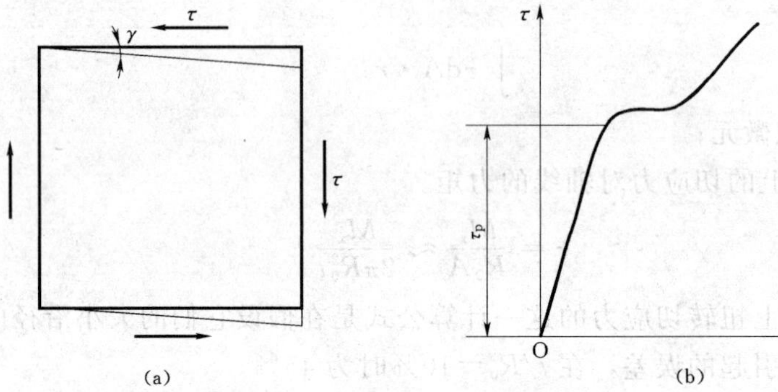

图 5-9　纯剪切及剪切胡克定律

3. 剪切胡克定律

与拉伸实验相似，通过取薄壁圆筒作试件进行纯剪切实验，以研究切应力与切应变之间的关系。实验结果表明，当切应力不超过材料的剪切比例极限 τ_p 时，切应力将与切应变成正比。这就是剪切胡克定律，其数学表达式为

$$\tau=G\gamma \tag{5-7}$$

称为材料的剪切胡克定律。式中，G 为比例常数，称为材料的剪变弹性模量，它是材料的弹性常数之一，用来反映材料的剪切弹性性质。G 的单位是 GPa。钢材的 G 值约为 80GPa。常用工程材料的 G 值可查阅有关手册，图 5-9 (b) 是薄壁圆筒纯剪切试验所得到的应力应变曲线。G 的几何意义是曲线中直线部分的斜率。

第四节　圆轴扭转时的应力与强度条件

一、应力分析

与分析薄壁圆筒扭转问题的方法相似的，在研究实心或空心圆轴扭转时应力在横截面上的分布规律，得出的许多结论也是相同的。例如实验观察到的实心或空心圆轴在扭转时的表面变形现象相同，即扭转后杆件上圆周线的大小、形状和间距都不变，只绕轴线转过一个角度；纵向线倾斜一个微小角度 γ 仍近似为直线，如图 5-10 (a) 所示。既然表面变形现象相同，据此作出的横截面内部变形的推断也应相同，平面假定仍然成立。在此基础上推出的横截面上应力的分布规律也大致相同，如：①横截面上只有切应力而无正应力；②切应力方向垂直于该点的半径方向；③切应力大小沿同一圆周均匀分布等。与薄壁圆筒的扭转不同的是，切应力的数值沿半径方向的分布不再

是均匀的，因为薄壁条件不再存在。于是可知在一般圆轴横截面上的扭转切应力的分析过程中，将有两个因素需要确定：一是切应力沿半径方向的分布规律；二是各点切应力的大小。而可利用的静力学条件只有一个，即力矩的平衡条件。这就是说，所研究问题的性质是超静定的，应当按照超静定问题的求解方法，从变形几何条件、物理条件和静力学条件三方面综合考虑。

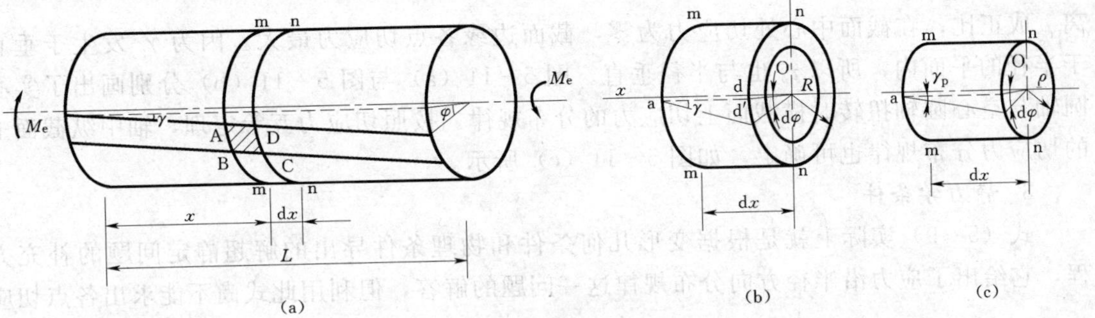

图 5-10　圆轴扭转变形几何条件

1．变形几何条件

由于在普遍形式的受力条件下，圆轴在各横截面处的变形可能是不相同的，所以，要研究任意横截面上的应变变化规律，须从圆轴中用 m-m 和 n-n 截面取出一个长为 dx 的微段，假设m-m截面固定不动，则 n-n 截面像刚性平面一样地绕轴线转动了一个角度 dφ，由于这种截面转动，轴表面上的纵向线倾斜了一个角度 γ 即切应变，如图 5-10（b）所示。由微小变形的几何关系可知

$$\gamma \approx \tan\gamma = \frac{dd'}{ad} = \frac{R\mathrm{d}\varphi}{\mathrm{d}x} = R\frac{\mathrm{d}\varphi}{\mathrm{d}x}$$

这就是圆截面边缘上 d 点的切应变。显然，γ 发生在垂直于半径 d 的平面内，根据变形后横截面仍为平面，半径仍为直线的假设，用相同的方法，若从该微段轴内取出一个半径为 ρ 的微体，则该微体上的切应变 γ_ρ 与扭转角 dφ 之间的关系为

$$\gamma_\rho = \rho\frac{\mathrm{d}\varphi}{\mathrm{d}x} \tag{5-8}$$

式（5-8）表达了等直圆轴横截面上任一点处的切应变随该点在横截面上的位置变化的规律。式中，γ_ρ 表示横截面上半径为 ρ 处的切应变，γ_ρ 也发生于垂直于半径的平面内，$\frac{\mathrm{d}\varphi}{\mathrm{d}x}$ 则表示扭转角 φ 沿杆长度的变化率，当横截面指定后，$\frac{\mathrm{d}\varphi}{\mathrm{d}x}$ 为一个定值。于是式（5-8）表明，扭转圆轴横截面上同一半径 ρ 的圆周上各点处的切应变 γ_ρ 均相等，且其值与该点到轴心的距离成正比。如图 5-10（c）所示。

2．物理条件

要根据式（5-8）找出表达横截面上切应力变化规律的式子，必须引用切应力和切应变间的物理关系式。设轴上的扭转切应力不超过材料的剪切比例极限，即杆件在线弹性范围内工作，则由剪切胡克定律有

$$\tau_\rho = G\gamma_\rho$$

将式（5－8）代入上式得

$$\tau_\rho = G\rho \frac{d\varphi}{dx} \tag{5-9}$$

这就是横截面上切应力变化规律的表达式。式（5－9）中，G 是材料的切应变弹性模量，对指定横截面而言，$G\frac{d\varphi}{dx}$为常数，即横截面上某点处的切应力 τ_ρ 与该点到轴心的距离 ρ 成正比；在截面中心处切应力为零，截面边缘各点切应力最大。因为 γ_ρ 发生于垂直于半径的平面内，所以 τ_ρ 也与半径垂直。图 5－11（a）与图 5－11（b）分别画出了实心圆轴与空心圆轴扭转时横截面上切应力的分布规律。按照切应力互等定理，轴中纵截面上的切应力分布规律也可确定，如图 5－11（c）所示。

3. 静力学条件

式（5－9）实际上就是根据变形几何条件和物理条件导出的解超静定问题的补充方程，它给出了应力沿半径方向分布规律这一问题的解答，但利用此式尚不能求出各点切应力的数值，因为式中的$\frac{d\varphi}{dx}$还未确定。$\frac{d\varphi}{dx}$实际上就是横截面处单位长度轴的两端截面的相对转角，称为单位扭转角。为了求它，需要考虑静力学条件。

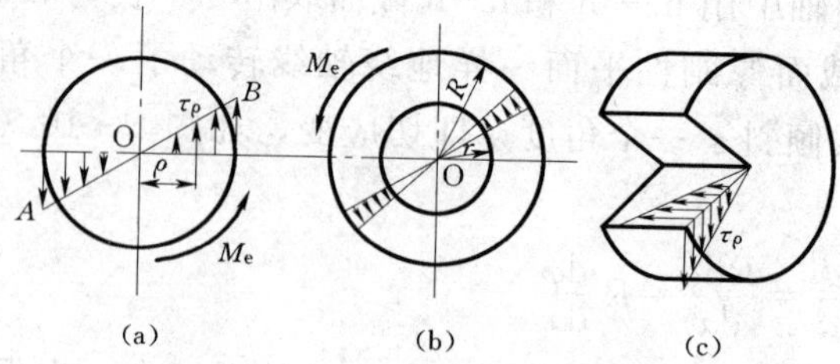

图 5－11　圆轴扭转物理关系

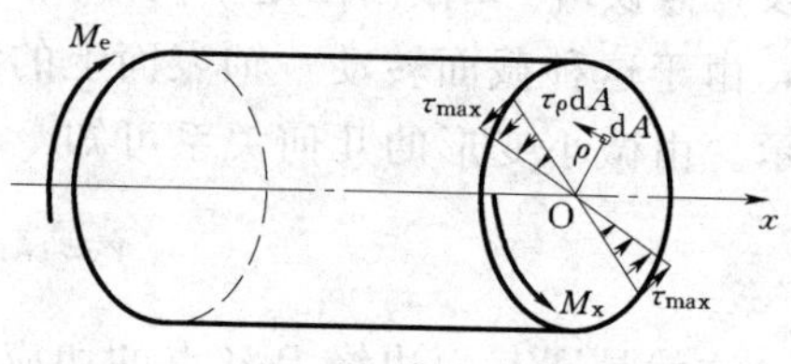

图 5－12　圆轴扭转静力学条件

在横截面上距轴心为 ρ 处任取微面积 dA，则 dA 上切应力的合力 $\tau_\rho dA$ 对轴心之矩为 $\rho\tau_\rho dA$，如图 5－12 所示。于是有横截面上所有微面上的力对轴心之矩之和，即等于截面上的扭矩，即

$$M_x = \int_A \rho(\tau_\rho dA)$$

将式（5－9）代入上式，并注意到 $G\frac{d\varphi}{dx}$为常数，故有

$$M_x = \int_A \rho G \frac{d\varphi}{dx}\rho dA = G\frac{d\varphi}{dx}\int_A \rho^2 dA \tag{5-10a}$$

式中，以 I_ρ 表示式（5－10）中的积分，即

$$I_\rho = \int_A \rho^2 dA \tag{5-11}$$

式中，I_ρ 称为横截面对圆心 O 点的极惯性矩。

式（5－10a）便可写成

$$M_x = GI_\rho \frac{d\varphi}{dx} \tag{5-10b}$$

可得

$$\frac{d\varphi}{dx} = \frac{M_x}{GI_\rho} \tag{5-12}$$

这样就把 $d\varphi/dx$ 与横截面上的扭矩 M_x 联系起来了。将式（5－12）代入式（5－9）就求得了扭转切应力 τ_ρ 的计算公式，即

$$\tau_\rho = \frac{M_x \rho}{I_\rho} \tag{5-13}$$

至此，扭转圆轴上横截面上任一点处的切应力的大小和方向都已求出。至于切应力的指向，可根据扭矩的转向加以判断，如图 5－11 所示。

关于轴上的最大切应力：由图 5－11 及式（5－11）可知，圆轴扭转时的最大切应力发生在轴的外表面处，在式（5－11）中令 $\rho = R$，可得

$$\tau_{max} = \frac{M_x R}{I_\rho} = \frac{M_x}{(I_\rho / R)} \tag{5-14}$$

式中，I_ρ / R 也是横截面的几何参数，称为圆轴的抗扭截面模量（Section modulus of torsion），记为 W_p，即

$$W_\rho = I_\rho / R \tag{5-15}$$

将式（5－15）代入式（5－14），得

$$\tau_{max} = \frac{M_x}{W_\rho} \tag{5-16}$$

需要指出的是式（5－13）的适用范围。首先，它只适用于等直圆轴的扭转，因为该式是以平面假定为基础而导出的，而只有等直圆轴扭转时，平面假定才是正确的。对圆截面沿轴线变化缓慢的小锥变锥形杆，也可以近似地应用。其次，轴的变形必须满足小变形假设，轴中最大的扭转切应力必须不超过材料的剪切比例极限。若不满足上述条件，使用该式将只能得出一些近似的结果，有时会产生很大误差。

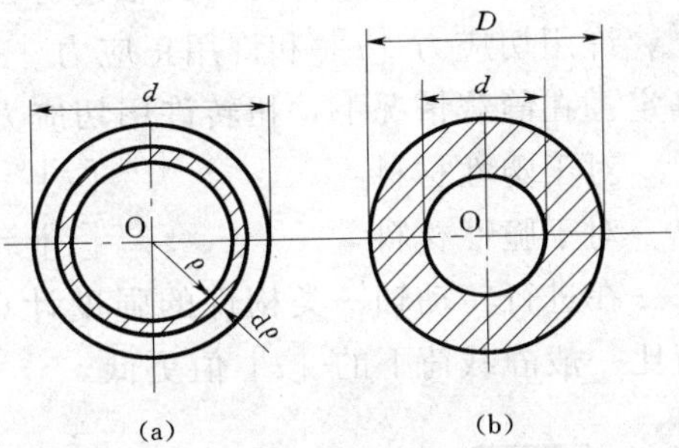

图 5－13　圆轴的极惯性矩

关于极惯性矩 I_ρ 与抗扭截面模量 W_p 的计算：

对于直径为 d 的实心圆截面，可取微面积 dA 为一个半径为 ρ，厚度为 $d\rho$ 的薄壁圆环，如图 5－13 所示，于是按定义式（5－11）有

$$I_\rho = \int_A \rho^2 dA = \int_0^{\frac{d}{2}} \rho^2 (2\pi\rho d\rho) = \frac{\pi d^4}{32} \tag{5-17}$$

从而

$$W_\rho = \left(\frac{\pi d^4}{32}\right) \Big/ \left(\frac{d}{2}\right) = \frac{\pi d^3}{16} \tag{5-18}$$

类似地对于空心圆截面，设外径为 D，内径为 d，则有

$$I_\rho = \int_{d/2}^{D/2} 2\pi\rho^3 d\rho = \frac{\pi}{32}(D^4 - d^4) = \frac{\pi D^4}{32}(1 - \alpha^4) \tag{5-19}$$

式中，$\alpha=d/D$ 称为空心比。

$$W_{\rho}=I_{\rho}/\left(\frac{D}{2}\right)=\frac{\pi D^{3}}{16}\left(1-\alpha^{4}\right) \tag{5-20}$$

二、圆轴扭转时的强度条件

实心或空心圆轴在扭转时，轴内各点均处于纯剪切状态。要保证圆轴扭转时满足强度要求，必须使整根轴上的最大切应力 τ_{max} 不超过材料的许用切应力［τ］，即有

$$\tau_{max}\leqslant[\tau] \tag{5-21}$$

式（5－21）称为圆轴扭转时的强度条件。

对于等截面圆轴，全轴最大切应力 τ_{max} 发生在最大扭矩 M_{xmax} 所在的横截面即危险截面的外边缘各点上，故强度条件（5－21）式中应以这些点即危险点处的切应力为依据。于是上述强度条件可写作

$$\tau_{max}=\frac{M_{xmax}}{W_{\rho}}\leqslant[\tau] \tag{5-22}$$

对于变截面圆轴（如阶梯轴）由于 W_p 不是常量，τ_{max} 并不一定发生于最大扭矩 M_{xmax} 的截面上，因而需要综合考虑扭矩 M_x 与抗扭截面模量 W_p 两个因素而确定危险截面，这时强度条件为

$$\tau_{max}=\frac{M_{x}}{W_{\rho}}\bigg|_{max}\leqslant[\tau] \tag{5-23}$$

根据上述强度条件可对圆轴进行强度计算，即校核强度、选择截面或计算许可载荷。

许用切应力［τ］和许用正应力［σ］的确定类似，可以根据试验并考虑安全系数加以确定。在静载情况下，扭转许用切应力和许用拉应力之间存在下列关系

对于塑性材料 $$[\tau]=(0.5\sim0.6)[\sigma] \tag{5-24a}$$

对于脆性材料 $$[\tau]=(0.8\sim1.0)[\sigma] \tag{5-24b}$$

在进行转动轴一类构件的强度计算时，由于要考虑冲击、振动等因素，所取的［τ］值比一般静载荷下的［τ］值更低。

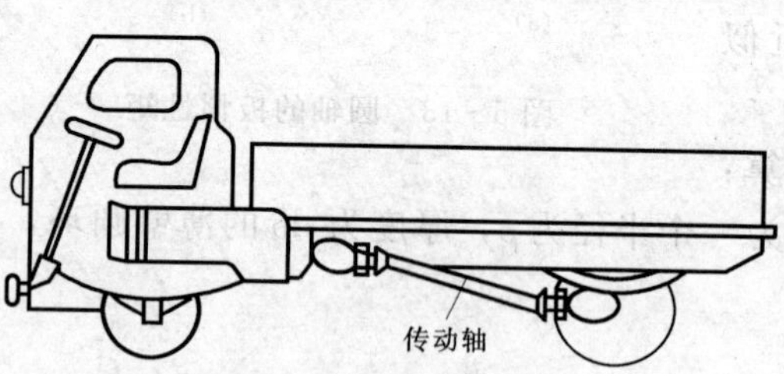

图 5－14 例 5－3 图

【例 5－3】 某汽车传动轴由 45 号钢的无缝钢管制成，钢管外径 $D=90$mm，壁厚 $t=2.5$mm，如图 5－14 所示。工作时的最大扭矩为 $M_x=1.5$kN·m。已知材料的［τ］$=60$MPa，试较核该轴的扭转强度。

解：计算传动轴抗扭截面模量

$$\alpha=\frac{d}{D}=\frac{90-2\times2.5}{90}=0.944$$

$$W_{\rho}=\frac{\pi D^{3}}{16}\left(1-\alpha^{4}\right)=\frac{\pi\times90^{3}}{16}\left(1-0.944^{4}\right)=29400\ (\text{mm}^{3})$$

轴的最大切应力为

$$\tau_{\max}=\frac{M_x}{W_\rho}=\frac{1.5\times10^3}{29400\times10^{-9}}=51\ (\text{MPa})<[\tau]$$

所以，该轴的强度足够。

【例 5－4】 如把上例中的传动轴改为实心轴，要求它与原来的空心轴强度相同。(1) 试设计实心圆轴截面的直径 D_1；(2) 比较实心轴和空心轴的重量并讨论 α 对重量比的影响。

解：(1) 因为要求与例 5－3 中的空心轴强度相同，故实心轴的最大切应力也应为 51MPa，即

$$\tau_{\max}=\frac{M_x}{W_\rho}=\frac{1.5\times10^3}{\frac{\pi}{16}D_1^3}=51\times10^6\ (\text{Pa})$$

实心轴直径为

$$D_1=\sqrt[3]{\frac{1.5\times10^3\times16}{\pi\times51\times10^6}}=0.0531\ (\text{m})$$

(2) 由同一材料制成的长度相同的轴，其重量比等于截面积之比，实心轴横截面面积是

$$A_1=\frac{\pi D_1^2}{4}=\frac{\pi\times0.0531^2}{4}=22.2\times10^{-4}\ (\text{m}^2)$$

例 5－3 中空心轴的横截面面积为

$$A_2=\frac{\pi}{4}(D^2-d^2)=\frac{\pi D^2}{4}(1-\alpha^2)=\frac{\pi}{4}(90^2-85^2)\times10^{-6}=6.87\times10^{-4}\ (\text{m}^2)$$

所以两轴重量之比为

$$\beta=\frac{A_2}{A_1}=\frac{6.87}{22.2}=0.31$$

可见在载荷相同的条件下，空心轴的重量只为实心轴的 31%。

将重量之比 β 写成通式，有

$$\beta=\frac{A_2}{A_1}=\frac{\frac{\pi D^2}{4}(1-\alpha^2)}{\frac{\pi}{4}D_1^2}$$

式中，D 和 D_1 可表示为

$$D\geqslant\sqrt[3]{\frac{16M_x}{\pi(1-\alpha^2)[\tau]}}$$

$$D_1\geqslant\sqrt[3]{\frac{16M_x}{\pi[\tau]}}$$

则

$$\beta=\frac{1-\alpha^2}{(1-\alpha^2)^{2/3}}=(1-\alpha^2)^{1/3}$$

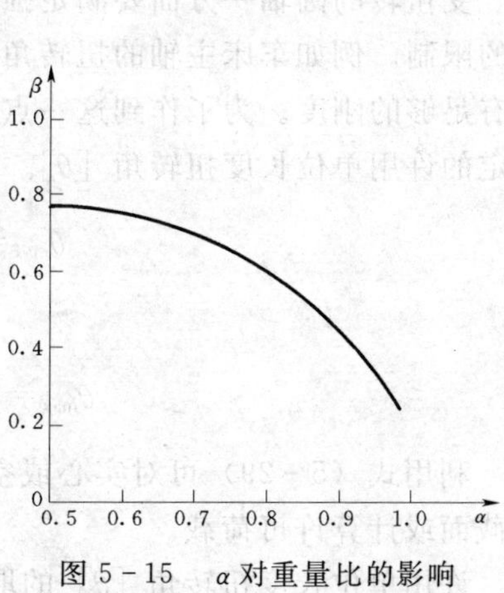

图 5－15　α 对重量比的影响

画出 β 与 α 的关系如图 5－15 所示。由图 5－15 可见，重量比随 α 的增大而减小，主要原因是因为横截面上的切应力沿半径按线形规律分布，圆心附近的应

力很小，材料没有充分发挥作用，若把轴心附近的材料向边缘移置，使其成为空心轴，增大了 I_ρ 和 W_ρ，提高了轴的强度。当然，也不能无限制地增加空心轴的内径，减小轴壁的厚度，这样会导致轴体失稳等许多问题。

第五节 圆轴扭转时的变形和刚度条件

前面指出，圆轴扭转时两横截面之间因绕轴线相对转动而产生的相对转角，称为扭转角（Angle of twist），可以用它来度量圆轴的扭转变形。通过式（5-12）可知，轴中单位长度轴段上的扭转角（Angle of twist per unit length of a shaft）即单位扭转角 θ 可写成

$$\theta=\frac{\mathrm{d}\varphi}{\mathrm{d}x}=\frac{M_x}{GI_\rho}$$

于是，长为 $\mathrm{d}x$ 的轴段之间两横截面的相对转角为

$$\mathrm{d}\varphi=\frac{M_x}{GI_\rho}\mathrm{d}x \tag{5-25}$$

因而对于横截面的极惯性矩 I_ρ（x）、扭矩 M_x（x）为函数，圆轴上相距为 l 的两横截面间的扭转角 φ（单位为弧度 rad）可表示成

$$\varphi=\int_l \frac{M_x(x)}{GI_\rho(x)}\mathrm{d}x \tag{5-26}$$

这就是计算扭转角的公式，其中 GI_ρ 称为轴的抗扭刚度（Torsion stiffness），此值反映圆轴抵抗扭转变形的能力。此值越大，则扭转角 φ 越小。G 一般不沿轴线变化。

对于分段等截面直圆轴，即阶梯圆轴，若各段内扭矩为常数，则可先分别计算出各段轴的扭转角，然后求其代数和即得整段轴的扭转角

$$\varphi=\sum_{i=1}^{n}\frac{M_{xi}l_i}{GI_{\rho i}} \tag{5-27}$$

对于等截面直圆轴，若两横截面之间的扭矩不变，则有

$$\varphi=\frac{M_x l}{GI_\rho} \tag{5-28}$$

受扭转的圆轴一方面要满足强度条件，同时在工程实际中还常常对其扭转变形提出一定的限制。例如车床主轴的扭转角过大，将引起扭转振动，影响加工精度。因此，轴还要具有足够的刚度。为了作到这一点，通常规定轴上单位长度扭转角的最大值 θ_{max} 不得超过规定的许用单位长度扭转角 [θ]。于是扭转圆轴的刚度条件可以写成

$$\theta_{max}=\left.\frac{M_x}{GI_\rho}\right|_{max}\leqslant[\theta]\ (\mathrm{rad/m}) \tag{5-29a}$$

或

$$\theta_{max}=\left.\frac{M_x}{GI_\rho}\right|_{max}\times\frac{180}{\pi}\leqslant[\theta]\ (^\circ/\mathrm{m}) \tag{5-29b}$$

利用式（5-29）可对实心或空心圆截面的等直杆进行扭转刚变计算，即刚变校核选择截面或计算许可荷载。

许用单位长度扭转角 [θ] 的取值，常根据作用在轴上的荷载性质及轴的工作条件加

以规定，例如对精密机器的轴，$[\theta]=(0.25\sim0.50)°/m$；一般传动轴，$[\theta]=(0.5\sim1.0)°/m$；精度要求较低的轴，$[\theta]=(1\sim2.5)°/m$。各种具体情况下 $[\theta]$ 的取值可从有关手册中查出。

应用刚度条件，与强度条件一样，可以解决轴的扭转刚度校核、截面设计、确定许可载荷等三方面的问题。

【例 5-5】　一传动轴为实心等截面圆轴，转速 $n=300\text{r/min}$，主动轮输入功率为 $P_1=500\text{kW}$，三个从动轮输出的功率分别为 $P_2=150\text{kW}$，$P_3=150\text{kW}$ 和 $P_4=200\text{kW}$。轴直径 $d=110\text{mm}$，各轮之间的距离均为 $l=2\text{m}$，如图 5-16（a）所示。若轴材料的许用切应力 $[\tau]=40\text{MPa}$，切变弹性模量 $G=80\times10^3\text{MPa}$，该轴许用扭角 $[\theta]=0.5°/m$，试校核轴的强度及刚度，并计算轴两端截面的相对扭角。

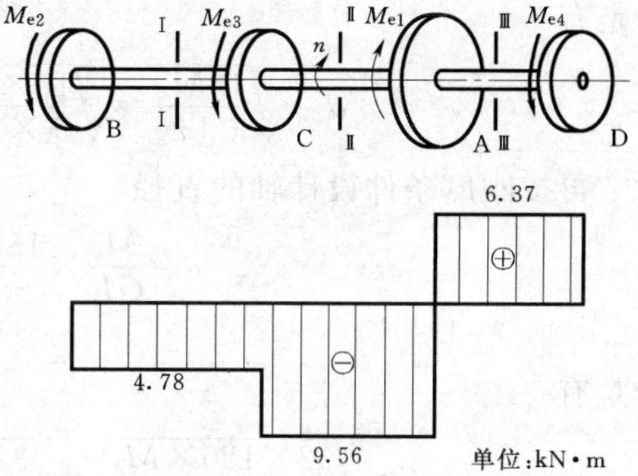

图 5-16　例 5-5 图

解：首先按式（5-2）计算出轴上的外力偶。

由例 5-2 可知

$$M_{eA}=15.9\text{kN}\cdot\text{m},\ M_{eB}=M_{eC}=4.78\text{kN}\cdot\text{m},\ M_{eD}=6.37\text{kN}\cdot\text{m}$$

根据以上数据，可画出该轴的扭矩图，见图 5-16（b）。其中最大扭矩的绝对值为

$$|M_x|_{max}=9.56\text{kN}\cdot\text{m}$$

最大扭矩发生在轴的 CA 段内，于是该段轴内的各横截面为轴的危险截面。

先进行轴的强度校核，由于

$$\tau_{max}=\frac{|M_x|_{max}}{W_\rho}=\frac{9.56\times10^3}{\frac{\pi}{16}\times(110\times10^{-3})^3}\text{Pa}=36.599\times10^6\text{Pa}<[\tau]$$

故强度条件得到满足。再进行轴的刚度校核，由于

$$\theta_{max}=\frac{|M_x|_{max}}{GI_\rho}\times\frac{180°}{\pi}=\frac{9.56\times10^3}{80\times10^9\times\frac{\pi}{32}\times(110\times10^{-3})^4}\times\frac{180°}{\pi}\ (°/m)=0.48°/m<[\theta]$$

故刚度条件亦满足。

现在计算轴的扭转角。由式（5-27）得轴两端截面的相对扭转角为

$$\begin{aligned}\varphi_{BD}&=\varphi_{BC}+\varphi_{CA}+\varphi_{AD}\\&=\left(\frac{M_{xBC}l}{GI_\rho}+\frac{M_{xCA}l}{GI_\rho}+\frac{M_{xAD}l}{GI_\rho}\right)\times\frac{180°}{\pi}\\&=(M_{xBC}+M_{xCA}+M_{xAD})\times\frac{l}{GI_\rho}\times\frac{180°}{\pi}\\&=\frac{(-4.78-9.56+6.37)\times10^3\times2}{80\times10^9\times\frac{\pi}{32}\times(110\times10^{-3})^4}\times\frac{180°}{\pi}=-0.79°\end{aligned}$$

负号表示由 D 端向 B 端看去，D 盘相对于 B 盘顺时针转过了上述角度。

【例 5-6】　钢制实心圆轴上传递的扭矩为 $M_x=50\text{kN}\cdot\text{m}$。材料的许用切应力 $[\tau]=60\text{MPa}$，切变弹性模量 $G=80\text{GPa}$，许用单位扭角 $[\theta]=0.5°/\text{m}$，试设计轴的直径。

解：先按强度条件设计轴的直径

$$\tau_{\max}=\frac{M_x}{W_\rho}=\frac{M_x}{\frac{\pi d^3}{16}}\leqslant[\tau]$$

于是有

$$d\geqslant\sqrt[3]{\frac{16M_x}{\pi[\tau]}}=\sqrt[3]{\frac{16\times50\times10^3}{\pi\times60\times10^6}}\text{m}=0.1619\text{m}=162\text{mm}$$

再按刚度条件设计轴的直径

$$\theta=\frac{M_x}{GI_\rho}\times\frac{180}{\pi}=\frac{M_x}{G\frac{\pi d^4}{32}}\times\frac{180}{\pi}\leqslant[\theta]$$

于是有

$$d\geqslant\sqrt[4]{\frac{32\times180\times M_x}{G\pi^2[\theta]}}=\sqrt[4]{\frac{32\times180\times50\times10^3}{80\times10^9\times\pi^2\times0.5}}=0.164\text{m}=164\text{mm}$$

由此可知该轴的直径应按刚度条件控制，选取为 164mm。

在求解扭转圆轴超静定问题时，也要用到扭转变形的计算，以建立变形协调条件，这一点与拉（压）超静定问题是相同的，现举例说明。

【例 5-7】　两端固定的圆轴 AB，它在截面 C 处受一外力偶矩 M_e 作用如图 5-17 所示。已知轴的抗扭刚度为 GI_ρ，试求轴两固定端的支反力偶矩。

解：设圆轴在 A、B 两端的支反力偶矩分别为 M_{eA} 和 M_{eB}［见图 5-17（c）］，则根据

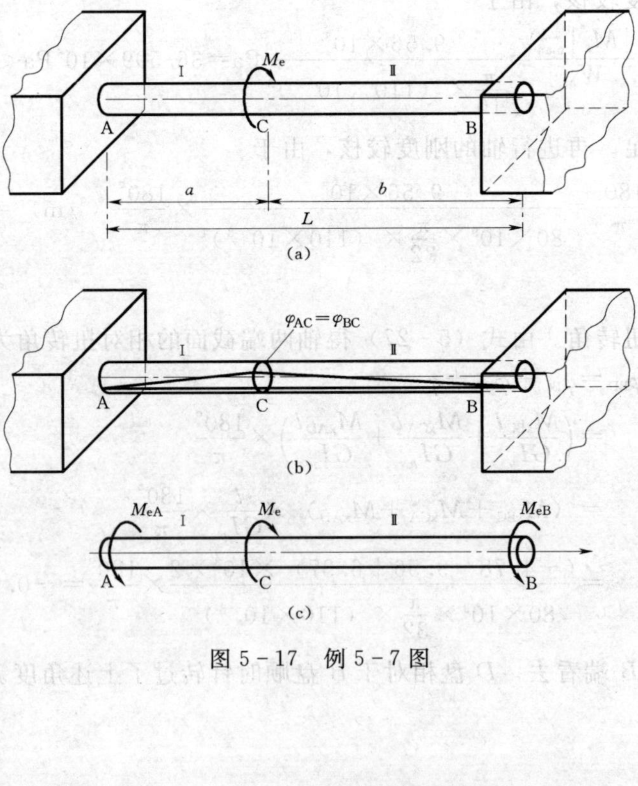

图 5-17　例 5-7 图

静力平衡条件$\sum M_x=0$建立一个方程

$$M_{eA}+M_{eB}-M_e=0 \tag{1}$$

在上述方程中，两支反力偶矩M_{eA}、M_{eB}均为未知量，仅由一个方程无法确定两个未知量，故问题是一次超静定问题，需要根据圆轴的变形协调条件建立一个补充方程。

由于此轴的两端固定，横截面A和B间的相对转角即扭转角φ_{AB}应为零，所以，圆轴的变形协调条件为

$$\varphi_{AB}=\varphi_{AC}+\varphi_{CB}=0 \tag{2}$$

由图5-17（c）可知，AC与CB段的扭矩分别为

$$M_{\text{I}}=-M_{eA}$$

$$M_{\text{II}}=M_{eB}$$

所以，AC与CB段的扭转角分别为

$$\varphi_{AC}=\frac{M_{\text{I}}a}{GI_\rho}=-\frac{M_{eA}a}{GI_\rho} \tag{3}$$

$$\varphi_{CB}=\frac{M_{\text{II}}a}{GI_\rho}=\frac{M_{eB}a}{GI_\rho} \tag{4}$$

将上述物理关系代入式（2），得

$$-\frac{M_{eA}a}{GI_\rho}+\frac{M_{eB}a}{GI_\rho}=0 \tag{5}$$

式（5）就是由变形协调条件建立的补充方程。

最后，联立求解平衡方程（1）与补充方程（5），于是得

$$M_{eA}=\frac{M_e b}{L}$$

$$M_{eB}=\frac{M_e a}{L}$$

其结果为正值，说明解得的支反力偶矩M_{eA}和M_{eB}的转向就是如图5-17（c）。

最后介绍扭转变形能的计算。在扭转圆轴中的切应力不超过材料的剪切比例极限时，扭转外力偶矩M_e将与扭转角φ成线形变化规律，当M_e由零缓慢地增加到终值时，它所作的功为

$$W=\frac{1}{2}M_e\varphi$$

当轴在两端受外力偶矩作用时，轴上任意横截面上的扭矩都等于外力偶矩M_e，即

$$M_e=M_x$$

扭角

$$\varphi=\frac{M_x l}{GI_\rho}$$

注意到外力偶矩M_e的功就等于轴储存的扭转变形能，则有

$$U=W=\frac{1}{2}M_e\varphi=\frac{M_x^2 l}{2GI_\rho} \tag{5-30}$$

第六节　非圆形截面杆扭转的概念

在农业机械中，有时采用方轴作为传动轴。在工程实际中除了圆截面杆的扭转问题之外，还可能遇到非圆形截面杆的扭转问题。例如，内燃机曲轴的曲柄常常为矩形截面，其

扭转问题就是非圆截面杆扭转的实例。再如图 5-18 所示的工字钢的扭转，也属于非圆截面杆的扭转问题。

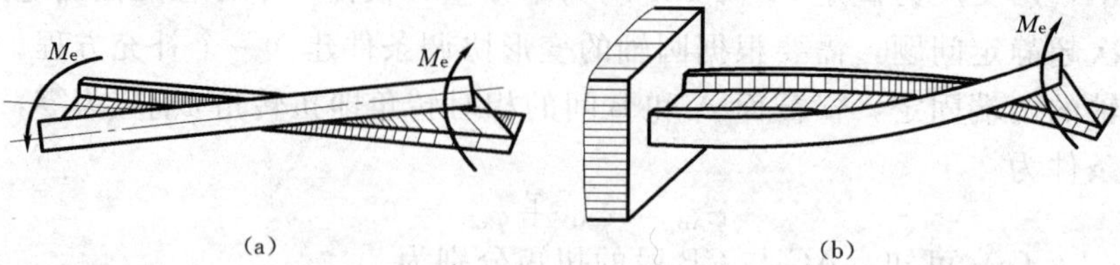

图 5-18　工字钢的扭转

非圆截面杆件扭转问题与圆截面杆扭转问题的最大不同点，在于非圆截面杆扭转时，平面假定不再成立，也就是说非圆截面杆扭转时原有的横截面不再保持平面，而变成空间曲面，这称为横截面的翘曲（Warping）。图 5-19 画出了一矩形截面杆受扭转后横截面边框线的翘曲情况。

既然非圆截面杆扭转时，平面假定不再成立，那么在平面假定基础上导出的关于圆截面杆扭转时横截面上的应力与变形的计算结论都不再适用。非圆截面杆的弹性扭转问题属于弹性力学范畴内研究的问题。本节只简要介绍矩形截面杆自由扭转时最大切应力和变形的计算公式。

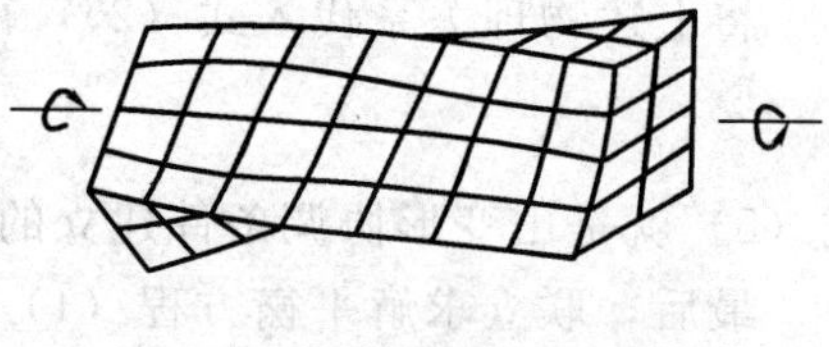

图 5-19　矩形截面的扭转

自由扭转是指扭转时杆件横截面的翘曲不受限制的情况，如图 5-18（a）所示。这时杆中各横截面的翘曲程度相同，纵向纤维无变形，因此杆中没有正应力，只有切应力。

如果非圆截面杆扭转时，某些横截面的翘曲由于受到约束作用而不能自由发生，就会使得各横截面的翘曲程度产生差异，从而引起纵向纤维伸长或缩短，进而在横截面上同时产生正应力和切应力，如图 5-18（b）所示。这种情况称为约束扭转。一般实体杆中，约束扭转所引起的正应力很小，可以忽略不计，但在薄壁杆件中则不能忽略。

按照弹性力学的有关结果，对于某些非圆截面杆的自由扭转，可以得出与圆截面杆类似的公式，如

$$\tau_{\max}=\frac{M'_x}{W'_\rho} \tag{5-31}$$

$$\theta=\frac{M_x}{GI_n} \tag{5-32}$$

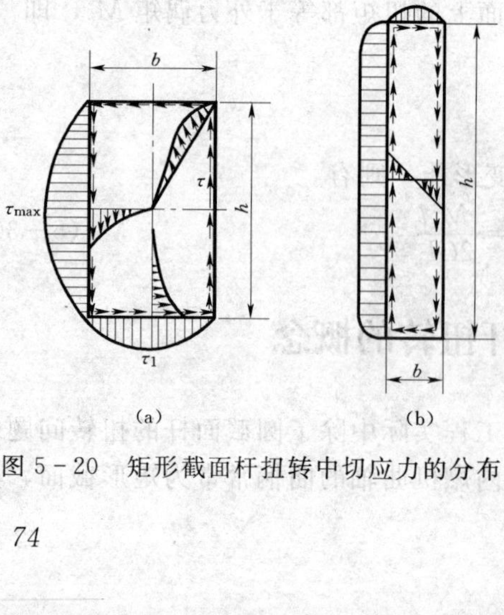

图 5-20　矩形截面杆扭转中切应力的分布

式中，W'_ρ 也称为抗扭截面模量，I_n 也称为截面的极惯性矩。它们与圆截面的 W_p 与 I_p 有相同的量纲但无相同的几何意义。

对于矩形截面杆，有

$$I_n=\beta hb^3 \tag{5-33}$$

$$W'_\rho=\alpha hb^2 \tag{5-34}$$

式中　h、b——矩形的长边和短边；

α、β——可由表 5-1 中查出。

矩形截面杆扭转时横截面上切应力的分布规律，如图 5-20 所示。从图中可见，矩形截面边界上各点的切应力与边界相切并形成顺流，四个角点处的切应力必为零，这是由于在杆的外表面上没有切应力，因此按照切应力互等定理，截面边界上不可能有垂直于周边的切应力分量。横截面上的最大切应力发生在长边中点处，即在截面周边上距形心最近的点处，由式（5-31）计算其数值；矩形短边中点的切应力为该边各点切应力中的最大值，其数值为

$$\tau_1=\gamma\tau_{max}$$

式中 γ 可由表 5-1 查出。

表 5-1　　矩形截面杆扭转时的系数 α、β、γ

h/b	1.0	1.5	2.0	3.0	4.0	6.0	8.0	10.0	∞
α	0.208	0.231	0.246	0.267	0.282	0.299	0.307	0.313	0.333
β	0.141	0.196	0.229	0.263	0.281	0.299	0.307	0.313	0.333
γ	1.000	0.859	0.795	0.753	0.745	0.743	0.742	0.742	0.742

若矩形的长边与短边之比 $\dfrac{h}{b}>10$ 时，称为狭长矩形。此时由表 5-1 知，$\alpha=\beta\approx\dfrac{1}{3}$，于是有

$$I_h=\frac{1}{3}hb^3$$

$$W'_\rho=\frac{1}{3}hb^2$$

狭长矩形横截面上扭转切应力的变化规律如图 5-20 所示。最大切应力仍在长边中点，除角点附近外，沿长边各点切应力数值基本相同。

【例 5-8】　拖拉机通过方轴牵引后面的旋耕机。方轴转速 $n=720$r/min，传递的最大功率 $P_h=35$ 马力，截面尺寸为 30mm×30mm，材料的 $[\tau]=100$MPa，试校核方轴的强度。

解：先求出轴上所传递的扭矩在这种情况下，因为 $M_x=M_e$，所以扭矩

$$M_x=7024\frac{P_h}{n}=7024\times\frac{35}{720}\ (\text{N}\cdot\text{m})=341.4\text{kN}\cdot\text{m}$$

由表 5-1 查得截面系数 $\alpha=0.208$，代入式（5-34），得 $W'_\rho=\alpha hb^2=0.208\times30\times30^2$（mm³）$=5616$mm³。

该轴上的最大切应力为

$$\tau_{max}=\frac{M_x}{W'_\rho}=\frac{341.4}{5616\times10^{-9}}\text{Pa}=60.79\text{MPa}<[\tau]$$

该轴满足强度条件。

小　结

本章主要讨论圆轴在外力偶作用发生扭转的情况下，横截面上的扭矩、扭转切应力、

扭转变形等计算，是材料力学的基本内容，是需要熟练掌握的重点部分。学习本章需要正确理解基本概念，正确建立扭矩方程，熟练掌握扭矩图的画法。认识和掌握分析横截面上切应力及切应变的方法和分布规律，熟练应用应力及应变计算公式和强度及刚度条件来解决圆轴问题。本章的基本知识点如下：

1. 当外力偶作用在垂直于杆件轴线的平面内时，杆的横截面绕杆轴线作相对转动，杆件发生扭转变形。其内力是作用于横截面内的扭矩，扭矩的正负号按照右手螺旋法则确定。

2. 圆轴扭转时横截面上的剪应力垂直于半径，并沿半径线性分布，距圆心为 ρ 处的切应力为 $\tau_\rho=\dfrac{M_x}{I_\rho}\rho$。最大切应力发生在外表面处（截面周边），$\tau_{\max}=\dfrac{M_x}{W_\rho}$，相应的强度条件为 $\tau_{\max}\leqslant[\tau]$。

3. 对于圆形截面其极惯性矩和抗扭截面模量为：

实心圆截面　　$I_\rho=\dfrac{\pi D^4}{32}$，$W_\rho=\dfrac{\pi D^3}{16}$

空心圆截面　　$I_\rho=\dfrac{\pi D^4}{32}(1-\alpha^4)$，$W_\rho=\dfrac{\pi D^3}{16}(1-\alpha^4)$

4. 扭转变形：计算圆轴扭转变形的理论依据是剪切胡克定律和平面假定。当横截面上的切应力 τ 不超过材料的比例极限 τ_p 时，可以使用 $\theta=\dfrac{d\varphi}{dx}=\dfrac{M_x}{GI_\rho}$ 进行单位长度轴段上的扭转角的计算，使用 $\varphi=\int_l\dfrac{M_x(x)}{GI_\rho(x)}dx$ 进行圆轴上相距为 l 的两横截面间的扭转角的计算。轴中 GI_ρ 值越大，轴抵抗扭转变形的能力越强。

5. 扭转刚度：可使用下列公式来解决刚度较核、许可载荷确定和截面尺寸设计三方面的问题。扭转壁变形能在轴内分布不均匀。

$$\theta_{\max}=\frac{M_x}{GI_\rho}\Big|_{\max}\leqslant[\theta]\ (\text{rad/m})\qquad \theta_{\max}=\frac{M_x}{GI_\rho}\Big|_{\max}\times\frac{180}{\pi}\leqslant[\theta]\ (°/\text{m})$$

6. 非圆截面杆的扭转应力计算，本章对于矩形截面直接引出了弹性力学的结论，横截面上最大切应力发生在长边的中点处，$\tau_{\max}=\dfrac{M_x}{W'_\rho}$，$W'_\rho=\alpha hb^2$。短边中点处的切应力也较大，$\tau_1=\gamma\tau_{\max}$。$\alpha$ 和 γ 是与长度比 h/b 相关的系数，计算时可查阅有关手册。当长宽比 $h/b>10$，变为狭长矩形，α 可近似为 1/3。其最大抗扭截面模量为 $W'_\rho=\dfrac{1}{3}hb^2$ 则最大切应力为 $\tau_{\max}=\dfrac{M_x}{\frac{1}{3}hb^2}$。

习　题

5-1　试画出题 5-1 图各杆件的扭矩图。

5-2　如题 5-2 图所示，一传动轴转速为 200r/min，轴上装有 4 个轮子，主动轮输入功率 60kW，从动轮 1、3、4 依次输出功率为 15kW，15kW 和 30kW。

(1) 画出轴的扭矩图；

(2) 将 2、3 轮子位置对调，扭矩图有何变化。

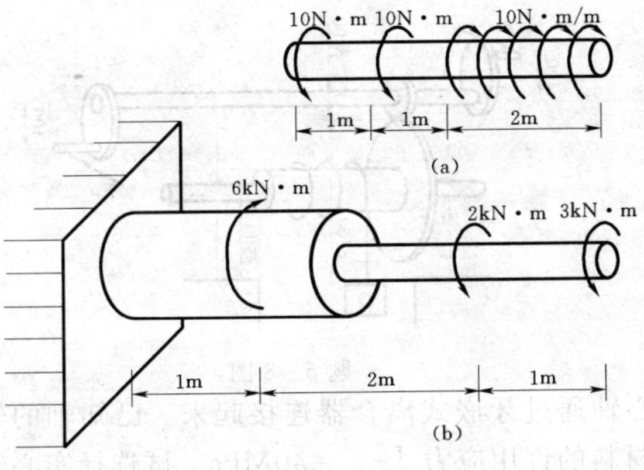

题 5-1 图

5-3　如题 5-3 图所示 M_x 为圆杆横截面上的扭矩，试画出截面上与 M_x 对应的切应力分布。

5-4　尺寸相同而材料不同的两圆轴，承受相同的扭矩作用，两者的最大切应力和扭转角是否相同？它们是否具有相同的强度和刚度。材料、扭矩和长度均相同，直径相差一倍的两根轴的最大切应力和扭转角又有何不同？

5-5　如题 5-5 图所示，一钻探机的功率为 10kW，转速 $n=180\text{r/min}$，钻机钻入土层的深度 $L=40\text{m}$，如土壤对钻杆的阻力可看成是均匀分布的力偶，试求此分布力偶的集度 t，并作出钻杆的扭矩图。

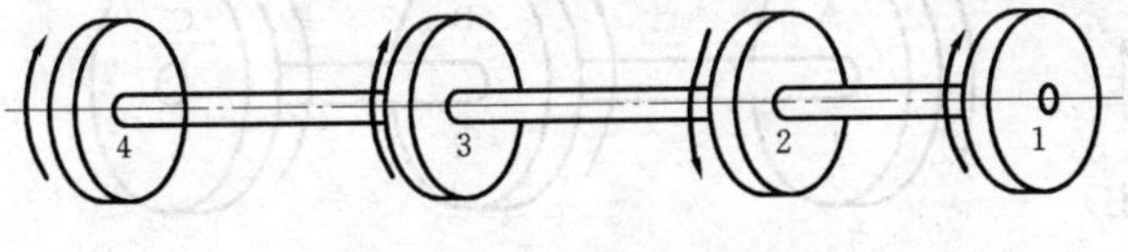

题 5-2 图

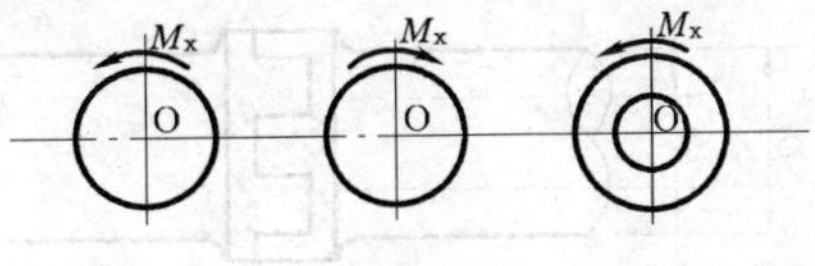

题 5-3 图

5-6　如题 5-6 图所示已知传动轴的直径 $D=100\text{mm}$，材料的剪切弹性模量 $G=80\text{GPa}$。试求：

(1) 画轴的扭矩图；

(2) 求最大切应力的数值和所在的位置；

(3) 求 C、D 两截面的扭转角 φ_{CD} 及 A、D 两截面的扭转角 φ_{AD}。

5-7　如题 5-7 图所示，AB 轴的转速 $n=120\text{r/min}$，从 B 轮输入功率 $N=44.1\text{kW}$，此功率一半通过锥齿轮传给垂直轴 C，另一半由水平轴 H 输出。已知 $D_1=600\text{mm}$，$D_2=240\text{mm}$，$d_1=100\text{mm}$，$d_2=80\text{mm}$，$d_3=60\text{mm}$，$[\tau]=20\text{MPa}$。试对各轴进行强度较核。

5-8　如题 5-8 图所示，绞车同时由两人操作，若每人加在手柄上的力都是 $F_P=200\text{N}$，已知轴的许用切应力 $[\tau]=40\text{MPa}$，试按照强度条件初步估算 AB 轴的直径，并确定最大起重量 Q。

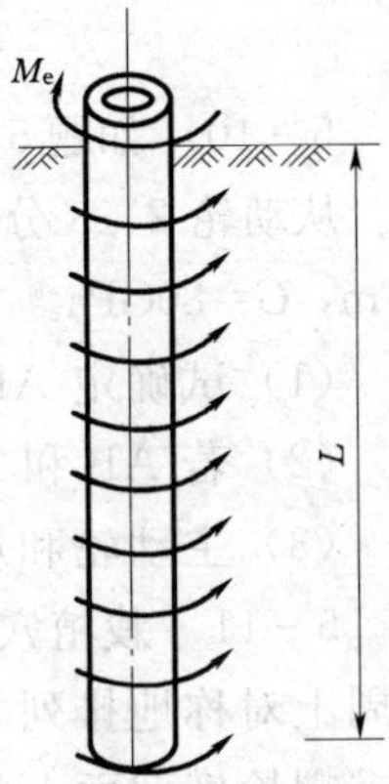

题 5-5 图

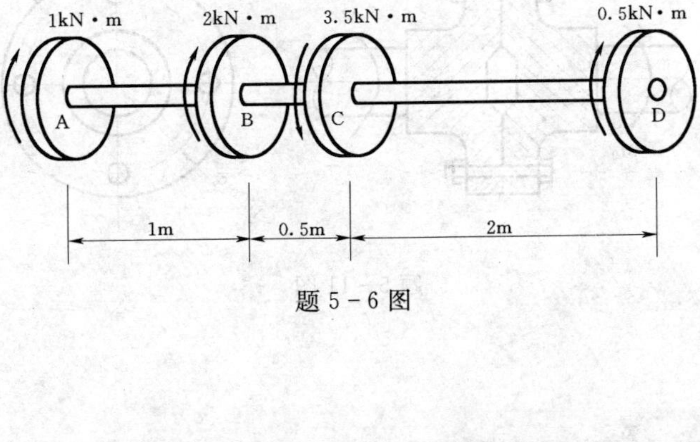

题 5-6 图

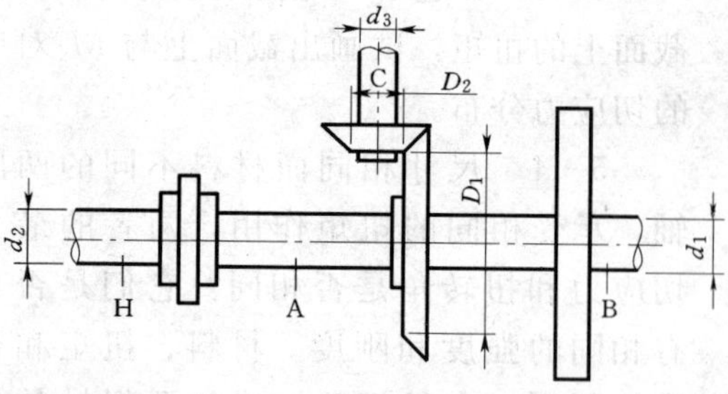

题 5－7 图

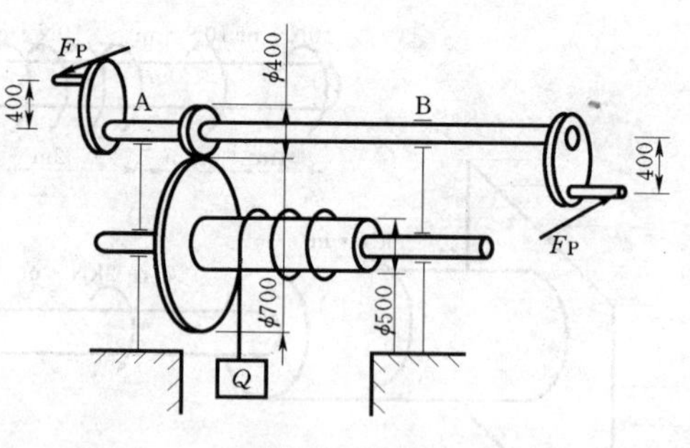

题 5－8 图

5－9　如题 5－9 图所示，实心轴和空心轴通过牙嵌式离合器连接起来。已知轴的转速 $n=100\text{r/min}$，传递的功率 $N=7.5\text{kN}$，材料的许用应力 $[\tau]=40\text{MPa}$。试选择实心轴的直径 d_1 和内外径比例为 $\frac{1}{2}$ 的空心轴的外径 D_2。

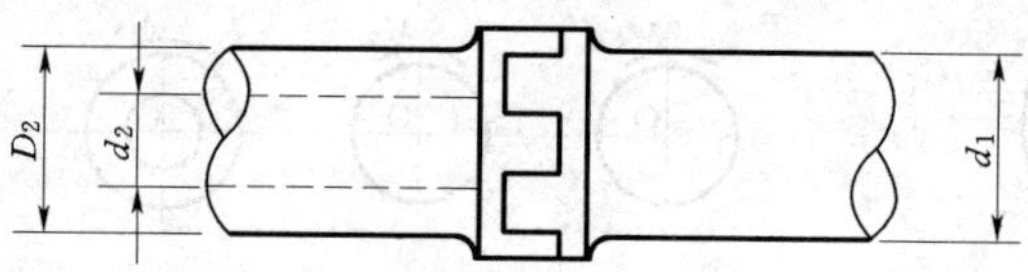

题 5－9 图

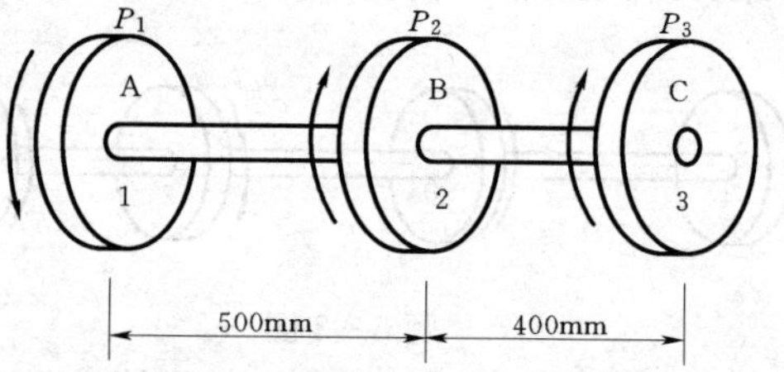

题 5－10 图

5－10　如题 5－10 所示，某传动轴的转速为 $n=500\text{r/min}$，主动轮 1 输入功率 $P_1=500$ 马力。从动轮 2、3 分别输出功率 $P_2=200$ 马力，$P_3=300$ 马力。已知 $[\tau]=70\text{MPa}$，$[\theta]=1°/\text{m}$，$G=80\text{GPa}$。

(1) 试确定 AB 段直径 d_1 和 BC 段直径 d_2；

(2) 若 AB 和 BC 两段选用同一直径 d，试确定之；

(3) 主动轮和从动轮应如何安排才比较合理。

5－11　栽植穴挖机钻杆与减速箱传动轴用凸缘连接。在凸缘上沿着直径为 160mm 的圆周上对称地排列了四个 $d=12\text{mm}$ 的螺栓。已知钻头所消耗的最大力矩 $M_0=500\text{N}\cdot\text{m}$。试求螺栓横截面上的切应力。

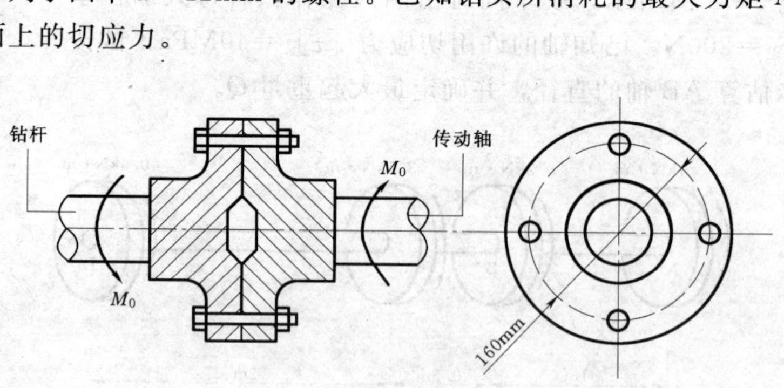

题 5－11 图

5-12　如题 5-12 图所示，阶梯轴 AD，$a=1\text{m}$，$b=1.5\text{m}$，$c=1.6\text{m}$，AB、BC、CD 各段横截面直径分别为 d_1、d_2、d_3；材料［τ］$=60\text{MPa}$，剪切弹性模量 $G=80\text{GPa}$；外扭转力偶矩 $M_{e1}=4\text{kN}\cdot\text{m}$，$M_{e2}=4\text{kN}\cdot\text{m}$，$M_{e3}=12\text{kN}\cdot\text{m}$，$M_{e4}=4\text{kN}\cdot\text{m}$，设计要求［$\varphi$］$=1°/\text{m}$。试按照强度和刚度条件设计各段截面直径，并计算 φ_{AD}。

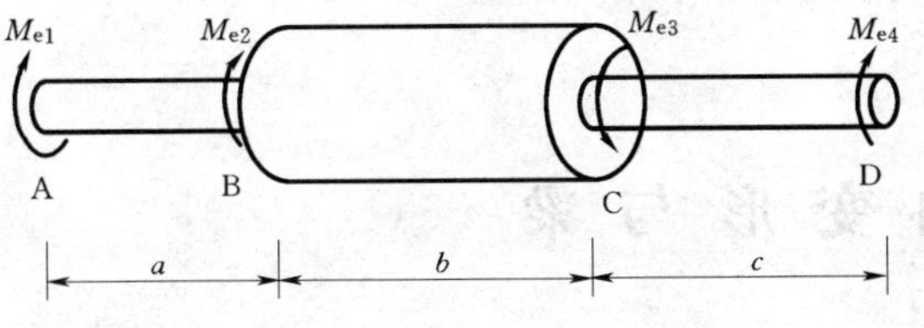

题 5-12 图

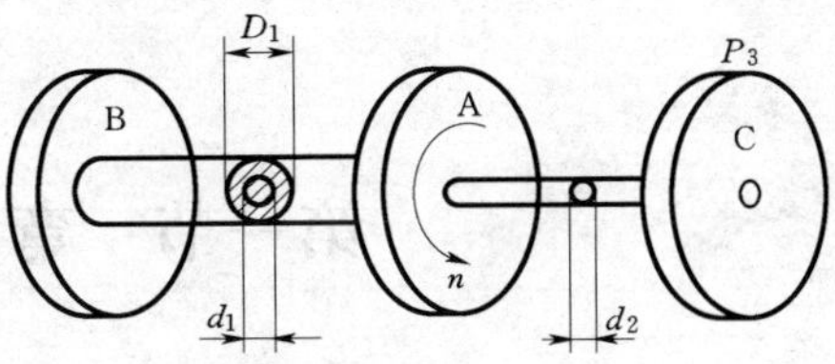

题 5-13 图

5-13　如题 5-13 图所示，轴上有齿轮 A、B、C，AB 段长 $a=1\text{m}$，截面外径 $D_1=0.08\text{m}$，内径 $d_1=0.06\text{m}$，AC 段长 $b=1.2\text{m}$，直径 $d_2=0.05\text{m}$；材料［τ］$=60\text{MPa}$，剪切弹性模量 $G=80\text{GPa}$；输入功率 $P_A=20\text{kW}$，输出功率 $P_B=15\text{kW}$，转速 $n=100\text{r/min}$。设计要求［φ］$=0.5°/\text{m}$。试进行强度和刚度较核，并计算 φ_{AC}。

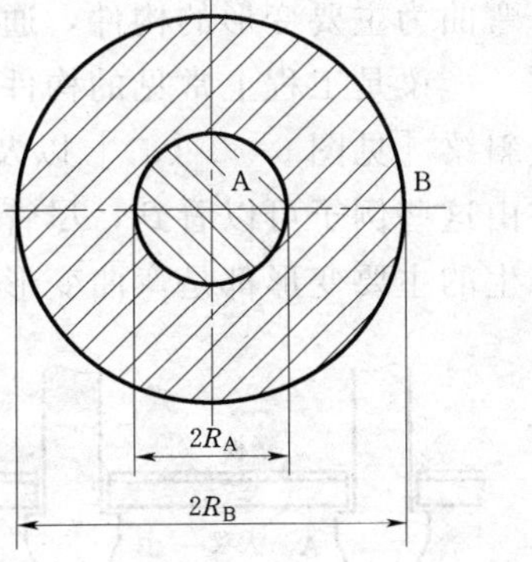

题 5-14 图

5-14　将空心管 B 和实心杆 A 牢固地粘接在一起，组成一实心圆杆，如题 5-14 图所示。管 B 和杆 A 材料的剪切弹性模量分别为 G_b 和 G_a，试推导该组合杆承受扭矩 M 时实心杆与空心管中的最大切应力公式。

5-15　空心钢轴的外径 $D=100\text{mm}$，内径 $d=50\text{mm}$。已知间距为 $L=2.7\text{m}$ 之两横截面的相对扭转角 $\varphi=1.8°$，材料的剪切弹性模量 $G=8\times10^4$ MPa。试求：

(1) 轴内最大切应力；

(2) 当轴以 $n=80\text{r/min}$ 的速度旋转时，轴传递的功率（kW）。

5-16　矩形截面杆 AB 长 $l=1\text{m}$，截面 $b=0.01\text{m}$，$h=0.06\text{m}$，材料［τ］$=60\text{MPa}$，剪切弹性模量 $G=80\text{GPa}$。设计要求 φ_{AB} 不得大于 3°。试分别按照强度和刚度条件确定 m 许用值。

第六章 弯 曲 内 力

第一节 弯曲变形与梁

工程中常遇到这样一类直杆，它们所承受的外力是作用线垂直于杆轴线的平行力系（包括力偶），在这些外力作用下，杆件的变形是任意两横截面绕垂直于杆轴线轴作相对转动，形成相对角位移，同时杆的轴线也将变成曲线，这种变形称为弯曲（Bending）。凡以弯曲为主要变形的构件，通常称为梁（Beam）。

梁是工程上常见的构件，如房屋建筑中的大梁［见图 6-1（a）］、简易挡水结构中的斜梁［见图 6-2（a）］以及摇臂钻床的悬臂杆［见图 6-3（a）］等都是受弯杆的实例。由这些例子可以看到，尽管这些杆件的支承情况与所受载荷等都不相同，但它们受力所产生的主要变形都是弯曲变形。

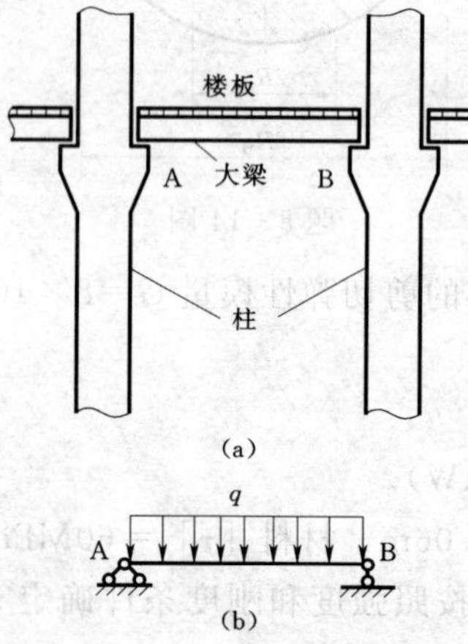

图 6-1 可简化为简支梁的大梁

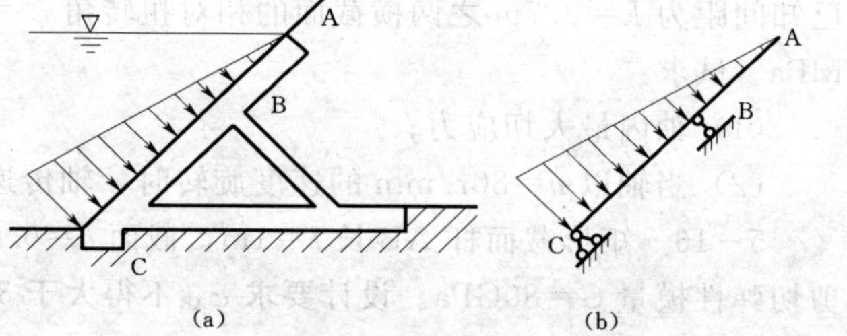

图 6-2 可简化为外伸梁的挡水结构

根据约束的特点，最常见的静定梁有以下三种。

（1）简支梁。图 6-1（a）为板梁柱结构，其中支持楼板的大梁 AB，受到由楼板传递下来的均布载荷 q 作用，该梁 A、B 支座不能产生铅垂方向的位移，在小变形的情况下，可以有微小转动，同时 A 支座不产生水平位移，因此 A 支座可视为固定铰支座，B 支座为活动铰支座考虑，这种支座形式的梁，称为简支梁（Simple supported beam），如图 6-1（b）所示，为计算简图。

（2）外伸梁。图 6-2（a）表示一种简易的挡水结构，其支持面板的斜梁 AC，受到由面板传递来的不均匀分布水压力作用，根据受力情况画出的计算简图为一端（或两端）

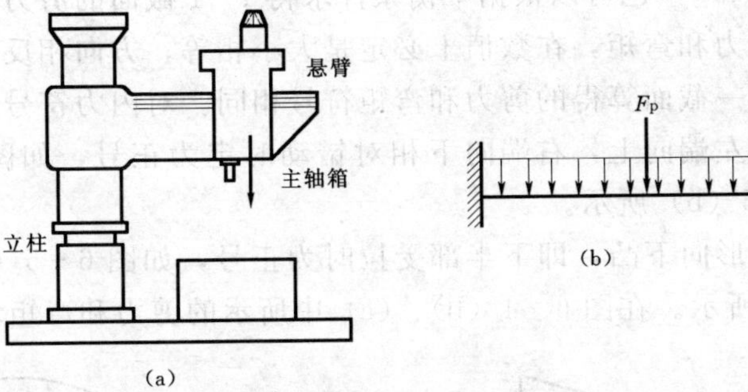

图 6-3　可简化为悬臂梁的悬臂杆

伸出支座的梁，称为外伸梁（Over handing beam），如图 6-2（b）所示，计算简图。

（3）悬臂梁。图 6-3（a）为一摇臂钻床的悬臂杆，一端套在立柱上，一端自由，空车时悬臂除受自重外，还有主轴箱的重力作用，立柱刚性较大，使悬臂既不能转动，也不能有任何方向的移动，故可简化成一端为固定端，一端为自由端的梁，称为悬臂梁（Cantilever beam），图 6-3（b）为计算简图。

将梁的支座简化成计算简图后，即可按平衡条件来计算梁的支反力。

第二节　剪力和弯矩

在解决了梁受载荷的支反力后，进一步研究梁的内力情况。

简支梁 AB［见图 6-4（a）］，载荷 F_{p1}、F_{p2} 为已知值，支反力 F_{Ay}、F_{By} 根据平衡条件已求得，现研究离左端距离为 x 处截面 1-1 的内力。

首先，利用截面法，在截面 1-1 处假想将梁截开，分成两部分，取左段梁为研究对象［见图 6-4（b）］。此时，左段梁上除 F_{p1} 和 F_{Ay} 作用外，在截面 1-1 上还必须有移去的右段梁对于左段梁的作用力 F_Q 和 M，这样，梁才能保持平衡。

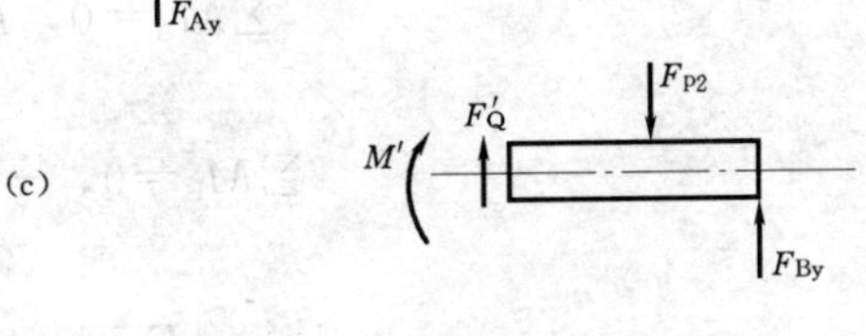

图 6-4　梁内力与外力的变化

由平衡方程

$$\sum F_y=0,\ F_{Ay}-F_{p1}-F_Q=0$$

$$F_Q=F_{Ay}-F_{p1}$$

抵抗梁被剪断的内力 F_Q 实际上是梁横截面上切向分布内力的合力，故称为剪力（Shear force）。

将左段上所有的力，对截面形心 C 取矩

由
$$\sum M_C=0,\ M+F_{p1}(x-a)-F_{Ay}x=0$$

$$M=F_{Ay}x-F_{p1}(x-a)$$

截面抵抗弯断的内力偶矩 M，称为弯矩（Bending moment）。同样，如果以右段梁为研究对象［见图 6－4（c）］，也可以根据平衡条件求得 1－1 截面的剪力 F'_Q和弯矩 M'，左段梁与右段梁所得的剪力和弯矩，在数值上必定是大小相等，方向相反。

为了使两段梁在同一截面算得的剪力和弯矩符号相同。对内力符号作如下规定。

剪力——使微段梁左端向上，右端向下相对错动时定为正号，如图 6－5（a）所示，反之为负号，如图 6－5（b）所示。

弯矩——使梁的变形向下凸，即下半部受拉时为正号，如图 6－5（c）所示，反之为负号，如图 6－5（d）所示。在图 6－4（b）、（c）中所示的剪力和弯矩均为正值。

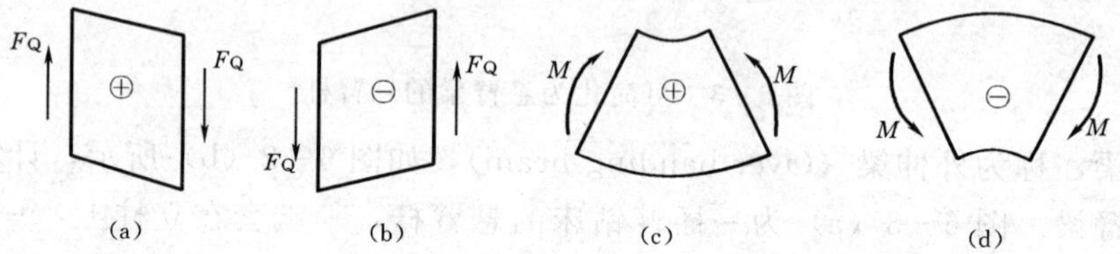

图 6－5　剪力和弯矩的正负号规则

在图 6－5（c）所示弯矩 M 作用下，微段受弯，如图 6－6（a）所示。如果将梁设想成由无数纵向“纤维”所组成，则由上述变形可知，图 6－6（a）微段靠近梁顶部的“纤维”缩短，靠近底部的“纤维”伸长，与此相应，横截面的上部受压，如图 6－6（b）所示，下部受拉。因此关于弯矩的符号，也可规定为使横截面顶部受压者为正，反之为负。

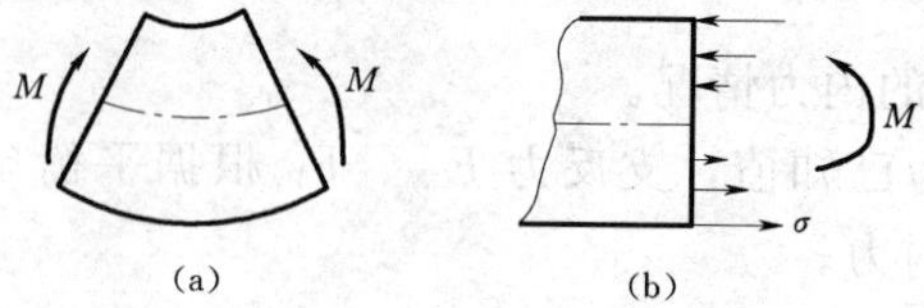

图 6－6　微段变弯

为使按静力学方法计算剪力、弯矩时出现的符号，与按上述规定确定的剪力和弯矩符号相一致，在用截面法计算梁的内力时，宜按上述规定的正号方向（转向）设定剪力 F_Q和弯矩 M，这样所求得的剪力 F_Q和弯矩 M 的正负值即表示该截面处剪力 F_Q和弯矩 M 的正值或负值。

【例 6－1】　图 6－7（a）所示一简支梁。已知 $M_e = F_p l$，$a = \dfrac{l}{3}$，求距左端 A 为$\dfrac{l}{2}$处截面 1－1 的内力。

解：(1) 求支反力，即

$$\sum M_A = 0,\ F_{By} l + M_e - F_p \frac{l}{3} = 0$$

$$\sum M_B = 0,\ -F_{Ay} l + M_e + F_p \frac{2l}{3} = 0$$

得
$$F_{By} = -\frac{2F_p}{3},\ F_{Ay} = \frac{5F_p}{3}$$

检查
$$\sum F_y = 0,\ F_{Ay} + F_{By} - F_p = \frac{5F_p}{3} - \frac{2F_p}{3} - F_p = 0 \qquad \text{无误}$$

(2) 求截面 1－1 上的剪力和弯矩。取 1－1 截面左段梁 AC 为研究对象，如图 6－7（b）所示，即

$$\sum F_y=0,\ -F_Q-F_p-F_{Ay}=0,\ F_Q=\frac{5F_p}{3}-F_p=\frac{2F_p}{3}$$

$$\sum M_c=0,\ F_{Ay}\frac{l}{2}-F_p\left(\frac{l}{2}-a\right)-M_o-M=0,\ M=-\frac{F_p l}{3}$$

弯矩 M 的负号表明 1-1 截面上的弯矩方向与实际假设方向相反，即为负弯矩。若以右段为研究对象，如图 6-7（c）所示，得

$$\sum F_y=0, F_Q+F_{By}=0,\ F_Q=-\left(-\frac{2F_p}{3}\right)=\frac{2}{3}F_p$$

$$\sum M_c=0,\ M-F_{By}\left(\frac{l}{2}\right)=0,\ M=-\frac{2F_p}{3}\left(\frac{l}{2}\right)=-\frac{F_p l}{3}$$

所得内力结果完全一致，计算结果表明，取右段计算简单，为此，在计算中，应选取外力比较简单的截面一侧梁为研究对象。

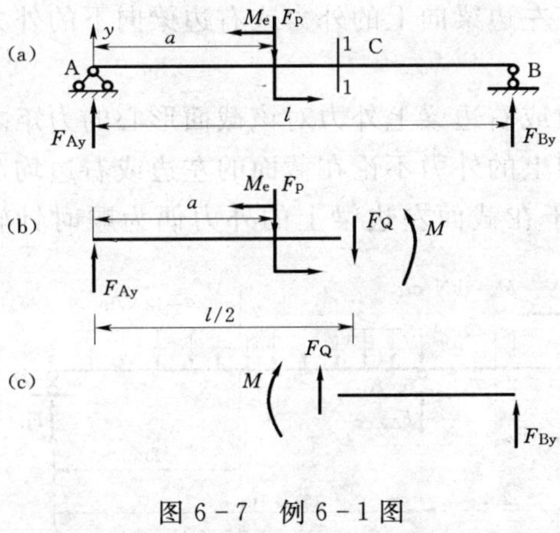

图 6-7 例 6-1 图

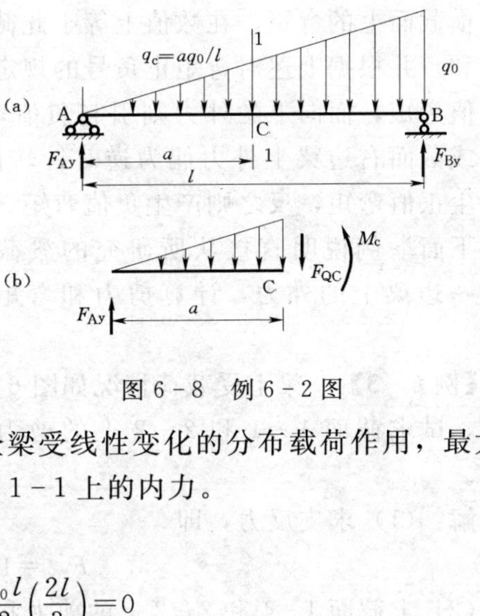

图 6-8 例 6-2 图

【例 6-2】 图 6-8（a）所示一简支梁，全梁受线性变化的分布载荷作用，最大载荷集度为 q_o，试求梁在离左端 A 点距离为 a 截面 1-1 上的内力。

解：(1) 求支反力，即

$$\sum M_A=0,\ F_{By}l-\frac{q_0 l}{2}\left(\frac{2l}{3}\right)=0$$

$$\sum M_B=0,\ F_{Ay}l-\frac{q_0 l}{2}\left(\frac{l}{3}\right)=0$$

得
$$F_{Ay}=\frac{q_0 l}{6},\ F_{By}=\frac{q_0 l}{3}$$

检查
$$\sum F_y=0,\ F_A+F_B-\frac{q_0 l}{2}=0,\ \frac{q_0 l}{6}+\frac{q_0 l}{3}-\frac{q_0 l}{2}=0 \text{ 无误}$$

(2) 求截面 1-1 上的剪力和弯矩。取 C 点左部分为研究对象，如图 6-8（b）所示，即

$$\sum F_y=0,\ F_{Ay}-\frac{1}{2}\left(\frac{q_0 a}{l}\right)a-F_{QC}=0$$

$$F_{QC}=\frac{q_0 l}{6}-\frac{q_0 a^2}{2l}=\frac{q_0\ (l^2-3a^2)}{6l}$$

$$\sum M_C=0,\ F_{Ay}a-\frac{q_0 a^3}{2l}\left(\frac{a}{3}\right)-M_C=0$$

$$M_C=\frac{q_0 l}{6}a-\frac{q_0 a^3}{6l}=\frac{q_0 a\ (l^2-a^2)}{6l}$$

从上面两式可知，当 $l^2-3a^2>0$ 时，即 $l^2>3a^2$，$a<\frac{l}{\sqrt{3}}$时，剪力为正值。当 $l^2-a^2>0$ 时，弯矩为正值。因为 a 总是小于 l 值，故 M 总是正值。

以上计算是截面法的基本方法，但在实际计算时，可不必将梁假想地截开，而直接从横截面任一边外力进行计算即可。总结以上的算式得到下述结论。

横截面上的剪力在数值上等于此截面的左边或右边梁上的外力沿垂直轴线方向投影的代数和。并根据上述对剪力正负号的规定得知，在左边梁向上的外力或右边梁向下的外力应该产生正值剪力，反之，则为负值剪力。

横截面上的弯矩，在数值上等于此截面的左边或右边梁上外力对该截面形心的力矩之代数和。并根据上述对弯矩正负号的规定得知，向上的外力不论在截面的左边或右边均产生正值弯矩，而向下的外力则引起负值弯矩。对于在截面左边梁上的外力偶为顺时针转向，或截面右边梁上外力偶为逆时针转向，则产生正值弯矩，反之则产生负值弯矩。

下面举例说明直接从所研究的梁截面任意一边梁上的外力，计算剪力和弯矩的方法。

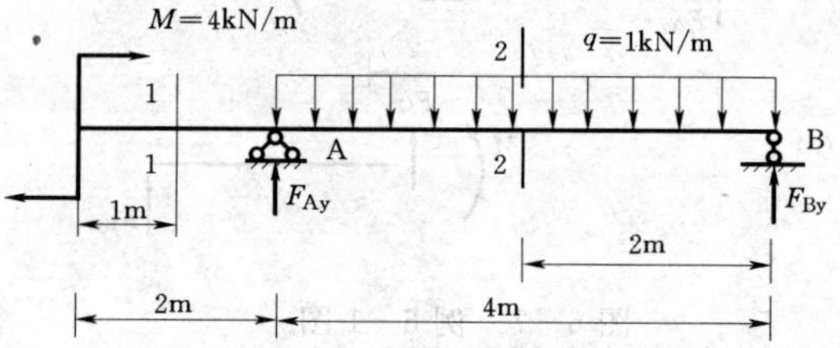

图 6-9　例 6-3 图

【例 6-3】　梁上受载荷情况如图 6-9 所示，试求截面 1-1 和 2-2 上的剪力和弯矩。

解：(1) 求支反力，即

$$F_{Ay}=1\text{kN},\ F_{By}=3\text{kN}$$

(2) 求截面 1-1 和 2-2 上的剪力和弯矩。均取左边分离体为研究对象，即：

截面 1-1　　$F_{Q1}=0,\ M_1=4\text{kN}\cdot\text{m}$

截面 2-2　　$F_{Q2}=F_A-1\times2=\ (1-2)\ \text{kN}=-1\text{kN}$

$$M_2=4+F_{Ay}\times2-1\times2\times1=\ (4+1\times2-2)\ \text{kN}\cdot\text{m}=4\text{kN}\cdot\text{m}$$

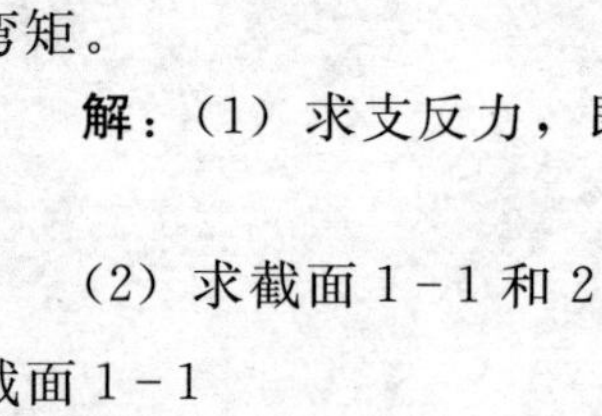

图 6-10　例 6-4 图

【例 6-4】　悬臂梁受载荷情况如图 6-10 所示，试求截面 1-1 和 2-2 上的剪力和弯矩。

解：截面 1-1 为

$$F_{Q1}=-qa-qa=-2qa$$

$$M_1=-qaa-qa\left(\frac{a}{2}\right)=-\frac{3qa^2}{2}$$

截面 2-2 为

$$F_{Q2}=-qa-qa=-2qa$$

$$M_2=-qaa-qa\left(\frac{a}{2}\right)+qa^2=-\frac{qa^2}{2}$$

第三节　剪力图和弯矩图

在强度计算时，仅知道某些截面上的内力还不够，还必须了解梁上各横截面的内力变化规律，从而来确定最大内力的大小及截面所在位置。

由前面计算可以看到，梁横截面上的剪力和弯矩，随截面位置不同而变化。设用坐标 x 表示横截面的位置，则梁各横截面上的剪力和弯矩可以表示为坐标 x 的函数，即

$$F_Q=F_Q(x)$$

$$M=M(x)$$

上述的关系式分别称为剪力方程（Equation of shearing force）和弯矩方程（Equation of bending）。

表示剪力和弯矩沿梁轴线方向变化的图线，分别称为梁的剪力图（Diagram of shearing force）和弯矩图（Diagram of bending moment）。剪力图和弯矩图的绘制方法与前述轴力图、扭矩图的绘制方法基本相同。下面举例说明。

【例 6-5】　试作图 6-11 所示简支梁在集中力 F_p 作用下的剪力图和弯矩图。

解：(1) 求约束反力，即

$$F_{Ay}=\frac{F_p b}{l},\ F_{By}=\frac{F_p a}{l}$$

(2) 建立坐标系。建立 F_Q-x 和 $M-x$ 坐标系，分别如图 6-11 (b)、(c) 所示。

(3) 分段列剪力方程和弯矩方程。由于在截面 C 处作用有集中力 F_p，故应分为 AC 和 BC 两段，分别建立剪力和弯矩方程，并分段画剪力图和弯矩图。

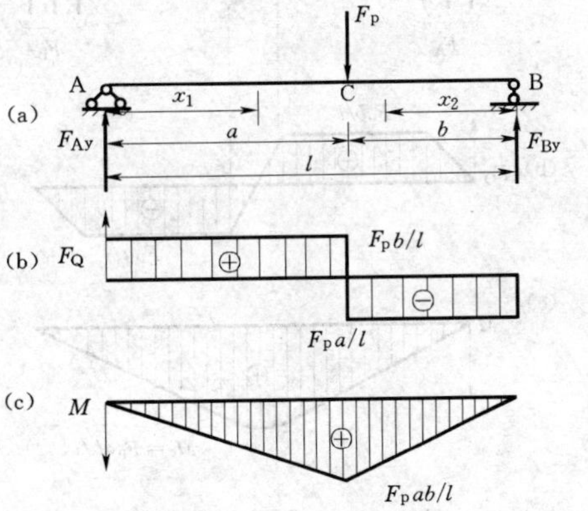

图 6-11　例 6-5 图

AC 段　取距 A 点为 x_1 的任意截面，由截面左侧的外力写出剪力方程和弯矩方程

$$F_Q(x)=F_{Ay}=\frac{F_p b}{l}\quad (0<x_1<a)\qquad (a)$$

$$M(x_1)=F_{Ay}x_1=\frac{F_p b}{l}x_1\quad (0\leqslant x_1\leqslant a)\qquad (b)$$

CB 段　为计算方便，以 B 点为坐标原点，取距 B 点为 x_2 的任意截面，由截面右侧的外力写出剪力方程和弯矩方程为

$$F_Q(x_2)=-F_{By}=-\frac{F_p a}{l}\quad (0<x_2<b)\qquad (c)$$

$$M(x_2)=F_{By}x_2=\frac{F_p a}{l}x_2\quad (0\leqslant x_2\leqslant b)\qquad (d)$$

(4) 画剪力图和弯矩图。根据式 (a)、式 (c) 计算各段方程的起点、终点的剪力值(即控制截面的剪力值)，可知 AC 段与 BC 段的剪力图皆为平行于 x 轴的一条直线，如图 6-11 (b) 所示。

根据式 (b)、式 (d) 计算各段方程控制截面的弯矩值，可知 AC 段与 CB 段的弯矩图各是一条斜直线，如图 6-11 (c) 所示，由图可以看出，横截面 C 处的弯矩最大，其值为

$$M_{\max}=\frac{F_{\mathrm{p}}ab}{l}$$

如果 $a=b$，则
$$M_{\max}=\frac{F_{\mathrm{p}}l}{4}$$

如果 $a>b$，则剪力的最大值发生在 BC 段。

$$|F_{\mathrm{Q}}|_{\max}=\frac{F_{\mathrm{p}}a}{l}$$

从剪力图和弯矩图中可以看出，在集中力作用处，其左、右两侧截面上的弯矩相同，但斜率改变，而剪力图则发生突变，突变的绝对值等于该集中力的大小。剪力图的这种突变现象是由于假设集中力作用在梁的一“点”上而造成的，而实际上是分布在很短的一段梁上，如图 6-12 (a) 所示。因此，剪力和弯矩在此梁段上还是连续变化的，如图 6-12 (b)、(c) 所示。

【例 6-6】 试作图 6-13 (a) 所示简支梁的剪力图和弯矩图。设 q、l 均为已知。

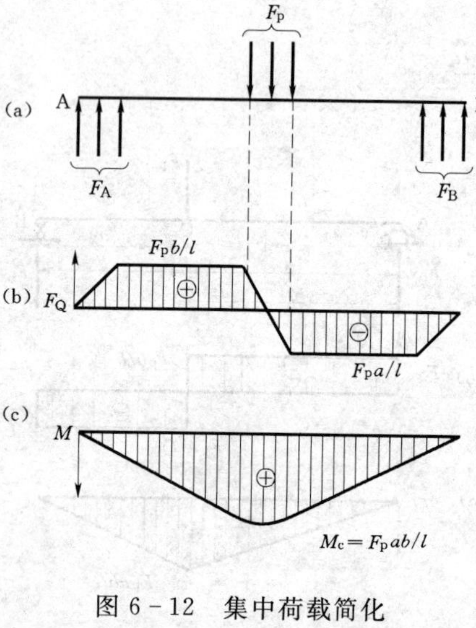

图 6-12　集中荷载简化

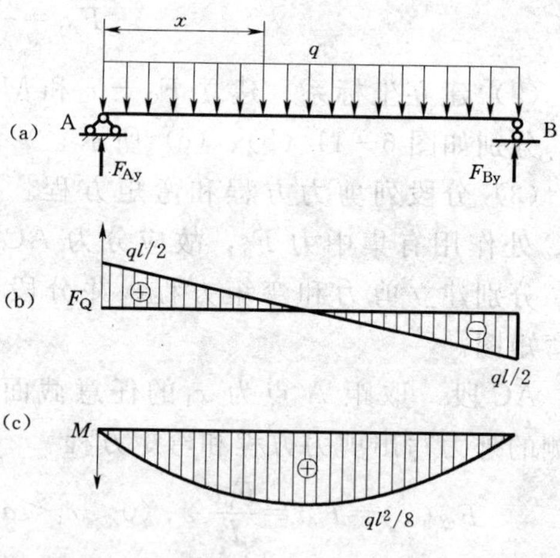

图 6-13　例 6-6 图

解：(1) 求约束反力。由对称条件可知 $F_{\mathrm{Ay}}=F_{\mathrm{By}}=\dfrac{ql}{2}$。

(2) 建立坐标系。建立 $F_{\mathrm{Q}}-x$、$M-x$ 坐标系如图 6-13 (b)、(c) 所示。

(3) 列剪力方程和弯矩方程。取距左端为 x 的任意横截面。列出剪力方程和弯矩方程为

$$F_Q(x)=F_{Ay}-qx=\frac{ql}{2}-qx \quad (0<x<l) \tag{a}$$

$$M(x)=F_{Ay}x-qx\frac{x}{2}=\frac{ql}{2}x-\frac{qx^2}{2} \quad (0\leqslant x\leqslant l) \tag{b}$$

（4）作剪力图和弯矩图。从式（a）可见，$F_Q(x)$ 是 x 的一次函数，因此，剪力图为一条直线，故只需用 $x=0$ 和 $x=l$ 分别代入，就可得梁的左端和右端截面上的剪力，其值分别为

$$F_{QA}=\frac{ql}{2},\ F_{QB}=-\frac{ql}{2}$$

从式（b）可见，弯矩方程是 x 的二次函数，故弯矩图是一条抛物线。因此，至少需找出三个控制点，用 $x=0$，$x=\frac{l}{2}$，$x=l$ 值分别代入得到

$$M_{x=0}=0,\ M_{x=\frac{l}{2}}=\frac{ql^2}{8},\ M_{x=l}=0$$

图 6-13（c）即为所作的弯矩图。

从剪力图和弯矩图中可以看出，在均布载荷作用下剪力图为一斜直线，其最大值发生在支座处。弯矩图为一抛物线，最大值发生在跨度中间，其值为 $\frac{ql^2}{8}$，而此截面的剪力恰好为零。

【例 6-7】　悬臂梁受集中力及集中力偶作用。如图 6-14（a）所示，试作梁的剪力图和弯矩图。

解：可不必求约束反力，直接由自由端截取梁段研究。

（1）分段列出剪力方程和弯矩方程，即：

AC 段　$F_Q(x_1)=-F_p \quad \left(0<x_1\leqslant\frac{l}{2}\right)$　　(a)

$M(x_1)=-F_p(x_1) \quad \left(0\leqslant x_1<\frac{l}{2}\right)$　　(b)

CB 段　$F_Q(x_2)=-F_p \quad \left(\frac{l}{2}\leqslant x_2<l\right)$　　(c)

$M(x_2)=-F_px_2+M_e \quad \left(\frac{l}{2}<x_2<l\right)$　　(d)

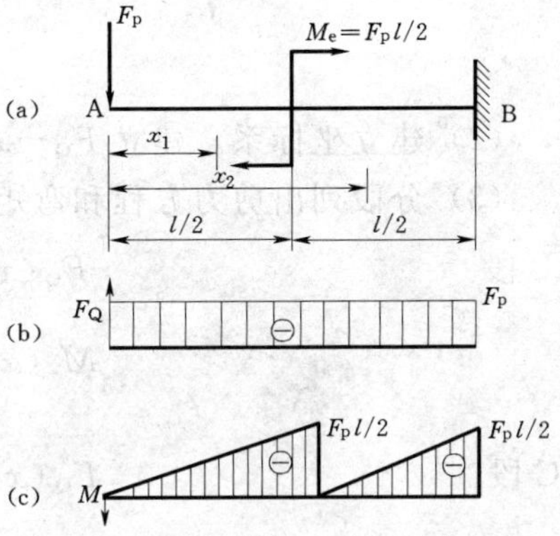

图 6-14　例 6-7 图

（2）画剪力图和弯矩图。

根据式（a）、（c）作剪力图，如图 6-14（b）所示。

根据式（b）、（d）作弯矩图，如图 6-14（c）所示。可以看出

$$|F_Q|_{max}=F_p,\ |M|_{max}=\frac{F_pl}{2}$$

【例 6-8】　试作图 6-15 所示外伸梁的剪力图、弯矩图。

解：（1）确定约束反力。

由
$$\sum M_B=0,\ \sum M_D=0$$

可求得 B、D 二处的约束反力为

$$F_{By}=\frac{qa}{4},\ F_{Dy}=\frac{7}{4}qa$$

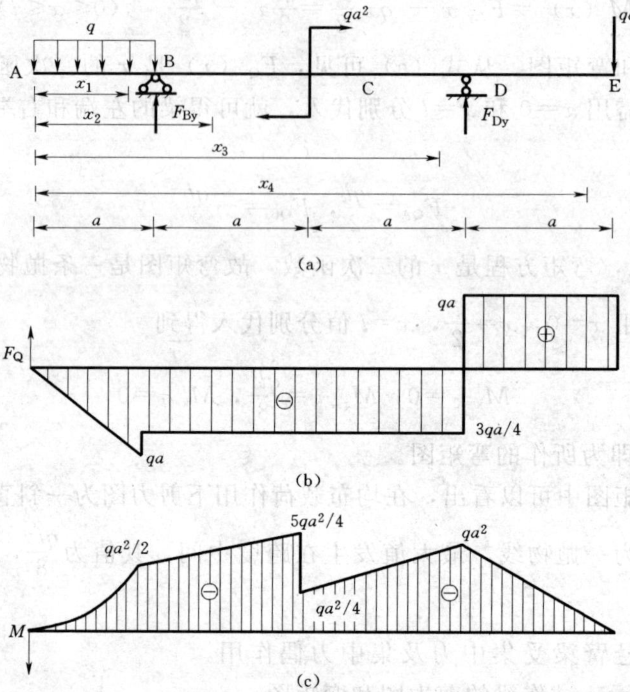

图 6-15　例 6-8 图

(2) 建立坐标系。建立 F_Q-x 和 $M-x$ 坐标系，分别如图 6-15（b)、(c）所示。

(3) 分段列出剪力方程和弯矩方程。

AB 段

$$F_Q(x_1)=-qx_1\quad(0\leqslant x_1<a)$$

$$M(x_1)=-\frac{q}{2}x_1^2\quad(0\leqslant x_1\leqslant a)$$

BC 段

$$F_Q(x_2)=\frac{qa}{4}-qa=-\frac{3}{4}qa\quad(a<x_2\leqslant 2a)$$

$$M(x_2)=\frac{qa}{4}(x_2-a)-qa\left(x_2-\frac{a}{2}\right)\quad(a\leqslant x_2<2a)$$

$$=-\frac{3}{4}qax_2+\frac{1}{4}qa^2$$

CD 段

$$F_Q(x_3)=-\frac{3}{4}qa\quad(2a\leqslant x_3<3a)$$

$$M(x_3)=\frac{5}{4}qa^2-\frac{3}{4}qax_3\quad(2a<x_3\leqslant 3a)$$

DE 段

$$F_Q(x_4)=qa\quad(3a<x_4<4a)$$

$$M(x_4)=qax_4-4qa^2\quad(3a\leqslant x_4\leqslant 4a)$$

(4) 画出剪力图、弯矩图。根据上述剪力方程、弯矩方程作出剪力图和弯矩图如图

6-15（b）、（c）所示；从图上可见

$$|F_Q|_{max}=qa，|M|_{max}=\frac{5}{4}qa^2$$

从图上可见，当梁上有力偶作用时，剪力图不受影响，弯矩图发生突变，突变值为 M_e 值的大小。

第四节　剪力、弯矩和载荷集度间的关系

一、F_Q、M 与 q 之间的微分关系

设有如图 6-16（a）所示的简支梁，梁上作用有非等值分布载荷 $q(x)$，并规定 $q(x)$方向向上为正，现将坐标 x 的原点取在此梁的左端，用垂直于梁轴且相距为 dx 的两个假想截面 m-m 和 n-n 从梁中截出微段。由于 dx 非常微小，故可认为微段上的分布载荷 $q(x)$ 是均布的。

设截面 m-m，n-n 上的内力分别为 $F_Q(x)$、$M(x)$ 及 $F_Q(x)+dF_Q(x)$、$M(x)+dM(x)$，且都为正值，如图 6-16（b）所示。

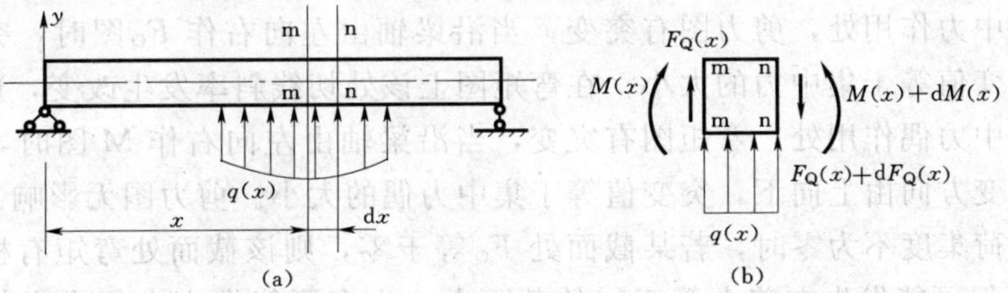

图 6-16　剪力、弯矩和载荷集度间的关系

根据 dx 微段梁的平衡条件

$$\sum F_y=0, F_Q(x)-[F_Q(x)+dF_Q(x)]+q(x)dx=0$$

得

$$\frac{dF_Q(x)}{dx}=q(x) \tag{6-1}$$

再由平衡方程 $\sum M_0=0$，得

$$M(x)+dM(x)-M(x)-F_Q(x)dx-q(x)dx\frac{dx}{2}=0$$

略去二阶微量 $q(x)dx\frac{dx}{2}$ 可得到

$$\frac{dM(x)}{dx}=F_Q(x) \tag{6-2}$$

由式（6-1）和式（6-2）又可得到

$$\frac{d^2M(x)}{dx^2}=\frac{dF_Q(x)}{dx}=q(x) \tag{6-3}$$

式（6-1）～式（6-3）分别表示梁在同一截面处剪力、弯矩和分布载荷集度之间的微分关系，即：

(1) 截面上剪力对 x 的一阶导数，等于同一截面上分布载荷的集度。

(2) 截面上弯矩对 x 的一阶导数，等于同一截面上的剪力。

(3) 截面上弯矩对 x 的二阶导数，等于同一截面上分布载荷的集度。

根据这些关系，还可以看出梁内力图的一些特点；若取坐标原点为左端，从左向右作图。

(1) 当 $q(x)=0$ 时，$F_Q(x)$ 为常量，剪力图为水平线，$M(x)$ 为 x 的一次函数，弯矩图为斜直线。

当 $F_Q>0$ 时，M 图的斜率为正；M 图为向下倾的斜直线。

当 $F_Q<0$ 时，M 图的斜率为负；M 图为向上倾的斜直线。

当 $F_Q=0$ 时，M 图的斜率为零；M 图为水平直线。

(2) 当 $q(x)=$ 常量时，$F_Q(x)$ 为 x 的一次函数，剪力图为一斜直线，$M(x)$ 为 x 的二次函数，弯矩图为二次抛物线。

若载荷集度向上作用，即 $q>0$，则 F_Q图的斜率为正，剪力图为向上倾斜直线；弯矩图为向上凸的抛物线（∩）。

若载荷集度向下作用，即 $q<0$，则 F_Q图的斜率为负，剪力图为向下倾斜直线；弯矩图为向下凸的抛物线（∪）。

(3) 在集中力作用处，剪力图有突变，当沿梁轴由左向右作 F_Q图时，突变的方向与外力一致，突变值等于集中力的大小；在弯矩图上该处切线斜率发生改变，成一转折角。

(4) 在集中力偶作用处，弯矩图有突变，当沿梁轴由左向右作 M 图时，顺时针方向的集中力偶突变方向由上向下，突变值等于集中力偶的大小。剪力图无影响。

(5) 在载荷集度不为零时，若某截面处 F_Q 等于零，则该截面处弯矩有极值，最大弯矩值 $|M|_{max}$ 不但可能发生在剪力等于零的截面上，也有可能发生在集中力作用处或集中力偶作用处。

二、M、F_Q与 q 之间的积分关系

由式 (6-1) 可得在 $x=a$ 和 $x=b$ 处两个横截面 A、B 间的积分为

$$\int_a^b \mathrm{d}F_Q(x) = \int_a^b q(x)\mathrm{d}x$$

$$F_Q(b) - F_Q(a) = \int_a^b q(x)\mathrm{d}x \tag{6-4}$$

由式 (6-2) 可得

$$M(b) - M(a) = \int_a^b F_Q(x)\mathrm{d}x \tag{6-5}$$

式 (6-4) 和式 (6-5) 说明：

(1) 剪力图上任意两截面上剪力值之差，等于受力图上相应两截面间的载荷面积。

(2) 弯矩图上任意两截面上弯矩值之差，等于剪力图上相应两截面的剪力图面积。

熟悉上面的这些关系，对绘制和校核梁的剪力图和弯矩图都会有很大帮助，下面用简易方法举例说明。

【例 6-9】 外伸梁如图 6-17 (a) 所示，已知 $F_p=20\text{kN}$，$M_e=160\text{kN}\cdot\text{m}$，$q=$

20kN/m，试作梁的剪力和弯矩图。

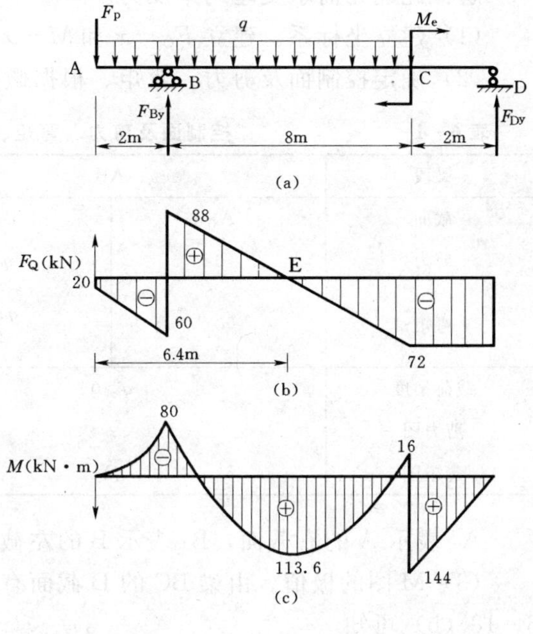

图 6-17　例 6-8 图

解：(1) 求支反力，即

$F_{Dy}=72kN$，$F_{By}=148kN$

(2) 画剪力图。自左至右分段依次画出：

1) A 点：F_Q图向下突变，其大小、方向与F_p力相同。

2) AB 段：$q<0$ F_Q图为下倾斜直线（\）。

$F_{QA}=-20kN$，$F_{QB}=F_{QA}+qL_{AB}=-60kN$

3) B 点：F_Q图向上突变，其大小、方向均与F_B力相同。

4) BC 段：$q<0$ F_Q图为斜直线（\）

$F_{QB右}=(148-60)kN=88kN$

$F_{QC}=F_{QB右}+qL_{BC}=[88+(-20\times8)]kN$

$=-72kN$

由F_Q图算得在$x=6.4m$处，$F_Q=0$。

5) C 点有集中力偶，对F_Q图无影响。

6) CD 段：$q=0$，F_Q图为水平线，$F_{QC}=F_{QD}=-72kN$。

7) D 点：F_Q图向上突变至零。得F_Q图如图 6-17（b）所示。

(3) 画弯矩图：

1) A 点无集中力偶，M 图无突变，从零开始。

2) AB 段：$q<0$，M 图为下凸二次曲线（∪）。

$$M_A=0$$

$$M_B=M_A+F_{QAB}间的面积=\left[0-\frac{1}{2}(20+60)\times2\right]kN\cdot m=-80kN\cdot m$$

3) B 点无集中力偶，M 图在 B 点不能突变。

4) BC 段：$q<0$，M 图为下凸曲线（∪），并得知，在 E 点 $x=6.4m$ 处，M 图有极值。

$$M_E=M_B+F_{QBE}间的面积=\left[-80+\frac{1}{2}(88\times4.4)\right]kN\cdot m=113.6kN\cdot m$$

$$M_{C左}=M_E+F_{QEC}间的面积$$

$$=\left[113.6-\frac{1}{2}\times72\times(8-4.4)\right]kN\cdot m$$

$$=-16kN\cdot m$$

5) C 点有集中力偶，M 图有突变，突变方向下，其值等于集中力偶。

$$M_{C右}=-(-16+160)kN\cdot m=144kN\cdot m$$

6) CD 段：$q=0$，$F_Q<0$，M 图为斜直线。

$M_D=M_{C右}+F_{QCD}间的面积=144-72\times2=0$，M 图如图 6-17（c）所示。

【例 6-10】　试作图 6-18（a）所示悬臂梁的剪力图和弯矩图。

解：此题无需求支座约束反力。

(1) 建立坐标系。建立 F_Q-x 和 $M-x$ 坐标系，分别如图 6-18 (b)、(c) 所示。

(2) 确定控制面及剪力、弯矩、根据微分关系连图线，见表 6-1。

表 6-1　　控制面及剪力、弯矩、根据微分关系连图线表

梁段	AB		BC	
截面	$A_{右}$	$B_{左}$	$B_{右}$	$C_{左}$
剪力	0	qa	qa	$-2qa$
弯矩	0	$\frac{qa^2}{2}$	0	$-\frac{3qa^2}{2}$
载荷集度	$q>0$		$q<0$	
剪力图	/		\	
弯矩图	∩		∪	

$A_{右}$表示 A 的右截面，$B_{左}$表示 B 的左截面，下同。

(3) M 图的极值。由梁 BC 的 D 截面有 $F_{QD}=0$，可见 M 曲线在该处存在极值，由图 6-18 (b) 可知

$$x_D=2a\text{，可得 D 截面的 }M=qa\left(x_D-\frac{a}{2}\right)-\frac{q}{2}aa=\frac{qa^2}{2}$$

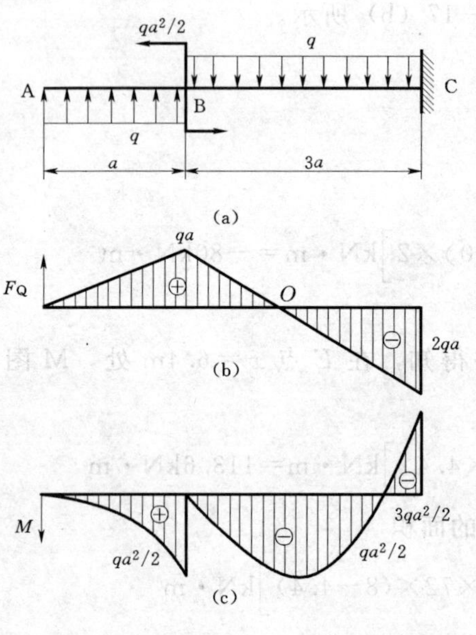

图 6-18　例 6-10 图

【例 6-11】 三支座梁如图 6-19 (a) 所示，B 处为铰接，BD 段受均布载荷 q 作用，试作梁的剪力图和弯矩图。

解：在中间铰处 $F_Q\neq 0$，$M=0$，故在中间铰处将梁分解为两个梁，如图 6-19 (b) 所示。对于 BD 梁，支反力 $F_B=F_D=qa$，对于 AB 梁，B 点受力为 F'_B。F'_B力必与 F_B 力等值反向，可分别作出 AB 及 BD 梁的剪力图与弯矩图，最后将两梁的剪力图和弯矩图衔接起来，即为原来梁的剪力图及弯矩图，见图 6-19 (c)、(d)。

【例 6-12】 图 6-20 (a) 为一简支楼梯斜梁，沿斜梁方向每米长度上的载荷为 q，试作梁的内力图 (F_Q、M、F_N)。

(1) 求约束反力，即

$$\sum M_B=0，\ -F_A l+q\frac{l}{\cos\alpha}\frac{l}{2}=0$$

$$\sum M_A=0，\ F_B l-q\frac{l}{\cos\alpha}\frac{l}{2}=0$$

得

$$F_A=F_B=\frac{ql}{2\cos\alpha}\ (\uparrow)$$

(2) 建立图 6-20 (b) 所示坐标系。

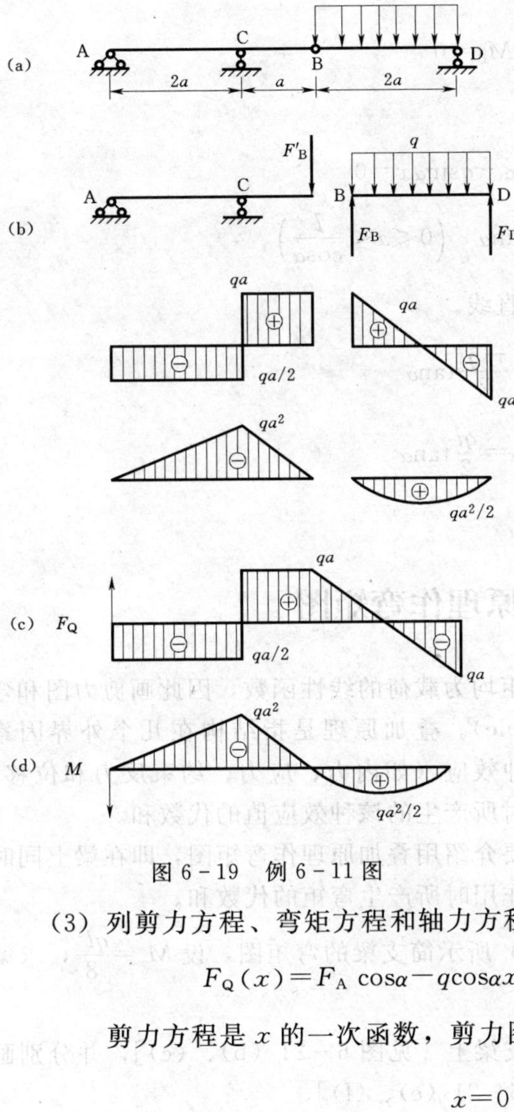

图 6-19　例 6-11 图

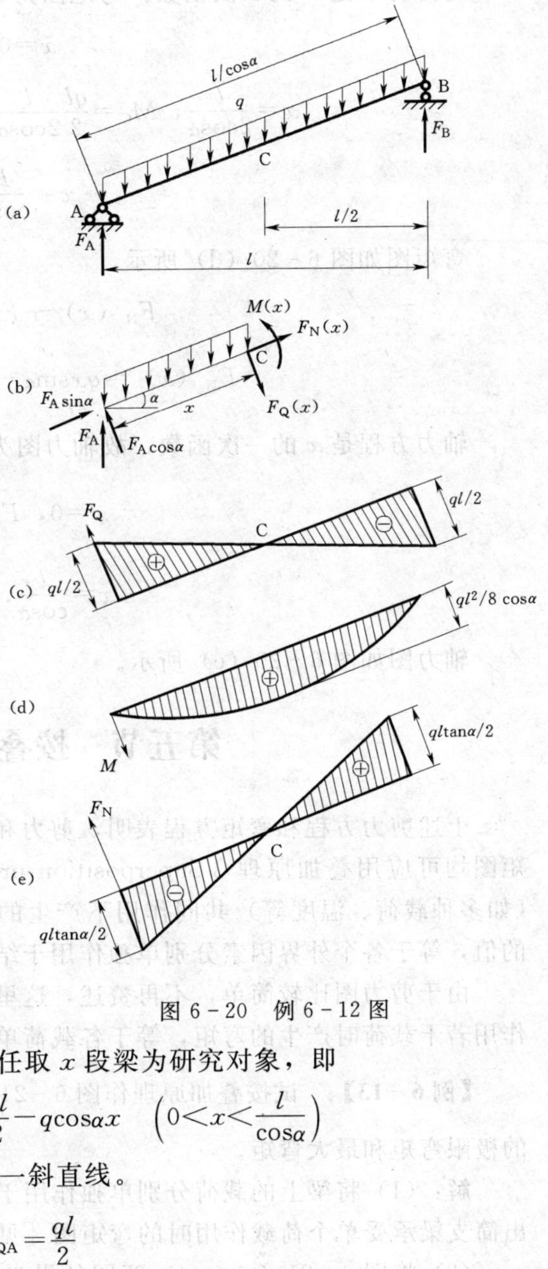

图 6-20　例 6-12 图

(3) 列剪力方程、弯矩方程和轴力方程。任取 x 段梁为研究对象，即

$$F_Q(x)=F_A\cos\alpha-q\cos\alpha x=\frac{ql}{2}-q\cos\alpha x\quad\left(0<x<\frac{l}{\cos\alpha}\right)$$

剪力方程是 x 的一次函数，剪力图为一斜直线。

$$x=0,\ F_{QA}=\frac{ql}{2}$$

$$x=\frac{l}{\cos\alpha},\ F_{QB}=-\frac{ql}{2}$$

剪力图如图 6-20（c）所示。

$$M(x)=F_A\cos\alpha x-qx\frac{x}{2}\cos\alpha$$

$$=\frac{ql}{2}x-\frac{1}{2}qx^2\cos\alpha\quad\left(0\leqslant x\leqslant\frac{l}{\cos\alpha}\right)$$

弯矩方程是 x 的二次函数，弯矩图为二次抛物线。

$$x=0,\ M_A=0$$

$$x=\frac{l}{2\cos\alpha},\ M_C=\frac{ql}{2}\frac{l}{2\cos\alpha}-\frac{1}{2}q\cos\alpha\left(\frac{l}{2\cos\alpha}\right)^2=\frac{ql^2}{8\cos\alpha}$$

$$x=\frac{l}{\cos\alpha},\ M_B=0$$

弯矩图如图 6-20（d）所示。

$$F_N(x)+F_A\sin\alpha-q\sin\alpha x=0$$

$$F_N(x)=qx\sin\alpha-\frac{ql}{2}\tan\alpha\quad\left(0<x<\frac{l}{\cos\alpha}\right)$$

轴力方程是 x 的一次函数，故轴力图为斜直线。

$$x=0,\ F_{NA}=\frac{-ql}{2}\tan\alpha$$

$$x=\frac{l}{\cos\alpha},\ F_{NB}=\frac{ql}{2}\tan\alpha$$

轴力图如图 6-20（e）所示。

第五节　按叠加原理作弯矩图

上述剪力方程和弯矩方程表明，剪力和弯矩均为载荷的线性函数，因此画剪力图和弯矩图均可应用叠加原理（Superposition principle）。叠加原理是指结构在几个外界因素（如多种载荷、温度等）共同作用下产生的某种效应（如内力、应力、约束反力和位移）的值，等于各个外界因素分别单独作用于结构时所产生的该种效应值的代数和。

由于剪力图比较简单，不再赘述，这里主要介绍用叠加原理作弯矩图，即在梁上同时作用若干载荷时产生的弯矩，等于各载荷单独作用时所产生弯矩的代数和。

【例 6-13】 试按叠加原理作图 6-21（a）所示简支梁的弯矩图，设 $M_e=\frac{ql^2}{8}$，求梁的极限弯矩和最大弯矩。

解：(1) 将梁上的载荷分别单独作用于简支梁上［见图 6-21（b）、(c)］，并分别画出简支梁承受单个荷载作用时的弯矩图［见图 6-21（e）、(f)］。

(2) 将图 6-21（e）、(f) 两图的纵坐标叠加，并把它们画在 x 轴的同一侧，图 6-21（d）中无阴影部分正负抵消，剩下部分把它改画为以水平直线为基线的图形，则为原简支梁的弯矩图［见图 6-21（g)］。

(3) 求极限弯矩，首先需要确定剪力为零的截面位置，还应先求出约束反力，即

$$F_{Ay}=\frac{M_e}{l}+\frac{ql}{2}=\frac{5}{8}ql$$

$$F_Q(x)=F_{Ay}-qx=\frac{5}{8}ql-qx\quad(0<x<l)$$

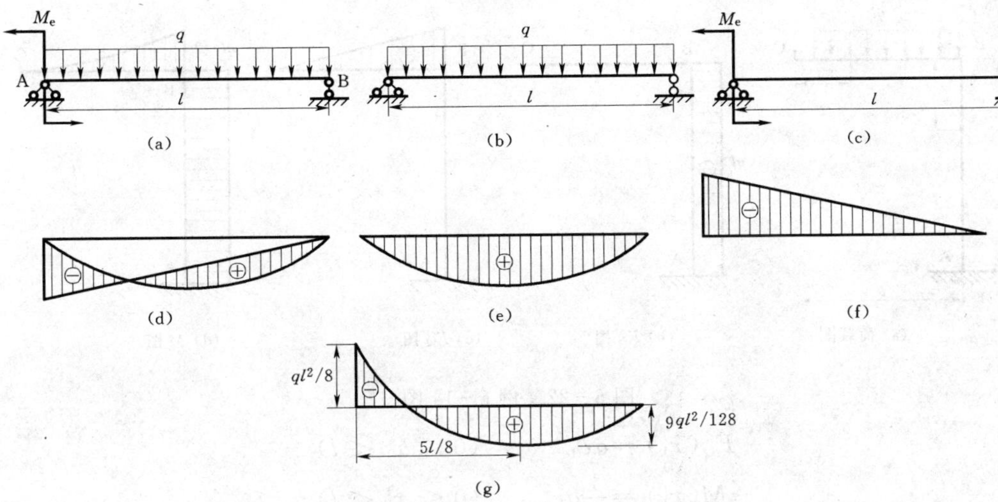

图 6-21　例 6-13 图

令 F_Q（x）$=0$，得极限弯矩的截面位置距支座 A 的距离 x 为

$$\frac{5}{8}ql - qx=0,\ x=\frac{5}{8}l$$

由此得该截面上的极限弯矩 M_x 为

$$M_x=F_{Ay}x-M_e-\frac{1}{2}qx^2=\frac{9}{128}ql^2$$

梁 A 端截面上的弯矩 $M_A=-M_e=-\frac{ql^2}{8}$，其数值大于极限弯矩，故全梁的最大弯矩为 $|M_{max}|=|M_A|=\frac{ql^2}{8}$，所以梁的极限弯矩不一定是全梁的最大弯矩。

利用叠加法应该注意的是，截面的内力是以纵坐标来度量的。内力图的叠加是指内力图纵坐标的代数相加。其次，应用叠加法的原则必须是使计算简单，每个计算简图都可不求约束反力，而直接画出内力图，再进行叠加。

第六节　平面刚架的弯曲内力

刚架是将若干个杆件通过刚结点连接而成的结构。刚结点是指各个杆件在此结点上连成一整体，各杆的杆端之间既不能互相转动，也不能互相移动。因此，当杆件发生弯曲变形时，在刚结点处各杆端之间的夹角仍保持不变。

求刚架的内力，仍需采用截面法。一般情况下，刚架横截面上的内力有轴力、剪力和弯矩。弯矩图画在受拉一侧。剪力图和轴力图可画在杆的任意一侧，但需注明正负号。

【例 6-14】　试作如图 6-22（a）所示刚架的内力图。

解：由于 C 端为自由端，可由自由端截取梁段研究，故不必求约束反力。

（1）分段列内力方程。

BC 段：　　　F_N（x_1）$=0$　　（$0\leqslant x_1\leqslant l$）

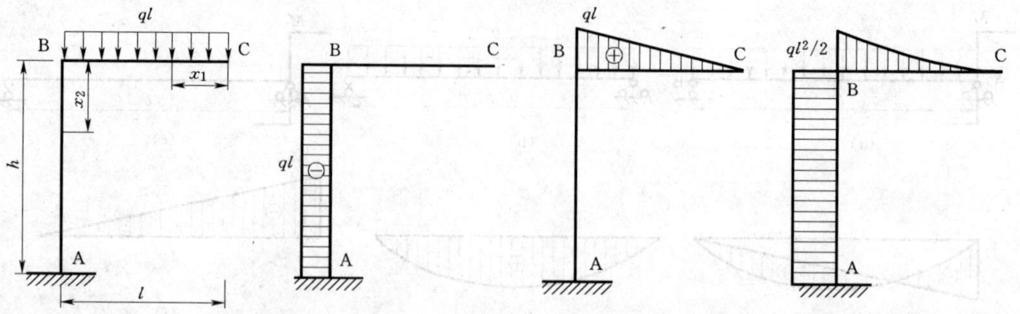

(a) 荷载图　(b) F_N 图　(c) F_Q 图　(d) M 图

图 6－22　例 6－14 图

$$F_Q(x_1)=qx_1 \qquad (0\leqslant x_1<l)$$

$$M(x_1)=\frac{1}{2}qx_1^2 \qquad (0\leqslant x_1<l)$$

AB 段：

$$F_N(x_2)=-ql \qquad (0<x_2<h)$$

$$F_Q(x_2)=0 \qquad (0\leqslant x_2\leqslant h)$$

$$M(x_2)=-\frac{1}{2}ql^2 \qquad (0<x_2<h)$$

(2) 画内力图。

F_N图：BC 段轴力为零，AB 段轴力为受压常量，如图 6－22（b）所示。

F_Q图：BC 段为斜直线，$F_{QC}=0$，$F_{QB}=ql$。F_{QC}表示 C 截面的剪力，F_{QB}表示 B 截面的剪力。

AB 段剪力为零，如图 6－22（c）所示。

M 图：BC 段为二次抛物线，$M_C=0$，$M_B=\frac{ql^2}{2}$。

AB 段弯矩为常量，如图 6－22（d）所示。

小　结

本章主要讨论了弯曲内力的计算方法及剪力图，弯矩图的绘制方法。

1. 梁截面上内力的计算方法，梁的内力方程与内力图

计算梁的内力即弯矩和剪力的基本方法仍是截面法。在实用上，主要是运用简化计算的方法，即通过指定截面一侧的全部外力直接计算该截面的弯矩和剪力。

剪力的符号以微段梁左端向上，右端向下相对错动时定为正，反之为负，(或者使隔离体顺时针转动的剪力为正，反之为负)。

弯矩的符号以使梁下面纤维受拉为正，反之则为负，弯矩图画在梁受拉的一侧。

2. 梁的内力与分布荷载之间的关系为

$$\frac{dF_Q(x)}{dx}=q(x),\quad \frac{dM(x)}{dx}=F_Q(x),\quad \frac{d^2M(x)}{dx^2}=q(x)$$

根据上述关系得到了一些重要结论，即在各种常见载荷下梁的弯矩图与剪力图的特征

以及剪力图与弯矩图的关系特征。利用这些特征可以更加准确地画出梁的内力图，称之简易法画内力图。

3. 叠加法作弯矩图

在梁上同时作用若干载荷时产生的弯矩，等于各载荷单独作用时所产生弯矩的代数和。

由于梁的弯矩分布通常比较复杂，并考虑到弯矩图在工程中的重要性，叠加法画弯矩图作为一种有效实用的方法，应当熟练地掌握。

本章的重要概念还有梁的剪力与弯矩正负号的规定等。

习 题

6-1 求题6-1图所示各梁中指定截面上的剪力和弯矩。

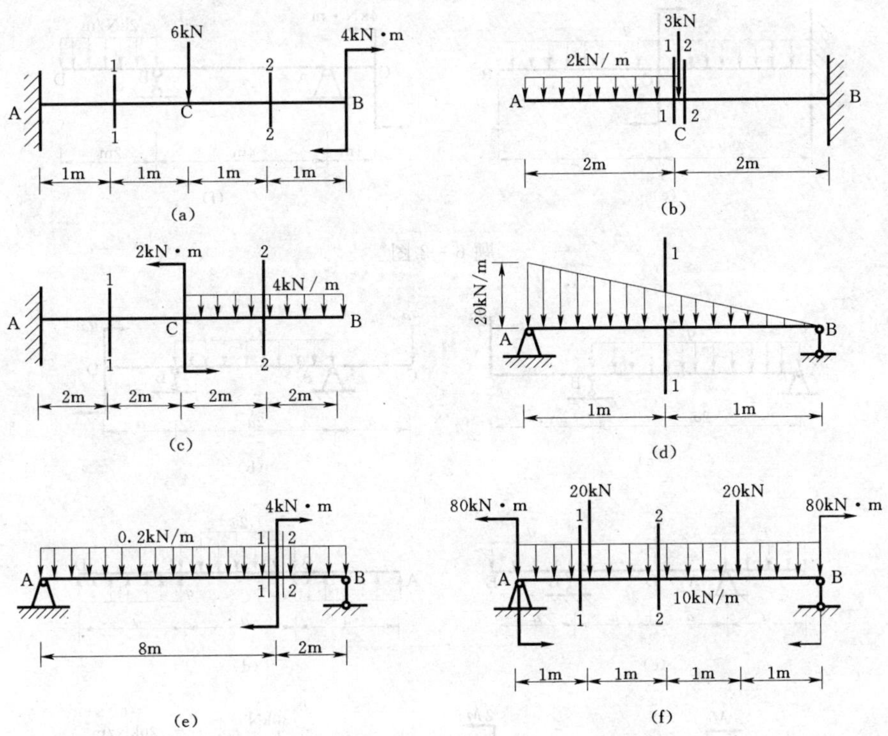

题6-1图

6-2 如题6-2图所示，试写出各梁的剪力方程和弯矩方程，作出剪力图和弯矩图，并求出$|F_Q|_{max}$和$|M|_{max}$。

6-3 如题6-3图所示，试用简易法作各梁的剪力图和弯矩图，求出$|F_Q|_{max}$和$|M|_{max}$。

6-4 根据弯矩、剪力与载荷集度之间的微分关系，作题6-4图所示梁的剪力图和弯矩图。

6-5 试利用载荷、剪力和弯矩的关系检查所画的题6-5图（a）、（b）二梁的剪力图和弯矩图，并将错误处加以改正。

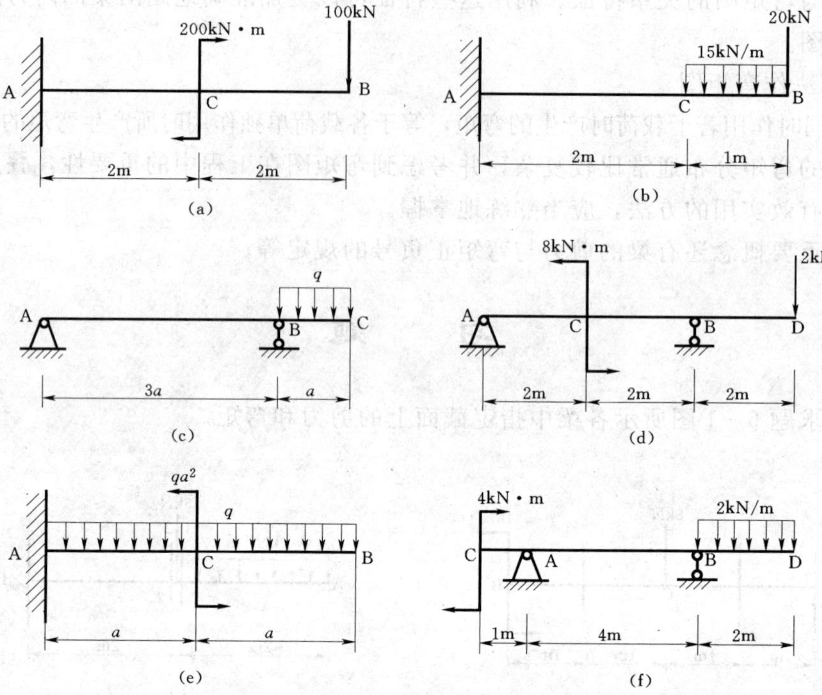

题 6-2 图

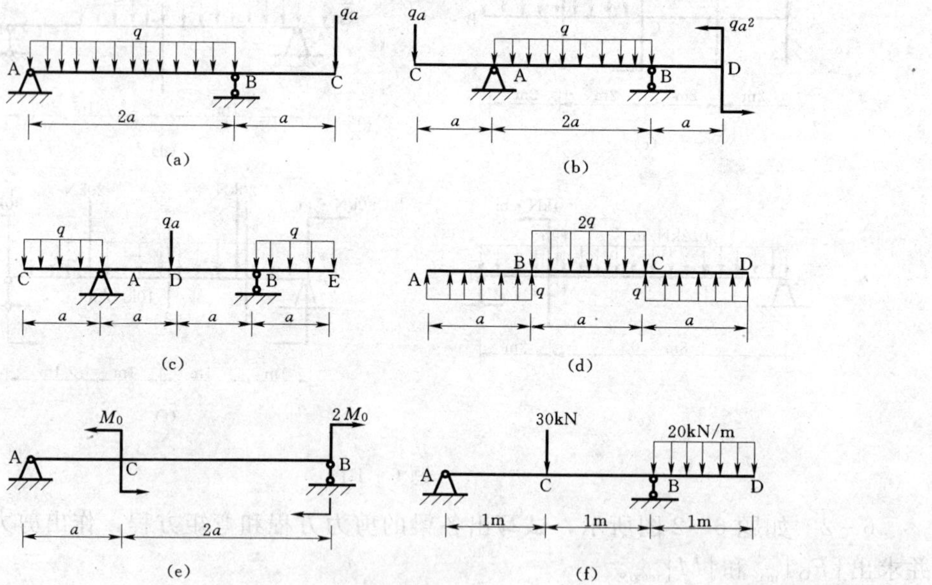

题 6-3 图

6-6　已知简支梁的弯矩图如题 6-6 图（a）、（b）所示，试作出二梁的剪力图与载荷图。

6-7　根据题 6-7 图所示，简支梁的剪力图（a）、（b），试作此二梁的弯矩图和载荷图。

6-8　试作题 6-8 图所示多跨静定梁的剪力图和弯矩图。

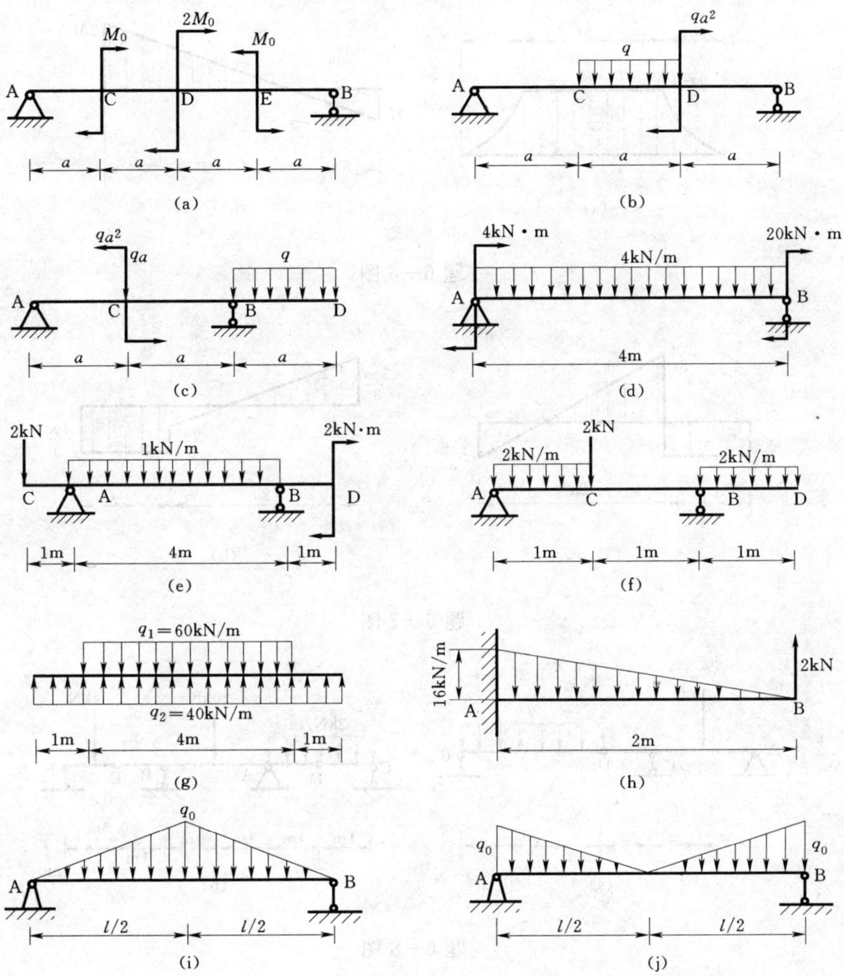
M_0
$2M_0$
M_0
A
C
D
E
B
a
a
a
a
(a)
qa^2
q
A
C
D
B
a
a
a
(b)
qa^2
qa
q
A
C
B
D
a
a
a
(c)
4kN · m
4kN/m
20kN · m
A
B
4m
(d)
2kN
1kN/m
2kN·m
C
A
B
D
1m
4m
1m
(e)
2kN
2kN/m
2kN/m
A
C
B
D
1m
1m
1m
(f)
$q_1=60$kN/m
$q_2=40$kN/m
1m
4m
1m
(g)
16kN/m
2kN
A
B
2m
(h)
q_0
A
B
$l/2$
$l/2$
(i)
q_0
q_0
A
B
$l/2$
$l/2$
(j)

题 6－4 图

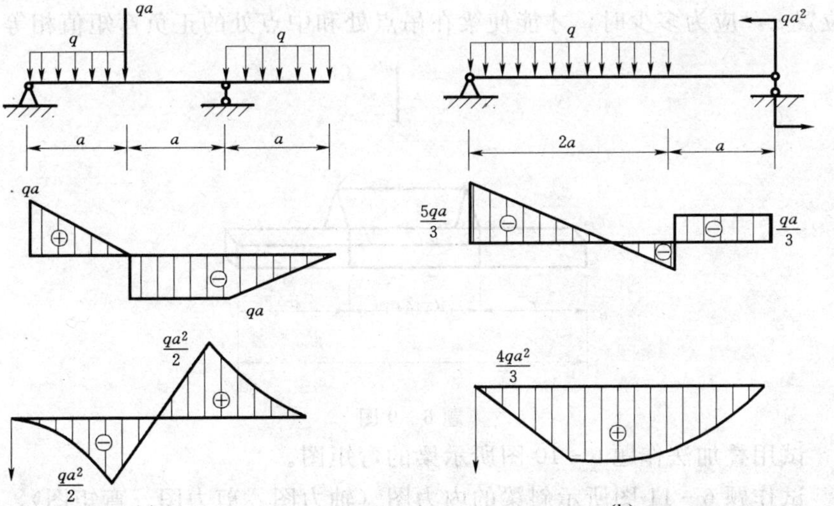
qa
q
q
a
a
a
qa
⊕
⊖
qa
$\frac{qa^2}{2}$
⊖
⊕
$\frac{qa^2}{2}$
(a)
qa^2
q
$2a$
a
$\frac{5qa}{3}$
⊖
⊖
⊖
$\frac{qa}{3}$
$\frac{4qa^2}{3}$
⊕
(b)

题 6－5 图

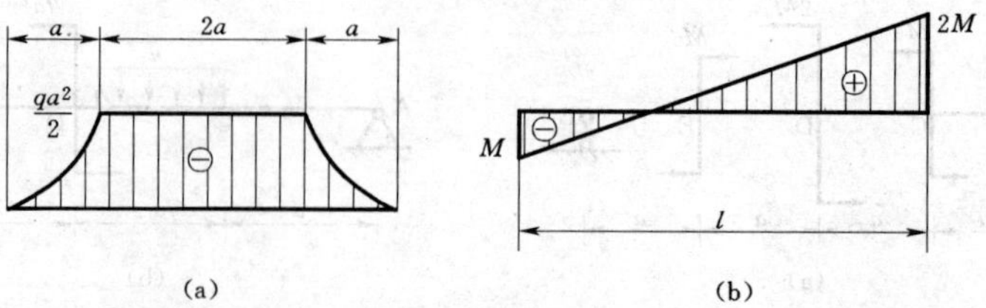

题 6-6 图

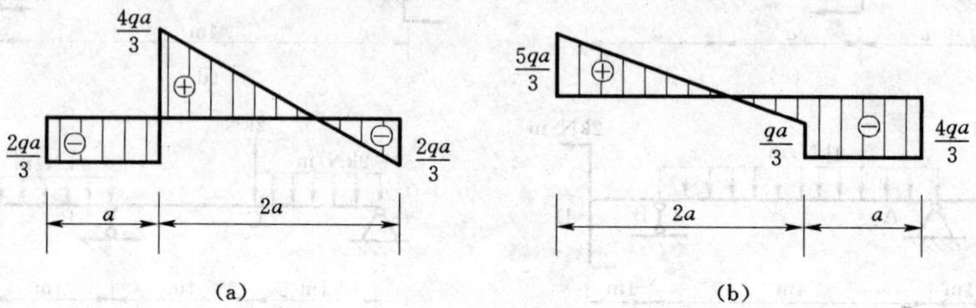

题 6-7 图

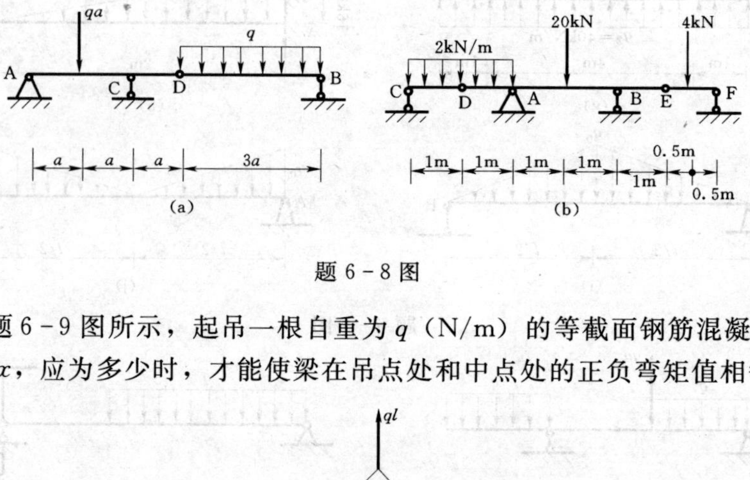

题 6-8 图

6-9 如题 6-9 图所示，起吊一根自重为 q（N/m）的等截面钢筋混凝土梁，问起吊点的合理位置 x，应为多少时，才能使梁在吊点处和中点处的正负弯矩值相等。

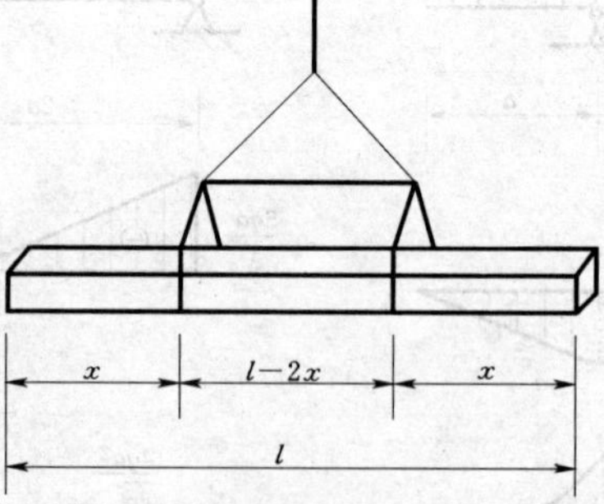

题 6-9 图

6-10 试用叠加法作题 6-10 图所示梁的弯矩图。

6-11 试作题 6-11 图所示斜梁的内力图（轴力图、剪力图、弯矩图）。

6-12 试绘题 6-12 图所示各刚架的内力图。

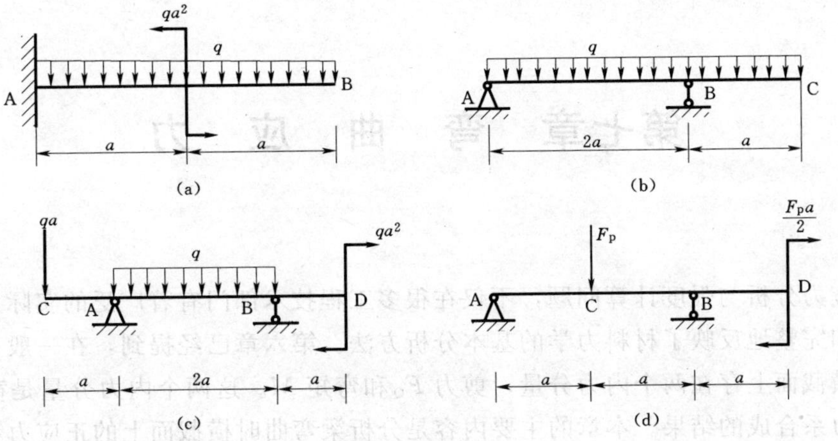

题 6 - 10 图

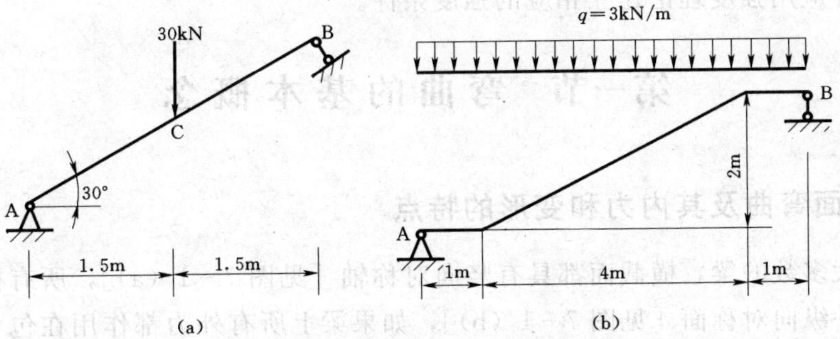

题 6 - 11 图

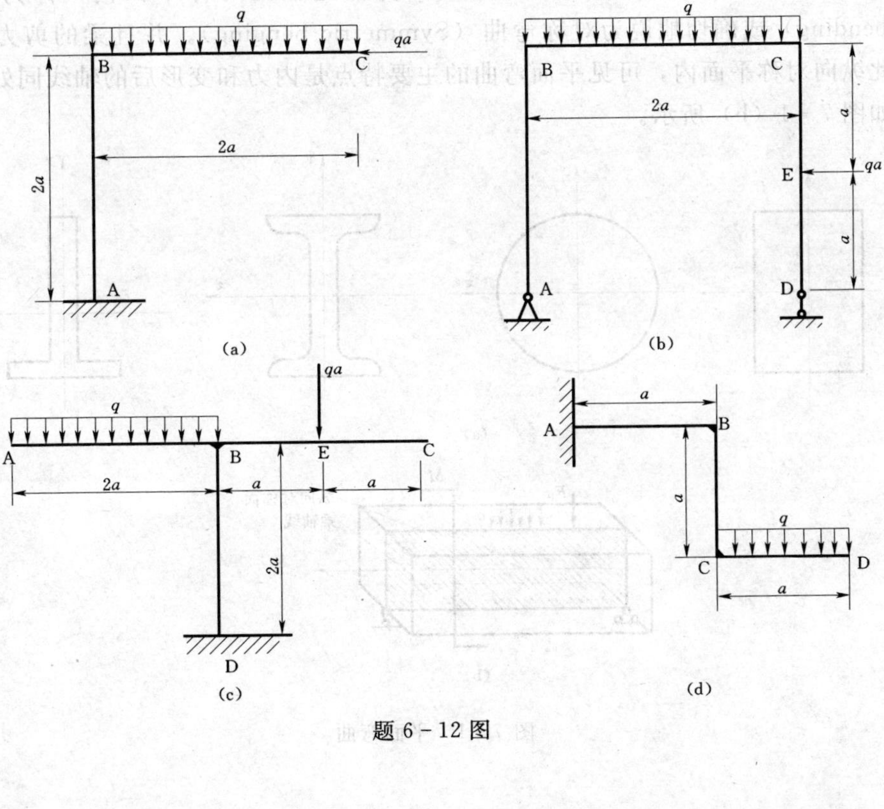

题 6 - 12 图

第七章 弯 曲 应 力

弯曲应力分析与强度计算问题，不仅在很多工程技术部门有着广泛的实际意义，而且比较集中和完整地反映了材料力学的基本分析方法。第六章已经提到，在一般直杆的弯曲中，梁的横截面上存在两个内力分量，剪力 F_Q 和弯矩 M。这两个内力分量是截面上两个不同分布力系合成的结果。本章的主要内容是分析梁弯曲时横截面上的正应力和切应力的分布规律，并应用强度理论建立相应的强度条件。

第一节 弯曲的基本概念

一、平面弯曲及其内力和变形的特点

工程中大多数的梁，横截面都具有竖向对称轴［见图 7-1（a)]，所有横截面的竖向对称轴形成一纵向对称面［见图 7-1（b)]，如果梁上所有外力都作用在包含梁轴线的纵向对称面内，则梁变形后的轴线（挠曲线）仍在此纵向对称平面内，称为平面弯曲（Plane bending）或确切地说为对称弯曲（Symmetric benging)。并且梁的剪力和弯矩也作用在此纵向对称平面内，可见平面弯曲的主要特点是内力和变形后的轴线同处于加载平面内，如图 7-1（b）所示。

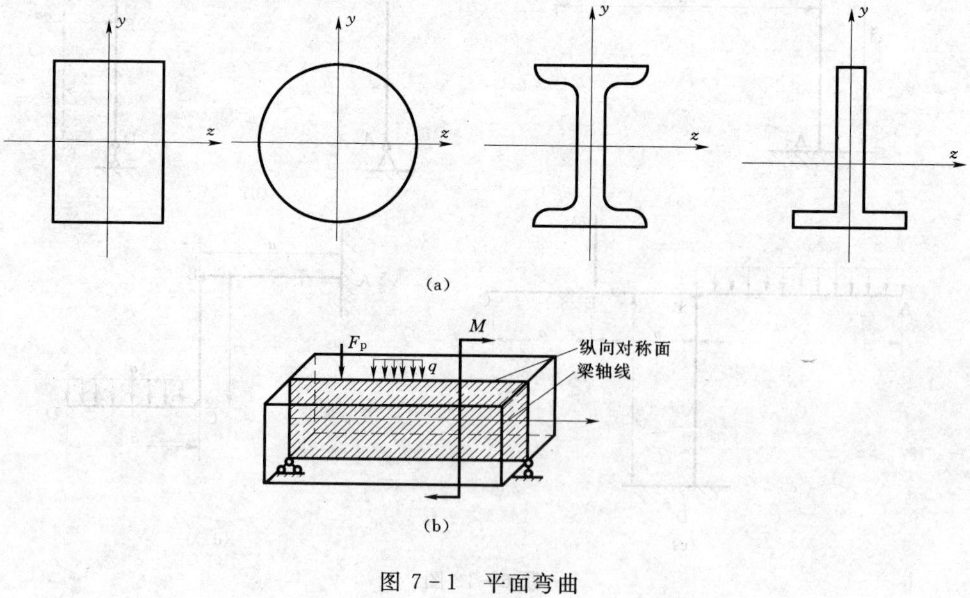

图 7-1 平面弯曲

二、纯弯曲和横弯曲

平面弯曲时，如果梁的横截面上只有弯矩而没有剪力，这种弯曲称为纯弯曲（Pure bending）；如果梁横截面上既有弯矩，又有剪力，则这种弯曲称为横弯曲（Transverse bending）。如图 7-2 所示的梁，CD 段是纯弯曲，而 AC 段和 DB 段则是横弯曲。显然，在纯弯曲时，梁的横截面上只有正应力，而横弯曲时，梁横截面上既有正应力，又有切应力。

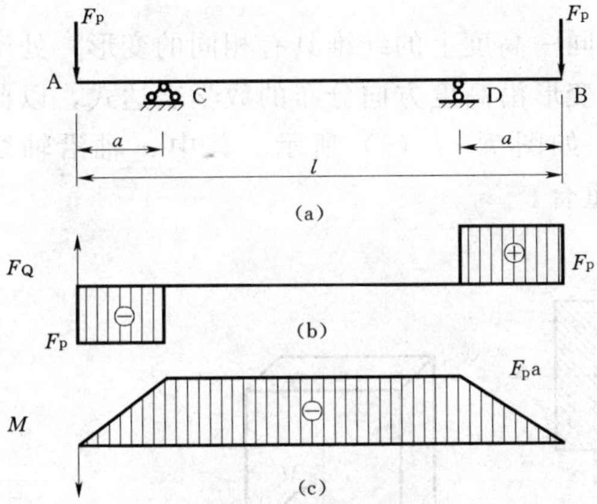

图 7-2 横弯曲与纯弯曲

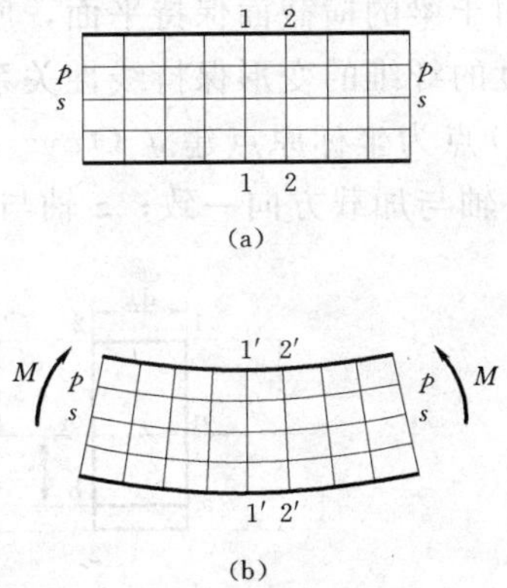

图 7-3 梁纯弯曲实验

三、纯弯曲时梁的变形和基本假设

考察图 7-3 所示的一段纯弯曲梁的变形，预先在梁的表面画上垂直于轴线和平行于轴线的直线。当梁变形后，可观察到纵线变成了圆弧线，横线仍保持直线，只是相对转过了一个角度，但仍与纵线正交。上部的纵线缩短，下部的纵线伸长，而中间的一条纵线长度不变。

如果将梁看成是由许多纵向纤维组成的，梁中必然存在着这样一层纤维，它们既不伸长，也不缩短，梁中的这一层纤维称为梁的中性层（Neutral surface）。中性层与梁横截面的交线称为该截面的中性轴（Neutral axis）。梁的横截面上，中性轴两侧分别承受拉应力和压应力。而中性轴上各点则不受力。需要注意的是，中性层是对整个梁讲的，而中性轴则是就梁的某个横截面而言的。在平面弯曲中，中性层和中性轴都是垂直于加载方向。

根据上述梁表面的变形情况，作出如下假设。

（1）纵向纤维间互不挤压，即假设纵向纤维之间无挤压应力。

（2）平面假设（Plane assumption），即假设梁的横截面在变形前是平面，变形后仍然是平面，只是绕其中性轴转动了一角度。这一假设对纯弯曲梁是完全正确的。对于横弯曲，由于截面上有非均匀分布切应力的存在，截面将发生翘曲，但这种翘曲对正应力的影响极小。因此，上述假设仍成立，只是有一定的近似性。

此外，对于材料的力学性能还需作某些假设，以使应力分析过程简化，这些假设是：

（1）材料的应力—应变关系是线弹性的。

(2) 材料在拉伸和压缩时有相同的弹性模量。

第二节 纯弯曲时梁的正应力分析

梁纯弯曲时的正应力分析与圆轴扭转时的应力分析相似，具有超静定的性质。因此，必须应用几何、物理和平衡三方面的条件综合分析。

一、几何方面

由于梁的横截面保持平面，所以横截面上同一高度上的纤维具有相同的变形，处于不同高度的纤维的变形保持线性关系。为了确定变形沿高度方向分布的数学表达式，以截面上的 O 点为坐标原点建立 $Oxyz$ 直角坐标系。如图 7－4（a）所示。其中 x 轴沿轴线方向；y 轴与加载方向一致；z 轴与截面中性轴重合。

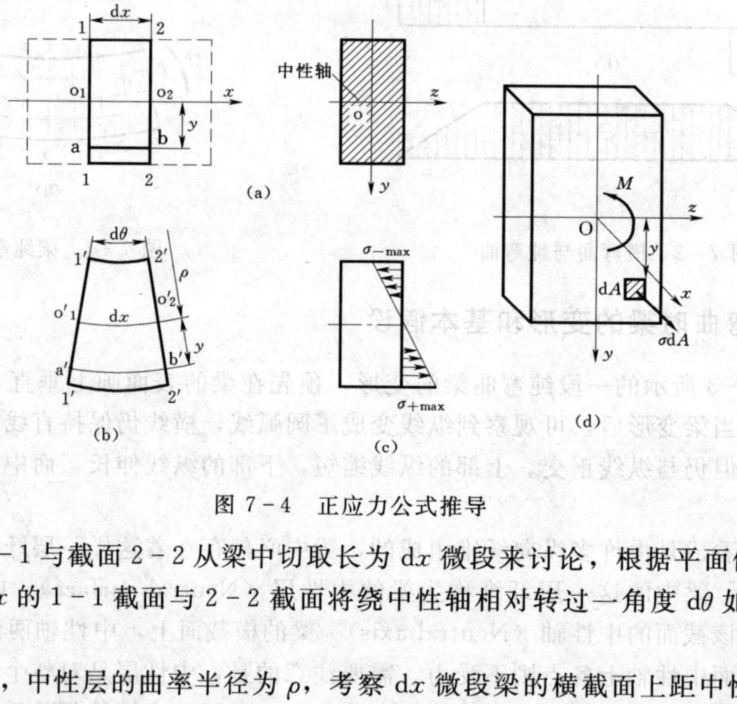

图 7－4 正应力公式推导

用横截面 1－1 与截面 2－2 从梁中切取长为 dx 微段来讨论，根据平面假设，梁变形后，梁上相距 dx 的 1－1 截面与 2－2 截面将绕中性轴相对转过一角度 $d\theta$ 如图 7－4（b）所示。

设梁变形后，中性层的曲率半径为 ρ，考察 dx 微段梁的横截面上距中性轴为 y 处的一层纤维的变形。如图 7－4（b）所示，其原长 $ab = dx = \rho d\theta$，变形后 ab 变为 $a'b'$，纵向伸长量为 $a'b' - ab$，而从图中可看出 $a'b' = (\rho + y)d\theta$，而

$$a'b' - ab = y d\theta$$

则纵线 ab 的线应变为

$$\varepsilon = \frac{a'b' - ab}{ab} = \frac{y d\theta}{dx} = \frac{y}{\rho} \tag{7-1}$$

这就是梁弯曲时，线应变沿横截面高度方向分布表达式。其中

$$\frac{1}{\rho} = \frac{d\theta}{dx} \tag{7-2}$$

式中，ρ 对于确定的横截面是一常量。所以该方程表明：线应变沿高度成线性分布，在中性轴上线应变为零，在中性轴两侧分别为拉应变和压应变。

二、物理方面

对于线弹性材料，若在弹性范围内加载，则根据单向拉（压）胡克定律

$$\sigma = E\varepsilon$$

将式（7-1）代入得到

$$\sigma = \frac{E}{\rho}y \tag{7-3}$$

这是纯弯曲时的物理方程，其中 E、ρ 均为常数。该方程表明，纯弯曲时，梁的横截面上正应力沿截面高度线性分布，在中性轴上应力为零，距中性轴最远处的横截面边缘各点，分别有最大拉力和最大压应力。其沿高度方向的分布如图 7-4（c）所示。

三、静力学方面

1. 横截面上的应力与弯矩之间的关系

纯弯曲时，横截面上的正应力分布力系组成该截面上对于 z 轴的弯矩，该弯矩与外力矩平衡，如图 7-4（d）所示，于是有

$$\int_A y\,\sigma \mathrm{d}A = M_z$$

将式（7-3）代入，注意到 E、ρ 对于确定的截面为常量，得到

$$\frac{E}{\rho}\int_A y^2 \mathrm{d}A = M_z$$

其中，$\int_A y^2 \mathrm{d}A = I_z$，为截面对于 z 轴的惯性矩，上式写成

$$\frac{1}{\rho} = \frac{M_z}{EI_z} \tag{7-4}$$

这是纯弯曲时，梁轴线的变形公式。其中 EI_z 称为梁的弯曲刚度（Flexural rigidity）。将式（7-4）代入式（7-3），得到纯弯曲时正应力的表达式

$$\sigma = \frac{M_z}{I_z}y \tag{7-5}$$

式（7-4）、式（7-5）是梁弯曲情况下的两个基本公式，前者描述了梁弯曲后的变形，后者描述了弯曲后梁横截面上的应力分布及各点应力的大小。

2. 中性轴的位置

中性轴是横截面上拉、压应力的分界线。横截面上的拉、压应力除了合成对于 z 轴的弯矩外，还可能合成——轴力 F_N，但是根据平衡条件，纯弯曲时，横截面上只有一个内力分量一弯矩，而没有轴力。于是有

$$F_N = \int_A \sigma \mathrm{d}A = 0$$

将式（7-3）代入后得

$$\frac{E}{\rho}\int_{A} y\mathrm{d}A = 0$$

其中 E/ρ 不可能为零，故只有积分表达式为零。该积分就是截面对于 z 轴的静矩。即这一结果表明 z 轴通过截面形心，即中性轴通过截面形心。

3. 平面弯曲时加载方向及其与中性轴的关系

纯弯曲时，横截面上的分布正应力，除了合成对 z 轴的弯矩和轴力外，还有可能合成对于 y 轴的弯矩 M_y。但根据平衡条件，这一弯矩应为零，即

$$M_y = \int_{A} z\sigma\mathrm{d}A = 0$$

将式（7-3）代入得到

$$\frac{E}{\rho}\int_{A} yz\mathrm{d}A = 0$$

同样 E/ρ 不可能为零，所以要求式中的积分表达式为零。根据惯性积的定义有

$$I_{yz} = \int_{A} yz\mathrm{d}A = 0$$

这一结论说明：y、z 这对轴为截面过 C 点的主轴。前面已经证明了 z 轴通过截面形心，所以，y、z 轴为截面的一对形心主轴。上述分析表明，对于一个截面而言，载荷必须作用在某一主轴方向，对整个梁而言，载荷必须作用在由主轴构成的平面内，才可以产生平面弯曲。这个平面称为主轴平面。

四、最大弯曲正应力

由式（7-5）可知，在 $y=y_{\max}$ 即横截面上离中性轴最远的各点处，弯曲正应力最大，其值为

$$\sigma_{\max} = \frac{My_{\max}}{I_z} = \frac{M}{\dfrac{I_z}{y_{\max}}}$$

式中，比值 $I_z/y_{\max}$ 仅与截面的形状与尺寸有关，称为抗弯截面模量（Section modulus in bending），并用 W_z 表示，即

$$W_z = \frac{I_z}{y_{\max}} \tag{7-6}$$

于是，最大弯曲正应力即为

$$\sigma_{\max} = \frac{M}{W_z} \tag{7-7}$$

可见，最大弯曲正应力与弯矩成正比，与抗弯截面模量成反比。抗弯截面模量 W_z 综合地反映了横截面的形状与尺寸对弯曲正应力的影响。

由式（7-6）和附录Ⅰ可知，矩形与圆形截面［见图 7-5（a）、（b）］的抗弯截面模量分别为

$$W_z = \frac{bh^2}{6} \tag{7-8}$$

$$W_z = \frac{\pi d^3}{32} \tag{7-9}$$

而空心圆截面［见图 7-5（c）］的抗弯截面模量则为

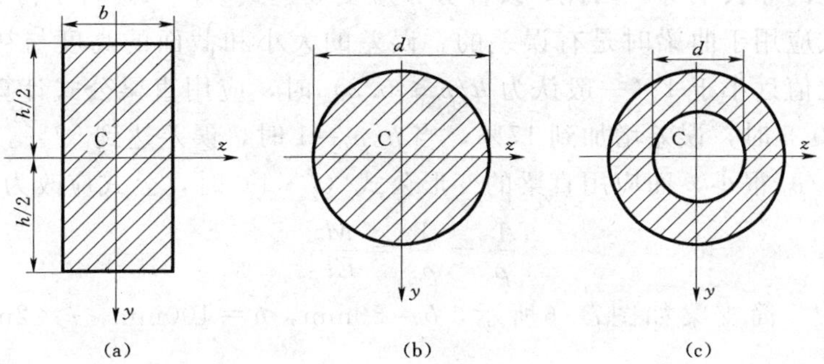

图 7-5　截面形状

$$W_z = \frac{\pi D^3}{32}(1-\alpha^4) \tag{7-10}$$

式中，$\alpha = d/D$，代表内、外径的比值。

第三节　纯弯曲正应力公式和变形公式的应用与推广

式（7-4）和式（7-5），是计算纯弯曲时正应力和变形的基本公式。二者都是在确定的条件下导出的，因此只能在确定的条件下应用，但是可以在一定的条件下加以推广。

一、关于公式的应用

由于在推导公式的过程中有平面弯曲和线弹性的条件限制，因此，在应用公式时不能超出这些条件。根据上一节的分析，无论是对称截面，还是非对称截面，上述公式都可以应用，但是加载必须满足下列条件：

（1）对于有对称轴的实心截面，载荷必须作用在纵向对称平面内，并垂直于梁的轴线。

（2）对于非对称截面，载荷必须作用在梁的形心主轴平面内（或平行于梁的形心主轴方向的平面内），并垂直于梁的轴线。

二、纯弯曲正应力公式和变形公式的推广

1. 推广到横弯曲

横弯曲时，梁的横截面上既有弯矩，又有剪力，因而截面上同时存在着正应力和切应力，而切应力沿截面的高度非均匀分布，这样的切应力将使截面产生翘曲变形，因而平面假设不再成立。所以，将纯弯曲应力和变形公式推广到横弯曲时，会带来一定的误差。但是，这种误差和梁截面的高度 h 与长度 l 的比值 h/l 成比例。所以，对于细长梁，其 h/l 值很小，采用纯弯曲公式所引起的误差便很小。弹性力学的精确计算结果表明，对于承受集中载荷的简支梁，当 $h/l<0.2$ 时，最大应力的误差小于 8%；当 $h/l=1$ 时，误差增加到 60%；对于承受均布载荷的简支梁，当 $h/l<0.2$ 时，误差小于 1%。

2. 推广到具有初曲率的曲梁

对于具有初曲率的曲梁，平面假设依然成立。但是由于两相邻截面（均与曲梁轴线正

交）间各层纤维的原长不等，因此，线性分布应变表达式（7-1）将不再成立。将直梁的应力和变形公式应用于曲梁时是有误差的。误差的大小和截面的高度与初曲率之比 h/ρ_0 有关。当这个比值远小于 1（一般认为 $h/\rho_0 \leqslant 0.2$）时，应用直梁公式计算的误差不超过 7%；当 $h/\rho_0=0.5$ 时，误差增加到 17%；当 $h/\rho_0=1$ 时，误差达到 52%。

此外，当 h/ρ_0 很小，而应用直梁的变形公式（7-4）时，公式应改为

$$\frac{1}{\rho}-\frac{1}{\rho_0}=\frac{M_z}{EI_z} \tag{7-11}$$

【例 7-1】 简支梁如图 7-6 所示，$b=50\text{mm}$，$h=100\text{mm}$，$l=2\text{m}$，$q=2\text{kN/m}$，试求：

(1) 梁的截面竖着放，即载荷作用在沿 y 轴的对称平面内时，其最大正应力为多少？

(2) 如果平着放，其最大正应力为多少？

(3) 比较矩形截面竖着放和平着放的效果。

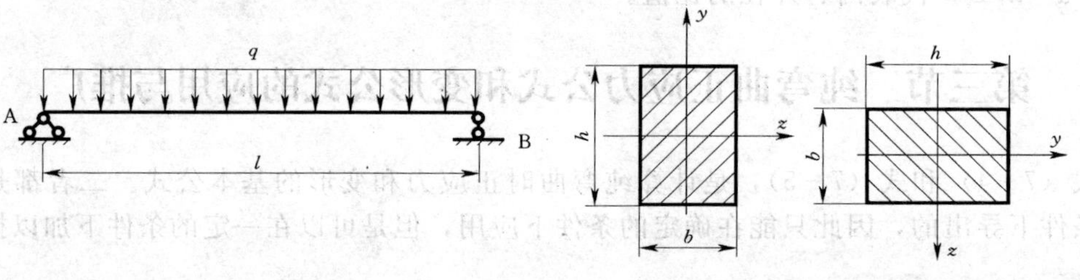

图 7-6 例 7-1 图

解：竖放和平放两种情况的最大弯矩 $M_{\max}$ 都发生在梁的中点，其值为

$$M_{\max}=\frac{ql^2}{8}=\frac{2\times 2^2}{8}\text{kN}\cdot\text{m}=1\text{kN}\cdot\text{m}$$

由式（7-5），得

$$\sigma_{\max}=\frac{M_{\max}\ y_{\max}}{I_z}$$

如引用符号 $$W_z=\frac{I_z}{y_{\max}}=\frac{1}{6}bh^2$$

同理 $$W_y=\frac{1}{6}hb^2$$

(1) 梁竖放时，中性轴为 z 轴。

$$W_z=\frac{bh^2}{6}=\frac{50\times 10^{-3}\times(100\times 10^{-3})^2}{6}=83.3\times 10^{-6}(\text{m}^3)$$

$$\sigma_{\max 1}=\frac{M_{\max}}{W_z}=\frac{1\times 10^3}{83.3\times 10^{-6}}\text{Pa}=12\text{MPa}$$

(2) 梁平放时，中性轴为 y 轴。

$$W_y=\frac{hb^2}{6}=\frac{100\times 10^{-3}\times(50\times 10^{-3})^2}{6}=41.6\times 10^{-6}(\text{m}^3)$$

$$\sigma_{max2}=\frac{M_{max}}{W_y}=\frac{1\times10^3}{41.6\times10^{-6}}Pa=24MPa$$

（3）梁竖放和平放比较。

$$\frac{\sigma_{max1}}{\sigma_{max2}}=\frac{12}{24}=\frac{1}{2}$$

梁内最大正应力计算表明，同一根梁，竖放比平放时的应力小一倍，从计算中可以看出，这与W有关

$$\frac{W_z}{W_y}=\frac{bh^2/6}{hb^2/6}=\frac{h}{b}$$

即矩形截面梁竖放时的W值要比平放时大h/b倍。也即是竖放比平放具有较高的抗弯强度，更加经济、合理。

第四节　横弯曲时的切应力分析

考虑到纯弯曲时正应力公式在横弯曲中应用的近似性，同时对横截面上切应力的分布规律作某些假定，这样，分析横弯曲的切应力时，不必采用分析弯曲正应力那样的方法，而只需应用平衡方法，从而使分析过程大为简化。现在按梁截面的形状，分几种情况讨论弯曲切应力。

一、矩形截面梁

对于弯曲切应力，由于其在横截面上的分布情况比较复杂，故首先需根据截面形状对切应力的分布做出假设。为此，从图7-7（a）所示的矩形截面梁中取出一段梁来进行分析［见图7-7（b）］。

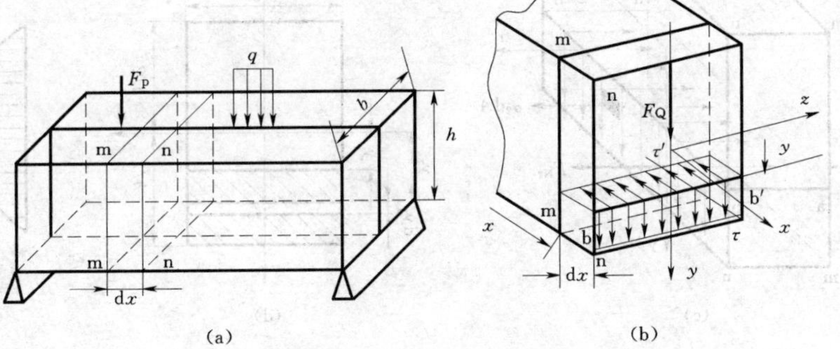

图7-7　横弯曲时横截面上的切应力

因梁的侧面上无切应力，故由切应力互等定理可知，在横截面两侧边缘处的各点，切应力方向与侧边平行。又由于剪力F_Q沿对称轴y作用，关于横截面上切应力的分布规律可做出如下两个假设：

（1）横截面上各点的切应力的方向都平行于剪力F_Q。

（2）切应力沿截面宽度均匀分布。

在截面高度 h 大于宽度 b 的情况下，在上述假定基础上得到的解与精确解相比，具有足够的精度。按照这两个假设，在距中性轴为 y 的横线 bb′上，各点的切应力 τ 都相等，且都平行于 F_Q。再由切应力互等定理可知，在沿 bb′切出的平行于中性层的纵截面上必有与切应力 τ 相等的 τ' 存在［见图 7－7（b)］，而且沿宽度 b 也是均匀分布的。

为了推导切应力计算公式，首先用两截面 mm 和 nn 从图 7－7 所示梁中截取微段 dx 见图 7－8（a)，设两截面上的弯矩分别为 M_z 和 M_z+dM_z（剪力则均为 F_Q），其应力分布情况见图 7－8（b)。再以距中性层为 y 的水平纵向截面截取六面体［见图 7－8（c)］来研究。则六面体左右两侧横截面上由正应力所组成的轴力分别为

$$F_{N1}=\int_{A_1}\sigma_1 dA=\frac{M_z}{I_z}\int_{A_1}y_1 dA=\frac{M_z}{I_z}S_z^*$$

$$F_{N2}=\int_{A_1}\sigma_2 dA=\frac{M_z+dM_z}{I_z}\int_{A_1}y_1 dA=\frac{M_z+dM_z}{I_z}S_z^*$$

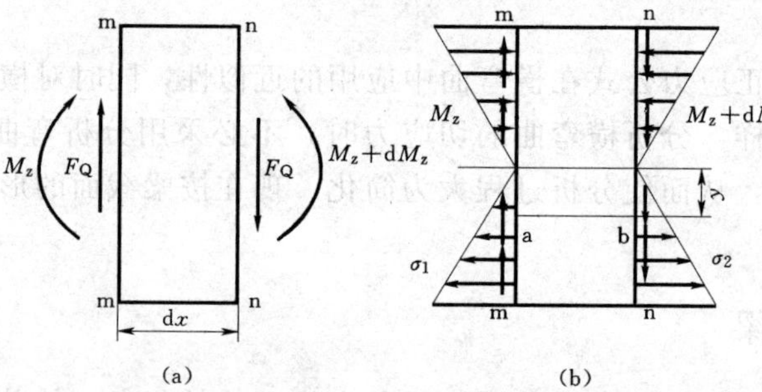

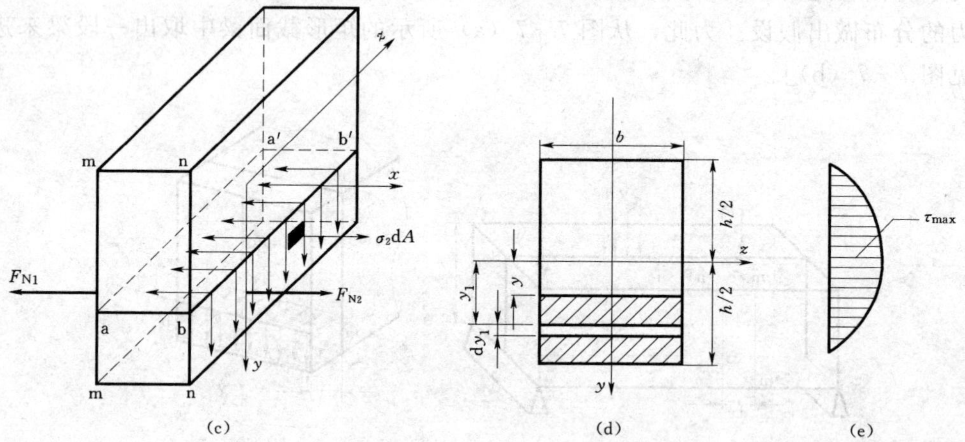

图 7－8 矩形截面弯曲切应力

式中，A_1 为侧面 am 的面积（两侧面相同）；S_z^* 是横截面的部分面积 A_1 对中性轴的静矩，也就是距中性轴为 y 的横线 bb′以下的面积对中性轴的静矩。在顶面 abb′a′上，与顶面相切的内力系的合力是

$$F'_Q=\tau' b dx$$

由静力平衡条件 $\sum F_x=0$，得

$$F_{N_2} - F_{N_1} - F'_Q = 0$$

即
$$\frac{M_z + dM_z}{I_z}S_z^* - \frac{M_z}{I_z}S_Z^* - \tau' b dx = 0$$

化简后得
$$\tau' = \frac{dM_z}{dx}\frac{S_z^*}{I_z b}$$

以 $\frac{dM_z}{dx} = F_Q, \tau = \tau'$ 代入上式则有

$$\tau = \frac{F_Q S_z^*}{I_z b} \quad (7-12)$$

式中　F_Q——横截面上的剪力；

　　b——截面宽度；

　　I_z——整个横截面对中性轴的惯性矩；

　　S_z^*——截面上距中性轴为 y 的横线以外部分截面对中性轴的静矩。

这就是矩形截面梁弯曲切应力的计算公式。

下面讨论切应力沿截面高度的分布规律。对于矩形截面，可取 $dA = b dy_1$［见图 7-8 (d)］，于是

$$S_z^* = \int_{A_1} y_1 dA = \int_{A_1} b y_1 dy_1 = \frac{b}{2}\left(\frac{h^2}{4} - y^2\right)$$

这样式（7-12）可以写成

$$\tau = \frac{F_Q}{2I_z}\left(\frac{h^2}{4} - y^2\right)$$

式（7-12）表明，矩形截面梁的切应力 τ 沿截面高度按二次抛物线规律变化［见图 7-8 (e)］。当 $y = \pm h/2$ 时，即横截面上、下边缘处，切应力为零；在越靠近中性轴处切应力就越大，当 $y=0$ 时，即中性轴上各点处，切应力达到最大值，且

$$\tau_{max} = \frac{F_Q h^2}{8I_z}$$

如以 $I_z = \frac{bh^3}{12}$ 代入上式，即可得出

$$\tau_{max} = \frac{3}{2}\frac{F_Q}{bh} \quad (7-13)$$

可见矩形截面梁横截面上的最大切应力值为其平均切应力的 1.5 倍。

二、圆形截面梁

对于圆形截面，如图 7-9 所示，由切应力互等定理可知，截面边缘各点处，切应力的方向必与圆周相切，因此，不能再假设截面上各点切应力都平行于剪力 F_Q。但圆截面的最大切应力仍在中性轴上各点处，而在该轴（直径）两端的切应力方向必平行于外力所作用的平面。所以假设在中性轴上各点的切应力大小相等，且平行于外力所作用

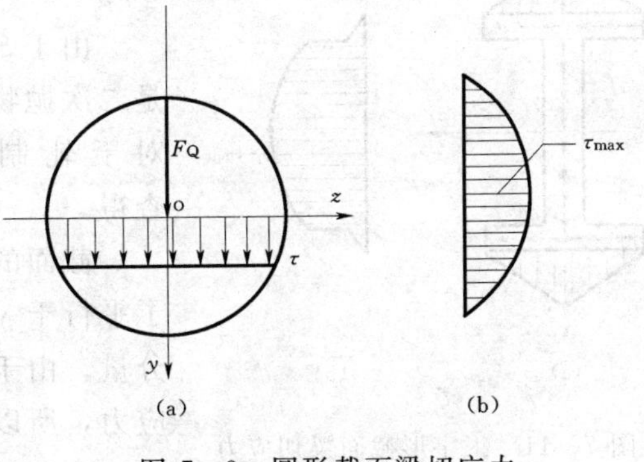

图 7-9　圆形截面梁切应力

的平面。于是可用式（7－12）来计算最大切应力。该式中的 b，此时为圆的直径 d，而 S_z^* 则为半圆面积对中性轴的静矩，从而得到

$$\tau_{\max}=\frac{F_Q S_{z\max}^*}{bI_z}=\frac{F_Q\left(\frac{d^3}{12}\right)}{d\left(\frac{\pi d^4}{64}\right)}=\frac{4}{3}\,\frac{F_Q}{A} \tag{7-14}$$

式中，$A=\frac{\pi d^2}{4}$，由此式可知，对圆形截面梁，其横截面上最大切应力是平均切应力的 1.33 倍。

三、环形截面梁

如图 7－10 所示，一段薄壁环形截面梁，壁厚为 t，平均半径为 R_0，由于 t 与 R_0 相比很小，故可假设：①截面上切应力的大小沿壁厚无变化；②切应力的方向与周边相切。对于这样的截面，其最大切应力仍在中性轴上。式（7－12）中的 b，该处为 $2t$，而 S_z^* 则为半个圆环的面积对中性轴的静矩。于是有

$$\tau_{\max}\ \frac{F_Q S_z^*}{bI_z}=\frac{F_Q\times 2R_0^2 t}{2t\pi R_0^3 t}=2\times\frac{F_Q}{A} \tag{7-15}$$

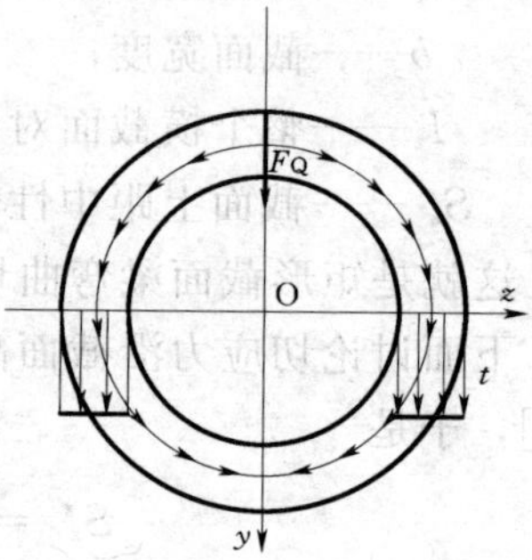

图 7－10　环形截面梁切应力

式中，$A=2\pi R_0 t$，由此式可知，薄壁环形截面上的最大切应力值为平均切应力的 2 倍。

四、工字形截面梁

对于工字形截面，如图 7－11 所示，在腹板和翼缘上，由于宽度相差很大，S_z^*（y）亦不相同，二者切应力相差很大，计算结果表明，其切应力主要分布在腹板上，由于腹板是狭长的矩形，故完全可以认为在腹板上任一点处切应力的方向与腹板的竖边平行，如图 7－11 所示。于是由式（7－12）得

$$\tau=\frac{F_Q}{b(I_z/S_z^*)} \tag{7-16}$$

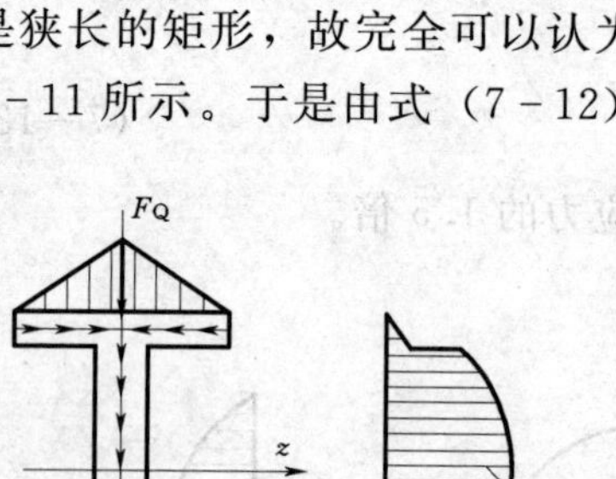

图 7－11　工字形截面梁切应力

由于 S_z^* 是二次函数，故腹板部分的切应力沿高度也是二次抛物线规律变化的。且最大切应力仍在中性轴上。对于轧制的工字钢，$I_z/S_{z\max}^*$ 可直接由型钢表中查得。

截面的翼缘上，切应力的分布情况比较复杂，它除了平行于 y 轴的分布外，还有与翼缘长边平行的切应力分量。由于翼缘上的最大切应力远小于腹板上的最大切应力，所以通常并不去计算它。

第五节　弯曲强度计算

一般情况下，梁各个截面上的弯矩和剪力是不等的，有可能在一个或几个截面上出现弯矩最大值或剪力最大值，也可能在同一截面上，二者的数值都比较大。这些截面称为危险截面，进行强度计算时，必须首先根据弯矩图、剪力图，判断内力大的危险截面。同时还要考虑到截面尺寸的变化情况，以及材料的力学性能两个方面，找到其他可能的危险截面。另一方面，梁的横截面上，既有正应力，又有切应力，而且二者都是非均匀分布的，于是梁内可能存在三类危险点，正应力最大的点；切应力最大的点；正应力和切应力都比较大的点。因此，在进行强度计算时，对于不同类型的危险点必须采用相应的强度条件。

一、弯曲正应力强度条件

最大弯曲正应力发生在横截面上离中性轴最远的各点处，而该处的切应力一般为零或很小，因而最大弯曲正应力作用点可看成是处于单向受力状态，所以，弯曲正应力强度条件为

$$\sigma_{\max}=\left(\frac{M}{W_z}\right)_{\max}\leqslant[\sigma] \tag{7-17}$$

即要求梁内的最大弯曲正应力 $\sigma_{\max}$ 不超过材料在单向受力时的许用应力［σ］。对于等截面直梁，式（7－17）变为

$$\sigma_{\max}=\frac{M_{\max}}{W_z}\leqslant[\sigma] \tag{7-18}$$

式（7－17）与式（7－18）仅适用于许用拉应力 $[\sigma]^{+}$ 与许用压应力 $[\sigma]^{-}$ 相同的梁，如果二者不同，例如铸铁等脆性材料的许用压应力超过许用拉应力，则应按拉伸与压缩分别进行强度计算。

二、弯曲切应力强度条件

最大弯曲切应力通常发生在中性轴上各点处，而该处的弯曲正应力为零，因此，最大弯曲切应力作用点处于纯剪切状态，相应的强度条件则为

$$\tau_{\max}=\left(\frac{F_Q S_{z,\max}}{I_z b}\right)_{\max}\leqslant[\tau] \tag{7-19}$$

即要求梁内的最大弯曲切应力 $\tau_{\max}$ 不超过材料在纯剪切时的许用切应力［τ］。对于等截面直梁，式（7－19）变为

$$\tau_{\max}=\frac{F_{Q,\max}S_{z,\max}}{I_z b}\leqslant[\tau] \tag{7-20}$$

在一般细长的非薄壁截面梁中，最大弯曲正应力远大于最大弯曲切应力。因此，对于一般细长的非薄壁截面梁，通常只需按弯曲正应力强度条件进行分析即可。但是，对于薄壁截面梁与弯矩较小而剪力却较大的梁，后者如短而粗的梁、集中载荷作用在支座附近的梁等，则不仅应考虑弯曲正应力强度条件，而且还应考虑弯曲切应

力强度条件。

还应指出，在某些薄壁梁的某些点处，例如在工字形截面的腹板与翼缘的交点处，弯曲正应力与弯曲切应力可能均具有相当大的数值，这种正应力与切应力联合作用下的强度问题，将在第九章详细讨论。

【例 7-2】　如图7-12（a）所示的支架，其 A-A 截面的形状尺寸如图 7-12（b）所示。已知 $F_p=1kN$，求：

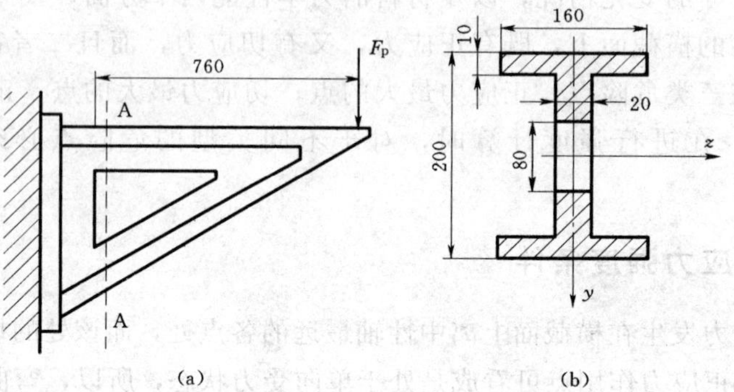

图 7-12　例 7-2 图

（1）A-A 截面上的最大弯曲正应力；

（2）若支架中间部分未挖去，试计算 A-A 截面上的最大弯曲正应力。

解：（1）由截面法可求得 A-A 截面弯矩为

$$M_z = 1\times10^3\times760\times10^{-3}\,\text{N}\cdot\text{m} = 0.76\text{kN}\cdot\text{m}$$

（2）计算有孔时的最大弯曲正应力为

$$I_z = \left(\frac{1.6\times2^3}{12}\times10^{-4} - \frac{1.4\times1.8^3}{12}\times10^{-4} - \frac{0.2\times0.8^3}{12}\times10^{-4}\right) = 3.78\times10^{-5}(\text{m}^4)$$

这时，截面上的最大弯曲正应力为

$$\sigma_{max} = \frac{M_z}{I_z}y_{max} = \frac{0.76\times10^3\times100\times10^{-3}}{3.78\times10^{-5}}\text{Pa} = 2.01\text{MPa}$$

（3）计算无孔时的最大正应力。这时的惯性矩为

$$I_z = \left(\frac{1.6\times2^3}{12}\times10^{-4} - \frac{1.4\times1.8^3}{12}\times10^{-4}\right)\text{m}^4 = 3.86\times10^{-5}\text{m}^4$$

这时，截面上的最大弯曲正应力为

$$\sigma_{max} = \frac{M_z y_{max}}{I_z} = \frac{0.76\times10^3\times100\times10^{-3}}{3.86\times10^{-5}}\text{Pa} = 1.97\text{MPa}$$

二者相差　　　　　（2.01－1.97）/1.97×100％＝2％

读者可以根据弯曲应力分布的特点，解释本例中两种情况下的最大弯曲正应力非常接近的原因，并说明某些工程中为了减小梁的自重，常将梁的轴线附近做成孔洞，而对梁的强度影响甚小。

【例 7-3】　简支梁受力如图7-13所示，已知 $F_p=10kN$，$l=4m$，$[\sigma]=160MPa$。试为梁选择圆截面，方截面，矩形截面和方圆截面，并比较它们横截面面积的大小。

解：由图 7－13 可知 $M_{max}=\dfrac{F_P l}{4}=10kN\cdot m$，

根据强度条件得该梁所需的抗弯截面模量为

$$W_z=\frac{M_{max}}{[\sigma]}=\frac{10\times10^3}{160\times10^6}=62.5\times10^{-6}(m^3)$$

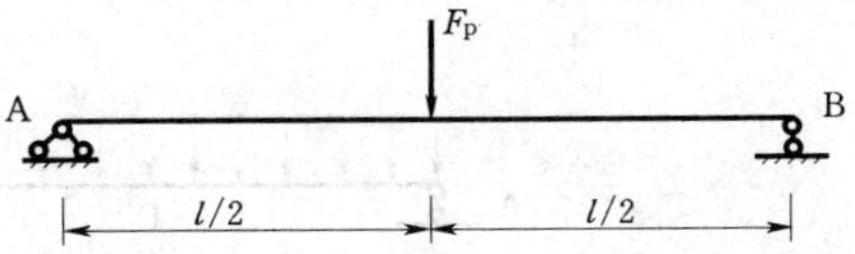

图 7－13　例 7－3 图

各种截面形状所需的截面面积见表 7－1。

表 7－1　　　　**例 7－3 计表结果**

	圆截面	方截面	矩形截面	方圆截面
截面形状	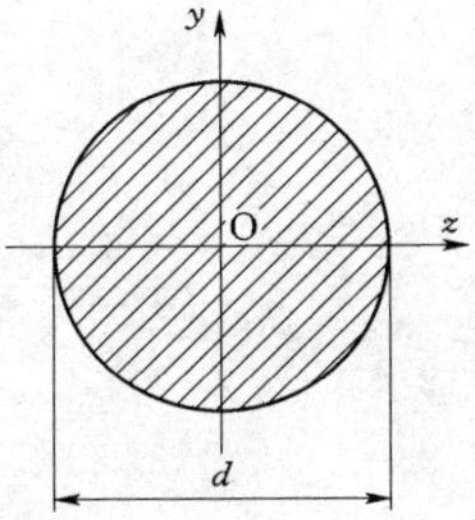	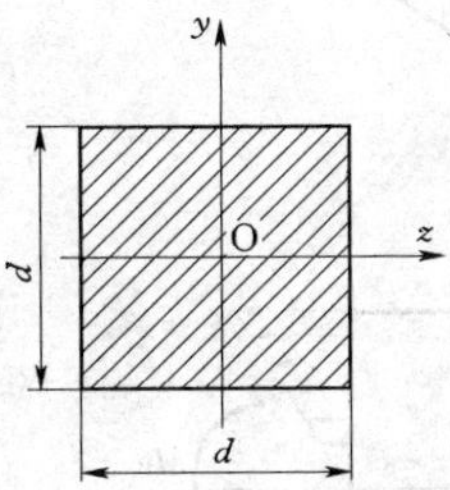	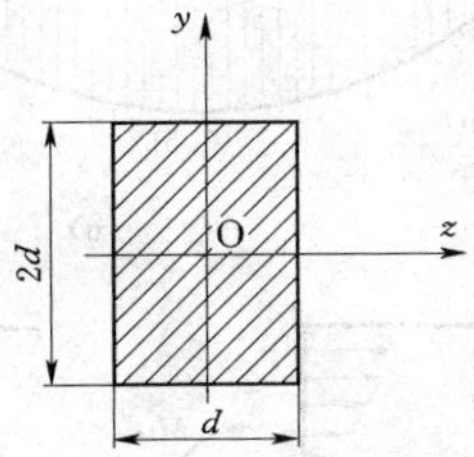	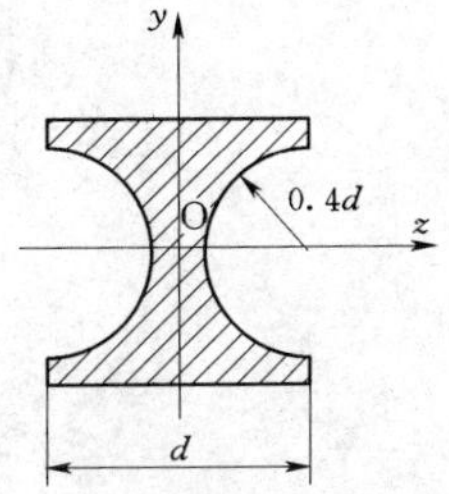
W_z (m^3)	$\dfrac{\pi d^3}{32}$	$\dfrac{d^3}{6}$	$\dfrac{4d^3}{6}$	$\dfrac{d^3}{6}-\dfrac{\pi R^4}{2d}$
d (m)	8.6×10^{-2}	7.21×10^{-2}	4.54×10^{-2}	7.9×10^{-2}
A (m^2)	$\dfrac{\pi d^2}{4}=58.12\times10^{-4}$	$d^2=52\times10^{-4}$	$2d^2=41.27\times10^{-4}$	$d^2-\pi(0.4d)^2=31.1\times10^{-4}$
比例	1	0.89	0.71	0.54
结论	在相同的弯曲强度下 $A_{圆}>A_{方}>A_{矩}>A_{方圆}$			

【例 7－4】　图 7－14（a）所示外伸梁，用铸铁制成，横截面为 T 字形，并承受均布载荷 q 作用。试校核梁的强度。已知载荷集度 $q=25kN/m$，截面形心离底边与顶边的距离分别为 $y_1=45mm$ 和 $y_2=95mm$，惯性矩 $I_z=8.84\times10^{-6}m^4$，许用拉应力 $[\sigma]^+=35MPa$，许用压应力 $[\sigma]^-=140MPa$。

解：(1) 危险截面与危险点判断。梁的弯矩如图 7－14（b）所示，在横截面 D 与 B 上，分别作用有最大正弯矩与最大负弯矩，因此，该二截面均为危险截面。

截面 D 与 B 的弯曲正应力分布分别如图 7－14（c）与（d）所示。截面 D 的 a 点与截面 B 的 d 点处均受压；而截面 D 的 b 点与截面 B 的 c 点处则均受拉。由于 $|M_D|>|M_B|$，$|y_a|>|y_d|$，因此，$|\sigma_a|>|\sigma_d|$，即梁内的最大弯曲压应力 σ_{max}^- 发生在截面 D 的 a 点处。至于最大弯曲拉应力 σ_{max}^+，究竟发生在 b 点处，还是 c 点处，则须经计算后才能确定。综上所述，a、b、c 三点处为可能最先发生破坏的部位，简称为危险点。

(2) 强度校核。由式（7－5）得 a、b、c 三点处的弯曲正应力分别为

$$\sigma_a=\frac{M_D y_a}{I_z}=\frac{(5.56\times10^3N\cdot m\times0.095m)}{8.84\times10^{-6}m^4}=5.98\times10^7Pa=59.8MPa(压应力)$$

$$\sigma_b=\frac{M_D y_b}{I_z}=\frac{(5.56\times10^3N\cdot m\times0.045m)}{8.84\times10^{-6}m^4}=2.83\times10^7Pa=28.3MPa\quad(拉应力)$$

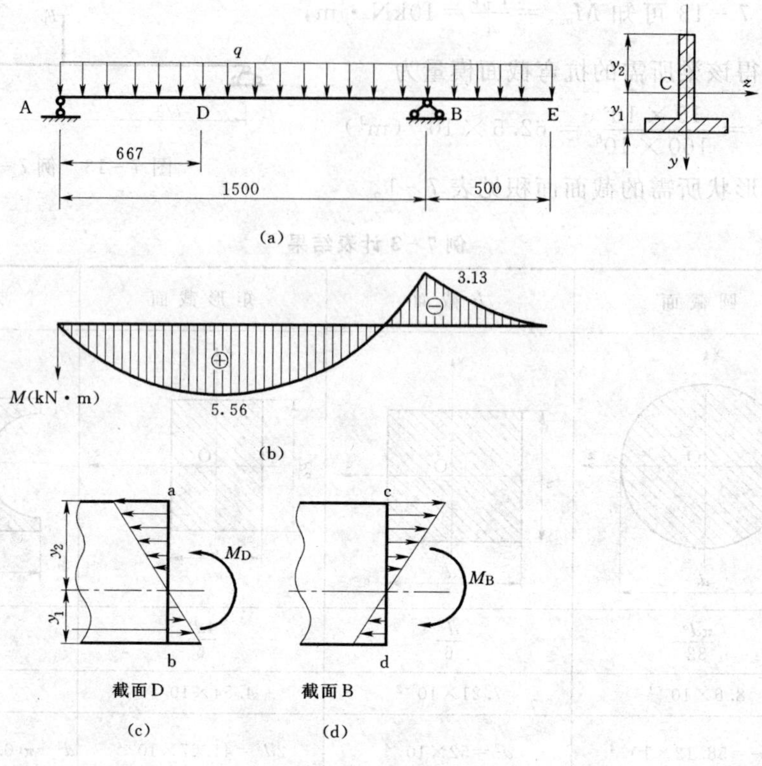

图 7-14　例 7-4 图

$$\sigma_c = \frac{M_B y_c}{I_z} = \frac{(3.13 \times 10^3 \text{N} \cdot \text{m} \times 0.095\text{m})}{8.84 \times 10^{-6} \text{m}^4} = 3.36 \times 10^7 \text{Pa} = 33.6\text{MPa}\quad (拉应力)$$

由此得

$$\sigma_{max}^- = \sigma_a = 59.8\text{MPa} < [\sigma]^-$$

$$\sigma_{max}^+ = \sigma_c = 33.6\text{MPa} < [\sigma]^+$$

可见，梁的弯曲强度符合要求。

【例 7-5】　图7-15所示简易起重机梁，用工字钢制成。若载荷 $F_p = 20\text{kN}$，并可沿梁轴移动 $(0 < \eta < l)$，试选择工字钢型号。已知梁的跨度 $l = 6\text{m}$，许用应力 $[\sigma] = 100\text{MPa}$，许用切应力 $[\tau] = 60\text{MPa}$。

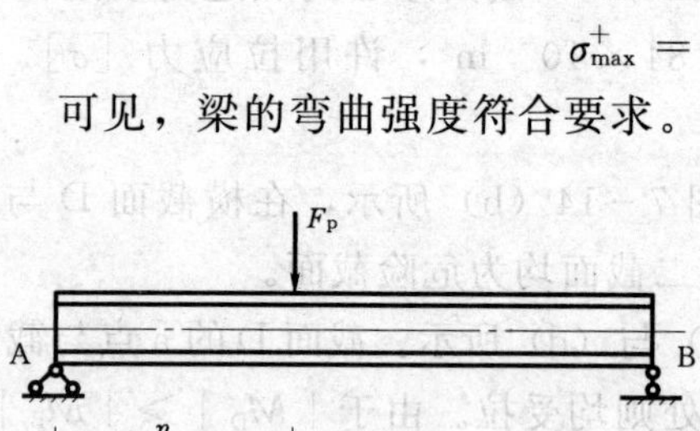

图 7-15　例 7-5 图

解：(1) 内力分析。

由例 7-3 可知，当载荷位于梁跨度中点时，弯矩最大，其值为

$$M_{max} = \frac{F_p l}{4} \tag{a}$$

而当载荷靠近支座时，剪力最大，其值则为

$$F_{Q,max} = F_p \tag{b}$$

(2) 按弯曲正应力强度条件选择截面。

由式 (a) 并根据弯曲正应力强度条件，要求

$$W_z \geqslant \frac{Fl}{4[\sigma]} = \frac{(20\times 10^3\,\mathrm{N})(6\mathrm{m})}{4(100\times 10^6\,\mathrm{Pa})} = 3.0\times 10^{-4}\,\mathrm{m}^3$$

由型钢规格表查得，No22a 工字钢截面的抗弯截面模量 $W_z = 3.09\times 10^{-4}\,\mathrm{m}^3$，所以，选择 No22a 工字钢作梁符合弯曲正力强度条件。

(3) 校核梁的剪切强度。

No22a 工字钢截面的 $I_z/S_{z,\max}=0.189\mathrm{m}$，腹板厚度为 $\delta=7.5\mathrm{mm}$。由式 (b) 与式 (7-20)，得梁的最大弯曲切应力为

$$\tau_{\max} = \frac{F_{Q,\max}}{\dfrac{I_z}{S_{z,\max}}\delta} = \frac{20\times 10^3\,\mathrm{N}}{(0.189\mathrm{m})(0.0075\mathrm{m})} = 1.411\times 10^7\,\mathrm{Pa} = 14.11\mathrm{MPa} < [\tau]$$

可见，选择 No22a 工字钢作梁，将同时满足弯曲正应力与弯曲切应力强度条件。

第六节　开口薄壁截面梁的切应力、弯曲中心的概念

开口薄壁截面梁承受横弯曲时，其横截面上的切应力，可以与确定实心截面梁弯曲切应力相同的方法求得，即先用两相邻截面从梁上截取 dx 微段梁，然后再用纵向截面从 dx 微段上截面一部分，考察作用在这一部分两侧横截面上的弯曲正应力所组成的合力 F_n^* 和 $F_n^*+\mathrm{d}F_n^*$，以及作用在纵截面上的切应力所组成的合力，根据平衡条件，即可求得切应力的大小和方向。

这种梁和实心截面梁不同的是，所作的纵截面不总是平行于中性面的，而是垂直于薄壁截面周边中心线，如图 7-16 中所示的 ABCD 截面。因为这样作出的纵截面与横截面相交所得到的截面壁厚 t 为最小厚度，其上的切应力比其他任何取向的纵截面上的切应力都要大。这时，只要将实心截面梁中的弯曲切应力式 (7-12) 中的 b 变为薄壁截面在所求点处的厚度 t，即可求得该点切应力，即

$$\tau = \frac{F_Q S_z^*}{tI_z} \qquad (7-21)$$

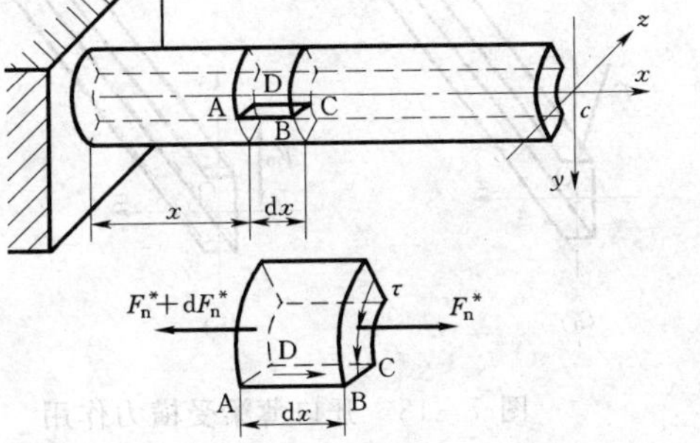

图 7-16　开口薄壁截面梁的切应力

此外，由于壁很薄，切应力沿厚度方向可视为均匀分布，而且，由于梁表面没有外力作用，根据切应力互等定理，薄壁截面上的切应力沿着截面周边的切线方向，从而在截面上形成切应力流 (Shearing stress how)。

开口薄壁截面上切应力对应的分布力系向某点简化其结果所得的主矢不为零而主矩为零，则这点称为截面上的弯曲中心 (Benging center) 或剪切中心。一般情况下，弯曲中心不与截面形心重合。

以图 7-17 中的等厚度薄壁槽形截面为例，来说明如何确定弯曲中心。

根据以上分析，槽形截面梁在横弯曲时，其翼缘和腹板上均有切应力形成的切应力流，应用式（7－21）不难求得翼缘和腹板上的切应力分布，如图 7－17（b）所示。从中可看出，上、下翼缘上的切应力分别组成大小相等，方向相反，互相平行的一对力 F_{Q1}，腹板上的切应力将合成垂直方向的剪力 F_Q，如图 7－17（c）所示。显然上、下翼缘上的一对力 F_{Q1}将组成一力偶，其力偶矩为 $F_{Q1}h$ 和。这一力偶与剪力的合力作用点当然不在形心 C 上，而在腹板外的某一点 O 处，如设 O 点至腹板中线的距离为 e，经计算可知 $e=\frac{b^2h^2t}{4I_z}$，O 点便是槽形薄壁截面的弯曲中心，如图 7－17（d）所示。

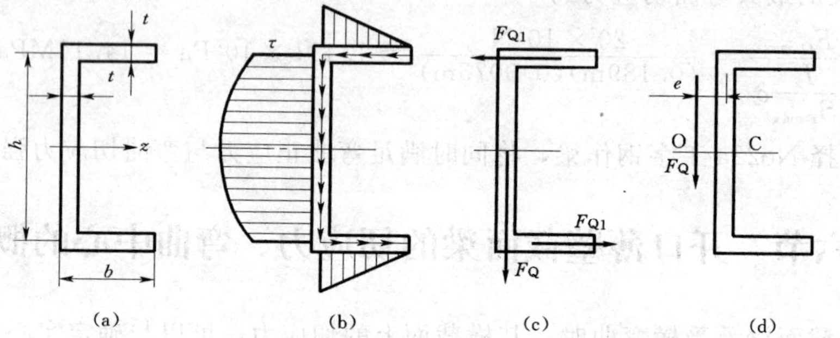

图 7－17　弯曲中心

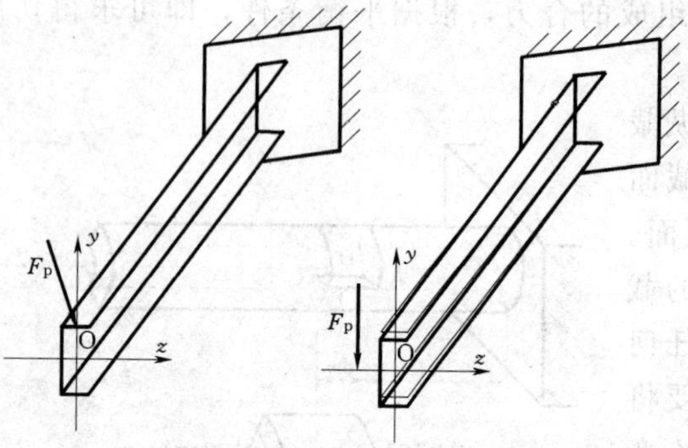

图 7－18　开口薄梁受横力作用

由于切应力合力作用点不在截面形心上，因此，对于开口薄壁截面，当外力作用在通过形心主轴的平面内时，梁除了弯曲外，还将产生扭转，如图 7－18（a）所示。薄壁截面梁扭转时，截面将发生翘曲，如果这种翘曲客观存在到约束，还会产附加正应力，这种情况在工程中是不希望出现的。为此，对于开口薄壁截面梁，外力应当加在通过弯曲中心，并且平行于形心主轴方向。这样才能只产生平面弯曲不发生扭转，如图 7－18（b）所示。

对于工程结构中广泛采用的开口薄壁截面梁（例如槽钢、角钢等），由于其抗扭刚度较小，若外力作用平面不通过弯曲中心，则会引起较为严重的扭转，故确定这种截面弯曲中心的位置是比较重要的。

需要指出，弯曲中心的位置只与横截面的几何特征有关，这是因为弯曲中心仅取决于剪力作用线的位置，而与剪力的大小无关。下面以例说如何确定弯曲中心。

*【例 7－6】　一槽形薄壁梁，横截面如图 7－19（a）所示。试确定其弯曲中心的位置。

解： 由于 z 轴是截面的对称轴，所以，弯曲中心 E 必位于该轴上。

设剪力 F_Q通过弯曲中心，横截面上的弯曲切应力流如图 7－19 所示，下翼缘 η 处的

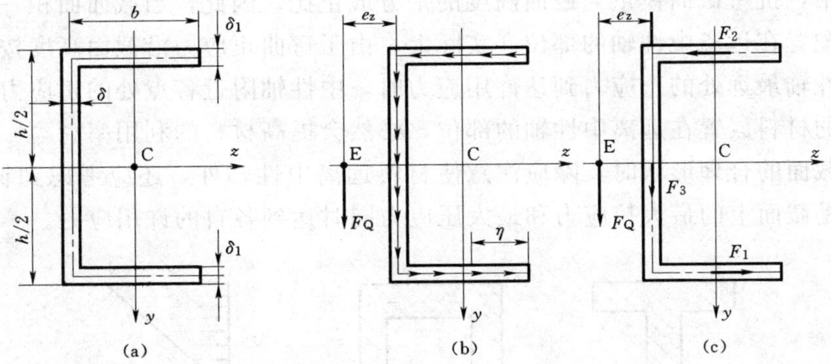

图 7-19　例 7-6 图

切应力流为

$$q(\eta)=\frac{F_Q S_z(\eta)}{I_z}=\frac{F_Q h\delta_1\eta}{2I_z}$$

而整个下翼缘上由切应力流所构成的剪力则为

$$F_1=\int_0^b q(\eta)\mathrm{d}\eta=\int_0^b\frac{F_Q h\delta_1}{2I_z}\eta\mathrm{d}\eta=\frac{F_Q h\delta_1 b^2}{4I_z}\tag{a}$$

横截面对 z 轴的惯性矩为

$$I_z=\frac{\delta h^3}{12}+2b\delta_1\left(\frac{h}{2}\right)^2=\frac{h^2(\delta h+6b\delta_1)}{12}$$

代入式（a），得

$$F_1=\frac{3F_Q\delta_1 b^2}{h(\delta h+6b\delta_1)}\tag{b}$$

如图 7-19（c）所示，作用在上翼缘和腹板上的剪力 F_2 和 F_3 相交于线的角点 A，于是，以 A 点为矩心，由合力矩定理得

$$e_z=\frac{F_1 h}{F_Q}$$

将式（b）代入上式，于是得

$$e_z=\frac{3\delta_1 b^2}{\delta h+6b\delta_1}\tag{c}$$

第七节　提高梁抗弯强度的措施

设计梁的主要依据是强度条件。从该条件中可以看出，梁的抗弯强度与所用材料、横截面的形状和尺寸以及外力引起的弯矩有关。因此，为了提高梁的抗弯强度可从以下三方面考虑。

一、选择合理的截面形状

从抗弯强度方面考虑，最合理的截面形状是用最少的材料获得最大的抗弯截面模量。

在一般截面中，抗弯截面模量与截面高度的平方成正比。因此，当截面面积一定时，应将较多的材料配置在远离中性轴的部位。实际上，由于弯曲正应力沿截面高度按线性规律分布，当离中性轴最远处的正应力到达许用应力时，中性轴附近各点处的正应力仍很小。所以，将较多的材料放置在远离中性轴的部位，必然会提高材料的利用率。

在研究截面的合理形状时，除应注意使材料远离中性轴外，还应考虑到材料的特性，最理想的应是截面上的最大拉应力和最大压应力同时达到各自的许用应力。

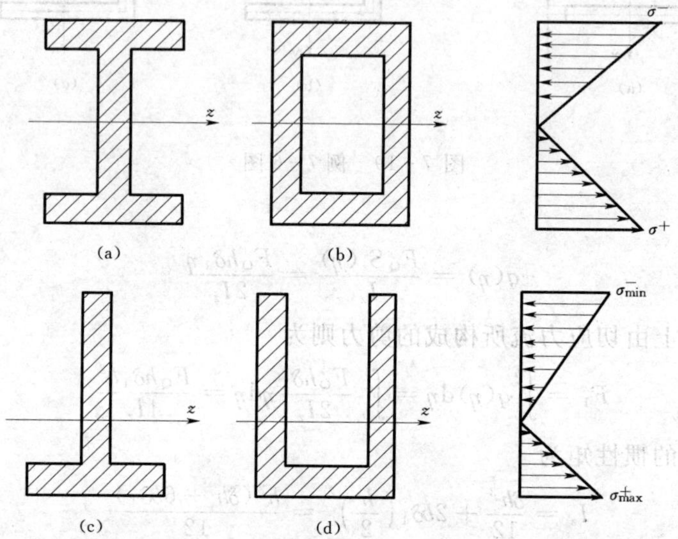

图 7-20 截面形状

根据以上原则，对于抗拉强度和抗压强度相同的塑性材料，应采用对中性轴对称的截面，例如工字形，箱形截面如图 7-20（a）、（b）所示。而对于抗压强度高于抗拉强度的脆性材料，则最好采用截面形心偏于受拉一侧的截面形状，如 T 字形，U 字形等截面，如图 7-20（c）、（d）所示。以使截面上的最大拉应力和最大压应力也相应不同。应指出，在设计梁时，除应满足正应力强度条件外，还应满足弯曲切应力强度条件，因此，在设计工字形，T 字形等薄壁截面梁时，也应注意使腹板具有一定的厚度，以保证梁的抗剪强度。

二、采用变截面梁或等强度梁

在一般情况下，梁内不同横截面上的弯矩不同。因此，在按最大弯矩所设计的等截面梁中，除最大弯矩所在截面外，其余截面的材料强度均未得到充分利用。鉴于上述情况，为了减轻构件重量和节省材料，在工程实际中，常根据弯矩沿梁轴的变化情况，将梁也相应设计成变截面的。在弯矩较大处，采用较大的截面，在弯矩较小处，采用较小的截面。这种截面沿梁轴变化的梁称为变截面梁。

从抗弯强度方面考虑，理想的变截面梁应使所有截面上的最大弯曲正应力均相同，并且等于许用应力，即

$$\sigma_{\max}=\frac{M(x)}{W(x)}=[\sigma] \tag{7-22}$$

这种梁称为等强度梁。

例如图 7－21（a）所示悬臂梁，在集中载荷 F_p作用时，弯矩方程为

$$M(x)=F_px$$

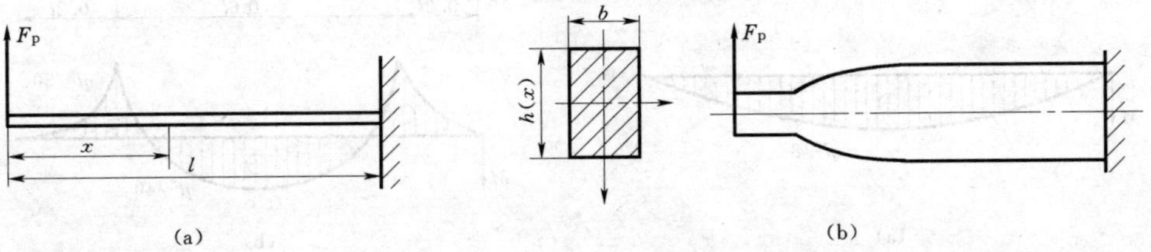

图 7－21　等强度梁

根据等强度的特点，如果梁截面宽度 b 保持一定，则由式（7－22）可知，截面高度 h（x）应按下面规律变化

$$\frac{F_px}{\frac{bh^2(x)}{6}}=[\sigma]$$

由此得

$$h(x)=\sqrt{\frac{6F_px}{b[\sigma]}}$$

即截面高度沿梁轴按抛物线规律变化，如图 7－21（b）所示。在固定端处 h 最大，其值为

$$h_{\max}=\sqrt{\frac{6F_pL}{b[\sigma]}}$$

在自由端处 h 为零。但是为了保证梁的抗剪强度，设此处的截面高度为 h_1，则由抗剪强度条件

$$\tau_{\max}=\frac{3}{2}\frac{F_Q}{A}=\frac{3}{2}\frac{F_p}{bh_1}\leqslant[\tau]$$

得

$$h_1\geqslant\frac{3F_p}{2b[\tau]}$$

应当指出，等强度设计虽然是一种较理想的设计，但考虑到加工制造的方便以及构造上的需要等，实际构件往往只能设计成近似等强度的。例如，阶梯轴、梯形梁等。

三、改善梁的受力情况

提高梁弯曲强度的另一措施是合理安排梁的约束和加载方式，从而达到提高梁承载能力的目的。

例如，如图 7－22（a）所示简支梁，受均布载荷 q 作用，梁的最大弯矩为

$$M_{\max}=\frac{1}{8}ql^2$$

然而，如果将梁两端的铰支座各向内移动 0.2l 如图 7－22（b）所示，则最大弯矩变为

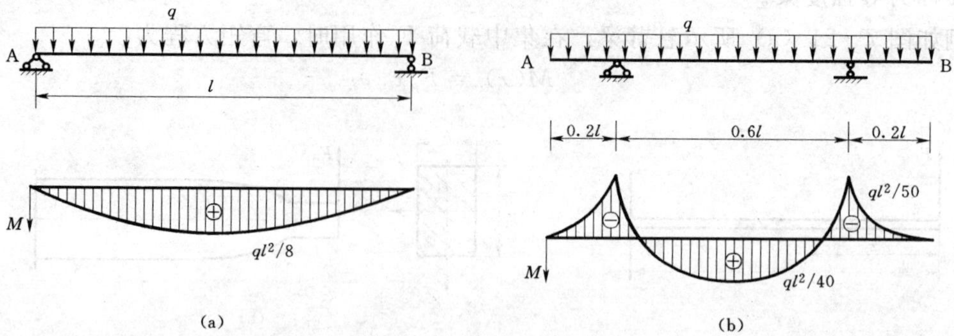

图 7-22　简支梁、处伸梁受力情况

$$M'_{\max}=\frac{1}{40}ql^2$$

即仅为前者的 1/5。

又如图 7-23（a）所示的简支梁 AB，在跨度中点受集中力 F_p 作用，则梁的最大弯矩为

$$M_{\max}=\frac{1}{4}F_p l$$

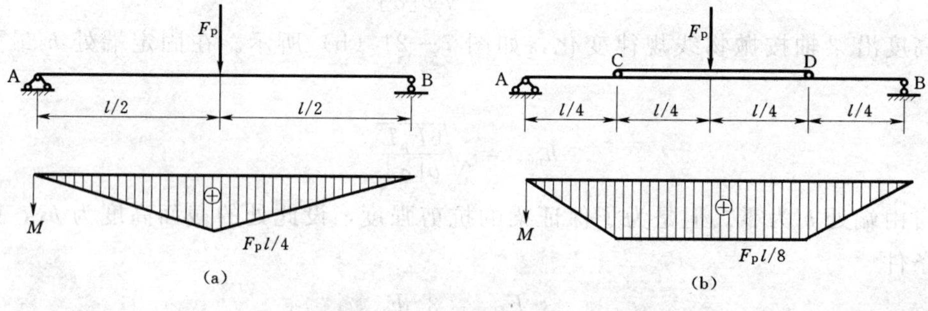

图 7-23　梁的受力情况

然而，如果将该梁上的载荷分解成几个大小相等、方向相同的力加在梁上，梁内的弯矩将会显著减小。例如，在梁上加一长为 $l/2$ 的辅梁 CD，如图 7-23（b）所示，这时梁 AB 内的最大弯矩将减为

$$M'_{\max}=\frac{1}{8}F_p l$$

即仅为前者的一半。

这些例子说明，在条件允许的情况下，合理安排约束和加载方式，将会提高梁的抗弯强度。

【例 7-7】　如图7-24所示，一矩形截面简支梁，在跨度中点受集中力 F_p 作用，设横截面高度 h 为常量，按等强度条件设计该梁的宽度变化规律 $b(x)$。

解： 梁内的弯矩方程为

$$M=\frac{F_p}{2}x$$

其抗弯截面模量 $W(x)=\dfrac{b(x)h^2}{6}$

由等强度条件 $\dfrac{M_{\max}}{W_{(x)}}=[\sigma]$

于是得到 $b(x)=\dfrac{3F_p}{[\sigma]h^2}x$

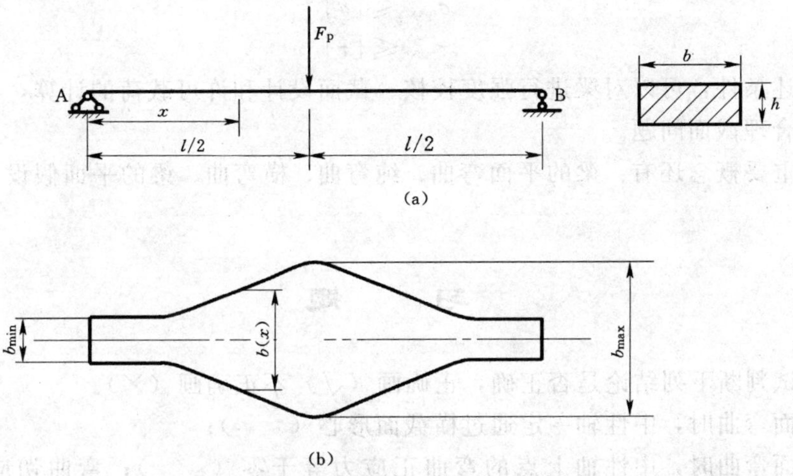

图 7-24　例 7-7 图

从式中看到当 $x=0$ 时 $b=0$，即截面面积为零，这显然不能满足抗剪强度条件。因此，须按梁的切应力强度条件来确定该处截面的最小宽度 $b_{\min}$，即

$$\tau_{\max}=\frac{3}{2}\times\frac{F_Q}{b_{\min}h}=[\tau],\quad F_Q=\frac{F_p}{2}$$

$$b_{\min}=\frac{3F_p}{4h[\tau]}$$

梁横截面的宽度 b（x）按直线规律变化，整个等强度梁为一块等高的菱形板，如图 7-24（b)所示。

小　　结

1. 梁横截面上的正应力计算，正应力公式是在梁纯弯曲情况下导出的，并被推广到横弯曲的场合。横截面上正应力公式为

$$\sigma=\frac{M_z y}{I_z}$$

横截面上最大正应力公式为

$$\sigma_{\max}=\frac{M_{\max}}{W_z}$$

2. 梁横截面上的切应力计算，计算公式为

$$\tau=\frac{F_Q S_z^*}{I_z b}$$

该公式是从矩形截面梁导出的，原则上也适用于槽形、圆形、工字形、圆环形截面梁横截面切应力的计算。

3. 非对称截面梁的平面弯曲问题，开口薄壁杆的弯曲中心。

4. 梁的正应力强度条件和切应力强度条件为

$$\sigma_{\max}\leqslant[\sigma]$$
$$\tau_{\max}\leqslant[\tau]$$

根据上述条件，可以对梁进行强度校核、截面设计和许可载荷的计算，与此相关的还要考虑梁的合理截面问题。

本章的重要概念还有：梁的平面弯曲、纯弯曲、横弯曲、梁的平面假设、梁的抗弯刚度等。

习　　题

7-1　试判断下列结论是否正确，正确画（√）不正确画（×）。

（1）平面弯曲时，中性轴一定通过横截面形心（　　）；

（2）平面弯曲时，中性轴上点的弯曲正应力等于零（　　）；弯曲切应力也等于零（　　）；

（3）平面弯曲时，中性轴必垂直于载荷作用面（　　）；

（4）最大弯曲正应力一定发生在弯矩值最大的横截面上（　　）。

7-2　题 7-2 图中所示为各种梁的横截面形状，若载荷加在对称面内，试画出沿截面高度方向正应力分布的大致图形。

7-3　如题 7-3 图所示，直径为 d 的金属丝，绕在直径为 D 的轮缘上，已知材料的弹性模量为 E，试求金属丝中的最大弯曲正应力。

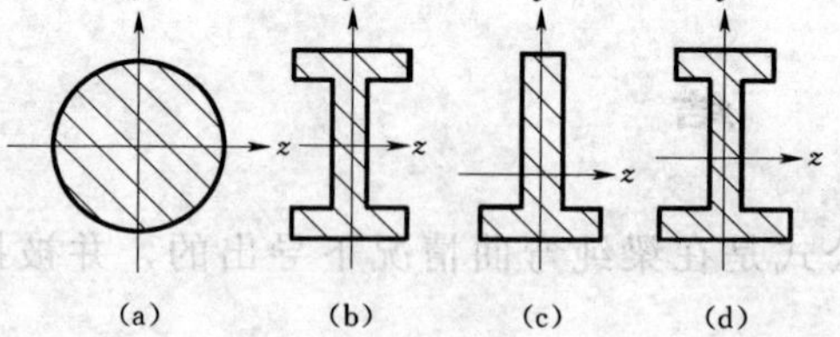

题 7-2 图

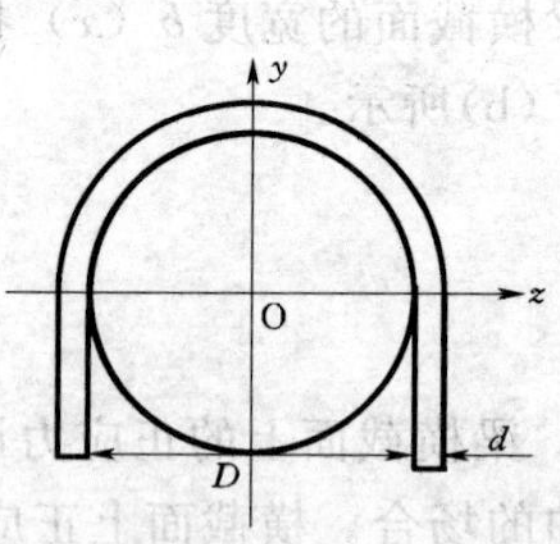

题 7-3 图

7-4　题 7-4 图所示 T 字形等截面铸铁梁，哪种承载方式是合理的，选择正确的答案。

（1）1 是合理的，2 不合理；

（2）2 是合理的，1 不合理；

（3）1，2 都是合理的；

(4) 1，2 都不合理。

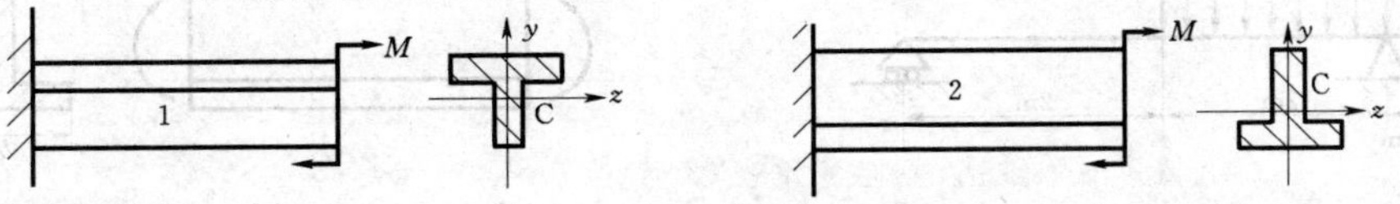

题 7-4 图

7-5 矩形截面梁受载荷如题 7-5 图所示，试画出图中所标明的 1、2、3、4、5、6 诸点单元体上的应力，并计算各点的应力值，说明各点所处的应力状态。

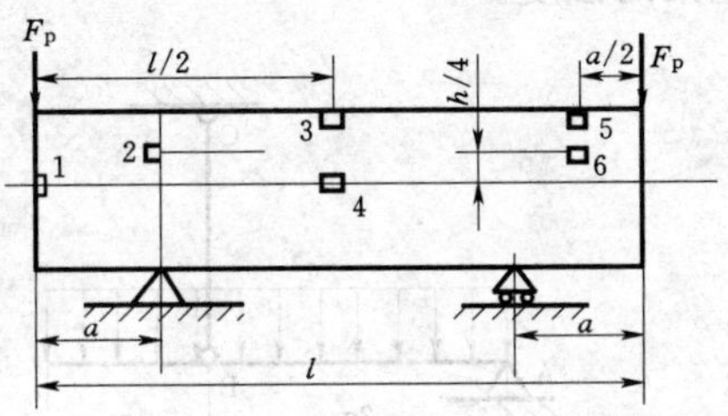

题 7-5 图

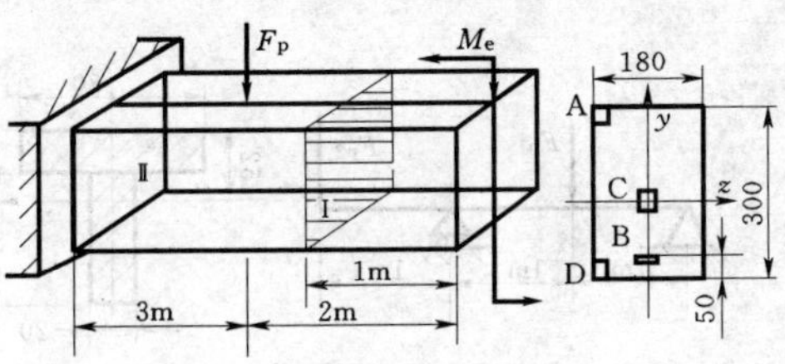

题 7-6 图

7-6 矩形截面悬臂梁，受集中力和集中力偶作用，如题 7-6 图所示，试求Ⅰ截面和固定端Ⅱ截面上 A、B、C、D 四点的正应力，已知 $F_p=15\text{kN}$，$M_e=20\text{kN}\cdot\text{m}$。

7-7 如题 7-7 图所示，一矩形截面简支梁由圆柱形木料锯成，已知 $F_p=5\text{kN}$，$a=1.5\text{m}$，$[\sigma]=10\text{MPa}$。试确定抗弯截面模量为最大时矩形截面的高宽之比（h/b），以及锯成此梁所需木料的最小直径 d。

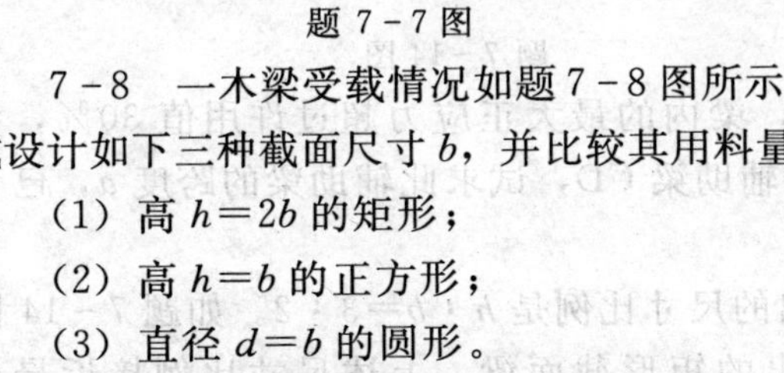

题 7-7 图

题 7-8 图

7-8 一木梁受载情况如题 7-8 图所示，已知 $F_p=20\text{kN}$，$q=10\text{kN/m}$，$[\sigma]=10\text{MPa}$，试设计如下三种截面尺寸 b，并比较其用料量。

(1) 高 $h=2b$ 的矩形；

(2) 高 $h=b$ 的正方形；

(3) 直径 $d=b$ 的圆形。

7-9 一钢梁承受载荷如题 7-9 图所示，材料的许用应力 $[\sigma]=150\text{MPa}$，$F_p=50\text{kN}$，$q=20\text{kN/m}$，试选择如下两种型钢的型号：

(1) 工字钢；

(2) 两个槽钢（][）。

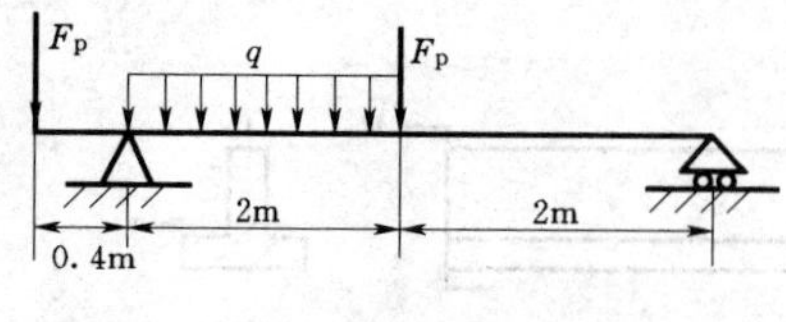

题 7-9 图

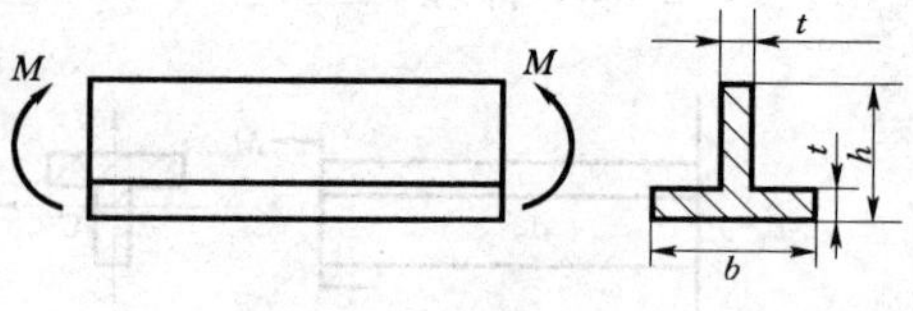

题 7-10 图

7-10 如题 7-10 图所示铸铁梁，若 $h=100$mm，$t=25$mm，欲使最大的拉应力与最大压应力之比为 1/3，试确定尺寸 b 应是多少？

7-11 如题 7-11 图所示为 T 字形截面铸铁梁，已知 $F_{p_1}=9$kN，$F_{p_2}=4$kN，$I_{zc}=7.63\times10^{-6}\text{m}^4$，$[\sigma]^+=30$MPa，$[\sigma]^-=60$MPa，试校核此梁的强度。

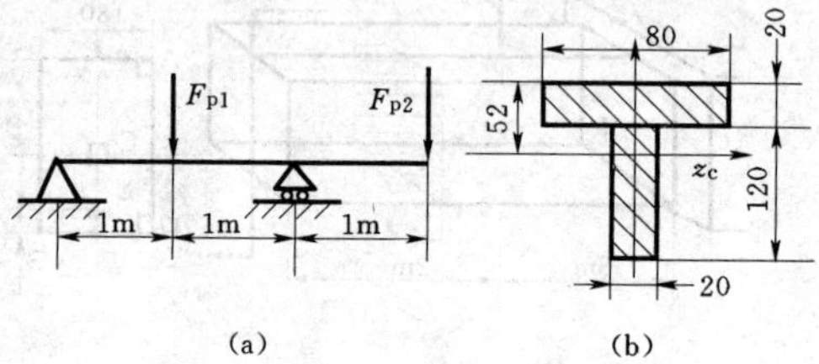

题 7-11 图

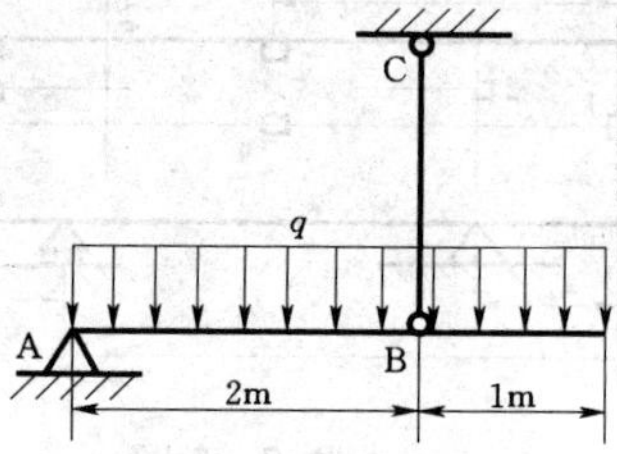

题 7-12 图

7-12 如题 7-12 图所示，梁 AB 的截面为 10 号工字钢，B 点由圆钢杆 BC 支承，已知圆杆和梁的许用应力 $[\sigma]=160$MPa，试求梁上的分布载荷，并设计 BC 杆的直径。

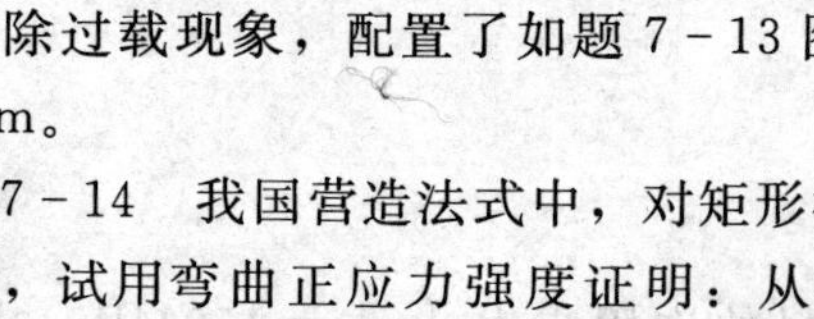

题 7-13 图

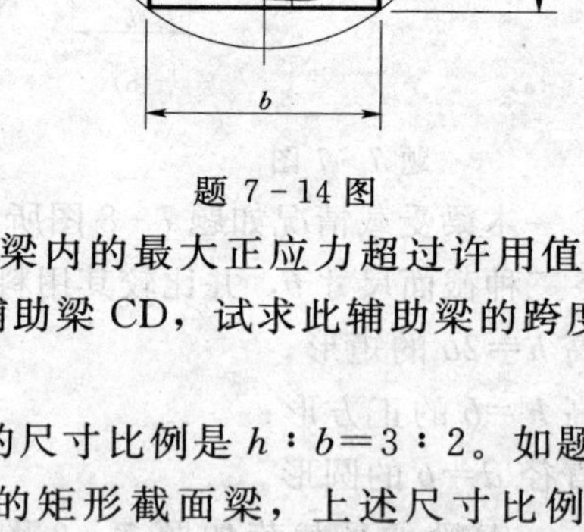

题 7-14 图

7-13 当 F_P 直接作用在梁 AB 的中点时，梁内的最大正应力超过许用值 30%，为了消除过载现象，配置了如题 7-13 图所示的辅助梁 CD，试求此辅助梁的跨度 a，已知 $l=6$m。

7-14 我国营造法式中，对矩形截面给出的尺寸比例是 $h:b=3:2$。如题 7-14 图所示，试用弯曲正应力强度证明：从圆木锯出的矩形截面梁，上述尺寸比例接近最佳比值。

7-15 如题 7-15 图所示，简支梁由两根尺寸相同的木板胶合而成。已知 $q=40$kN/m，$l=400$mm，木板的许用正应力 $[\sigma]=7$MPa，胶缝的许用切应力 $[\tau]=5$MPa，试校核该梁的强度。

7-16　试判断题7-16图所示各截面上的切应力流方向和弯曲中心的大致位置。

7-17　一宽度 b 不变的等强度悬臂梁，受均布载荷作用，如题7-17图所示。

(1) 证明此等强度梁具有楔形体形式；

(2) 此等强度梁所用的材料比等截面（$b\times h$）悬臂梁节省了百分之几。

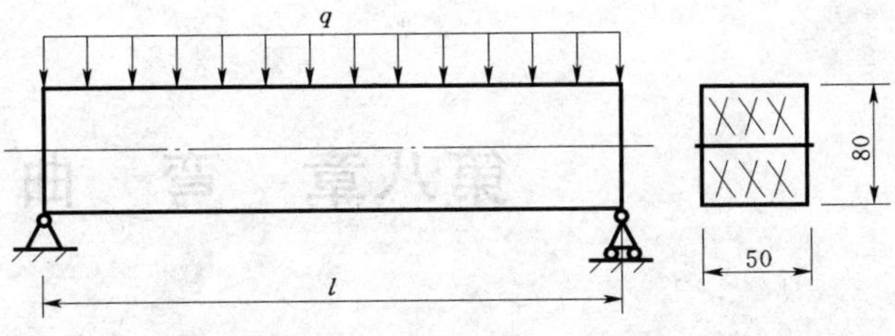

题7-15图

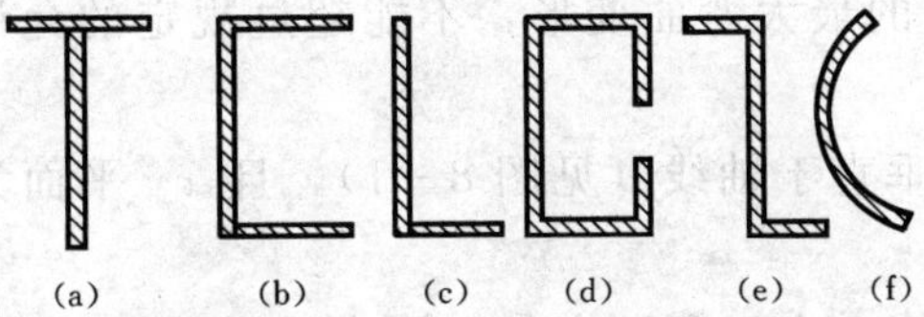

题7-16图

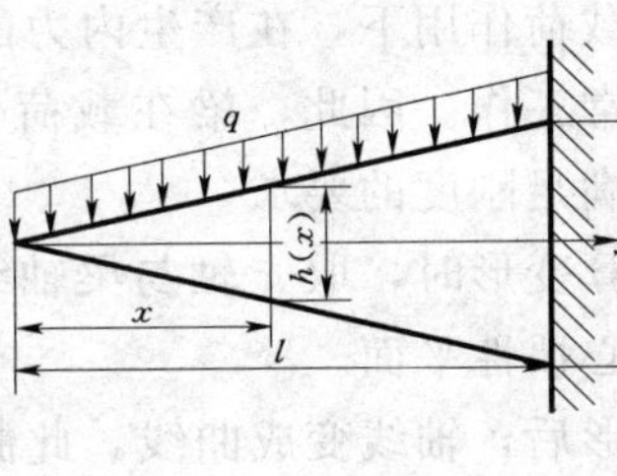

题7-17图

第八章 弯曲变形

第一节 梁的挠度和转角

梁在载荷作用下，在产生内力的同时，还会产生弯曲变形，如果弯曲变形过大，就不能保证正常工作。因此，梁在载荷作用下所产生的最大弯曲变形，不能超过规定的允许值，即要满足刚度的要求。

在计算变形时，取 x 轴与梁轴线重合，y 轴垂直于轴线（见图 8-1），且 xy 平面为梁的主形心惯性平面。

梁变形后，轴线变成曲线，此曲线称为挠曲线，由于所研究的问题在线弹性范围内，所以也称为弹性曲线。

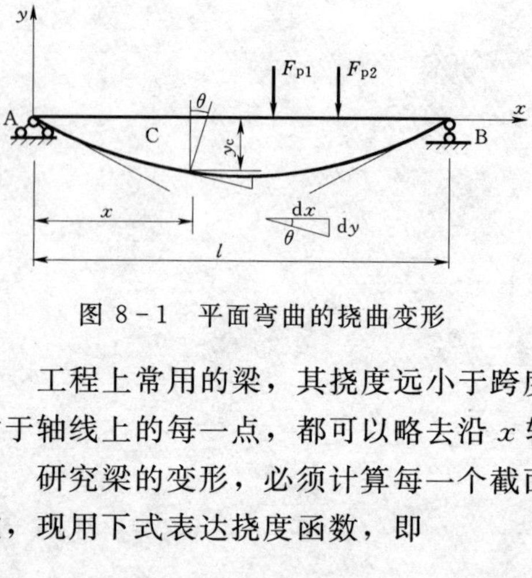

图 8-1 平面弯曲的挠曲变形

梁的位移用两个基本量度量，轴线上的点 C 即为横截面形心。梁横截面形心 C 沿垂直于 x 轴方向的线位移 y，称为该点的挠度。横截面绕中性轴所转动的角度 θ，称为该截面的转角（见图 8-1）。

在图 8-1 所示的坐标中，规定正值的挠度向上，负值的挠度向下。并规定正值的转角为逆时针转向，负值的转角为顺时针转向。

工程上常用的梁，其挠度远小于跨度，因此，梁变形后轴线是一条平坦的曲线，所以对于轴线上的每一点，都可以略去沿 x 轴方向的线位移。

研究梁的变形，必须计算每一个截面上的挠度 y 和转角 θ，它们都是截面位置 x 的函数，现用下式表达挠度函数，即

$$y = f(x) \tag{a}$$

式（a）称为挠曲线方程，在工程实际中，梁的转角 θ 一般均很小，例如不超过 $1°$ 或 0.0175rad，于是由图 8-1 与式（a）得转角的表达式为

$$\theta \approx \tan\theta = \frac{\mathrm{d}y}{\mathrm{d}x} = f'(x) \tag{b}$$

以上两式表明，挠曲线方程式（a）在任一截面 x 的函数值，即为该截面的挠度，而挠曲线上任一点切线的斜率等于该点处横截面的转角，表达式（b）可称为转角方程。由式（a）、式（b）可知，只要求得挠曲线方程，就很容易求得梁的挠度和转角。因此，计算梁的变形时，关键在于确定挠曲线方程。

第二节　挠曲线近似微分方程

在第七章建立纯弯曲正应力计算公式时，曾推导出梁轴线上任意点处曲率与弯矩的关系为$\frac{1}{\rho}=\frac{M}{EI}$。在横弯曲中，当梁的跨度远大于横截面高度时，剪力$F_Q$对变形的影响很小，可不予考虑，故上式仍可应用。在此情况下，曲率半径ρ和弯矩M均为x的函数，即

$$\frac{1}{\rho(x)}=\frac{M(x)}{EI} \tag{a}$$

式（a）表明，挠曲线上任一点的曲率与该处横截面上的弯矩成正比，与抗弯刚度成反比。

由高等数学可知，任一平面曲线$y=f(x)$上任意一点的曲率为

$$\frac{1}{\rho(x)}=\pm\frac{y''}{[1+(y')^2]^{\frac{3}{2}}} \tag{b}$$

由式（a）、式（b）可得

$$\pm\frac{y''}{[1+(y')^2]^{\frac{3}{2}}}=\frac{M(x)}{EI} \tag{c}$$

前面曾指出，在工程实际中，梁的转角一般很小，因此$\left(\frac{\mathrm{d}y}{\mathrm{d}x}\right)^2$之值远小于1，于是式（c）可简化为

$$\pm y''=\frac{M(x)}{EI} \tag{d}$$

式（d）中等式两边正负号的取舍，与坐标系的选取及弯矩的符号有关，由于坐标系Oxy已经选定（见图8-2），弯矩的正负号也在第六章中作了规定，因此，式中的符号也可确定。

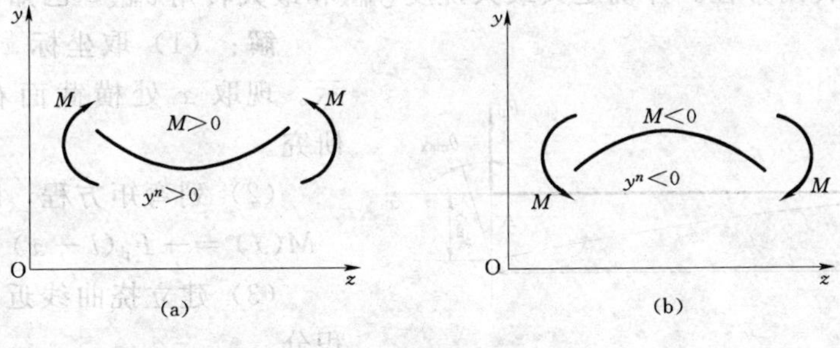

图8-2　挠曲线、弯矩正负号

当弯矩$M(x)$为正时，挠曲线应为凹曲线［图8-2（a）］，在所取的坐标系中，凹曲线的二阶导数y''必大于零。即弯矩$M(x)$与y''同号。反之，当弯矩$M(x)$为负值时，挠曲线应为凸曲线［见图8-2（b）］，二阶导数y''必小于零，即弯矩$M(x)$与y''仍然同号。

由上述分析可知，按所规定的x轴向右，y轴向上的直角坐标系中，挠曲线上任一点处的二阶导数y''与该处横截面上的弯矩$M(x)$的正、负符号相一致，故式（d）可表示为

$$y''=\frac{M(x)}{EI} \tag{8-1a}$$

式（8-1a）称为挠曲线近似微分方程，其近似的原因，是因为略去了剪力 F_Q 的影响以及略去了 $(y')^2$ 项的计算，但对于大多数工程实际问题来说是能够满足其精度要求的。从式（8-1a）的推导过程看到，挠曲线近似微分方程式只有在满足胡克定律的条件下且变形很小时才成立。

第三节　用积分法求弯曲变形

对挠曲线近似微分方程（8-1a）积分，即可得到梁的转角方程和挠曲线方程。对于等截面梁，其抗弯刚度 EI 为一常量，故式（8-1a）可改写为如下形式

$$EIy''=M(x) \tag{8-1b}$$

对 x 积分一次，得转角方程

$$EIy'=EI\theta=\int M(x)\mathrm{d}x+C \tag{8-2a}$$

再对 x 积分一次，得挠曲线方程

$$EIy=\int\left[\int M(x)\mathrm{d}x\right]\mathrm{d}x+Cx+D \tag{8-2b}$$

式（8-2b）中积分常数 C、D，可通过梁支座处的边界条件求得。例如，简支梁中，左右两铰支座处的挠度都等于零。在悬臂梁中，固定端处的挠度、转角均等于零。

当积分常数确定之后，将其代入式（8-2a）和式（8-2b），就可分别得到转角方程和挠曲线方程，从而可以确定梁上任一横截面的转角和挠度，这种方法称之为积分法。从以上分析可知，梁的位移不但与载荷有关，而且也和梁的刚度及支座情况有关。

下面举例说明利用积分法求梁的转角和挠度的方法和步骤。

【例 8-1】　如图8-3所示悬臂梁 OA，在其自由端受一集中载荷 F_p 作用。试求此梁的挠曲线方程和转角方程。并确定其最大挠度 y_{max} 和最大转角 θ_{max}，已知 EI 为常数。

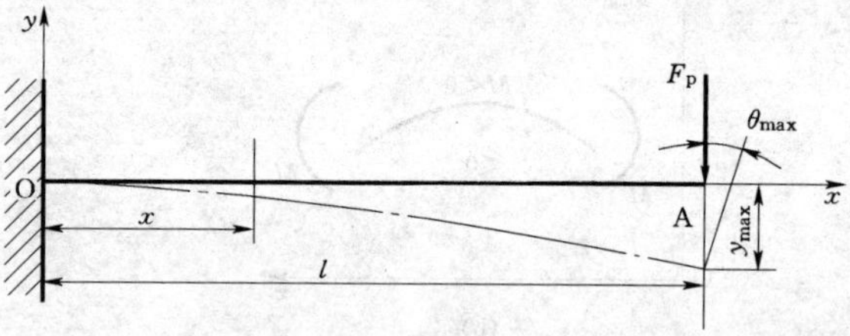

图 8-3　例 8-1 图

解：（1）取坐标 xOy 如图 8-3 所示。现取 x 处横截面右边一段梁进行研究。

（2）列弯矩方程，即

$$M(x)=-F_p(l-x)=-F_pl+F_px$$

（3）建立挠曲线近似微分方程，并积分。

由式（8-1b）得挠曲线近似微分方程

$$EIy''=F_px-F_pl$$

积分一次，得

$$EIy'=\frac{F_px^2}{2}-F_plx+C \tag{a}$$

再积分一次，得

$$EIy=\frac{F_p x^3}{6}-\frac{F_p l x^2}{2}+Cx+D \tag{b}$$

（4）确定积分常数，列出转角方程和挠曲线方程。

在悬臂梁中，其边界条件是固定端处的挠度和转角都等于零，即

在 $x=0$ 处，$y=0$，由式（b）得 $D=0$。

在 $x=0$ 处，$\theta=0$，由式（a）得 $C=0$。

于是梁的挠度和转角方程为

$$EI\theta=\frac{F_p x^2}{2}-F_p lx \tag{c}$$

$$EIy=\frac{F_p x^3}{6}-\frac{F_p l}{2}x^2 \tag{d}$$

（5）求最大挠度和转角。

根据梁的受力情况及边界条件，画出梁的挠曲线（见图 8－3），从图中可知，此梁的最大挠度和最大转角都是在自由端 $x=l$ 处，求 $x=l$ 值代入式（c）、（d），得 B 点的 y_{max} 和 θ_{max}。

$$EI\theta_{max}=\frac{F_p l^2}{2}-F_p l^2=\frac{-F_p l^2}{2}$$

$$\theta_{max}=-\frac{F_p l^2}{2EI}(\curvearrowright)$$

$$EIy_{max}=\frac{F_p l^3}{6}-\frac{F_p l^3}{2}=\frac{-F_p l^3}{3}$$

$$y_{max}=\frac{-F_p l^3}{3EI}(\downarrow)$$

求得的最大挠度和最大转角均为负值。

【例 8－2】　图8－4示一简支梁，在均布载荷 q 作用下，试求梁的最大挠度和转角，EI 为常数。

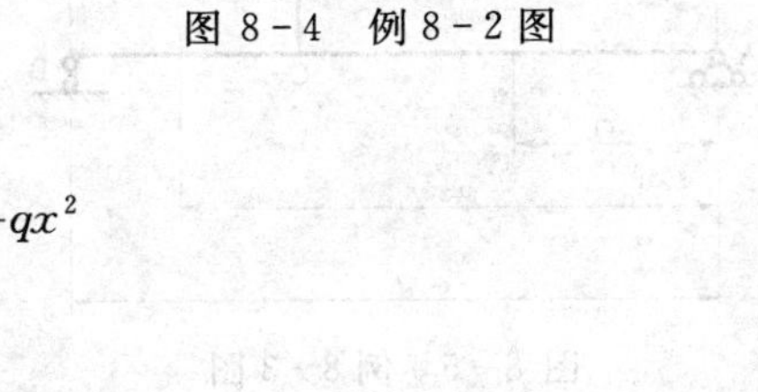

图 8－4　例 8－2 图

解：（1）列弯矩方程：

支反力　$F_{Ay}=F_{By}=\frac{ql}{2}$

距左端 A 点为 x 的任意一横截面的弯矩 $M(x)$ 为

$$M(x)=\frac{1}{2}qlx-\frac{1}{2}qx^2$$

（2）建立挠曲线近似微分方程并积分。

由式（8－1b）得挠曲线近似微分方程

$$EIy''=\frac{1}{2}qlx-\frac{1}{2}qx^2$$

积分一次，得

$$EIy'=\frac{1}{4}qlx^2-\frac{1}{6}qx^3+C \tag{a}$$

再积分一次，得

$$EIy = \frac{1}{12}qlx^3 - \frac{1}{24}qx^4 + Cx + D \tag{b}$$

(3) 确定积分常数，列出转角方程和挠曲线方程，即

$x=0$，$y=0$，由式 (b) 得 $D=0$。

$x=l$，$y=0$，由式 (b) 得 $C=-\frac{1}{24}ql^3$。

于是得到梁的挠度和转角方程为

$$EI\theta = \frac{1}{4}qlx^2 - \frac{1}{6}qx^3 - \frac{1}{24}ql^3 \tag{c}$$

$$EIy = \frac{1}{12}qlx^3 - \frac{1}{24}qx^4 - \frac{1}{24}ql^3x \tag{d}$$

(4) 求最大挠度和转角。

由于对称、梁的最大挠度发生在跨中，令 $x=\frac{l}{2}$，代入式 (d)，得

$$EIy = \frac{ql}{12}\left(\frac{l}{2}\right)^3 - \frac{1}{24}q\left(\frac{l}{2}\right)^4 - \frac{ql^3}{24}\left(\frac{l}{2}\right) = -\frac{5ql^4}{384}$$

$$y_{\max} = -\frac{5ql^4}{384EI}(\downarrow)$$

最大转角发生在梁的两端，令 $x=0$ 及 $x=l$，分别代入式 (c) 可得

$$x=0 \quad EI\theta_A = -\frac{1}{24}ql^3$$

$$\theta_A = -\frac{ql^3}{24EI}(\curvearrowright)$$

$$x=l \quad EI\theta_B = \frac{1}{24}ql^3$$

$$\theta_B = \frac{ql^3}{24EI}(\circlearrowleft)$$

【例 8-3】 图8-5示一简支梁，在集中力 F_p 作用下，求梁的最大挠度和两端转角，EI 为常数。

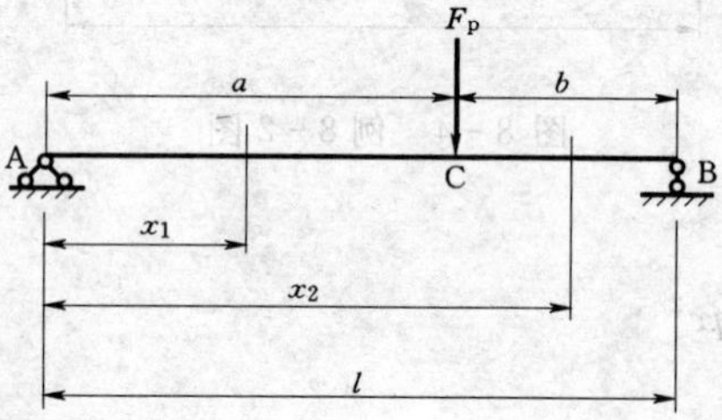

图 8-5 例 8-3 图

解：(1) 列弯矩方程：

支反力 $F_{Ay} = \frac{F_pb}{l}$ $F_{By} = \frac{F_pa}{l}$

弯矩方程：

AC 段 $M_1 = \frac{F_pb}{l}x_1 \quad (0 \leqslant x_1 \leqslant a)$

CB 段 $M_2 = \frac{F_pb}{l}x_2 - F_p(x_2 - a) \quad (a \leqslant x_2 \leqslant l)$

(2) 建立挠曲线近似微分方程，并积分：

AC 段 $$EIy_1'' = \frac{F_pb}{l}x_1 \tag{a_1}$$

$$EIy_1' = \frac{F_p b}{l}\frac{x_1^2}{2} + C_1 \tag{b$_1$}$$

$$EIy_1 = \frac{F_p b}{l}\frac{x_1^3}{6} + C_1 x_1 + D_1 \tag{c$_1$}$$

CB 段
$$EIy_2'' = \frac{F_p b}{l}x_2 - F(x_2 - a) \tag{a$_2$}$$

$$EIy_2' = \frac{F_p b}{l}\frac{x_2^2}{2} - \frac{F_p}{2}(x_2 - a)^2 + C_2 \tag{b$_2$}$$

$$EIy_2 = \frac{F_p b}{l}\frac{x_2^3}{6} - \frac{F_p}{6}(x_2 - a)^3 + C_2 x_2 + D_2 \tag{c$_2$}$$

(3) 确定积分常数，列出转角方程及挠曲线方程。

四个积分常数 C_1、C_2、D_1、D_2可由边界条件和连续条件确定：

连续条件在 $x_1 = x_2 = a$ 处，$y'_1 = y'_2$；$y_1 = y_2$，将式（b_1）、式（b_2）和式（c_1）、式（c_2）代入上述条件，可得 $C_1 = C_2$；$D_1 = D_2$。

边界条件　当 $x_1 = 0$ 时，$y_1 = 0$，代入式（c_1）得 $EIy_1 = D_1 = 0$，所以 $D_1 = D_2 = 0$

当 $x_2 = l$ 时，$y_2 = 0$ 代入式（c_2）

$$0 = \frac{F_p b}{l}\frac{l^3}{6} - \frac{F_p}{6}(l - a)^3 + C_2 l$$

得
$$C_2 = -\frac{F_p b}{6l}(l^2 - b^2)$$

所以
$$C_1 = C_2 = -\frac{F_p b}{6l}(l^2 - b^2) = -\frac{F_p ab}{6l}(l + b)$$

把求得的积分常数代入式（b_1）、式（c_1）、式（b_2）、式（c_2）中，得转角方程

$$EI\theta_1 = \frac{F_p b}{l}\frac{x_1^2}{2} - \frac{F_p b}{6l}(l^2 - b^2) \tag{d$_1$}$$

$$EI\theta_2 = \frac{F_p b}{l}\frac{x_2^2}{2} - \frac{F_p}{2}(x_2 - a)^2 - \frac{F_p b}{6l}(l^2 - b^2) \tag{d$_2$}$$

得挠曲线方程

$$EIy_1 = \frac{F_p b}{l}\frac{x_1^3}{6} - \frac{F_p b x_1}{6l}(l^2 - b^2) \tag{e$_1$}$$

$$EIy_2 = \frac{F_p b}{l}\frac{x_2^3}{6} - \frac{F_p}{6}(x_2 - a)^3 - \frac{F_p b x_2}{6l}(l^2 - b^2) \tag{e$_2$}$$

把 $x_1 = 0$ 值代入式（d_1），得 A 截面的转角为

$$\theta_A = -\frac{F_p ab}{6EIl}(l + \mathrm{b})(\curvearrowright)$$

把 $x_2 = l$ 值代入式（d_2），得 B 截面的转角为

$$\theta_B = \frac{F_p ab}{6EIl}(l + a)(\circlearrowleft)$$

(4) 求梁的最大挠度和转角。

设 $a > b$，则最大挠度将发生在 AC 段，最大挠度所在截面的转角应为零。

令
$$\frac{\mathrm{d}y_1}{\mathrm{d}x_1} = \theta_1 = 0$$

则
$$EI\theta_1=\frac{F_pb}{l}\frac{x_1^2}{2}-\frac{F_pb}{6l}(l^2-b^2)=0$$

得
$$x_1=\sqrt{\frac{l^2-b^2}{3}} \tag{f}$$

把 x_1 值代入式（e_1）得
$$y_{max}=-\frac{F_pb\sqrt{(l^2-b^2)^3}}{9\sqrt{3}EIl}$$

最大挠度的截面将随集中力 F_p 的位置改变而改变。如果集中力 F_p 在梁的跨度中，即最大挠度所在位置为
$$x_1=x=0.5l \tag{g}$$

如果将力 F_p 向右移，而使 $b\to 0$，则式（h）为
$$x_1=\frac{l}{\sqrt{3}}=0.577l \tag{h}$$

比较式（g）、式（h）可见，两种极限情况下发生的最大挠度的截面位置相差不大，由于简支梁的挠曲线是光滑曲线，因而可以用跨度中点的挠度，近似地表示简支梁在任意位置受集中力作用时所产生的最大挠度。当 $x=\frac{l}{2}$ 时，最大挠度为
$$|y|_{max}=\frac{F_pl^3}{48EI}$$

最大转角为
$$|\theta|_{max}=\frac{F_pl^2}{16EI}$$

从上面的例题中可以看到，在对各梁段写弯矩方程时，都是从坐标原点开始，这样，后一段梁的弯矩方程中总是包括了前一段梁的方程，只增加了包含（$x-a$）项。在对（$x-a$）项积分时，注意不要把 x 作为自变量，而是把（$x-a$）作为自变量，这样，计算挠曲线在 $x=a$ 处的两个连续条件时，就能使得两段梁上相应的积分常数都相等，从而简化了确定积分常数的工作。

第四节　用叠加法求弯曲变形

在弯曲变形很小，梁的材料又在线弹性范围内的情况下，所得梁的挠度和转角都是载荷的线性函数，在这种情况下，梁上某一载荷所引起的变形将不受其他载荷的影响，可以先分别计算每一载荷所引起的转角和挠度，然后再代数相加，从而得到这些载荷共同作用下梁的位移。这就是在前几章所应用过的叠加原理。

表 8-1 给出了简单载荷作用下的几种常用的挠曲线方程、最大挠度及端截面的转角。下面通过例题说明如何利用表 8-1 叠加计算梁的变形。

表 8-1　　**简单载荷作用下梁的变形表**

梁的类型及载荷	挠曲线方程	转角及挠度
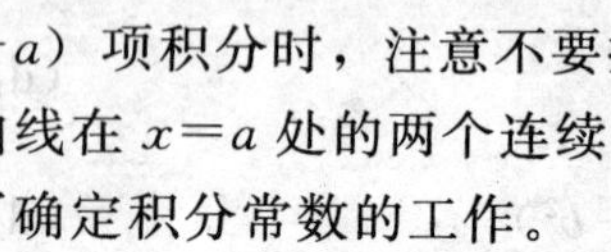	$y=-\frac{F_px^2}{6EI}(3l-x)$	$\theta_B=\frac{F_pl^2}{2EI}$ $f=-\frac{F_pl^3}{3EI}$

续表

梁的类型及载荷	挠曲线方程	转角及挠度
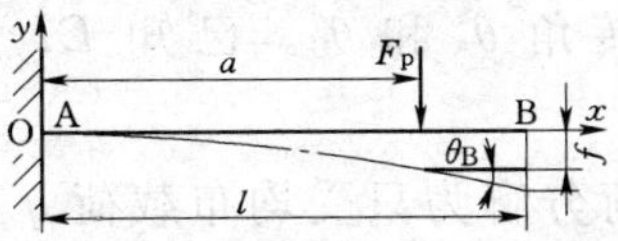	$y=-\frac{F_p x^2}{6EI}(3a-x)\quad(0\leqslant x\leqslant a)$ $y=-\frac{F_p a^2}{6EI}(3x-a)\quad(a\leqslant x\leqslant l)$	$\theta_B=-\frac{F_p a^2}{2EI}$ $f=-\frac{F_p a^3}{3EI}$
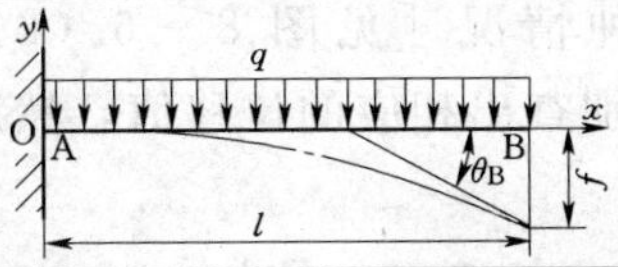	$y=-\frac{qx^2}{24EI}(x^2+6l^2-4lx)$	$\theta_B=-\frac{ql^3}{6EI}$ $f=-\frac{ql^4}{8EI}$
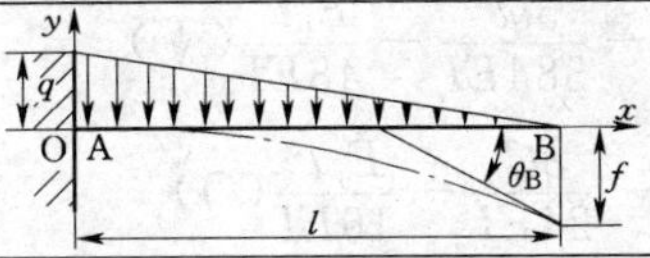	$y=-\frac{qx^2}{120lEI}(10l-10l^2x+5lx^2-x^3)$	$\theta_B=-\frac{ql^3}{24EI}$ $f=-\frac{ql^4}{30EI}$
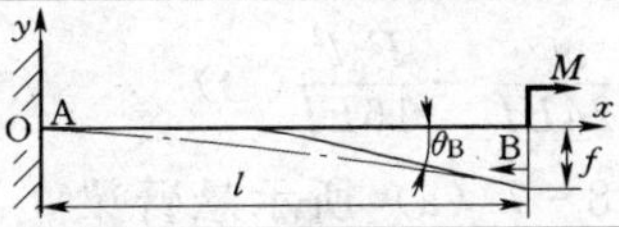	$y=-\frac{Mx^2}{2EI}$	$\theta_B=-\frac{Ml}{EI}$ $f=-\frac{Ml^2}{2EI}$
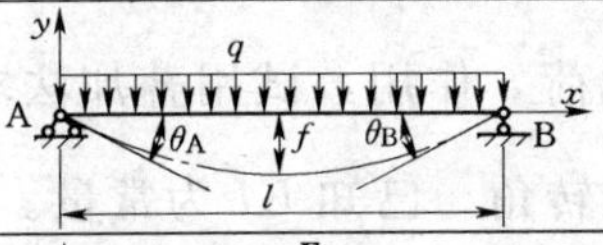	$y=-\frac{qx}{24EI}(l^3-2lx^2+x^3)$	$\theta_A=-\theta_B=-\frac{ql^3}{24EI}$ $f=-\frac{5ql^4}{384EI}$
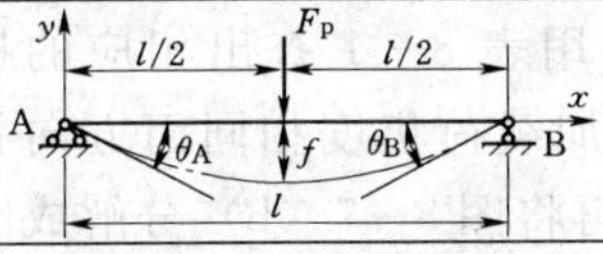	$y=-\frac{F_p x}{12EI}\left(\frac{3l^2}{4}-x^2\right)$ $0\leqslant x\leqslant\frac{l}{2}$	$\theta_A=-\theta_B=-\frac{F_p l^2}{16EI}$ $f=-\frac{F_p l^3}{48EI}$
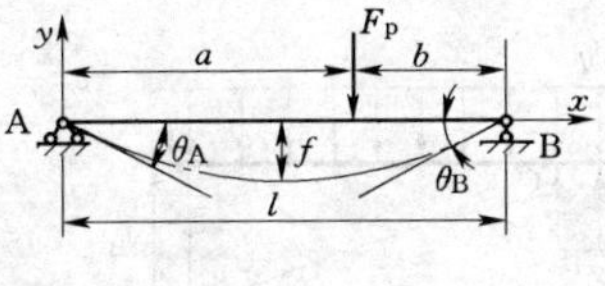	$y=-\frac{F_p bx}{6lEI}(l^2-x^2-b^2)\quad(0\leqslant x\leqslant a)$ $y=-\frac{F_p b}{6lEI}\left[(l^2-b^2)x-x^3+\frac{l}{b}(x-a)^3\right]\quad(a\leqslant x\leqslant l)$	$\theta_A=-\frac{F_p ab(l+b)}{6lEI}$ $\theta_B=\frac{F_p ab(l+a)}{6lEI}$ 若 $a>b$ 在 $x=\sqrt{\frac{l^2-b^2}{3}}$ 处 $f=-\frac{\sqrt{3}F_p b}{27lEI}(l^2-b^2)^{\frac{3}{2}}$
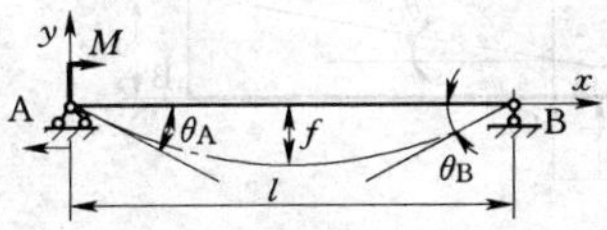	$y=-\frac{Mx}{6lEI}(l-x)(2l-x)$	$\theta_A=-\frac{Ml}{3EI}$ $\theta_B=\frac{Ml}{6EI}$ 在 $x=\left(1-\frac{\sqrt{3}}{3}\right)l$ 处，$f=-\frac{\sqrt{3}Ml^2}{27EI}$ 在 $x=\frac{l}{2}$ 处，$y_{\frac{l}{2}}=-\frac{Ml^2}{16EI}$
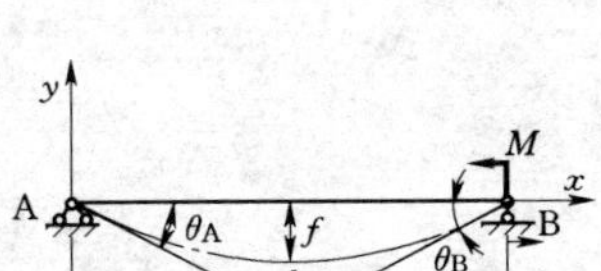	$y=-\frac{Mlx}{6EI}\left(1-\frac{x^2}{l^2}\right)$	$\theta_A=-\frac{Ml}{6EI}$ $\theta_B=\frac{Ml}{3EI}$ 在 $x=\frac{\sqrt{3}}{3}l$ 处，$f=-\frac{\sqrt{3}Ml^2}{27EI}$ 在 $x=\frac{l}{2}$ 处，$y_{\frac{l}{2}}=-\frac{Ml^2}{16EI}$

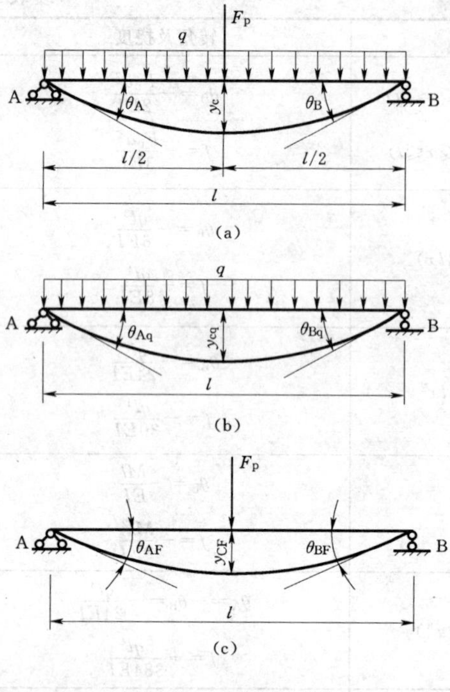

图 8-6　例 8-4 图

【例 8-4】　如图8-6（a）所示简支梁在集中力 F_p 及均布载荷 q 作用下，用叠加法求梁中点挠度 y_c 和支座处的转角 θ_A 和 θ_B。已知 EI 为常数。

解： 把梁所受载荷分解为只受均布载荷 q 及只受集中力 F_p 的两种情况［见图 8-6（b）、（c）］，应用表 8-1 分别查出相应的位移值，然后叠加

$$y_c = y_{cq} + y_{CF} = -\frac{5ql^4}{384EI} - \frac{F_p l^3}{48EI}(\downarrow)$$

$$\theta_A = \theta_{Aq} + \theta_{AF} = -\frac{ql^3}{24EI} - \frac{F_p l^2}{16EI}(\curvearrowright)$$

$$\theta_B = \theta_{Bq} + \theta_{BF} = \frac{ql^3}{24EI} + \frac{F_p l^2}{16EI}(\circlearrowleft)$$

【例 8-5】　如图8-7（a）所示悬臂梁，沿自由端 $\frac{l}{2}$ 梁长受均布载荷 q 作用，试用叠加法求梁自由端 B 点的挠度和转角。已知 EI 为常量。

解： 为了能直接利用表 8-1 查出相应的挠度和转角，可将梁上的均布载荷延伸至 A 点。并在 AC 段上再加载荷集度相同而方向相反的均布载荷 q，这样图 8-7（b）所受的载荷与原结构相符。再将图 8-7（b）分解成图 8-7（c）和图 8-7（d），表示成简单载荷作用下的梁。应用叠加原理得

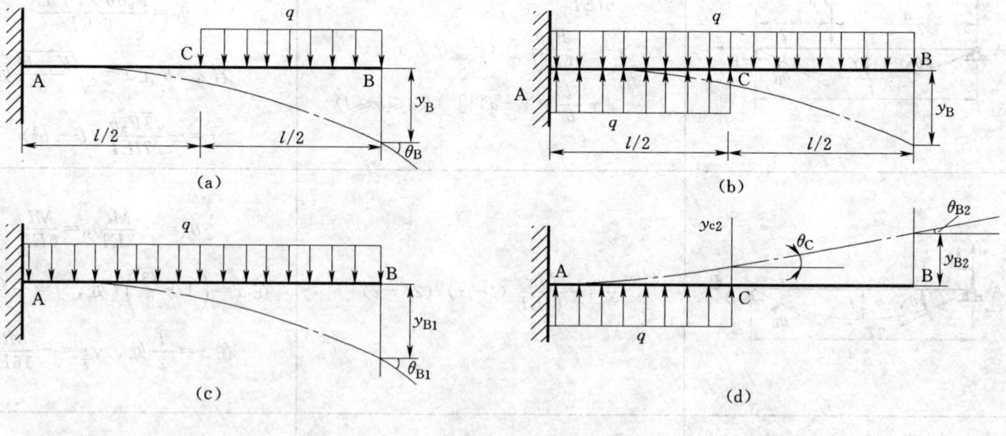

图 8-7　例 8-5 图

$$y_B = y_{B1} + y_{B2}$$

$$y_{B1} = -\frac{ql^4}{8EI}(\downarrow)$$

$$y_{B2} = y_{c2} + \theta_C\left(\frac{l}{2}\right)(\uparrow)$$

$$y_{c2}=\frac{q\left(\frac{l}{2}\right)^4}{8EI}=\frac{ql^4}{128EI}(\uparrow)$$

$$\theta_C=\frac{q\left(\frac{l}{2}\right)^3}{6EI}=\frac{ql^3}{48EI}(\curvearrowleft)$$

$$y_{B2}=\frac{ql^2}{128EI}+\frac{ql^3}{48EI}\left(\frac{l}{2}\right)=\frac{7ql^4}{384EI}(\uparrow)$$

得

$$y_B=-\frac{ql^4}{8EI}+\frac{7ql^4}{384EI}=-\frac{41ql^4}{384EI}(\downarrow)$$

$$\theta_B=\theta_{B1}+\theta_{B2}$$

$$\theta_{B1}=-\frac{ql^3}{6EI}(\curvearrowright)$$

$$\theta_{B2}=\theta_C=\frac{q\left(\frac{l}{2}\right)^3}{6EI}=\frac{ql^3}{48EI}(\curvearrowleft)$$

得

$$\theta_B=-\frac{ql^3}{6EI}+\frac{ql^3}{48EI}=-\frac{7ql^3}{48EI}(\curvearrowright)$$

【例 8-6】　试用叠加法求图8-8（a）所示外伸梁C、D点的挠度及A、B、D点的转角。

解：分别画出集中力 qa 及均布载荷 q 作用下的变形图，如图 8-8（b）和（c）。集中力 qa 作用下的挠度及转角值可查表 8-1 得

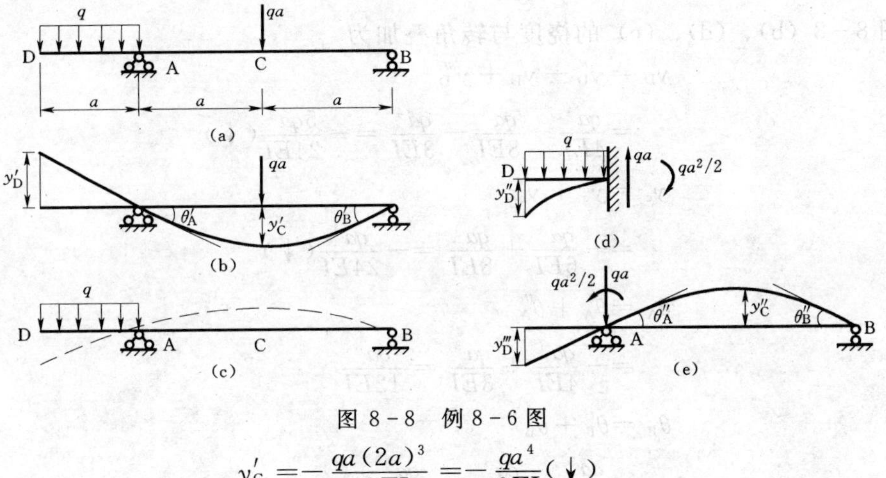

图 8-8　例 8-6 图

$$y'_C=-\frac{qa(2a)^3}{48EI}=-\frac{qa^4}{6EI}(\downarrow)$$

$$y'_D=\theta'_A a=\frac{qa(2a)^2}{16EI}a=\frac{qa^4}{4EI}(\uparrow)$$

$$\theta'_A=-\frac{qa^3}{4EI}(\curvearrowright)$$

$$\theta'_B=\frac{qa^3}{4EI}(\curvearrowleft)$$

$$\theta'_D=\theta'_A=-\frac{qa^3}{4EI}(\curvearrowright)$$

均布载荷 q 作用下的外伸梁图 8-8（c）不能直接查表 8-1，为此，假想在悬臂段 A

截面处进行刚化，即使A截面既不能转动，也不能移动（相当于A截面为一固定端）。其转动力偶及移动力即为AD梁上固定端A点的约束反力偶$\frac{qa^2}{2}$及约束力qa［见图8-8(d)］。为了与实际情况相符，又必须将刚化产生的转动力偶与移动力去掉，即放松。所放松的转动力偶与移动力必与所加的转动力偶与移动力大小相等、方向相反［见图8-8(e)］。这样将图8-8（b）、(d)、(e）三种情况叠加，即与原结构相符。

$$y''_D=\frac{qa^4}{8EI}(\downarrow),\quad \theta''_D=\frac{qa^3}{6EI}(\curvearrowright)$$

$$y'''_D=-\theta''_A a=-\frac{Ml}{3EI}a=-\frac{\frac{qa^2}{2}(2a)}{3EI}a=-\frac{qa^4}{3EI}(\downarrow)$$

$$y''_c=\frac{Ml^2}{16EI}=\frac{\left(\frac{qa^2}{2}\right)(2a)^2}{16EI}=\frac{qa^4}{8EI}(\uparrow)$$

$$\theta''_A=\frac{Ml}{3EI}=\frac{\left(\frac{qa^2}{2}\right)(2a)}{3EI}=\frac{qa^3}{3EI}(\curvearrowright)$$

$$\theta''_B=-\frac{Ml}{6EI}=-\frac{\left(\frac{qa^2}{2}\right)(2a)}{6EI}=-\frac{qa^3}{6EI}(\curvearrowleft)$$

$$\theta'''_D=\theta''_A=\frac{qa^3}{3EI}(\curvearrowright)$$

将图8-8（b）、(d)、(e）的挠度与转角叠加为

$$\begin{aligned}
y_D&=y'_D+y''_D+y'''_D\\
&=\frac{qa^4}{4EI}-\frac{qa^4}{8EI}-\frac{qa^4}{3EI}=-\frac{5qa^4}{24EI}(\downarrow)\\
y_c&=y'_c+y''_c\\
&=-\frac{qa^4}{6EI}+\frac{qa^4}{8EI}=-\frac{qa^4}{24EI}(\downarrow)\\
\theta_A&=\theta'_A+\theta''_A\\
&=-\frac{qa^3}{4EI}+\frac{qa^3}{3EI}=\frac{qa^3}{12EI}\\
\theta_B&=\theta'_B+\theta''_B\\
&=\frac{qa^3}{4EI}-\frac{qa^3}{6EI}=\frac{qa^3}{12EI}\\
\theta_D&=\theta'_D+\theta''_D+\theta'''_D\\
&=-\frac{qa^3}{4EI}+\frac{qa^3}{6EI}+\frac{qa^3}{3EI}=\frac{qa^3}{4EI}(\curvearrowright)
\end{aligned}$$

【例8-7】 图8-9（a）所示一变截面悬臂梁，其惯性矩分别为I和$2I$，在C端受集中力F_P作用，试求截面C的挠度。

解：因AB段与BC段抗弯刚度不同，不能直接查表，因而还要和上例一样，在B点进行刚化、放松。如图8-9（b）、(c).所示，而图8-9（c）又可分解成图8-9（d）、

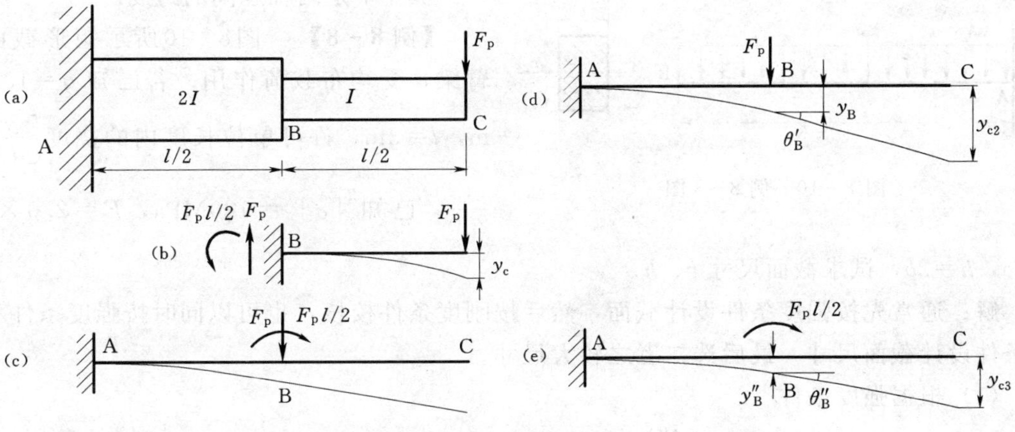

图 8-9　例 8-7 图

(e)，将图 8-9 (b)、(d)、(e) 进行叠加，即可求出原梁的变形。

$$y_{c1}=-\frac{F_p\left(\frac{l}{2}\right)^3}{3EI}=\frac{-F_pl^3}{24EI}(\downarrow)$$

$$y_{c2}=y'_B+\theta'_B\frac{l}{2}=-\left[\frac{F_p\left(\frac{l}{2}\right)^3}{3E(2I)}+\frac{F_p\left(\frac{l}{2}\right)^2}{2E(2I)}\times\frac{l}{2}\right]=-\frac{5F_pl^3}{96EI}(\downarrow)$$

$$y_{c3}=y''_B+\theta''_B\frac{l}{2}=-\left[\frac{\frac{F_pl}{2}\left(\frac{l}{2}\right)^2}{2E(2I)}+\frac{\frac{F_pl}{2}\left(\frac{l}{2}\right)}{E(2I)}\times\frac{l}{2}\right]=\frac{3F_pl^3}{32EI}(\downarrow)$$

$$y=y_{c1}+y_{c2}+y_{c3}=-\left(\frac{F_pl^3}{24EI}+\frac{5F_pl^3}{96EI}+\frac{3F_pl^3}{32EI}\right)=-\frac{3F_pl^3}{16EI}(\downarrow)$$

第五节　梁 的 刚 度 校 核

求出最大挠度及转角数值之后，就可以进行刚度校核，在建筑工程中，通常只校核挠度。即

$$\frac{y_{max}}{l}\leqslant\left[\frac{y}{l}\right]$$

式中$\left[\frac{y}{l}\right]$的值通常限制在$\frac{1}{200}$～$\frac{1}{1000}$范围内。

在机械工程中，一般对转角和挠度都进行校核，刚度条件为

$$|y|_{max}\leqslant[y],\ |\theta|_{max}\leqslant[\theta]$$

$[y]$ 及 $[\theta]$ 的值，均由具体工作条件决定，一般可以在设计规范中查到。例如，普通机床主轴

$$[y]=(0.0001\sim0.0005)l$$

$$[\theta]=(0.001\sim0.005)\text{ 弧度}$$

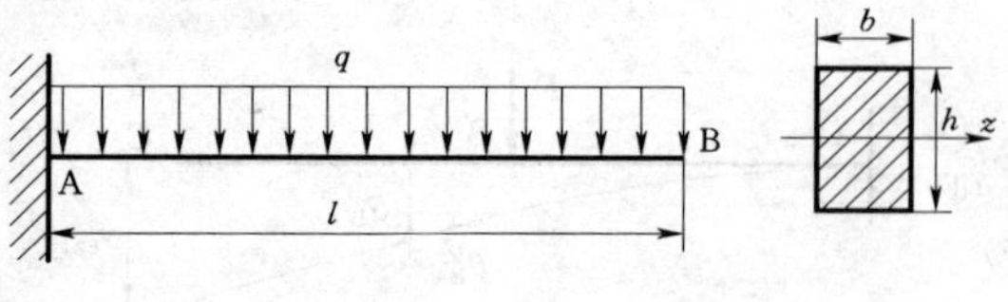

图 8-10　例 8-8 图

其中 l 是两轴承间的跨度。

【例 8-8】　图 8-10 所示矩形截面悬臂梁，受均布载荷作用。若已知 $q=10\text{kN/m}$，$l=3\text{m}$，许可单位长度内的挠度 $\left[\dfrac{y}{l}\right]=\dfrac{1}{250}$，已知 $[\sigma]=120\text{MPa}$，$E=2.0\times10^5\text{MPa}$，$h=2b$，试求截面尺寸 b、h。

解：通常先按强度条件设计截面，然后按刚度条件校核，也可以同时按强度条件和刚度条件设计截面尺寸，最后选二者之较大尺寸。

（1）根据强度条件

$$\sigma_{\max}=\frac{M_{\max}}{W_z}\leqslant[\sigma]$$

$$M_{\max}=\frac{1}{2}ql^2=\frac{1}{2}\times10\times3^2=45(\text{kN}\cdot\text{m})$$

$$W_z=\frac{bh^2}{6}=\frac{b(2b)^2}{6}=\frac{2b^3}{3}$$

代入上式，得

$$b=\sqrt[3]{\frac{45\times10^6\times3}{120\times2}}=82.5(\text{mm})$$

$$h=2b\geqslant165\text{mm}$$

（2）根据刚度条件 $y_{\max}=\dfrac{ql^4}{8EI_z}$，$\dfrac{y_{\max}}{l}=\dfrac{ql^3}{8EI_z}$，　得

$$I_z=\frac{bh^3}{12}=\frac{b(2b)^3}{12}=\frac{2b^4}{3}$$

代入上式得

$$\frac{3ql^3}{16Eb^4}\leqslant\left[\frac{y}{l}\right]$$

则

$$b\geqslant\sqrt[4]{\frac{3\times10\times(3\times10^3)^3}{16\times2\times10^5\times\dfrac{1}{250}}}=89.2(\text{mm})$$

$$h=2b=2\times89.2=178.4(\text{mm})$$

综合上述计算结果，按刚度计算所得的截面尺寸较大，即取 $b=90\text{mm}$，$h=180\text{mm}$。

第六节　提高弯曲刚度的主要措施

梁的挠度和转角与载荷的大小、跨度、支座情况、截面形状与尺寸以及材料有关，因此要提高弯曲刚度，必须从以下几方面考虑。

一、提高梁的抗弯刚度

抗弯刚度 EI 包括弹性模量和截面惯性矩两个因素，由于碳钢和合金钢的弹性模量 E

很接近，所以采用高强度优质钢代替普通钢的意义不大，故应当选择合理截面形状以加大惯性矩，即使截面尽可能地分布在离中性轴较远处。例如，采用薄壁工字形和箱形以及空心轴等截面形状较为合理。

二、尽量减小梁跨度

因为梁的挠度和转角与梁跨度的几次幂成正比，因此，如能设法缩短梁的跨度，将能显著地减小其挠度和转角值。

三、增加支座

增加支座，可以大大提高梁的刚度。例如，简支梁中间加支座，悬臂梁在自由端加支座等。当然，增加支座后，静定梁将变成超静定梁。

四、改善受力情况

即尽量使弯矩值减小。例如，悬臂梁在自由端受集中力 F_p 作用，是否有可能将集中力 F_p 变成均布荷载 q，这样，自由端的位移将明显减小。简支梁上的集中力是否可以分散成为几个力或分布载荷，这样也会减小梁的挠度。

小　结

1. 梁的挠曲线近似微分方程及其积分。梁的挠曲线近似微分方程为

$$y''=\frac{M(x)}{EI_z}$$

建立这一方程应用了梁的小变形的假设，所以这一方程只适用于小挠度情况。对这一方程积分，并利用梁的边界条件和连续条件确定积分常数，就可以得到梁的挠曲线方程和转角方程。

在小变形和材料线弹性的约定条件下，在求解梁的位移时可以利用叠加原理。当梁受到几项载荷作用时，可以先分别计算各项载荷单独作用下梁的位移，然后求它们的代数和，就得到了这几项载荷共同作用下的位移。

2. 梁的刚度条件为

$$\frac{y_{\max}}{L}\leqslant\left[\frac{y}{L}\right]$$

$$\theta_{\max}\leqslant[\theta]$$

利用上述条件可以对梁进行刚度校核、截面设计和许可载荷的计算。

习　题

8－1　根据载荷及支座情况，试画出题 8－1 图所示各梁的挠曲线大致形状。

8－2　试写出题 8－2 图所示各梁的边界条件及连续条件，其中题 8－2 图（c）BC 杆的抗拉刚度为 EA，题 8－2 图（d）的弹性支座 B 处的弹簧刚度为 K（N/m）。梁的抗弯

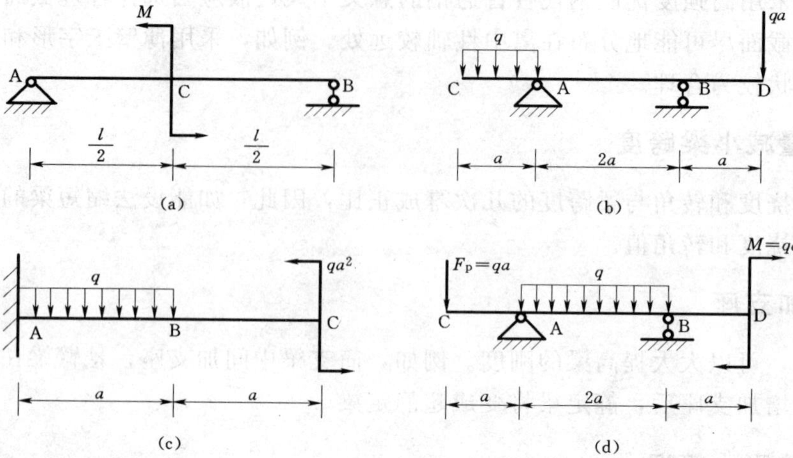

题 8－1 图

刚度均为常数。

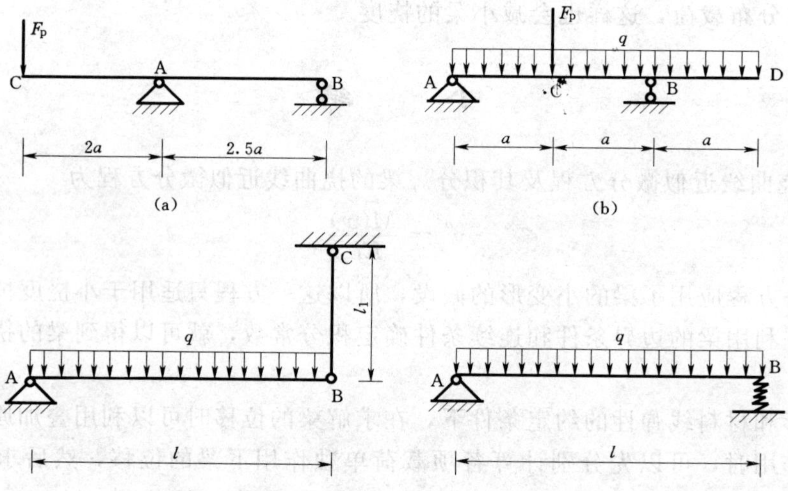

题 8－2 图

8－3　如题 8－3 图所示，简支梁受三角形载荷作用，已知 B 截面最大分布载荷 q，试用积分法求 θ_A、θ_B、y_{max}。已知 EI 为常数。

8－4　试用积分法求题 8－4 图所示外伸梁 AC 的 θ_A、y_c、y_D。已知 EI 为常数。

8－5　试用积分法求题 8－5 图所示外伸梁的 θ_B、y_c，已知 EI 为常数。

8－6　用叠加法求题 8－1 图（b）、（d）所示梁的 y_c、y_D、θ_A、θ_B。

8－7　用叠加法求题 8－7 图所示外伸梁的 y_c、θ_B。

8－8　若题 8－8 图所示梁 D 截面的挠度为零，试求 F_p 与 ql 间的关系。

8－9　变截面悬臂梁 AB，试求该梁 A 点处的挠度。

8－10　悬臂梁承受载荷如题 8－10 图所示，已知：$q=15\text{kN/m}$，$a=1\text{m}$，$E=200\text{GPa}$，

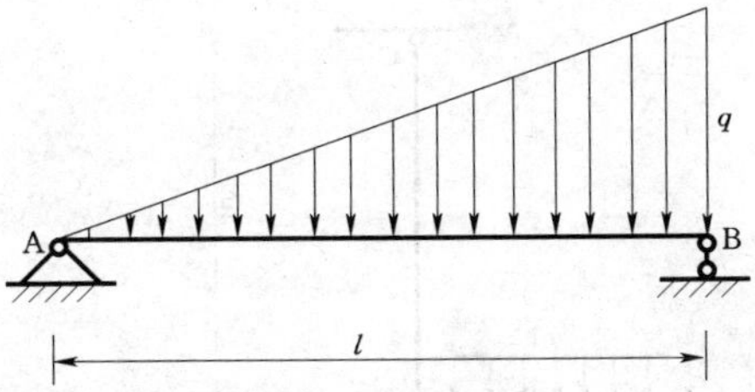

题 8-3 图

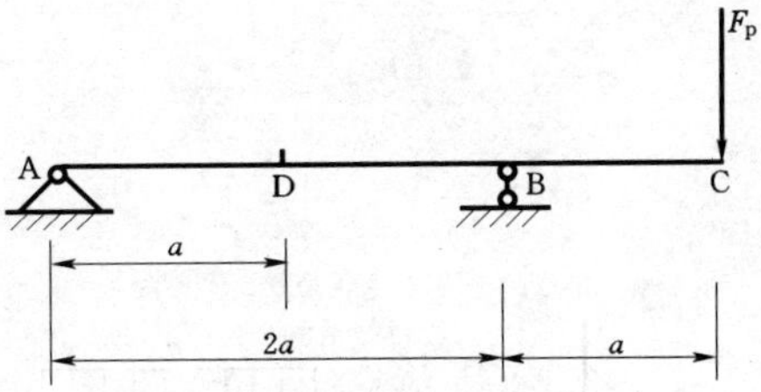

题 8-4 图

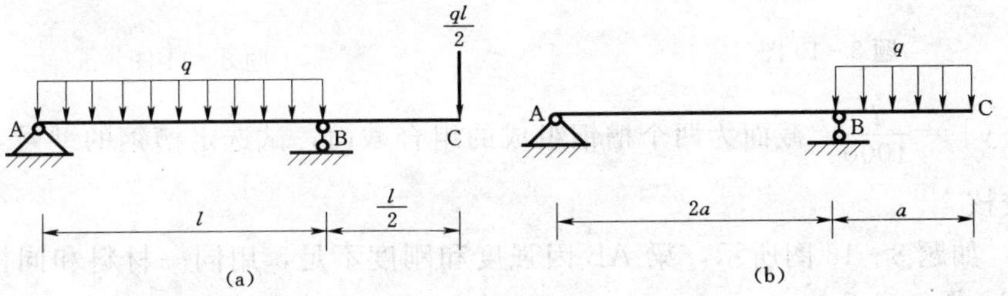

题 8-5 图

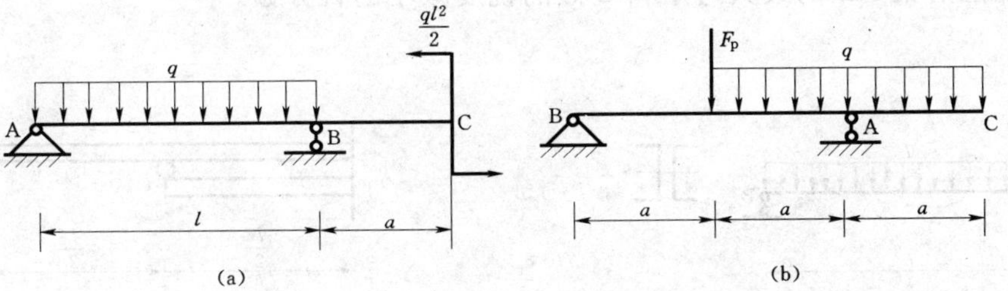

题 8-7 图

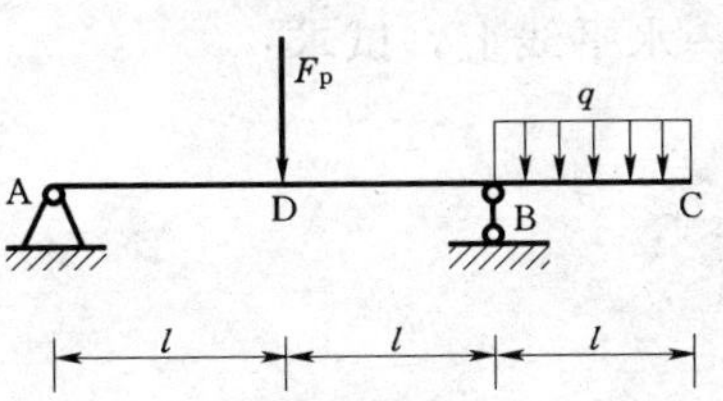

题 8-8 图

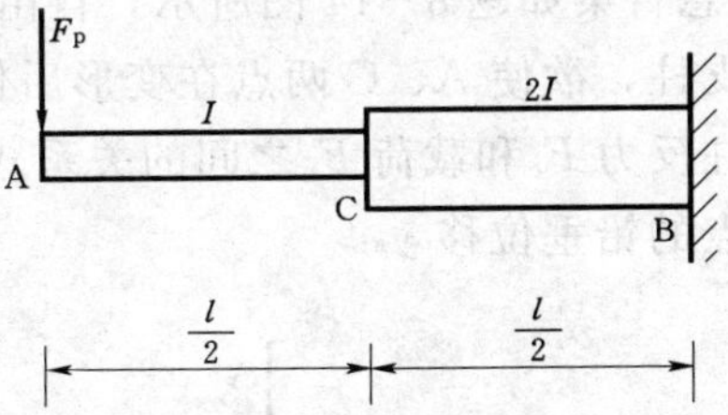

题 8-9 图

$[y]=\dfrac{l}{500}$（其中 $l=2a$），试选择工字钢型号。

8-11 题 8-11 图所示 AB 木梁在 B 点是由钢拉杆 BC 支承，已知：梁的横截面为边长等于 0.2m 的正方形，$q=40\text{kN/m}$，$E=1\times10^4\text{MPa}$，钢拉杆 BC 的横截面面积为 $A_2=250\text{mm}^2$，$E_2=210\text{GPa}$，试求拉杆 BC 的伸长量 Δl，以及梁中点的垂直位移。

8-12 简支梁如题 8-12 图所示，已知：$l=4\text{m}$，$q=10\text{kN/m}$，$[\sigma]=100\text{MPa}$，若

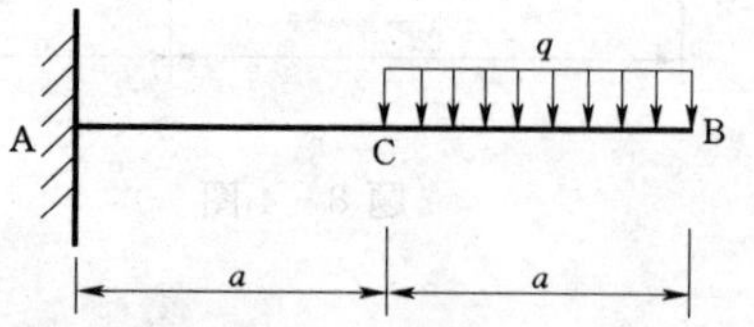

题 8-10 图

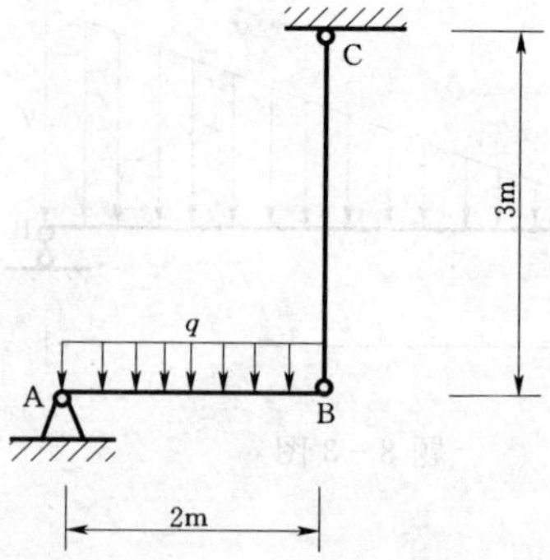

题 8-11 图

许用挠度 $[y]=\frac{l}{1000}$，截面为两个槽钢组成的组合截面，试选定槽钢的型号，并对自重影响进行校核。

8-13　如题 8-13 图所示，梁 AB 因强度和刚度不足，用同一材料和同样截面的梁 AC 加固，试求：

(1) 二梁接触点 C 处（滚子）的压力 F_c；

(2) 加固后梁 AB 的最大弯矩和 B 点的挠度减小的百分数。

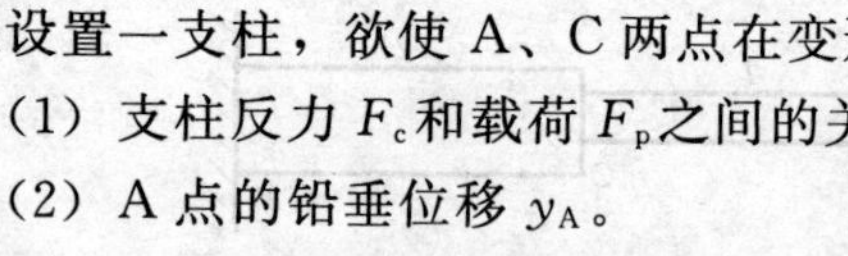

题 8-12 图

题 8-13 图

8-14　悬臂梁如题 8-14 图所示，自由端 A 处用一集中力 F_p，若在距 A 端为 a 的 C 点处设置一支柱，欲使 A、C 两点在变形后保持在同一水平线上，试求：

(1) 支柱反力 F_c 和载荷 F_p 之间的关系式；

(2) A 点的铅垂位移 y_A。

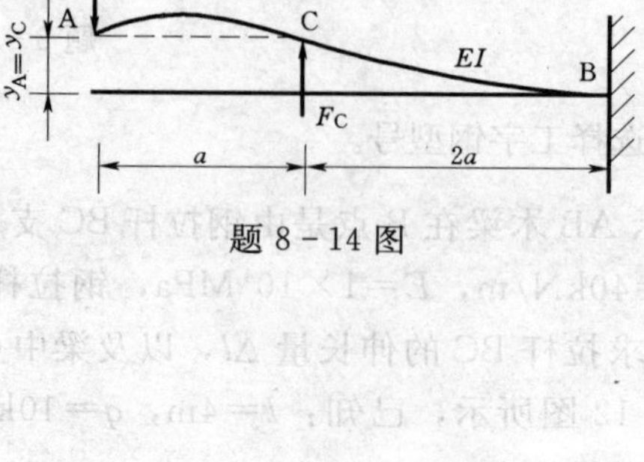

题 8-14 图

第九章　应力状态分析和强度理论

第一节　概　述

在第二、五、七章讨论构件基本变形的强度问题时，是用横截面上危险点处的正应力或切应力来建立强度条件并进行强度计算的。但是，破坏现象是否发生在横截面上以及横截面上的应力是否就是引起破坏的直接原因呢？实验表明：有些情况下，破坏确实发生在横截面上，如铸铁试件的拉伸破坏。而在另外一些情况下，破坏并没有发生在试件的横截面上，而是发生在斜截面上。如低碳钢拉伸试验，屈服首先发生在与轴线约成45°的斜截面上；铸铁短圆柱试件的压缩试验，断裂也是发生在与轴线约成45°的斜截面上；铸铁圆柱试件的扭转试验，断裂破坏还是发生在与轴线约成45°的螺旋面上。为了研究这些破坏原因，就必须研究试件各个截面上的应力情况。我们把构件内任意一点的各个斜截面上的应力情况，称为该点处的应力状态（Stress-state）。

既然有些破坏现象并不是发生在横截面上，也不是由横截面上的应力导致破坏的，为什么用横截面上的应力建立的强度条件又是正确的呢？原因在于构件基本变形时控制破坏过程的唯一演变因素是截面上的单一应力（正应力或切应力），并且各强度极限如σ_s、σ_b、τ_s、τ_b等也都定义为破坏时试件横截面上的单一应力。因此，不论破坏是否发生在横截面上，只要控制住横截面上的应力，就可以控制破坏现象的演变与发生。

对于工程实际中的大多数构件，在外力作用下发生的不是基本变形，而是复杂变形。在小变形情况下，可以将这种复杂变形看作基本变形的叠加，称为组合变形（Combined deformation）。此时，构件横截面的危险点处可能既有正应力又有切应力。对于这类构件，如果分别对正应力和切应力建立独立的强度条件进行强度计算，实践证明：这常会导致错误的结果。对于这类问题，就必须研究导致构件破坏的真正原因，横截面上的正应力和切应力又是如何影响破坏原因的。关于材料破坏原因的学说，称为强度理论（Strength-theory）。应力状态分析和强度理论为研究组合变形杆件的强度问题提供了理论基础。

第二节　一点处的应力状态和分类

一、一点处的应力状态

为了表示受力构件上一点处的应力状态，就要围绕该点取一微小的平行六面体——单元体（Element-body）。由于单元体各边长度为无穷小，因此可以认为各个面上的应力是均匀分布的，而且在单元体的任意一对平行平面上的应力是相等的。

由单元体的受力状况，采用截面法，可求得单元体内任一斜截面上的应力。一般情况下，过一点处不同斜截面上的应力是不同的。

由上可知：一点的应力状态，可以通过单元体及其三对互相垂直的面上的应力来描述。以受轴向拉伸的直杆为例（见图 9-1），在 A 点处用横截面和平行于杆轴线的上、下、前和后截面截出单元体，如图 9-1（b）所示，在此单元体的左右两侧面上有正应力，已知为 $\sigma=F_{\mathrm{p}}/A$，单元体的上、下、前和后四个侧面已知均无应力。为了画法简便，该单元体也可用平面图 9-1（c）表示。若在 A 点处按图 9-1（d）的方位取出单元体，使除前、后两面以外的四个面既不与杆轴线平行也不与杆轴线垂直，即是杆的斜截面，由第二章知，这些面上不仅有正应力 σ_α 和 σ_β，还有切应力 τ_α 和 τ_β。可见所取单元体方位不同，其各面上的应力状况就不相同。

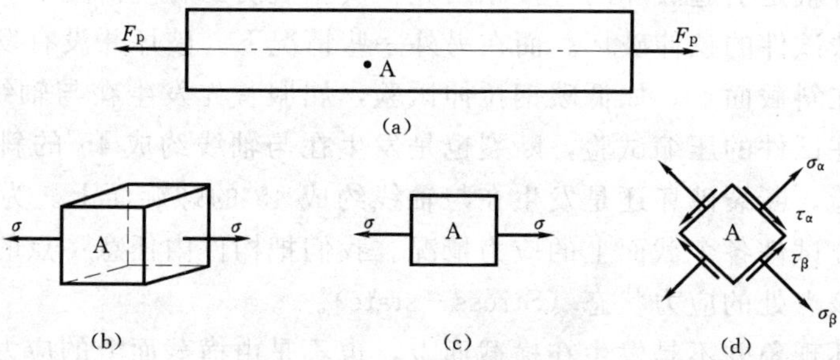

图 9-1　轴向拉伸直杆

一般从复杂受力构件上某点取出的单元体，其各面上都有应力，且每一面上同时有三个应力分量，如图 9-2 所示，在以 x 方向为法向的面上，有正应力 σ_x、切应力 τ_{xy} 和 τ_{xz}，这里第一个角标表示应力所在面的法线方向，第二个角标为应力的方向，如 τ_{xy} 表示法线为 x 面上的沿 y 方向的切应力分量。考虑到单元体相平行的两面为同一截面的两个侧面，由于作用力与反作用力的关系，因此相平行面上的应力是大小相等方向相反的。于是，单元体上共有 9 个应力分量

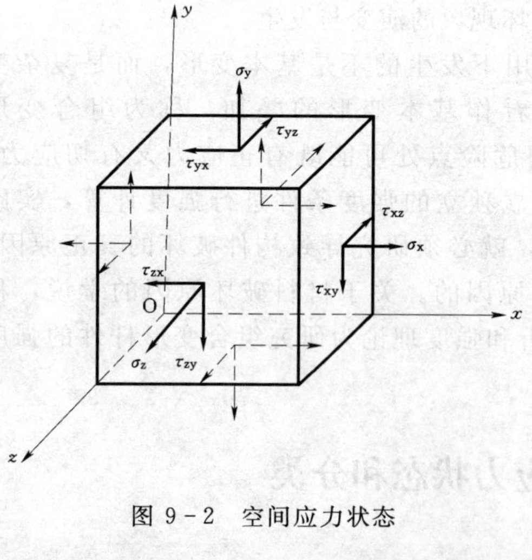

图 9-2　空间应力状态

$$
\begin{matrix}
\sigma_x & \tau_{xy} & \tau_{xz} \\
\tau_{yx} & \sigma_y & \tau_{yz} \\
\tau_{zx} & \tau_{zy} & \sigma_z
\end{matrix}
$$

这是应力状态的一般情况，称为空间应力状态或三向应力状态。但有时单元体上所有应力分量都平行于同一平面，如图 9-3 所示为所有应力分量都平行于 xOy 面的情形，称为平面应力状态或二向应力状态，它只有四个应力分量，其余的应力分量都是零，即

$$\begin{matrix} \sigma_x & \tau_{xy} & 0 \\ \tau_{yx} & \sigma_y & 0 \\ 0 & 0 & 0 \end{matrix}$$

应力的正负号是这样规定的，正应力以拉应力为正，压应力为负；切应力以对单元体内任意点的矩为顺时针转向时为正，反之为负。按照这一规定，任意截面的两侧面上的应力尽管是大小相等方向相反的，但它们符号相同，因而应用截面法时，不管保留截面的哪一侧，所求得的应力不仅大小相等，符号也完全相同。

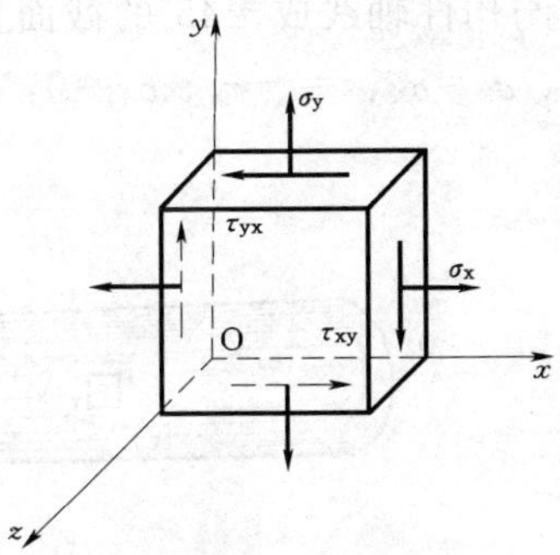

图 9－3　平面应力状态

二、主应力、主平面及应力状态分类

在图 9－1（b）中，A 点处所取单元体的各面上只有正应力而无切应力，这样的单元体称为主单元体（Principal element－body），这种切应力为零的面称为主平面（Principal plane），主平面上的正应力称为主应力（Principal stress）。

可以证明，对于任一单元体总可以找到三个互相垂直的三对主平面，因而就可找到三个互相垂直的主应力，按代数值大小，依次用 σ_1、σ_2 和 σ_3 表示，且 $\sigma_1 \geqslant \sigma_2 \geqslant \sigma_3$。

如果某点处的主单元体上的三个主应力均不为零，这点处的应力状态称为三向应力状态（Three－dimensional state of stresses）或空间应力状态。如图 9－4 所示钢轨与车轮无摩擦接触时，接触点 A 的应力状态就是三向应力状态。用横截面、铅垂纵截面和平行于表面的截面截出单元体，其三对相互垂直的面都是主平面，而且三个主应力都不为零。表面上有接触压应力 σ_3，由于 σ_3 的作用，单元体的四个侧面有向外膨胀的趋势，但 A 点四周包围有大量材料，阻碍其向外膨胀，故在四个侧面上分别有压应力 σ_1 与 σ_2，所以 A 点为三向压应力状态［见图 9－4（b）］。

若车轮与钢轨间有摩擦力存在时，钢轨表面和横截面上都将有切应力，这时只有铅垂纵截面为主平面，而另两对截面就不是主平面了，这是三向应力状态较为一般的情形［见图 9－4（c）］。

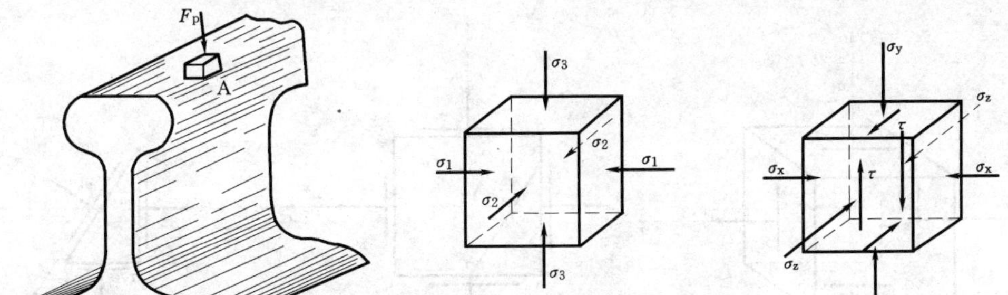

图 9－4　三向应力状态实例

如果某点处的主单元体上有两个主应力不为零，这点处的应力状态称为二向应力状态或平面应力状态（Plane state of stresses）。例如图 9-5（a）所示圆轴扭转时，表面上 A 点处的应力状态［见图 9-5（b）］，显然这是纯切应力状态。利用下节的公式不难计算出在与构件轴线成±45°的截面上没有切应力，只有正应力［见图 9-5（c）］，且 $\sigma_1=\sigma_{-45°}=\tau_x$、$\sigma_3=\sigma_{+45°}=-\tau_x$、$\sigma_2=0$，所以 A 点的应力状态为二向应力状态。

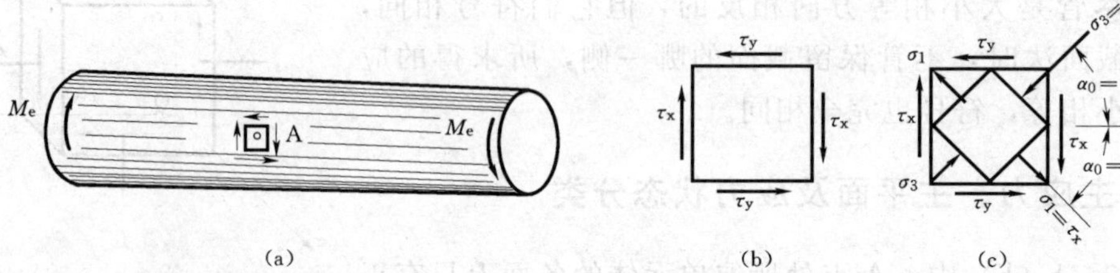

图 9-5　二向应力状态实例

如果某点处的主单元体上只有一个主应力不为零，这点处的应力状态称为单向应力状态（One dimensional state of stresses）。图 9-1（b）所示的轴向拉伸构件中 A 点的应力状态就是单向应力状态。当所取单元体方位不同时，各截面应力情况也不同［见图 9-1（d）］，但因其主应力只有一个不为零，故仍为单向应力状态。

单向应力状态也称简单应力状态，二向应力状态和三向应力状态统称为复杂应力状态。

第三节　二向应力状态分析——解析法

一、斜截面上的应力

设图 9-6（a）所示单元体各面上的应力分量 σ_x、σ_y、τ_{xy} 和 τ_{xy} 为已知，图 9-6（b）为单元体的正投影。现在求与前后面垂直的任意斜截面 ef 上的应力分量。设 ef 面的外法线 n 与 x 轴的夹角为 α。α 的正负号规定为：由 x 轴转到外法线 n 为逆时针转向时，α 为

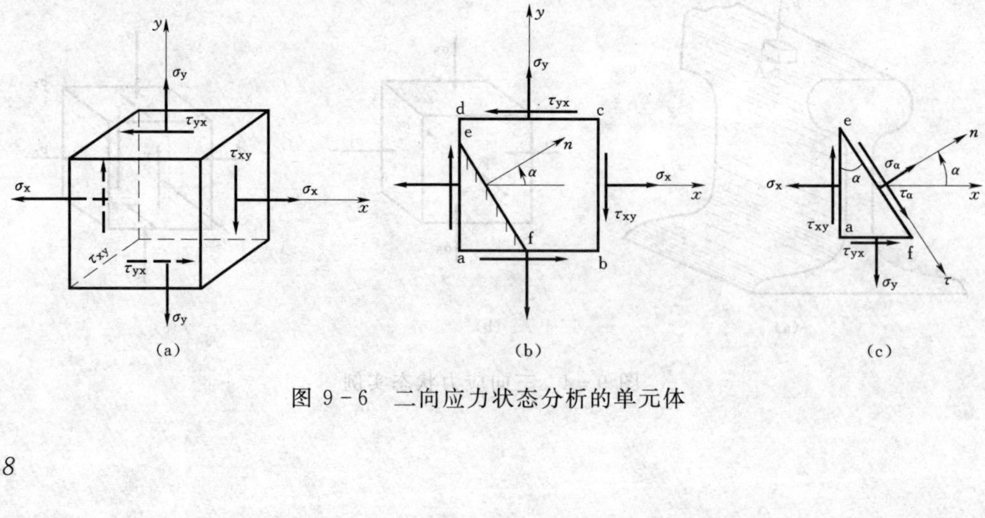

图 9-6　二向应力状态分析的单元体

正，反之为负。图 9-6（c）是假想地沿 ef 面把单元体截成两部分后取出 aef 部分为分离体并研究它的平衡，σ_α 和 τ_α 分别表示斜截面 ef 上的正应力和切应力。如设 ef 面的面积为 dA，则 af 面和 ae 面的面积分别为 $dA\sin\alpha$ 和 $dA\cos\alpha$。沿 ef 面的法向和切向分别列分离体 aef 的平衡方程，有

$$\sum F_n = 0$$

$$\sigma_\alpha dA + (\tau_{xy} dA\cos\alpha)\sin\alpha - (\sigma_x dA\cos\alpha)\cos\alpha + (\tau_{yx} dA\sin\alpha)\cos\alpha - (\sigma_y dA\sin\alpha)\sin\alpha = 0$$

$$\sum F_\tau = 0$$

$$\tau_\alpha dA - (\tau_{xy} dA\cos\alpha)\cos\alpha - (\sigma_x dA\cos\alpha)\sin\alpha + (\sigma_y dA\sin\alpha)\cos\alpha + (\tau_{yx} dA\sin\alpha)\sin\alpha = 0$$

由切应力互等定理知，τ_{xy} 和 τ_{yx} 在数值上相等，于是可把 τ_{yx} 换成 τ_{xy}，代入以上两个方程经化简，得

$$\sigma_\alpha = \sigma_x\cos^2\alpha + \sigma_y\sin^2\alpha - 2\tau_{xy}\sin\alpha\cos\alpha$$

$$\tau_\alpha = \sigma_x\sin\alpha\cos\alpha - \sigma_y\sin\alpha\cos\alpha + \tau_{xy}(\cos^2\alpha - \sin^2\alpha)$$

利用三角函数的倍角公式，进一步化简，得

$$\sigma_\alpha = \frac{\sigma_x + \sigma_y}{2} + \frac{\sigma_x - \sigma_y}{2}\cos 2\alpha - \tau_{xy}\sin 2\alpha \quad (9-1)$$

$$\tau_\alpha = \frac{\sigma_x - \sigma_y}{2}\sin 2\alpha + \tau_{xy}\cos 2\alpha \quad (9-2)$$

式（9-1）和式（9-2）给出了由原单元体的 σ_x、τ_{xy} 和 σ_y、τ_{xy} 求 α 角为任意值的斜截面 ef 上的应力 σ_α、τ_α 的计算公式，它表明斜截面上的应力随截面方位角 α 的改变而变化，正应力 σ_α 和切应力 τ_α 都是 α 的函数。

由式(9-1)知 $$\sigma_{\alpha+90^\circ} = \frac{\sigma_x + \sigma_y}{2} - \frac{\sigma_x - \sigma_y}{2}\cos 2\alpha + \tau_{xy}\sin 2\alpha \quad (a)$$

将式（9-1）与式（a）相加，得

$$\sigma_\alpha + \sigma_{\alpha+90^\circ} = \sigma_x + \sigma_y \quad (9-3)$$

由式（9-3）得出结论：任一给定单元体的两互垂面上的正应力的和为常数。

二、主应力和主平面

将式（9-1）对 α 求导数，得

$$\frac{d\sigma_\alpha}{d\alpha} = -2\left(\frac{\sigma_x - \sigma_y}{2}\sin 2\alpha + \tau_{xy}\cos 2\alpha\right)$$

当导数 $\frac{d\sigma_\alpha}{d\alpha} = 0$ 时，σ_α 有极大值或极小值，这时得出的 $\alpha = \alpha_0$ 所确定的截面上正应力为最大值或最小值。由式（9-2）知，此截面上 τ_α 也必为零，即当

$$\left.\frac{d\sigma_\alpha}{d\alpha}\right|_{\alpha=\alpha_0} = 0$$

时，必有

$$\tau_\alpha\Big|_{\alpha=\alpha_0} = 0 \quad (9-4)$$

可见，最大或最小正应力所在截面恰是切应力 τ_α 等于零的截面。按主平面的定义，它就是主平面，其上的正应力就是主应力，所以主应力就是最大或最小正应力。

把式（9-2）代入式（9-4），得

$$\frac{\sigma_x - \sigma_y}{2}\sin 2\alpha_0 + \tau_{xy}\cos 2\alpha_0 = 0$$

解出
$$\tan 2\alpha_0 = -\frac{2\tau_{xy}}{\sigma_x - \sigma_y} \tag{9-5}$$

将 $\alpha_0 + 90°$ 代入式（9－5）仍然成立，可见两个主平面是相互垂直的。

为了求得 $\sin 2\alpha_0$ 和 $\cos 2\alpha_0$ 的值，将式（9－5）表示成图 9－7（a）、（b）所示的直角三角形，则可得到

$$\left\{\begin{aligned} \sin 2\alpha_0 &= \mp \frac{2\tau_{xy}}{\sqrt{(\sigma_x - \sigma_y)^2 + 4\tau_{xy}^{\ 2}}} \\ \cos 2\alpha_0 &= \pm \frac{\sigma_x - \sigma_y}{\sqrt{(\sigma_x - \sigma_y)^2 + 4\tau_{xy}^{\ 2}}} \end{aligned}\right. \tag{9-6}$$

式（9－6）右侧上面符号表示图 9－7（a）的结果，下面符号表示图 9－7（b）的结果。

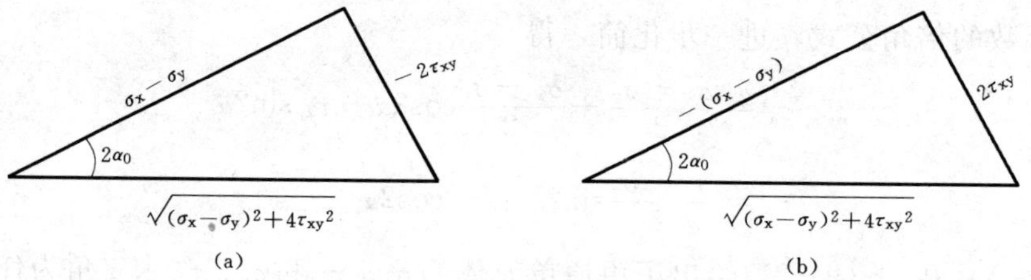

图 9－7　$\sigma \sim \sigma_{max}$ 关系图

现将式（9－6）中符号相反的两组表达式分别代入式（9－1），即得出两个主应力

$$\left.\begin{matrix}\sigma_{max}\\ \sigma_{min}\end{matrix}\right\} = \frac{\sigma_x + \sigma_y}{2} \pm \sqrt{\left(\frac{\sigma_x - \sigma_y}{2}\right)^2 + \tau_{xy}^{\ 2}} \tag{9-7}$$

σ_{max} 是由式（9－6）上面符号得出的结果。由此可见：图 9－7（a）即为 $\sigma \rightarrow \sigma_{max}$ 的关系图形，由图 9－7（a）可得 σ_{max} 作用面的外法线与 x 轴的夹角 α_0 为

$$\tan 2\alpha_0 = \frac{-2\tau_{xy}}{\sigma_x - \sigma_y} = \frac{\sin 2\alpha_0}{\cos 2\alpha_0} \tag{9-8}$$

$\sin 2\alpha_0$、$\cos 2\alpha_0$ 的正负号确定 $2\alpha_0$ 所在象限，即 α_0 的象限，此位置为 σ_{max} 所在位置。

需要指出的是式（9－7）计算的主应力是平面应力状态（即二向应力状态）中的两个主应力，这时与该平面垂直的另一个主应力为零。由此得出结论：任一点至少有三个主平面，且相互垂直。

三、最大切应力及其作用面

将式（9－2）对 α 求导数，并令其等于零，设此时的 $\alpha = \alpha_1$，得

$$\left.\frac{d\tau_\alpha}{d\alpha}\right|_{\alpha=\alpha_1} = (\sigma_x - \sigma_y)\cos 2\alpha_1 - 2\tau_{xy}\sin 2\alpha_1 = 0 \tag{9-9}$$

解得
$$\tan 2\alpha_1 = \frac{\sigma_x - \sigma_y}{2\tau_{xy}} \tag{9-10}$$

显然 α_1 也有两个值，它们相差 90°，这说明 τ_α 的极值——最大切应力和最小切应力的作

用面是互相垂直的。由式（9－9）解出 $\sin 2\alpha_1$ 和 $\cos 2\alpha_1$，代入式（9－2）即求得切应力的最大和最小值

$$\left.\begin{matrix}\tau_{max}\\ \tau_{min}\end{matrix}\right\}=\pm\sqrt{\left(\frac{\sigma_x-\sigma_y}{2}\right)^2+\tau_{xy}{}^2} \tag{9-11}$$

比较式（9－5）和式（9－10），可以看出

$$\tan 2\alpha_1=-\frac{1}{\tan 2\alpha_0}=-\cot 2\alpha_0=\tan(2\alpha_0\pm 90°)$$

所以有 $2\alpha_1=2\alpha_0\pm 90°$，$\alpha_1=\alpha_0\pm 45°$。

这就是说，最大切应力和最小切应力所在平面与两个主平面的夹角都是 45°（见图 9－8）。

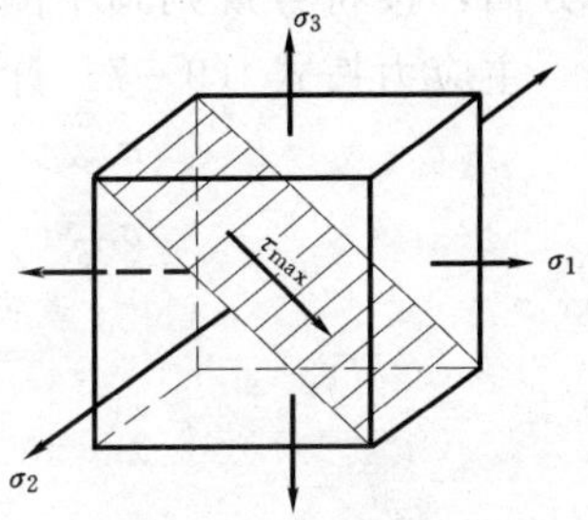

图 9－8　τ_{max}所在平面与主平面的夹角

在切应力的极值作用面上还有正应力，将 α_1 值代入斜截面应力计算式（9－1）中得

$$\sigma_{\alpha 1}=\frac{\sigma_x+\sigma_y}{2}+\frac{\sigma_x-\sigma_y}{2}\cos 2\alpha_1-\tau_{xy}\sin 2\alpha_1$$

考虑到式（9－9），上式中的后两项计算结果为零。因此，在最大和最小切应力作用面上，正应力为

$$\sigma_{\alpha 1}=\frac{\sigma_x+\sigma_y}{2}$$

该式表明，在最大切应力和最小切应力作用面上，正应力的值都等于原单元体上的正应力 σ_x 和 σ_y 的平均值。

【例 9－1】　一薄壁圆筒受扭转和拉伸同时作用［见图 9－9（a）］，其表面一点 D 的应力状态如图 9－9（b）所示，且 $\sigma=63.7$MPa，$\tau=76.4$MPa，试用解析法求过 D 点与筒母线成 30°角的斜截面上的应力，并求 D 点主应力，主平面以及最大切应力。

解：由图 9－9（b）所示的应力状态，取 x 轴与 σ 方向一致，于是有 $\sigma_x=63.7$MPa，$\sigma_y=0$，$\tau_{xy}=-76.4$MPa，$\tau_{yx}=+76.4$MPa，斜截面外法线 n 与 x 轴夹角为 $\alpha=+120°$，将这些数据代入式（9－1）和式（9－2），得

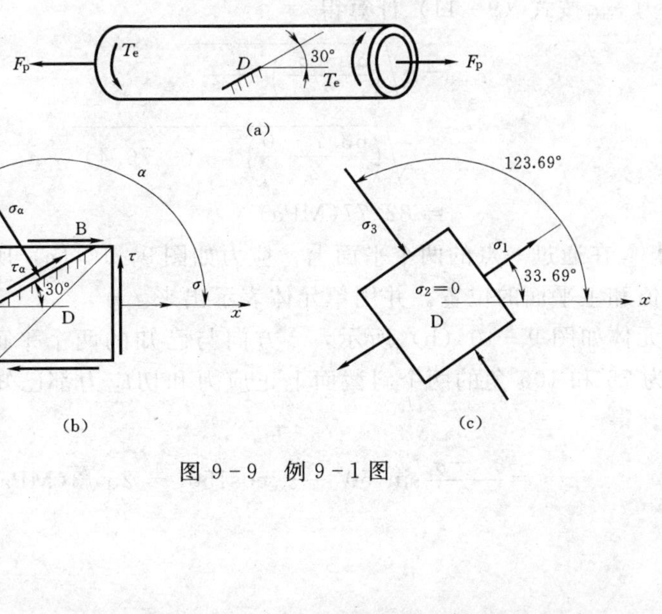

图 9－9　例 9－1 图

$$\sigma_{120^\circ} = \frac{\sigma_x + \sigma_y}{2} + \frac{\sigma_x - \sigma_y}{2}\cos 2\alpha - \tau_{xy}\sin 2\alpha$$
$$= \left[\frac{63.7+0}{2} + \frac{63.7-0}{2}\cos 240^\circ - (-76.4)\sin 240^\circ\right]$$
$$= -50.3(\text{MPa})$$
$$\tau_{120^\circ} = \frac{\sigma_x - \sigma_y}{2}\sin 2\alpha + \tau_{xy}\cos 2\alpha$$
$$= \left[\frac{63.7-0}{2}\sin 240^\circ + (-76.4)\cos 240^\circ\right]$$
$$= 10.7(\text{MPa})$$

其方向，按符号规则画于图 9-9（b）中。

主应力按式（9-7）计算为

$$\left.\begin{matrix}\sigma_{max}\\ \sigma_{min}\end{matrix}\right\} = \frac{\sigma_x + \sigma_y}{2} \pm \sqrt{\left(\frac{\sigma_x - \sigma_y}{2}\right)^2 + \tau_{xy}{}^2}$$
$$= \frac{63.7+0}{2} \pm \sqrt{\left(\frac{63.7-0}{2}\right)^2 + (-76.4)^2}$$
$$= \begin{cases}114.6(\text{MPa})\\ -50.9(\text{MPa})\end{cases}$$

由于平面应力状态的另一个主应力为零，所以 D 点的主应力为

$$\sigma_1 = 114.6\text{MPa},\quad \sigma_2 = 0,\quad \sigma_3 = -50.9\text{MPa}$$

主应力的方向按式（9-8）计算得

$$\tan 2\alpha_0 = \frac{-2\tau_{xy}}{\sigma_x - \sigma_y} = \frac{-2\times(-76.4)}{63.7-0} = 2.399$$

由 $\sin 2\alpha_0 > 0$ 和 $\cos 2\alpha_0 > 0$ 可知，$2\alpha_0$ 在第一象限，于是得

$$2\alpha_0 = 67.37^\circ$$

$\alpha_0 = 33.69^\circ$即为 σ_1 作用面的方位，另一主应力方位为 $\alpha_0 + 90^\circ = 123.69^\circ$。主应力与主平面画在图 9-9（c）中。

最大切应力 τ_{max}按式（9-11）计算得

$$\tau_{max} = \sqrt{\left(\frac{\sigma_x - \sigma_y}{2}\right)^2 + \tau_{xy}{}^2}$$
$$= \sqrt{\left(\frac{63.7-0}{2}\right)^2 + (-76.4)^2}$$
$$= 82.77(\text{MPa})$$

【例 9-2】　在通过一点的两个平面上，应力如图 9-10（a）所示，单位为 MPa。试求主应力的数值和主平面的位置。并用单元体表示出来。

解： 取单元体如图 9-10（b）所示，x 方向与已知的两个平面法向分别成 75°角和 105°角，即 α 为 75°和 105°角的两个斜截面上正应力和切应力都已知，代入式（9-1）和式（9-2）中，得

$$\tau_{75^\circ} = \frac{\sigma_x - \sigma_y}{2}\sin 150^\circ + \tau_{xy}\cos 150^\circ = 25\sqrt{3}(\text{MPa})$$

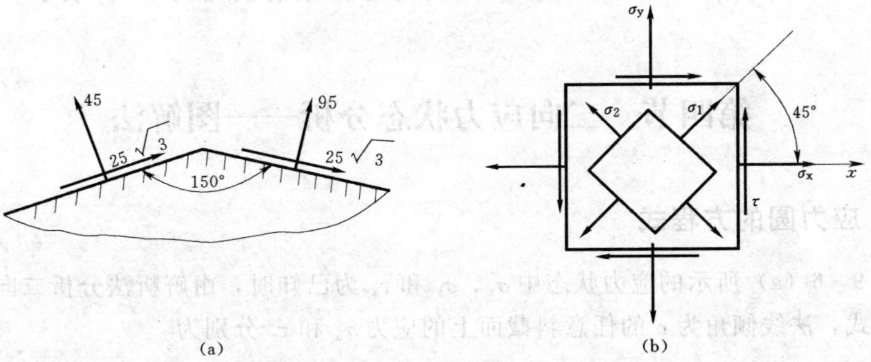

图 9-10　例 9-2 图

$$\tau_{105^\circ}=\frac{\sigma_x-\sigma_y}{2}\sin210^\circ+\tau_{xy}\cos210^\circ=25\sqrt{3}(\text{MPa})$$

$$\sigma_{105^\circ}=\frac{\sigma_x+\sigma_y}{2}+\frac{\sigma_x-\sigma_y}{2}\cos210^\circ-\tau_{xy}\sin210^\circ=45(\text{MPa})$$

$$\sigma_{75^\circ}=\frac{\sigma_x+\sigma_y}{2}+\frac{\sigma_x-\sigma_y}{2}\cos150^\circ-\tau_{xy}\sin150^\circ=95(\text{MPa})$$

由于只有三个未知数 σ_x、σ_y、τ_{xy}，所以上面四个方程中只用三个就可以解出，另一个方程可作为验算用。现选前三个方程来求解，将

$\sin150^\circ=\frac{1}{2}$，$\cos150^\circ=-\frac{\sqrt{3}}{2}$，$\sin210^\circ=-\frac{1}{2}$，$\cos210^\circ=-\frac{\sqrt{3}}{2}$代入，得

$$\frac{1}{4}(\sigma_x-\sigma_y)-\frac{\sqrt{3}}{2}\tau_{xy}=25\sqrt{3}$$

$$-\frac{1}{4}(\sigma_x-\sigma_y)-\frac{\sqrt{3}}{2}\tau_{xy}=25\sqrt{3}$$

$$\frac{1}{2}(\sigma_x+\sigma_y)-\frac{\sqrt{3}}{4}(\sigma_x-\sigma_y)+\frac{1}{2}\tau_{xy}=45$$

解出

$$\sigma_x=\sigma_y=70\text{MPa}$$

$$\tau_{xy}=-50\text{MPa}$$

代入第四个方程，验算结果是正确的。

将 σ_x、σ_y、τ_{xy}的值代入式（9-7），求得主应力为

$$\left.\begin{matrix}\sigma_1\\ \sigma_2\end{matrix}\right\}=\frac{\sigma_x+\sigma_y}{2}\pm\sqrt{\left(\frac{\sigma_x-\sigma_y}{2}\right)^2+\tau_{xy}{}^2}$$

$$=\left[\frac{70+70}{2}\pm\sqrt{\left(\frac{70-70}{2}\right)^2+(-50)^2}\right]=\begin{cases}120\\20\end{cases}(\text{MPa})$$

另一个主应力为零。于是知三个主应力数值为 $\sigma_1=120\text{MPa}$，$\sigma_2=20\text{MPa}$，$\sigma_3=0$。

主平面方位由式（9-8）求得

$$\tan2\alpha_0=\frac{-2\tau_{xy}}{\sigma_x-\sigma_y}=\frac{100}{0}=\infty$$

即 $2\alpha_0=90°$，$\alpha_0=45°$。可见 σ_1 的作用面法线与 x 轴的夹角为 45°，表示在图 9－10（b）中。

第四节　二向应力状态分析——图解法

一、应力圆的方程式

如图 9－6（a）所示的应力状态中 σ_x、σ_y 和 τ_{xy} 为已知时，由解析法分析二向应力状态的计算公式，法线倾角为 α 的任意斜截面上的应力 σ_α 和 τ_α 分别为

$$\sigma_\alpha=\frac{\sigma_x+\sigma_y}{2}+\frac{\sigma_x-\sigma_y}{2}\cos2\alpha-\tau_{xy}\sin2\alpha$$

$$\tau_\alpha=\frac{\sigma_x-\sigma_y}{2}\sin2\alpha+\tau_{xy}\cos2\alpha$$

显然，可以把这两项看作是以角度 α 为参数的参数方程，现把它们改写成以下形式

$$\sigma_\alpha-\frac{\sigma_x+\sigma_y}{2}=\frac{\sigma_x-\sigma_y}{2}\cos2\alpha-\tau_{xy}\sin2\alpha$$

$$\tau_\alpha=\frac{\sigma_x-\sigma_y}{2}\sin2\alpha+\tau_{xy}\cos2\alpha$$

将这两式等号两边平方，然后相加，就消去了 α，于是有

$$\left(\sigma_\alpha-\frac{\sigma_x+\sigma_y}{2}\right)^2+\tau_\alpha^2=\left(\frac{\sigma_x-\sigma_y}{2}\right)^2+\tau_{xy}^2 \tag{9-12}$$

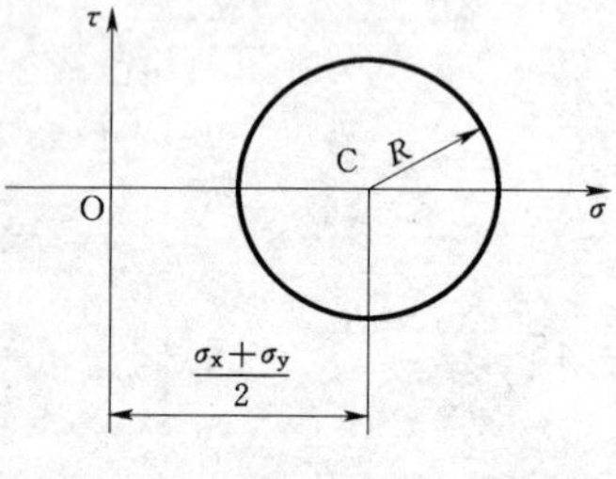

图 9－11　应力圆（莫尔圆）

因为这里的 σ_x、σ_y 和 τ_{xy} 都是已知量，所以式（9－12）是一个以 σ_α 和 τ_α 为变量的圆周方程。设横坐标为 σ，纵坐标为 τ，则该圆的圆心 C 的坐标为 $\left(\frac{\sigma_x+\sigma_y}{2},\ 0\right)$，半径为 $R=\sqrt{\left(\frac{\sigma_x-\sigma_y}{2}\right)^2+\tau_{xy}^2}$。如图 9－11 所示。此圆叫应力圆（Stress circle）（莫尔圆）。该圆周上一点的坐标分别代表所研究单元体上倾角为 α 的斜截面上的应力 σ_α 和 τ_α，因此应力圆圆周上点的坐标与单元体斜截面上的应力有着一一对应的关系。

二、应力圆的作法

如图 9－12（a）所示单元体为例，其具体步骤如下：

（1）根据已知应力数值 σ_x、σ_y、τ_{xy} 和 τ_{yx}，选取适当比例尺。

（2）由单元体上以 x 为法线和以 y 为法线的面上应力值，在 $\sigma-\tau$ 坐标平面内，按比例作 D（σ_x，τ_{xy}）、D′（σ_y，τ_{yx}）两点［见图 9－12（b）］，连接 D、D′两点，交 σ 轴于 C 点。

（3）以 C 点为圆心，$\overline{CD}$为半径作应力圆。

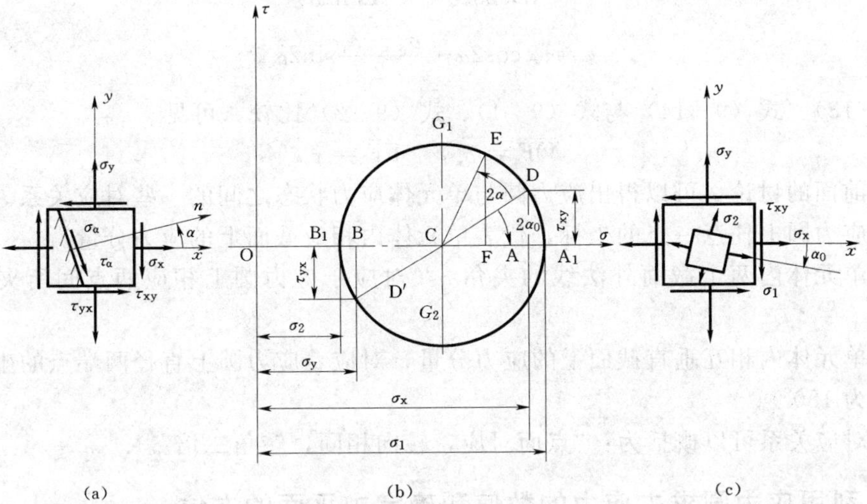

图 9-12　应力圆的做法

可以证明，图 9-12（b）上这个圆就是所要作出的应力圆。

因为这个圆的圆心在 σ 轴上，而且$\overline{OC}=\dfrac{\overline{OA}+\overline{OB}}{2}=\dfrac{\sigma_x+\sigma_y}{2}$，所以圆心到原点的距离为$\dfrac{\sigma_x+\sigma_y}{2}$。

又因为$\overline{CA}=\dfrac{\overline{OA}-\overline{OB}}{2}=\dfrac{\sigma_x-\sigma_y}{2}$，故圆的半径

$$\overline{CE}=\overline{CD}=\sqrt{\overline{CA}^2+\overline{AD}^2}=\sqrt{\left(\frac{\sigma_x-\sigma_y}{2}\right)^2+\tau_{xy}^2}$$

由此可见：这个圆的圆心位置和半径大小都符合应力圆的特点，因而它就是所要作出的应力圆。

三、斜截面上的应力与应力圆圆周上点的关系

设图 9-12（a）中由 x 轴到任意斜截面法线 n 的夹角为逆时针转 α 角（α 为正），则在应力圆上只要以 C 为圆心，将半径 CD 也沿逆时针转过 2α 角到 CE，那么 E 点的坐标就代表以 n 为法线的斜截面上的应力。E 点的横、纵坐标分别为

$$\begin{aligned}\overline{OF}&=\overline{OC}+\overline{CE}\cos(2\alpha_0+2\alpha)\\&=\overline{OC}+\overline{CE}(\cos2\alpha_0\cos2\alpha-\sin2\alpha_0\sin2\alpha)\\&=\overline{OC}+(\overline{CD}\cos2\alpha_0)\cos2\alpha-(\overline{CD}\sin2\alpha_0)\sin2\alpha\\&=\overline{OC}+\overline{CA}\cos2\alpha-\overline{AD}\sin2\alpha\\&=\frac{\sigma_x+\sigma_y}{2}+\frac{\sigma_x-\sigma_y}{2}\cos2\alpha-\tau_{xy}\sin2\alpha\end{aligned}\tag{9-13}$$

$$\begin{aligned}\overline{EF}&=\overline{CE}\sin(2\alpha_0+2\alpha)\\&=\overline{CD}\sin2\alpha_0\cos2\alpha+\overline{CD}\cos2\alpha_0\sin2\alpha\end{aligned}$$

$$=\overline{AD}\cos2\alpha+\overline{CA}\sin2\alpha$$

$$=\tau_{xy}\cos2\alpha+\frac{\sigma_x-\sigma_y}{2}\sin2\alpha \qquad (9-14)$$

将式（9－13）、式（9－14）与式（9－1）、式（9－2）比较，可见

$$\overline{OF}=\sigma_\alpha,\quad \overline{EF}=\tau_\alpha$$

通过前面的讨论，可以得出应力圆与单元体应力状态之间的一些对应关系。

（1）应力圆上任意一点的坐标，代表单元体内相应截面上的应力分量。

（2）单元体内两个截面外法线的夹角 α，对应于应力圆上相应两点间所夹的圆心角为 2α。

（3）单元体内相互垂直截面上的应力分量，对应着应力圆上直径两端点的坐标（即所夹圆心角为 180°）。

这些对应关系可以概括为："点面对应，转向相同，转角二倍"。

四、利用应力圆求主应力的数值和确定主平面的方位

应力圆上的 A_1 和 B_1 两点横坐标为最大值或最小值，而纵坐标都为零。故这两点的横坐标值即代表主平面上的主应力。

即

$$\sigma_1=\overline{OA_1}=\overline{OC}+\overline{CA_1}=\overline{OC}+\overline{CD}$$

$$=\frac{\sigma_x+\sigma_y}{2}+\sqrt{\left(\frac{\sigma_x-\sigma_y}{2}\right)^2+\tau_{xy}{}^2}$$

$$\sigma_2=\overline{OB_1}=\overline{OC}-\overline{CB_1}=\overline{OC}-\overline{CD}$$

$$=\frac{\sigma_x+\sigma_y}{2}-\sqrt{\left(\frac{\sigma_x-\sigma_y}{2}\right)^2+\tau_{xy}{}^2}$$

这里得到与式（9－7）相同的结果。至于主平面的方位角 α_0，也可从应力圆中得出。在图 9－12（b）中，由 D 点（代表法线为 x 轴的平面上的应力）到代表主应力 σ_1 的 A_1 点所对的圆心角为顺时针转过 $2\alpha_0$，那么在单元体中按同样转向，从 x 轴量取 α_0 角度，就确定了 σ_1 所在主平面的法线方向［见图 9－12（c）］。由于应力圆上 A_1 点到 B_1 点所对圆心角为 180°，所以在单元体内，σ_1 与 σ_2 所在的主平面法线间的夹角为 90°。在图 9－12（c）上，从 x 轴到 σ_1 作用面法线的转角 α_0 为顺时针方向，按照 α 角的符号规定，α_0 为负，因而 $\tan2\alpha_0$ 应取负值。从图 9－12（b）可以看出

$$\tan2\alpha_0=-\frac{\overline{AD}}{\overline{CA}}=-\frac{\tau_{xy}}{(\sigma_x-\sigma_y)/2}=-\frac{2\tau_{xy}}{\sigma_x-\sigma_y}$$

上式与式（9－5）所得结果相同。

五、利用应力圆求最大切应力及其作用面

从图 9－12（b）还可以看出，应力圆上还存在另外两个极值点 G_1 和 G_2，它们的纵坐标分别代表单元体中的最大切应力和最小切应力，即

$$\tau_{max}=\overline{CG_1}=\overline{CD}=\sqrt{\left(\frac{\sigma_x-\sigma_y}{2}\right)^2+\tau_{xy}{}^2}$$

$$\tau_{min} = \overline{CG_2} = -\left|\overline{CD}\right| = -\sqrt{\left(\frac{\sigma_x - \sigma_y}{2}\right)^2 + \tau_{xy}^2}$$

它与式（9-11）是一样的。因为 τ_{max} 和 τ_{min} 的绝对值都等于应力圆的半径，故有

$$\left.\begin{matrix}\tau_{max}\\ \tau_{min}\end{matrix}\right\} = \pm\frac{\sigma_1 - \sigma_2}{2} \tag{9-15}$$

由于点 G_1 和点 G_2 分别位于应力圆上同一直径的两端，所以 τ_{max} 与 τ_{min} 所在截面互相垂直。另外，在应力圆上由点 A_1 到点 G_1 所对的圆心角为逆时针转 90°，故在单元体中，从主平面法向逆时针转 45°即为 τ_{max} 所在平面的法向；顺时针转 45°则为 τ_{min} 所在平面的法向。

在图 9-12（b）中，还可以看出，G_1 点和 G_2 点的横坐标相同，这说明最大切应力和最小切应力所在平面上的正应力相同，其值都等于（$\sigma_x + \sigma_y$）/2。

【例 9-3】　图 9-13（a）所示单元体中，$\sigma_x = -70$MPa，$\sigma_y = 0$，$\tau_{xy} = 50$MPa，$\tau_{yx} = -50$MPa，试用图解法求其主应力及主平面方位。

解： 在 $\sigma-\tau$ 坐标系内，按选定的比例尺，由（−70，50）和（0，−50）分别确定出 D 点和 D′点，此时 D′点就在 τ 轴上［见图 9-13（b）］，以 $\overline{DD'}$ 与横轴交点 C 为圆心，以

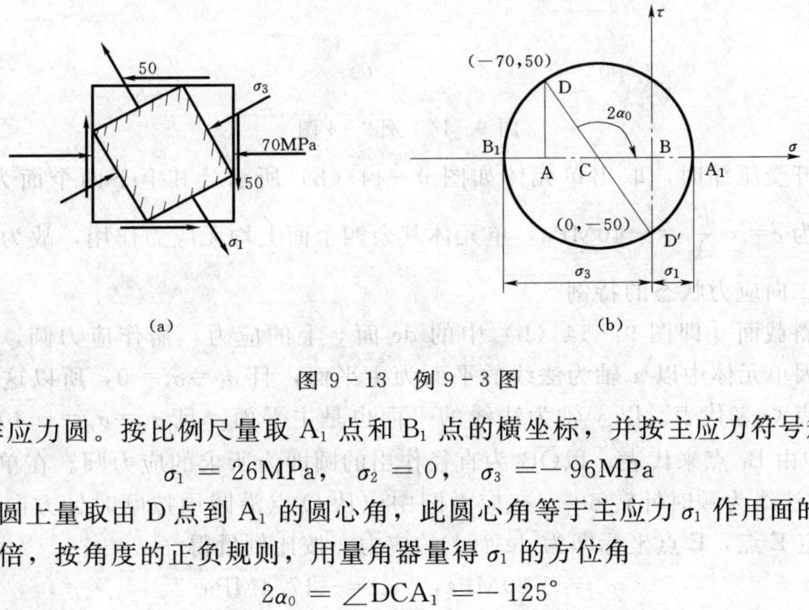

图 9-13　例 9-3 图

$\overline{CD}$ 为半径作应力圆。按比例尺量取 A_1 点和 B_1 点的横坐标，并按主应力符号规定，得到

$$\sigma_1 = 26\text{MPa},\quad \sigma_2 = 0,\quad \sigma_3 = -96\text{MPa}$$

在应力圆上量取由 D 点到 A_1 的圆心角，此圆心角等于主应力 σ_1 作用面的外法线到 x 轴夹角的两倍，按角度的正负规则，用量角器量得 σ_1 的方位角

$$2\alpha_0 = \angle DCA_1 = -125°$$

所以

$$\alpha_0 = -62.5°$$

最后将主应力及其作用面位置表示在单元体中，如图 9-13（a）所示。

从上面的作图和量测可以知道，图解法精度明显低于解析法，但由它判别单元体中主平面的方位，却十分方便。

为了提高图解法的精度，可用应力圆的几何关系进行计算。例如求主应力和主平面方位时，由图 9-13（b）可得

$$\tan 2\alpha_0 = \left|\frac{\overline{DA}}{\overline{AC}}\right| = \left|\frac{-\tau_{xy}}{(\sigma_x - \sigma_y)/2}\right| = \left|\frac{-50}{-35}\right| = 1.4286$$

由图可知

$$2\alpha_0 = -124.99°,\quad \alpha_0 = -62.5°$$

$$\sigma_1 = \sigma_{max} = -\overline{CA} + \overline{CA_1} = -35 + \sqrt{35^2 + 50^2} = 26.03(MPa)$$

$$\sigma_3 = \sigma_{min} = -\overline{CA} - \overline{CA_1} = -35 - \sqrt{35^2 + 50^2} = -96.03(MPa)$$

【例 9-4】 如图 9-14（a）所示的等直杆，受轴向压力 $F_P = 40kN$ 作用，横截面面积 $A_1 = 10cm^2$，试用图解法求与 y 正方向成 150°角为法线方向的斜截面上的应力，并求其最大切应力作用面上的应力情况。

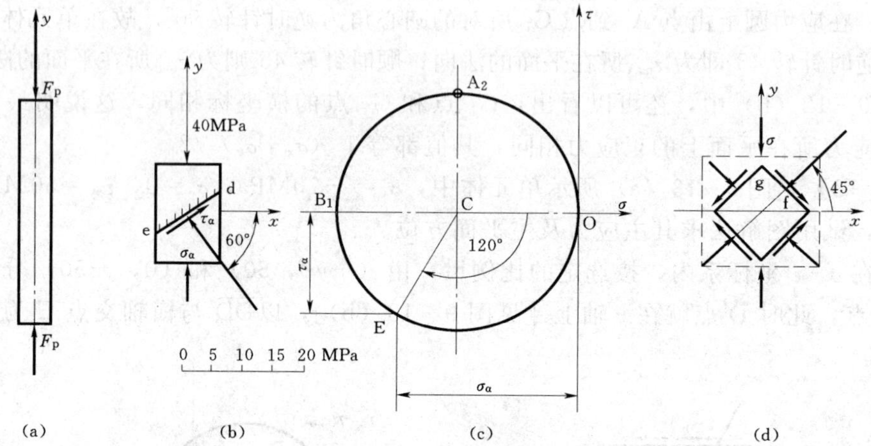

图 9-14　例 9-4 图

解：直杆受压缩时，取出单元体如图 9-14（b）所示，其上下两个面为杆横截面，所受压应力为 $\sigma = -\dfrac{F_P}{A_1} = -40MPa$，单元体其余四个面上均无应力作用，故为单向应力状态，可视为二向应力状态的特例。

欲求其斜截面［即图 9-14（b）中的 de 面］上的应力，需作应力圆，如图 9-14（c）所示。因单元体中以 x 轴为法线的平面为主平面，且 $\sigma_1 = \sigma_x = 0$，所以这个主平面上的应力由原点 O 来代表。以 y 轴为法线的平面也是主平面，且 $\sigma_3 = \sigma_y = -40MPa$，在图 9-14（c）中由 B_1 点来代表。以 $\overline{OB_1}$ 为直径作出的圆即为所求的应力圆。在单元体中由 x 轴到 de 面的法线为顺时针转 60°，在应力圆中应从 O 点沿圆周按顺时针方向量取圆心角 120°，以确定 E 点，E 点坐标即为 de 面上的应力。按比例量得

$$\sigma_\alpha = -30MPa, \quad \tau_\alpha = -17.4MPa$$

再来求最大切应力 τ_{max} 作用面上的应力。从应力圆中可知，A_2 点切应力最大。半径 $\overline{CO}$ 转到 $\overline{CA_2}$ 为逆时针转 90°，所以在单元体中，由 x 轴逆时针转 45°便可得与 A_2 点对应的 gf 截面的外法线［见图 9-14（d）］，gf 面即为 τ_{max} 作用面，其上的应力情况对应着应力圆上 A_2 点的坐标，按比例量出

$$\sigma_{45^\circ} = -20MPa$$

$$\tau_{45^\circ} = \tau_{max} = 20MPa$$

最大和最小切应力作用面上的应力情况如图 9-14（d）所示。

【例 9-5】 在过 A 点的两个截面上，应力如图 9-15（a）所示，试用图解法确定该点的应力状态及主应力大小和主平面方位。

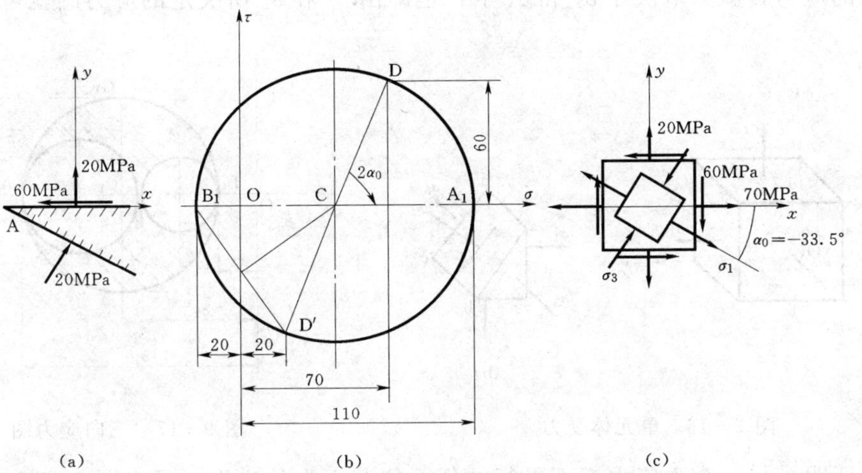

图 9-15　例 9-5 图

解： 取 x、y 坐标如图 9-15（a）所示，这时有 $\sigma_y=20\text{MPa}$，$\tau_{yx}=-60\text{MPa}$，而另一个截面则为斜截面，在此斜截面上 $\sigma_\alpha=-20\text{MPa}$，$\tau_\alpha=0$，所以这个斜截面为主平面之一，此 σ_α 为主应力。

在 $\sigma-\tau$ 坐标系上，由 $\sigma_y=20\text{MPa}$，$\tau_{yx}=-60\text{MPa}$ 按比例尺确定出 D′点，再由 $\sigma_\alpha=-20\text{MPa}$，$\tau_\alpha=0$ 确定出 B_1 点。由于 D′点和 B_1 点都在圆周上，故可作 $\overline{D'B_1}$ 的垂直平分线，交横轴于 C 点，以 C 为圆心，$\overline{CD'}$ 为半径作圆，即为应力圆，如图 9-15（b）所示。

延长 $\overline{D'C}$ 至与圆相交于 D，则 D 点的坐标表示法线为 x 的面上的应力，按比例尺量得

$$\sigma_x = 70\text{MPa},\quad \tau_{xy} = 60\text{MPa}$$

于是可完全确定出 A 点的应力状态，如图 9-15（c）所示。

应力圆上的 A_1 点和 B_1 点的横坐标即为主应力值，其另一个主应力为零，即

$$\sigma_1 = 110\text{MPa},\quad \sigma_2 = 0,\quad \sigma_3 = -20\text{MPa}$$

用量角器在图 9-15（b）上量得 $\angle DCA_1=2\alpha_0=-67°$，所以 $\alpha_0=-33.5°$，即从单元体上［见图 9-15（c）］的 x 轴顺时针转过 33.5°即为 σ_1 作用面的法向，表示在图 9-15（c）中。

第五节　三向应力状态简介

一、三向应力圆

图解法也可以用来进行三向应力状态的应力分析。对于图 9-16（a）所示的与 σ_3 平行的斜截面上的应力，取图 9-16（b）为研究对象，由于主应力 σ_3 所在两平面上的力是一对平衡的力，所以此斜截面上的 σ_α 和 τ_α 都与 σ_3 无关，而只取决于 σ_1 和 σ_2，即可由 σ_1 和 σ_2 所决定的应力圆来确定（见图 9-17）。同理，与 σ_2 平行的斜截面上的应力，则与 σ_2 无关，而只取决于 σ_1 和 σ_3，即可由 σ_1 和 σ_3 所决定的应力圆就可以确定。而与 σ_1 平行的

斜截面上的应力，就只取决于 σ_2 和 σ_3 了，也即由 σ_2 和 σ_3 所决定的应力圆就可以确定。

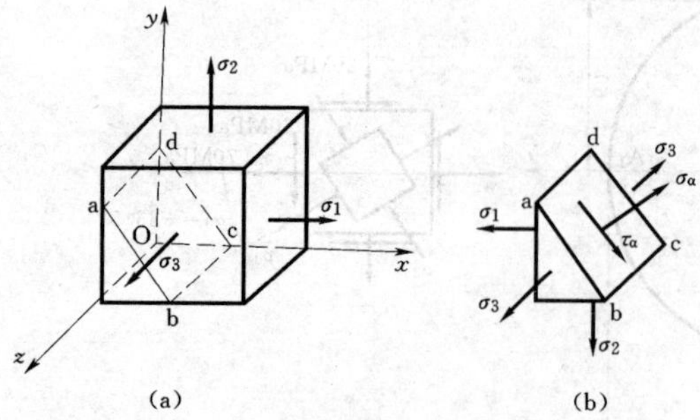

图 9-16　单元体受力

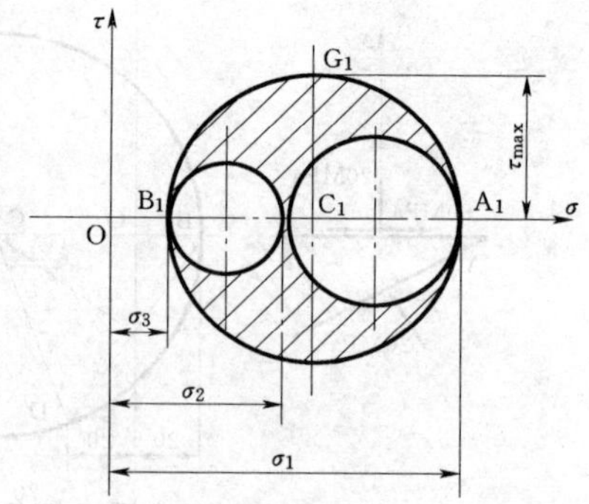

图 9-17　三向应力图

可以证明，与三个主应力都不平行的任意斜截面上的应力，可由图 9-17 中阴影区域内的一点来表示，不在此详述。

二、最大应力分析

综上所述，在 $\sigma-\tau$ 坐标系内，代表任意斜截面的应力的点位于图 9-17 所示的三个应力圆周上或这三个应力圆所构成的阴影区域内。显然这些点的横坐标以 A_1 点最大，B_1 点最小；而纵坐标则以 G_1 点最大。所以，在三向应力状态下，最大和最小正应力分别为最大和最小主应力，即

$$\sigma_{max}=\sigma_1,\quad \sigma_{min}=\sigma_3$$

而最大切应力则为

$$\tau_{max}=\frac{\sigma_1-\sigma_3}{2} \tag{9-16}$$

并且位于与 σ_1 和 σ_3 皆成 45°的截面上。

由于二向应力状态可看作是三向应力状态的特例，即有一个主应力为零的情形，所以在讨论其 σ_{max}、σ_{min} 和 τ_{max} 时，必须要考虑到为零的那个主应力，否则将得到错误结果。例如，当 $\sigma_1>\sigma_2>0$，$\sigma_3=0$ 时，按式（9-16）计算得

$$\tau_{max}=\frac{\sigma_1}{2}$$

而按式（9-15）计算

$$\tau_{max}=\frac{\sigma_1-\sigma_2}{2}$$

显然，前者计算结果大于后者。这是因为后者只是考虑了平行于 σ_3 的各平面，这类平面中切应力最大值是$\frac{\sigma_1-\sigma_2}{2}$，如果再考虑到平行于 σ_2 的那些平面，就得到用式（9-16）所计算的正确结果了。

【例 9-6】　试绘出图 9-18（a）所示单元体的三向应力圆，并求出三个主应力及最大切应力。

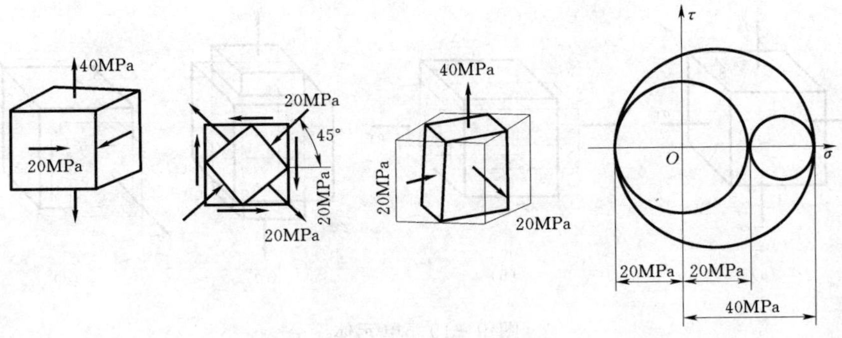

(a)　(b)　(c)　(d)

图 9-18　例 9-6 图

解：由于该单元体上、下两个面上的切应力为零，所以这两个面是主平面，其上的正应力 $\sigma_1=40\text{MPa}$ 就是一个主应力，其余四个侧面上有切应力。当不考虑上、下面上的正应力时，可求出这四个面上的应力状态的主应力及作用面方向，暂设这主应力为 σ_2 和 σ_3，有

$$\left.\begin{matrix}\sigma_2\\ \sigma_3\end{matrix}\right\}=\frac{0+0}{2}\pm\sqrt{\left(\frac{0-0}{2}\right)^2+(20)^2}=\pm 20(\text{MPa})$$

$$\tan 2\alpha_0=\frac{-2\times 20}{0-0}=-\infty$$

$$2\alpha_0=-90°,\quad \alpha_0=-45°$$

式中，σ_2、σ_3 的值及其作用面方向如图 9-18（b）所示。

于是可以确定，该单元体的三个主应力分别为

$$\sigma_1=40\text{MPa},\quad \sigma_2=20\text{MPa},\quad \sigma_3=-20\text{MPa}$$

其主平面画在图 9-18（c）中。

按所确定的三个主应力，画出三向应力圆如图 9-18（d）所示。

最大切应力 $\tau_{\max}$ 为

$$\tau_{\max}=\frac{1}{2}(\sigma_1-\sigma_3)=\frac{1}{2}[40-(-20)]=30(\text{MPa})$$

第六节　广义胡克定律

设从受力物体某点处取出主单元体如图 9-19（a）所示，其主应力为 σ_1、σ_2 和 σ_3，沿三个主应力方向的主应变为 ε_1、ε_2 和 ε_3。由第二章可知由 σ_1 引起的沿 σ_1 方向的主应变为

$$\varepsilon_1'=\frac{\sigma_1}{E}$$

而由 σ_2、σ_3 引起的 σ_1 方向的主应变分别为

$$\varepsilon''=-\mu\frac{\sigma_2}{E}\ \text{和}\ \varepsilon_1'''=-\mu\frac{\sigma_3}{E}$$

于是，根据叠加原理得 σ_1 方向上的总应变为

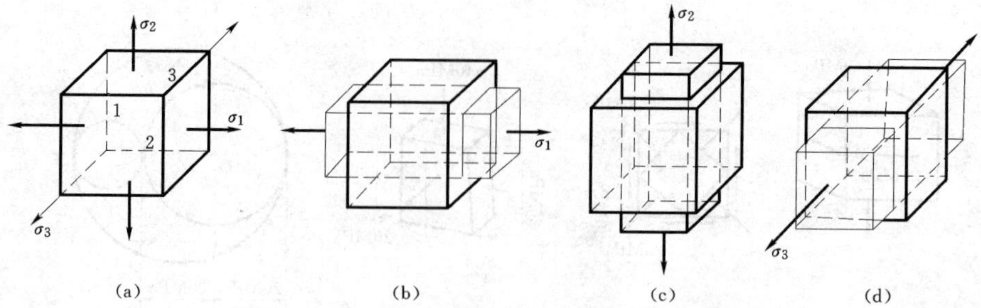

图 9-19　单元体

$$\varepsilon_1 = \varepsilon_1' + \varepsilon_1'' + \varepsilon_1'''$$

依次类推，就得出表明主应力和主应变间关系的广义胡克定律（Generalization Hooke law）

$$\begin{cases} \varepsilon_1 = \dfrac{1}{E}[\sigma_1 - \mu(\sigma_2 + \sigma_3)] \\ \varepsilon_2 = \dfrac{1}{E}[\sigma_2 - \mu(\sigma_3 + \sigma_1)] \\ \varepsilon_3 = \dfrac{1}{E}[\sigma_3 - \mu(\sigma_1 + \sigma_2)] \end{cases} \tag{9-17}$$

如果从受力物体某点处取出的不是主单元体，而是一般的既有正应力又有切应力的单元体，那么描述该单元体的应力状态需要有 9 个应力分量（见图 9-2），由切应力互等定理可知，$\tau_{xy}=\tau_{yx}$、$\tau_{yz}=\tau_{zy}$、$\tau_{zx}=\tau_{xz}$。这样，9 个应力分量中只有 6 个是独立的。这种最一般的应力状态，可以看作是三组单向应力状态和三组纯剪切应力状态的组合。对于各向同性材料，在小变形和线弹性范围内，线应变只与正应力有关，而与切应力无关；切应变只与切应力有关，而与正应力无关。这样，仍利用叠加原理可得到广义胡克定律的另一种形式

$$\begin{cases} \varepsilon_x = \dfrac{1}{E}[\sigma_x - \mu(\sigma_y + \sigma_z)] \\ \varepsilon_y = \dfrac{1}{E}[\sigma_y - \mu(\sigma_z + \sigma_x)] \\ \varepsilon_z = \dfrac{1}{E}[\sigma_z - \mu(\sigma_x + \sigma_y)] \end{cases} \tag{9-18}$$

至于切应变和切应力之间，和纯剪切时一样，也是呈线形关系，即服从剪切胡克定律。这样，在 xOy、yOz、zOx 三个面内的切应变 γ_{xy}、γ_{yz}、γ_{zx} 可表示为

$$\begin{cases} \gamma_{xy} = \dfrac{\tau_{xy}}{G} \\ \gamma_{yz} = \dfrac{\tau_{yz}}{G} \\ \gamma_{zx} = \dfrac{\tau_{zx}}{G} \end{cases} \tag{9-19}$$

这里 G 为材料剪切弹性模量。

式（9-17）～式（9-19）是不同形式的广义虎克定律。

广义胡克定律给出了线应变 ε 和切应变 γ 与应力分量间的线性关系。既然单元体的各

棱边有伸长或缩短，那么单元体的体积也将发生变化。设图 9-20 中单元体的三棱边长分别为 a、b、c，且其周围六个面都是主平面。变形前，该单元体体积为

$$V = abc$$

变形后，它的三个棱边分别变为

$$a + \Delta a = a(1 + \varepsilon_1)$$

$$b + \Delta b = b(1 + \varepsilon_2)$$

$$c + \Delta c = c(1 + \varepsilon_3)$$

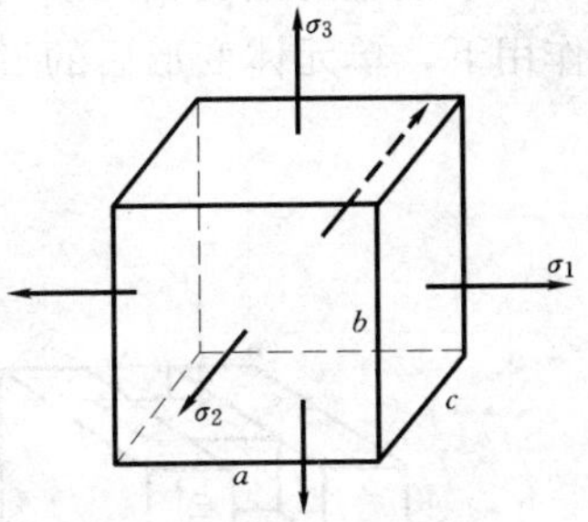

图 9-20 单元体

所以它的体积变为

$$\begin{aligned} V_1 &= (a + \Delta a)(b + \Delta b)(c + \Delta c) \\ &= abc(1 + \varepsilon_1)(1 + \varepsilon_2)(1 + \varepsilon_3) \\ &= abc(1 + \varepsilon_1 + \varepsilon_2 + \varepsilon_3 + \varepsilon_1\varepsilon_2 + \varepsilon_2\varepsilon_3 + \varepsilon_{3\varepsilon 1} + \varepsilon_1\varepsilon_2\varepsilon_3) \end{aligned}$$

略去高阶微量，得

$$V_1 = abc(1 + \varepsilon_1 + \varepsilon_2 + \varepsilon_3)$$

故单位体积的改变量为

$$\varepsilon_V = \frac{V_1 - V}{V} = \varepsilon_1 + \varepsilon_2 + \varepsilon_3$$

ε_V 也称为体积应变。将式（9-17）代入上式，得

$$\varepsilon_V = \varepsilon_1 + \varepsilon_2 + \varepsilon_3 = \frac{1 - 2\mu}{E}(\sigma_1 + \sigma_2 + \sigma_3) \tag{9-20}$$

式（9-20）还可写成如下形式

$$\varepsilon_V = \frac{3(1 - 2\mu)}{E}\frac{\sigma_1 + \sigma_2 + \sigma_3}{3} = \frac{\bar{\sigma}}{E_V} \tag{9-21}$$

这里
$$\bar{\sigma} = \frac{1}{3}(\sigma_1 + \sigma_2 + \sigma_3)$$

$$E_V = \frac{E}{3(1 - 2\mu)}$$

$\bar{\sigma}$ 是三个主应力的平均值，称为平均主应力，E_V 称为体积弹性模量。式（9-21）表明，任意一点处的体积应变 ε_V 与该点处的三个主应力之和成正比，而与各个主应力间的比值无关。由此可知，若设想一单元体承受三向等值应力，即它的三个主应力相等，都等于图 9-20 所示单元体三个主应力的平均值 $\bar{\sigma} = \frac{\sigma_1 + \sigma_2 + \sigma_3}{3}$，那么这个单元体的体积应变为

$$\varepsilon_V = \frac{1 - 2\mu}{E}(\bar{\sigma} + \bar{\sigma} + \bar{\sigma}) = \frac{3(1 - 2\mu)}{E}\bar{\sigma} = \frac{\bar{\sigma}}{E_V}$$

显然，这个单元体与图 9-20 所示单元体的体积应变 ε_V 是相同的。另外，将这个承受三向等值应力的单元体用式（9-17）求出主应变，可得

$$\varepsilon_1 = \varepsilon_2 = \varepsilon_3 = \frac{1}{E}[\bar{\sigma} - \mu(\bar{\sigma} + \bar{\sigma})] = \frac{1 - 2\mu}{E}\bar{\sigma}$$

它说明该单元体的三个主应变完全相同。因此，若变形前该单元体的三个棱边成某种比例，

由于三个棱边的应变相同，则变形后的三个棱边的长度仍保持这种比例。所以在三向等值应力作用下，单元体变形后的形状与变形前的形状相似，称这样的单元体是形状不变的。

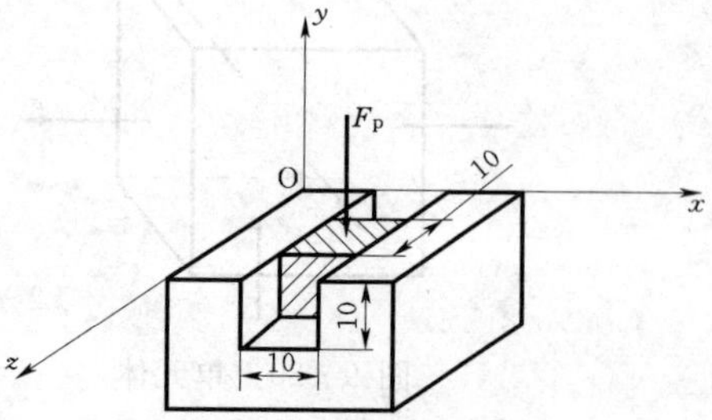

图 9-21　例 9-7 图

【例 9-7】　如图 9-21 所示在一体积较大的钢块上开一个贯穿的槽，其宽度和深度都是 10mm。在槽内紧密无隙地嵌入一铝质立方体，其尺寸为 10mm×10mm×10mm。铝的泊松比 $\mu=0.3$，铝块受到 $F_p=6$kN 的压力作用。设钢块不变形，试求铝块的三个主应力大小。

解： 铝质立方体内垂直于 y 轴的截面上的应力为

$$\sigma_3=-\frac{F_p}{A}=-\frac{6\times10^3}{(10\times10^{-3})^2}=-60(\text{MPa})$$

在 F 作用下，铝块将产生横向膨胀。由于 z 方向不受约束，所以 z 方向上的主应力为零，即

$$\sigma_1=0$$

因为钢块不变形，所以在 x 方向上的应变为零，即

$$\varepsilon_2=0$$

将 σ_3、σ_1 和 ε_2 代入式（9-17）中，得

$$0=\frac{1}{E}[\sigma_2-\mu(\sigma_3+0)]$$

即

$$\sigma_2=\mu\sigma_3=0.3\times(-60)=-18(\text{MPa})$$

所以，铝块的三个主应力是

$$\sigma_1=0,\quad \sigma_2=-18\text{MPa},\quad \sigma_3=-60\text{MPa}$$

第七节　复杂应力状态下的变形比能

直杆在拉伸压缩时，作用于杆上的拉力 F_{p1} 因位移 $d(\Delta l_1)$ 而作功，且所作的功为

$$dW=F_{p1}d(\Delta l_1)$$

在图 9-22（b）中，dW 等于画阴影线部分的微面积，将拉力 F_p 看作是一系列 dF_{p1} 的累积，则 F_p 所作的总功 W 应为上述微面积的总和。在弹性范围内，F_p 与 Δl 呈线性关系，故 W 为斜直线下面的面积，即

$$W=\frac{1}{2}F_p\Delta l$$

由功能原理，拉力 F_p 所作的功应等于直杆储存的变形能，故有

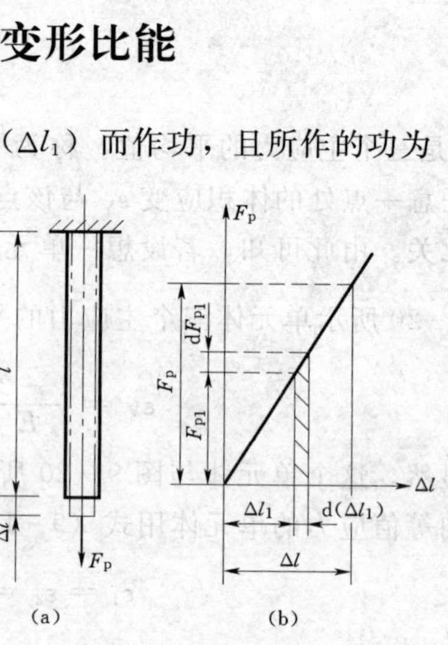

图 9-22　拉压杆

$$V_\varepsilon = W = \frac{1}{2}F_p \Delta l$$

按胡克定律，$\Delta l = \dfrac{F_p l}{EA}$，所以

$$V_\varepsilon = \frac{1}{2}F_p \Delta l = \frac{F_p^2 l}{2EA}$$

定义变形体单位体积内储存的变形能为比能，用 υ 表示，则

$$\upsilon = \frac{V_\varepsilon}{V} = \frac{F_p \Delta l}{2Al} = \frac{1}{2}\sigma\varepsilon \tag{9-22}$$

考虑到胡克定律 $\sigma = E\varepsilon$，式（9－22）又可写成

$$\upsilon = \frac{1}{2}\sigma\varepsilon = \frac{\sigma^2}{2E} = \frac{E}{2}\varepsilon^2$$

同理，对于纯切应力状态，变形比能为

$$\upsilon = \frac{1}{2}\tau\gamma = \frac{\tau^2}{2G} = \frac{G}{2}\gamma^2 \tag{a}$$

这里 G 为材料的剪切弹性模量。

在三向应力状态下，弹性体的变形能仍应等于外力在变形过程中所作的功。在图 9－23（a）中，设沿单元体三个主应力 σ_1、σ_2 和 σ_3 方向的主应变分别是 ε_1、ε_2 和 ε_3，单元体三个棱边长度分别是 dx、dy 和 dz。假定三个主应力由零按同一比例增加到最终值，则主应变也将成比例增长。单元体左、右侧面上的力 $\sigma_1 dydz$ 在相应伸长 $\varepsilon_1 dx$ 上所作的功为

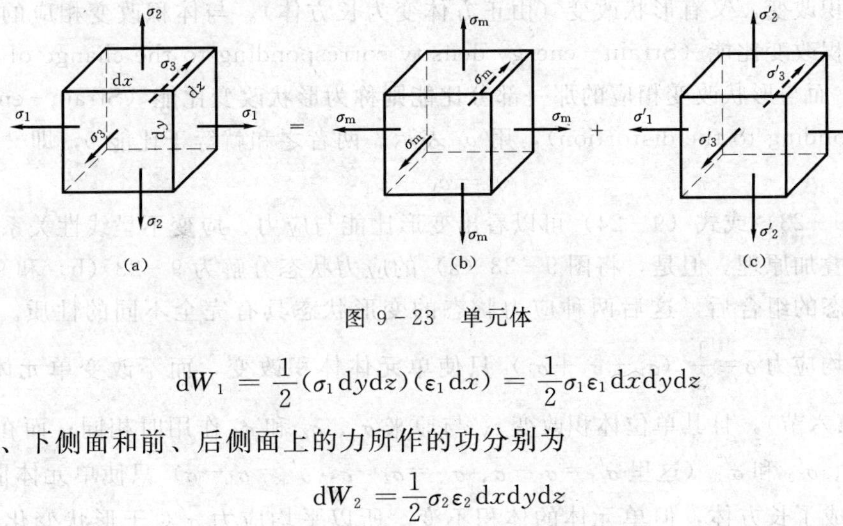

图 9－23　单元体

$$dW_1 = \frac{1}{2}(\sigma_1 dydz)(\varepsilon_1 dx) = \frac{1}{2}\sigma_1\varepsilon_1 dxdydz$$

同理，上、下侧面和前、后侧面上的力所作的功分别为

$$dW_2 = \frac{1}{2}\sigma_2\varepsilon_2 dxdydz$$

$$dW_3 = \frac{1}{2}\sigma_3\varepsilon_3 dxdydz$$

这三部分之和即为三向应力状态下单元体所储存的变形能

$$\begin{aligned} dV_\varepsilon = dW &= dW_1 + dW_2 + dW_3 \\ &= \frac{1}{2}(\sigma_1\varepsilon_1 + \sigma_2\varepsilon_2 + \sigma_3\varepsilon_3)dxdydz \end{aligned}$$

将它除以单元体体积 $dxdydz$，即得单元体的变形比能

$$\upsilon=\frac{1}{2}(\sigma_1\varepsilon_1+\sigma_2\varepsilon_2+\sigma_3\varepsilon_3) \tag{9-23}$$

将式（9-17）中的 ε_1、ε_2 和 ε_3 代入式（9-23），经化简后，得

$$\upsilon=\frac{1}{2E}[\sigma_1^2+\sigma_2^2+\sigma_3^2-2\mu(\sigma_1\sigma_2+\sigma_2\sigma_3+\sigma_3\sigma_1)] \tag{9-24}$$

把纯剪切应力状态下的主应力（$\sigma_1=\tau$，$\sigma_2=0$，$\sigma_3=-\tau$）代入式（9-24），即求得纯剪切应力状态下的变形比能

$$\upsilon=\frac{1+\mu}{E}\tau^2 \tag{b}$$

将式（b）与式（a）相比较，得

$$\frac{1}{2G}=\frac{1+\mu}{E}$$

或

$$G=\frac{E}{2(1+\mu)} \tag{9-25}$$

该式说明各向同性材料在弹性范围内三个弹性常数 E、μ、G 之间的关系。其中只有两个量是独立的。

一般情况下，图 9-23（a）中的单元体（设为正立方体）上三个主应力是不相等的，设为 σ_1、σ_2 和 σ_3，相应的主应变为 ε_1、ε_2 和 ε_3，单位体积的改变为 ε_V。由于三个主应变不相等，该单元体的三个棱边变形就不相同，它将由正立方体变为长方体。所以单元体的变形既有体积改变，又有形状改变（由正方体变为长方体）。与体积改变相应的那一部分比能称为体积改变比能（Strain - energy density corresponding to the change of volume），用 υ_V 表示；而与形状改变相应的那一部分比能则称为形状改变比能（Strain - energy density corresponding to the distortion），用 υ_d 表示。两者之和就等于比能 υ，即

$$\upsilon=\upsilon_V+\upsilon_d$$

从式（9-23）或式（9-24）可以看出变形比能与应力、应变不呈线性关系，即变形比能不符合叠加原理。但是，将图 9-23（a）的应力状态分解为 9-23（b）和 9-23（c）两种应力状态的组合后，这后两种应力状态的变形状态具有完全不同的性质。图 9-23（b）中，平均应力 $\bar{\sigma}=\frac{1}{3}(\sigma_1+\sigma_2+\sigma_3)$ 只使单元体体积改变，而不改变单元体的形状，（见第九章第六节），且其单位体积改变 ε_V 与原来 σ_1、σ_2 和 σ_3 作用时相同；而在图 9-23（c）中，σ'_1、σ'_2 和 σ'_3（这里 $\sigma'_1=\sigma_1-\bar{\sigma}$、$\sigma'_2=\sigma_2-\bar{\sigma}$，$\sigma'_3=\sigma_3-\bar{\sigma}$）只使单元体形状改变，由正方体变成了长方体，但单元体的体积不变。所以平均应力 $\bar{\sigma}$ 对于形状变化应力状态［见图 9-23（c）］的变形不作功，而 σ'_1、σ'_2 和 σ'_3 对体积变化应力状态［见图 9-23（b）］的变形也不作功，故在此处 $\upsilon=\upsilon_V+\upsilon_d$ 是成立的。

对于图 9-23（b），将 $\bar{\sigma}$ 代替式（9-24）中的 σ_1、σ_2 和 σ_3，得

$$\upsilon_V=\frac{3(1-2\mu)}{2E}\bar{\sigma}^2=\frac{1-2\mu}{6E}(\sigma_1+\sigma_2+\sigma_3)^2 \tag{9-26}$$

对于图 9-23（c），将 σ'_1、σ'_2 和 σ'_3 代替式（9-24）中的 σ_1、σ_2 和 σ_3，得

$$v_d = \frac{1}{2E}[(\sigma_1 - \bar{\sigma})^2 + (\sigma_2 - \bar{\sigma})^2 + (\sigma_3 - \bar{\sigma})^2 - 2\mu(\sigma_1 - \bar{\sigma})(\sigma_2 - \bar{\sigma}) - 2\mu(\sigma_2 - \bar{\sigma})(\sigma_3 - \bar{\sigma}) - 2\mu(\sigma_3 - \bar{\sigma})(\sigma_1 - \bar{\sigma})]$$

考虑到

$$\begin{cases} \sigma_1 - \bar{\sigma} = \dfrac{1}{3}(2\sigma_1 - \sigma_2 - \sigma_3) \\ \sigma_2 - \bar{\sigma} = \dfrac{1}{3}(2\sigma_2 - \sigma_3 - \sigma_1) \\ \sigma_3 - \bar{\sigma} = \dfrac{1}{3}(2\sigma_3 - \sigma_1 - \sigma_2) \end{cases}$$

于是有

$$v_d = \frac{1+\mu}{6E}[(\sigma_1 - \sigma_2)^2 + (\sigma_2 - \sigma_3)^2 + (\sigma_3 - \sigma_1)^2] \tag{9-27}$$

第八节　四个常用的强度理论

运用应力状态理论分析构件基本变形的强度问题时，危险点可能处于单向应力状态：$\sigma_1=\sigma$、$\sigma_2=\sigma_3=0$（或 $\sigma_1=\sigma_2=0$、$\sigma_3=-\sigma$）；或者是纯剪切应力状态：$\sigma_1=\tau$、$\sigma_2=0$、$\sigma_3=-\tau$。对于这两种应力状态，三个主应力之间的关系简单，且只有一个因数控制材料或构件破坏的演变过程，因而可以不分析破坏的真正原因，直接将此演变的控制因数（危险点处的应力 σ 或 τ）和材料破坏试验结果进行比较，即可建立强度条件。实践证明，用这些强度条件解决工程问题是可行的。当构件发生非基本变形时，危险点有可能处于复杂应力状态，三个主应力 σ_1、σ_2、σ_3 均不为零，此时既不能对每个主应力单独建立强度条件，也不能将三个主应力间的某种比值试验结果推广到一般，因为这两种作法都会导致错误的结果。经过分析破坏的原因，提出关于材料发生破坏起决定因素的假说。该假说经实验研究及工程实践检验证实是正确的，即可上升为学说。关于材料破坏原因的学说称为强度理论。

实际上，尽管材料破坏的现象各不相同，但破坏的形式主要有两种类型——塑性屈服和脆性断裂。

研究表明，材料的破坏形式首先和材料的性质有关，塑性材料多发生塑性屈服，脆性材料多发生脆性断裂。如低碳钢试件的拉伸实验，首先发生的是塑性屈服，并出现与轴线约成45°的滑移线。再如铸铁试件的拉伸实验，在几乎没有任何变形的情况下就发生了脆性断裂。

研究还表明，材料的破坏形式除与材料性质有关外，还与应力状态有关。如铸铁试件的压缩试验，沿与轴线约成45°的斜截面上破坏时，有明显的塑性变形，并且是剪切破坏。而低碳钢试件拉伸实验，颈缩后的断口周边可见明显的剪切唇，而断面心部的断口粗糙，是典型的脆性断裂，这是由于颈缩凹槽使断口心部处于三向拉伸应力状态所致。很多试验研究都表明，在三向拉伸应力状态下，即使是塑性材料也会发生脆性断裂，而在三向压缩应力状态下，即使是脆性材料，也会表现出一定的塑性。

由于材料的破坏形式主要有两大类，因而强度理论也分为两类——关于脆性断裂的强度理论和关于塑性屈服的强度理论。下面介绍四个常用的强度理论。

一、最大拉应力理论（Maximum - tensile - stress theory）（第一强度理论）

这一理论是人们根据早期使用的脆性材料（石、砖和铸铁等）易于拉断而提出的。

这一强度理论认为：材料发生脆性断裂破坏的决定因素是最大拉应力，无论什么应力状态，当最大拉应力 σ_1 达到该材料单向拉伸应力极限值 σ_b 时，材料就会发生脆性断裂破坏。于是，这一理论建立的破坏条件是

$$\sigma_1 = \sigma_b$$

引入安全系数 n，相应的强度条件是

$$\sigma_1 \leqslant [\sigma] = \sigma_b / n \tag{9-28}$$

二、最大伸长线应变理论（Maximum - tensile thread strain）（第二强度理论）

该理论认为：造成材料发生脆性断裂破坏的原因是最大伸长线应变 ε_{max}，无论什么应力状态，当这一应变达到该材料单向拉伸应变极限值 ε_b 时，材料就发生脆性断裂破坏。对各向同性材料，可以证明最大伸长线应变 ε_{max} 就是发生在第一主应力方向上的应变 ε_1，因脆性断裂前材料始终近似服从胡克定律，亦即 $\varepsilon_1 = [\sigma_1 - \mu(\sigma_2 + \sigma_3)]/E$。由此理论建立的破坏条件是

$$\varepsilon_1 = \frac{1}{E}[\sigma_1 - \mu(\sigma_2 + \sigma_3)] = \sigma_b / E$$

引入安全系数 n，相应的强度条件是

$$\sigma_1 - \mu(\sigma_2 + \sigma_3) \leqslant [\sigma] = \sigma_b / n \tag{9-29}$$

第一强度理论和第二强度理论都是关于材料脆性断裂破坏的理论，脆性材料断裂破坏试验的结果与第一理论符合得更好一些，且形式比较简单，因而，目前对材料的脆性断裂破坏，多使用第一强度理论。与第一强度理论相比，第二强度理论补充考虑了主应力 σ_2、σ_3 对破坏的影响，也有其独到之处。

三、最大切应力理论（Maximum - shearing - stress theory）（第三强度理论）

19 世纪下半叶以来，钢材一类的塑性材料被广泛使用。人们发现碳钢的流动与最大切应力有关，例如直杆拉伸时在与杆轴线成 45°角的方向上出现滑移线，该方向就是最大切应力方向。

该理论认为：造成材料塑性屈服的原因是最大切应力 τ_{max}，即无论什么应力状态，当最大切应力达到该材料单向拉伸屈服最大切应力极限值 τ_s 时，材料就发生屈服破坏。τ_s 由单向拉伸实验获得。由单向拉伸应力圆可知 $\tau_{max} = \sigma_{max}/2$，因而应有 $\tau_s = \sigma_s/2$。注意到复杂应力状态时的 $\tau_{max} = (\sigma_1 - \sigma_3)/2$，由此理论建立的破坏条件是

$$\tau_{max} = \frac{1}{2}(\sigma_1 - \sigma_3) = \tau_s = \frac{1}{2}\sigma_s$$

或

$$\sigma_1 - \sigma_3 = \sigma_s \tag{a}$$

引入安全系数 n，相应的强度条件是

$$\sigma_1 - \sigma_3 \leqslant [\sigma] = \sigma_s / n \tag{9-30}$$

四、形状改变比能理论（Theory of strain - energy density corresponding to distortion）（第四强度理论）

在第九章第七节中，讨论了变形比能由体积改变比能 v_V 和形状改变比能 v_d 两部分组成。当单元体承受三向等值压缩时，其应力 $\sigma_1 = \sigma_2 = \sigma_3 = -p$ 可达到很大值而材料并没有达到屈服状态，这时正是只有体积改变而无形状改变的情形，可见体积改变比能的大小并不影响材料的屈服破坏。第四强度理论正是根据这一点提出来的，该理论认为无论是复杂应力状态还是简单应力状态，导致材料塑性屈服破坏的决定因素都是形状改变比能 v_d。当 v_d 达到了简单拉伸时的极限应力 σ_s 对应的某一极限值 v_{djx} 时，材料就发生塑性屈服破坏。

简单拉伸下，应力达到 σ_s 时的 v_{djx} 可按式（9-27）计算，令其中的 $\sigma_2 = \sigma_3 = 0$ 而 $\sigma_1 = \sigma_s$，得

$$v_{djx} = \frac{1+\mu}{6E}(2\sigma_s^2)$$

按第四强度理论，在复杂应力状态下，当形状改比能 v_d 达到上列数值时，材料即将发生屈服破坏，所以屈服破坏的条件为

$$v_d = v_{djx} = \frac{1+\mu}{6E}(2\sigma_s^2)$$

而复杂应力状态下的 v_d，由式（9-27）表示

$$v_d = \frac{1+\mu}{6E}[(\sigma_1 - \sigma_2)^2 + (\sigma_2 - \sigma_3)^2 + (\sigma_3 - \sigma_1)^2]$$

代入前式，并整理，得出屈服破坏的条件是

$$\sqrt{\frac{1}{2}[(\sigma_1 - \sigma_2)^2 + (\sigma_2 - \sigma_3)^2 + (\sigma_3 - \sigma_1)^2]} = \sigma_s \tag{b}$$

引入安全系数 n，相应的强度条件是

$$\sqrt{\frac{1}{2}[(\sigma_1 - \sigma_2)^2 + (\sigma_2 - \sigma_3)^2 + (\sigma_3 - \sigma_1)^2]} \leqslant [\sigma] = \sigma_s / n \tag{9-31}$$

第三和第四强度理论都是关于材料屈服的理论，式（a）又称为屈雷斯卡屈服条件，式（b）又称为米塞斯屈服条件。材料试验表明：低碳钢、铝、铜等常用塑性材料与第四强度理论符合得更好，所以目前多推荐使用第四强度理论。不过第三强度理论也给出了满意的结果，且偏于安全，所以工程上也经常采用第三强度理论。

第九节 莫尔强度理论

莫尔（Mohr）理论（1900年）是从莫尔应力圆出发提出的一种判断破坏和强度的作图方法。它是对最大切应力理论的修正。该理论认为材料的断裂或塑性变形主要是由于在某一个截面上的切应力到达了一定的限度，但材料的破坏也和该面上的正应力有关。有些

材料抗拉和抗压强度不等，说明材料的强度与正应力有关。莫尔理论就是在这些想法的基础上根据实验结果建立的。

设图 9－24（a）的单元体承受主应力 σ_1、σ_2 和 σ_3，画出它的三向应力圆如图 9－24（b）所示。图中阴影部分里的任一点可代表单元体内某一斜截面上的应力。在 $O\sigma$ 轴的任一垂线 DEF 上的点，其正应力 σ 相同，而切应力 τ 不同。这些点所对应的那些截面中，以与 F 点对应的截面最危险，因为该截面上的剪应力比其他面上的大（正应力都相同）。按照这种推论，单元体的最弱截面（沿该面有滑移或断裂可能）将是最大应力圆 A_1A_3 所对应的诸面中的某一截面，也就是忽略了中间主应力 σ_2 对材料强度的影响。

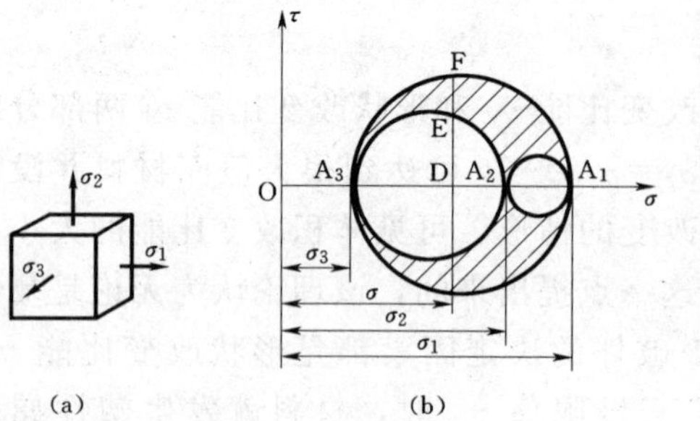

图 9－24　三向应力圆

设某种材料的单元体承受三个主应力为 σ_1、σ_2 和 σ_3。先指定三个主应力的某一种比值，保持这种比值使主应力增长一直到材料破坏（断裂或屈服），按破坏时的 σ_1 和 σ_3 画出最大应力圆 1（图 9－25），称这种破坏时的最大应力圆为极限应力圆。然后再在三个主应力的另一种比值下重复上述试验，将维持这个比值使单元体主应力增长一直到破坏，于是可得到又一个极限应力圆 2（图 9－25）。依此继续试验，可画出这种材料的一系列极限应力圆 1、2、3、4 等。最后画出这些圆族的包络线（Envelope）MLG。对于某一种材料，其包络线是唯一的。包络线的形状与材料有关，它代表着这种材料的一个力学属性。某种材料的包络线确定后，这种材料的受力单元体是否破坏就可以判断出来。

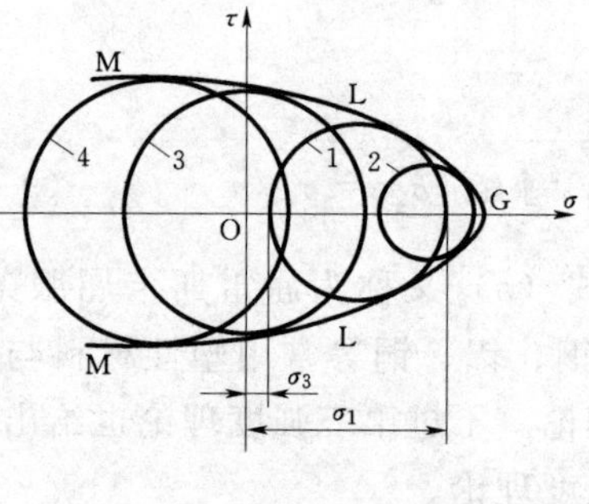

图 9－25　圆族包络图

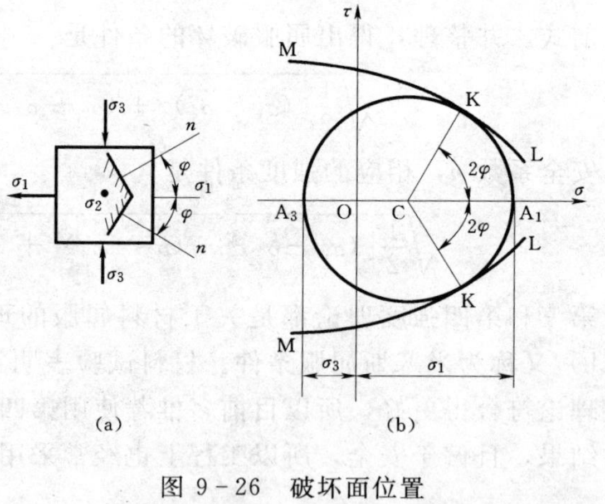

图 9－26　破坏面位置

比如某种材料的一个单元体承受主应力 σ_1、σ_2 和 σ_3 如图 9－26（a）所示，若以 σ_1、σ_3 画出的应力圆 A_1A_3 与包络线 ML 相切于 K 点［见图 9－26（b）］，那么这一单元体就要破坏。K 点代表的面即为破坏面，它与中间主应力 σ_2 平行并且其外法线与 σ_1 成 φ 角，这样的面有两个，见图 9－26（a）。若是脆性材料，将沿这个面断裂，若是塑性材料，则沿这个面屈服。但是如果应力圆 A_1A_3 位于包络线之内，不与其相切，则这个单元体就不会破坏。

在实际应用中，为了简化，只画出单向拉伸极限应力圆 OA 和单向压缩极限应力圆 OB，并以此两圆的公切线表示包络线（图 9-27）。将它除以安全系数后，得到图 9-28 所示的许用情况。图中圆 O_1 为单向拉伸应力圆，圆 O_2 为单向压缩应力圆，$[\sigma]^+$ 和 $[\sigma]^-$ 分别为材料的抗拉和抗压许用应力。如果某一应力状态的应力圆 O_3（是由其主应力 σ_1 和 σ_3 所决定的最大圆）刚好与包络线 ML 和 M′L′相切，则此应力状态是许用的极限状态。设应力圆 O_3 与 ML 的切点为 T，则由图 9-28 可知有如下关系

$$\frac{\overline{O_1N}}{\overline{O_2P}}=\frac{\overline{O_3O_1}}{\overline{O_3O_2}}$$

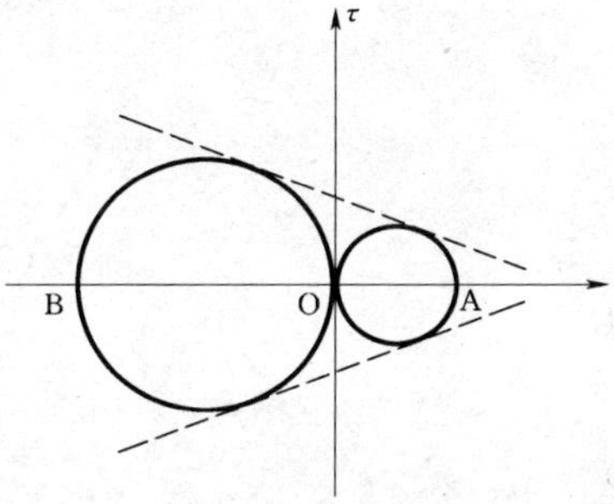

图 9-27　应力圆公切线

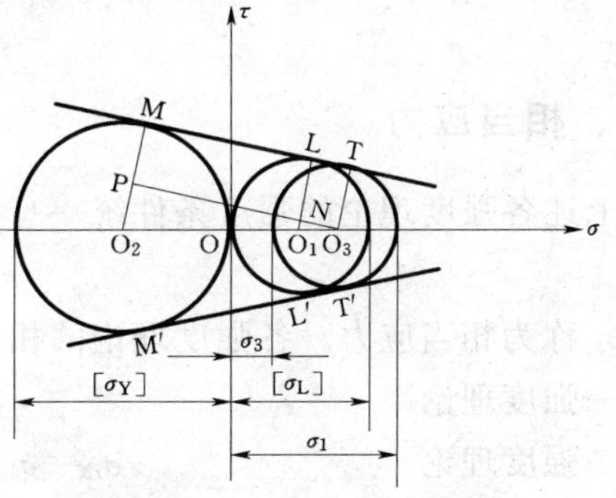

图 9-28　应力圆公切线

将这四个线段用应力表示，即

$$\overline{O_1N}=\overline{O_1L}-\overline{O_3T}=\frac{[\sigma]^+}{2}-\frac{\sigma_1-\sigma_3}{2}$$

$$\overline{O_2P}=\overline{O_2M}-\overline{O_3T}=\frac{[\sigma]^-}{2}-\frac{\sigma_1-\sigma_3}{2}$$

$$\overline{O_3O_1}=\overline{O_3O}-\overline{O_1O}=\frac{\sigma_1+\sigma_3}{2}-\frac{[\sigma]^+}{2}$$

$$\overline{O_3O_2}=\overline{O_3O}+\overline{OO_2}=\frac{\sigma_1+\sigma_3}{2}+\frac{[\sigma]^-}{2}$$

代入前式，化简整理后得　$\sigma_1-\frac{[\sigma]^+}{[\sigma]^-}\sigma_3=[\sigma]^+$

于是，得出莫尔强度理论的强度条件为

$$\sigma_1-\frac{[\sigma]^+}{[\sigma]^-}\sigma_3\leqslant[\sigma]^+ \tag{9-32}$$

对于一般的塑性材料，$[\sigma]^+=[\sigma]^-$，抗拉和抗压强度相等，这时式（9-32）变为

$$\sigma_1-\sigma_3\leqslant[\sigma]$$

这就是第三强度理论。可见莫尔强度理论用于一般塑性材料时，与第三强度理论相同。与第三强度理论比较，莫尔强度理论正确地考虑了脆性材料拉、压强度不等的事实。这一理论对于脆性材料和低塑性材料很适用。例如，某种灰铸铁的 $[\sigma]^-=4\,[\sigma]^+$，用它作纯剪切试验，则 $\sigma_1=\tau$、$\sigma_3=-\tau$，代入式（9-32），得

$$\tau - \frac{1}{4}(-\tau) \leqslant [\sigma]^{+}$$

故
$$\tau \leqslant \frac{4}{5}[\sigma]^{+} = 0.8[\sigma]^{+} = [\tau]$$

即 $[\tau]=0.8[\sigma]^{+}$，这与试验结果吻合。

莫尔理论的完善之处还在于，它不是单独考虑 σ、ε 和 τ 各因数中的一个因数，而是考虑了其中两个因数（σ 和 τ）的组合。但是该理论也未顾及中间主应力 σ_2 对破坏的影响，这是它的不足之处。

第十节　强度理论的选择和应用

一、相当应力

将上述各强度理论的强度条件统一写成如下形式

$$\sigma_r \leqslant [\sigma] \tag{9-33}$$

式中，σ_r 称为相当应力。各强度理论的相当应力分别为

第一强度理论　$\sigma_{r1}=\sigma_1$

第二强度理论　$\sigma_{r2}=\sigma_1-\mu(\sigma_2+\sigma_3)$

第三强度理论　$\sigma_{r3}=\sigma_1-\sigma_3$

第四强度理论　$\sigma_{r4}=\sqrt{\frac{1}{2}\left[(\sigma_1-\sigma_2)^2+(\sigma_2-\sigma_3)^2+(\sigma_3-\sigma_1)^2\right]}$

莫尔强度理论　$\sigma_{rM}=\sigma_1-\frac{[\sigma]^{+}}{[\sigma]^{-}}\sigma_3$

二、强度问题的计算步骤

使用式（9-33）进行强度问题的有关计算（包括强度校核、设计截面、许可载荷的确定等），一般均应遵照如下步骤进行。

（1）根据构件受力与变形的特点，判断危险点的位置。

（2）在危险点上选择并截取原始单元体，选择原始单元体的原则是单元体界面上的应力必须是已知或是能够计算的。

（3）计算原始单元体各界面上的应力。

（4）计算危险点处的主应力 σ_1、σ_2、σ_3。

（5）根据材料的类型和应力状态，判断可能发生的破坏现象，进而选择适宜的强度理论。

三、强度理论的选择

在工程实际中，究竟选择哪一种强度理论是一个比较复杂的问题。一般来说，在常温静载下，对于脆性材料，如混凝土、石料、铸铁等通常采用第一、第二强度理论或莫尔强

度理论。对于塑性材料，如碳钢、铜、铝等则宜选用第三、第四强度理论或双剪应力理论。

上述对强度理论的选用原则只是就一般情况而言。实际上，即使是同一种材料，在不同的应力状态下也可以呈现不同形式的破坏。例如用碳钢制成的丝杆承受拉伸时，其螺纹根部由于应力集中引起三向拉应力状态，因而发生脆性断裂破坏，虽然丝杆由塑性材料制成，但因其破坏形式为脆性断裂，故而应采用第一、第二或莫尔强度理论来研究其强度问题。又如淬火钢球压在铸铁板上时，铸铁板上会出现明显的塑性凹坑，这是因为接触点附近的铸铁材料处于三向压应力状态，因此研究该铸铁板的强度时，宜采用第三、第四强度理论。所以，无论塑性材料还是脆性材料，在三向近等值拉应力状态下应采用脆性断裂理论，而在三向近等值压应力状态下则应采用塑性屈服理论。从这一事实来看，把塑性材料和脆性材料的概念理解为材料处于塑性状态或脆性状态更为确切，进而按照材料可能发生的破坏形式来选择适宜的强度理论进行强度计算，会得到满意结果。

四、一种常见二向应力状态的相当应力

图 9-29 所示的应力状态是一种常见的二向应力状态，在弯曲与扭转等组合变形（第十章）中经常遇到。现在来建立它的强度条件。

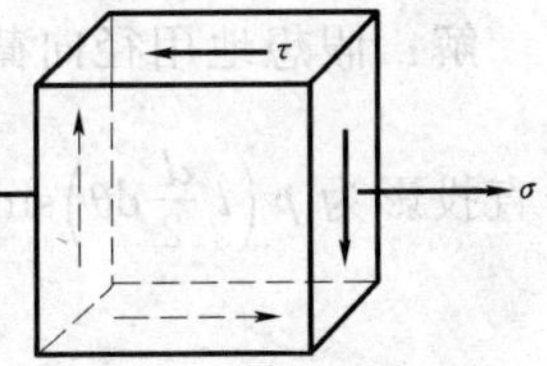

图 9-29　二向应力状态

由式（9-7），得

$$\left.\begin{matrix}\sigma_{max}\\ \sigma_{min}\end{matrix}\right\}=\frac{\sigma}{2}\pm\sqrt{\left(\frac{\sigma}{2}\right)^2+\tau^2}$$

故知

$$\sigma_1=\frac{\sigma}{2}+\sqrt{\left(\frac{\sigma}{2}\right)^2+\tau^2}$$

$$\sigma_2=0$$

$$\sigma_3=\frac{\sigma}{2}-\sqrt{\left(\frac{\sigma}{2}\right)^2+\tau^2}$$

1. 按第三强度理论

由式（9-30）得

$$\sigma_{r3}=\sigma_1-\sigma_3=\sqrt{\sigma^2+4\tau^2}\leqslant[\sigma] \tag{9-34}$$

2. 按第四强度理论

由式（9-31）得

$$\sigma_{r4}=\sqrt{\frac{1}{2}[(\sigma_1-\sigma_2)^2+(\sigma_2-\sigma_3)^2+(\sigma_3-\sigma_1)^2]}\leqslant[\sigma]$$

将主应力 σ_1、σ_2 和 σ_3 值代入并化简，得

$$\sigma_{r4}=\sqrt{\sigma^2+3\tau^2}\leqslant[\sigma] \tag{9-35}$$

3. 按莫尔强度理论

由式（9－32）得

$$\sigma_{rM}=\sigma_1-\frac{[\sigma]^+}{[\sigma]^-}\sigma_3\leqslant[\sigma]^+$$

将三个主应力值代入并令 $\kappa=\frac{[\sigma]^+}{[\sigma]^-}$加以化简，得

$$\sigma_{rM}=\frac{1}{2}(1-\kappa)\sigma+\frac{1}{2}(1+\kappa)\sqrt{\sigma^2+4\tau^2}\leqslant[\sigma]^+ \qquad (9-36)$$

式（9－34）～式（9－36）即为图 9－29 所示常见二向应力状态分别用第三、第四和莫尔强度理论建立的强度条件。

【例 9－8】　锅炉内径 $d=1000\text{mm}$，锅炉内的蒸汽压强 $p=3.6\text{MPa}$，如图 9－30 所示。材料许用应力［σ］＝160MPa，试按第三和第四强度理论设计锅炉壁厚 t，并比较它们的差别。

解：假想地用径向截面截开锅炉，如图 9－30（b）所示，圆弧面$\left(l\,\dfrac{d}{2}\mathrm{d}\theta\right)$上总压力的竖直投影为 $p\left(l\,\dfrac{d}{2}\mathrm{d}\theta\right)\sin\theta$，于是锅炉上半部的平衡条件为

$$\int_0^{\pi}pl\,\frac{d}{2}\sin\theta\mathrm{d}\theta-2F_N=0$$

所以

$$F_N=\frac{pld}{2}$$

设锅炉为薄壁，其环向应力 σ_y 可认为沿壁厚均匀分布，故

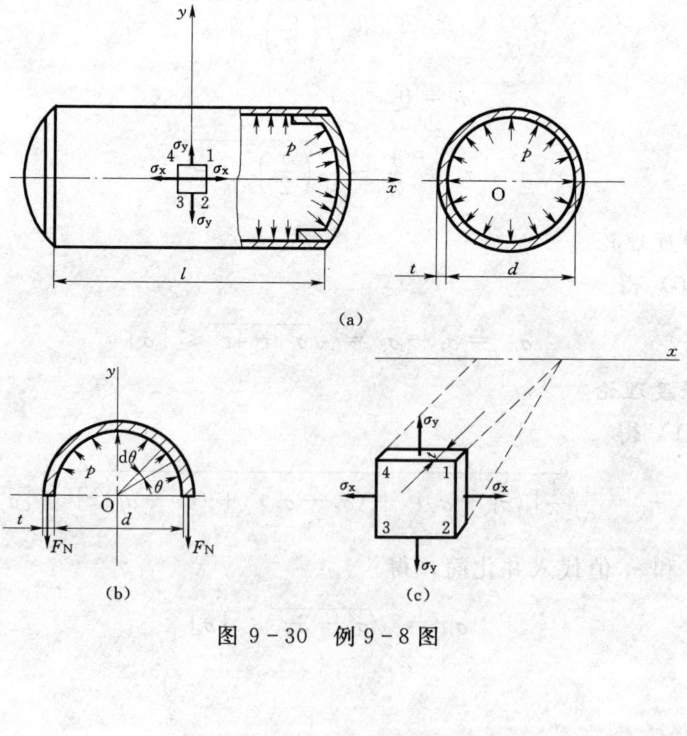

图 9－30　例 9－8 图

$$\sigma_y = \frac{F_N}{A} = \frac{F_N}{tl} = \frac{pd}{2t} \tag{a}$$

在圆筒某点处用一对横截面（垂直于轴线 x）和一对径向截面（过轴线 x）取出一个单元体如图 9-30（c）所示。式（a）求出的 σ_y 即为单元体上、下侧面的正应力。在单元体的左、右侧面上作用着轴向拉应力 σ_x，根据第二章的公式，有

$$\sigma_x = \frac{F_{Nx}}{A_1} = \frac{\frac{\pi}{4}d^2 p}{\pi dt} = \frac{pd}{4t} \tag{b}$$

这里 A_1 为圆筒横截面的圆环面积，由于是薄壁，故 $A_1=\pi dt$。

单元体的前面为自由表面，无应力作用，后面为圆筒内壁，作用内压力 p，因 p 值远小于 σ_x 和 σ_y，故可略去。于是单元体上三个主应力为

$$\sigma_1 = \frac{pd}{2t},\quad \sigma_2 = \frac{pd}{4t},\quad \sigma_3 = 0$$

按第三强度理论，将三个主应力值代入式（9-30），得

$$\frac{pd}{2t} - 0 \leqslant [\sigma]$$

或
$$t \geqslant \frac{pd}{2[\sigma]} = \frac{3.6\times10^6\times100\times10^{-2}}{2\times160\times10^6} = 11.25\times10^{-3}(\text{m})$$

即
$$t \geqslant 11.25\text{mm}$$

按第四强度理论，将三个主应力值代入式（9-31），得

$$\sqrt{\frac{1}{2}[(\sigma_1-\sigma_2)^2+(\sigma_2-\sigma_3)^2+(\sigma_3-\sigma_1)^2]}$$
$$=\sqrt{\frac{1}{2}\left[\left(\frac{pd}{4t}\right)^2+\left(\frac{pd}{4t}\right)^2+\left(-\frac{pd}{2t}\right)^2\right]}$$
$$=\sqrt{\frac{1}{2}\left[6\left(\frac{pd}{4t}\right)^2\right]}=\sqrt{3}\,\frac{pd}{4t}\leqslant[\sigma]$$

所以
$$t \geqslant \frac{\sqrt{3}pd}{4[\sigma]} = 9.75\times10^{-3}\text{ m}$$

即
$$t \geqslant 9.75\text{mm}$$

这里 t 选用大于或等于 9.75mm 比较合理，此时，锅炉属于薄壁（$t/d\approx1/100$）。

比较第三和第四强度理论的结果可得

$$\frac{11.25-9.75}{9.75} = 15.4\%$$

可见，第三强度理论的结果相差为 15%左右，且偏于安全。

【例 9-9】　铸铁构件上危险点的应力状态如图 9-31 所示，材料许用应力为 $[\sigma]^+=60\text{MPa}$、$[\sigma]^-=120\text{MPa}$。试分别按第一强度理论和莫尔强度理论校核其强度。

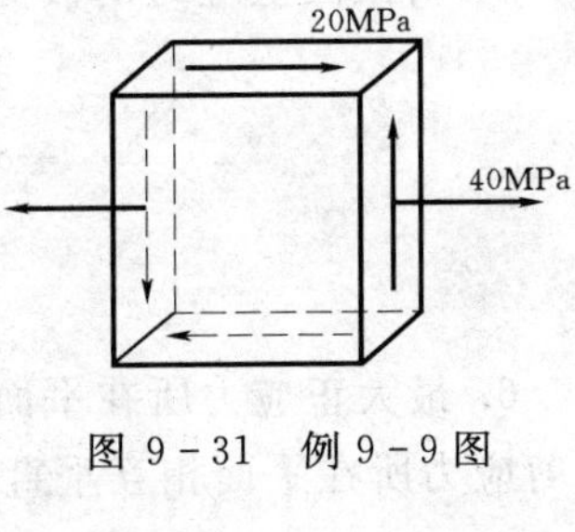

图 9-31　例 9-9 图

解：由图 9-31 知，该点应力为二向应力状态，$\sigma_x=40\text{MPa}$，$\sigma_y=0$，$\tau_{xy}=-20\text{MPa}$。

将它们代入式（9-7），得

$$\left.\begin{matrix}\sigma_{max}\\ \sigma_{min}\end{matrix}\right\} = \frac{\sigma_x+\sigma_y}{2} \pm \sqrt{\left(\frac{\sigma_x-\sigma_y}{2}\right)^2+\tau_{xy}{}^2}$$

$$= \frac{\sigma_x}{2} \pm \sqrt{\left(\frac{\sigma_x}{2}\right)^2+\tau_{xy}{}^2}$$

$$= \frac{40}{2} \pm \sqrt{\left(\frac{40}{2}\right)^2+(-20)^2}$$

$$= \begin{cases}48.3(\text{MPa})\\ -8.3(\text{MPa})\end{cases}$$

即 $\sigma_1 = 48.3\text{MPa}$，$\sigma_2 = 0$，$\sigma_3 = -8.3\text{MPa}$

按第一强度理论，由式（9-28），有

$$\sigma_{r1} = \sigma_1 = 48.3\text{MPa} < [\sigma]^+ = 60\text{MPa}$$

此构件是安全的。

按莫尔强度理论，由式（9-32），有

$$\sigma_{rM} = \sigma_1 - \frac{[\sigma]^+}{[\sigma]^-}\sigma_3 = 48.3 - \frac{60}{120}(-8.3) = 52.5(\text{MPa}) < [\sigma]^+ = 60\text{MPa}$$

故按莫尔理论，此构件也是安全的。

小 结

1. 通过受力物体内某一点处各个截面上的应力情况，称为一点处的应力状态。

2. 围绕物体某点所截取的一个微元，称此微元为单元体。单元体上没有剪应力的平面称为主平面；作用在主平面上的正应力称为主应力。受力物体中任意一点有三个相互垂直的主平面，三个主应力，按代数值从大到小的顺序记为 $\sigma_1 \geqslant \sigma_2 \geqslant \sigma_3$。

3. 应力状态有三类：①单向应力状态：单元体上只有一个主应力不为零；②二向（平面）应力状态：单元体上有两个主应力不为零；③三向（空间）应力状态：单元体上三个主应力都不为零。

4. 求斜截面上应力的解析式为

$$\sigma_\alpha = \frac{\sigma_x+\sigma_y}{2} + \frac{\sigma_x-\sigma_y}{2}\cos2\alpha - \tau_{xy}\sin2\alpha$$

$$\tau_\alpha = \frac{\sigma_x-\sigma_y}{2}\sin2\alpha + \tau_{xy}\cos2\alpha$$

5. 斜截面上应力的极值为

$$\left.\begin{matrix}\sigma_{max}\\ \sigma_{min}\end{matrix}\right\} = \frac{\sigma_x+\sigma_y}{2} \pm \sqrt{\left(\frac{\sigma_x-\sigma_y}{2}\right)^2+\tau_{xy}{}^2}$$

$$\left.\begin{matrix}\tau_{max}\\ \tau_{min}\end{matrix}\right\} = \pm \sqrt{\left(\frac{\sigma_x-\sigma_y}{2}\right)^2+\tau_{xy}{}^2}$$

6. 最大正应力所在平面与最小正应力所在平面相互垂直，最大剪应力所在平面与最小剪应力所在平面相互垂直。最大和最小剪应力所在平面与最大和最小正应力所在平面的夹角为45°。

7. 相互垂直的两个截面上的应力存在如下关系

$$\sigma_{\alpha}+\sigma_{\alpha+90^{\circ}}=\sigma_{x}+\sigma_{y}$$

8. 以σ_{α}和τ_{α}为参变量的应力圆方程为

$$\left(\sigma_{\alpha}-\frac{\sigma_{x}+\sigma_{y}}{2}\right)^{2}+\tau_{\alpha}^{2}=\left(\frac{\sigma_{x}-\sigma_{y}}{2}\right)^{2}+\tau_{xy}^{2}$$

利用应力圆可求解：单元体任意斜截面上的正应力、剪应力及其极值。

9. 三向应力状态中的最大应力

$$\sigma_{max}=\sigma_{1},\quad \tau_{max}=\frac{\sigma_{1}-\sigma_{3}}{2}$$

10. 广义胡克定律表达了一般应力状态下的应力与应变的关系，其式为

$$\begin{cases}\varepsilon_{x}=\dfrac{1}{E}[\sigma_{x}-\mu(\sigma_{y}+\sigma_{z})]\\ \varepsilon_{y}=\dfrac{1}{E}[\sigma_{y}-\mu(\sigma_{z}+\sigma_{x})],\\ \varepsilon_{z}=\dfrac{1}{E}[\sigma_{z}-\mu(\sigma_{x}+\sigma_{y})]\end{cases}\quad \begin{cases}\gamma_{xy}=\dfrac{\tau_{xy}}{G}\\ \gamma_{yz}=\dfrac{\tau_{yz}}{G}\\ \gamma_{zx}=\dfrac{\tau_{zx}}{G}\end{cases}$$

或

$$\begin{cases}\varepsilon_{1}=\dfrac{1}{E}[\sigma_{1}-\mu(\sigma_{2}+\sigma_{3})]\\ \varepsilon_{2}=\dfrac{1}{E}[\sigma_{2}-\mu(\sigma_{3}+\sigma_{1})]\\ \varepsilon_{3}=\dfrac{1}{E}[\sigma_{3}-\mu(\sigma_{1}+\sigma_{2})]\end{cases}$$

11. 体积应变为：$\varepsilon_{V}=\varepsilon_{1}+\varepsilon_{2}+\varepsilon_{3}=\frac{1-2\mu}{E}(\sigma_{1}+\sigma_{2}+\sigma_{3})$，它表达了复杂应力状态下，单元体体积应变与三个应力代数和的关系。

12. 变形体单位体积内储存的变形能为比能。变形比能μ分为体积改变比能μ_{V}和形状改变比能μ_{d}，三者的关系及各自的表达式为

$$\mu=\mu_{V}+\mu_{d}$$

$$\mu=\frac{1}{2E}[\sigma_{1}^{2}+\sigma_{2}^{2}+\sigma_{3}^{2}-2\mu(\sigma_{1}\sigma_{2}+\sigma_{2}\sigma_{3}+\sigma_{3}\sigma_{1})]$$

$$\mu_{V}=\frac{3(1-2\mu)}{2E}\bar{\sigma}^{2}=\frac{1-2\mu}{6E}(\sigma_{1}+\sigma_{2}+\sigma_{3})^{2}$$

$$\mu_{d}=\frac{1+\mu}{6E}[(\sigma_{1}-\sigma_{2})^{2}+(\sigma_{2}-\sigma_{3})^{2}+(\sigma_{3}-\sigma_{1})^{2}]$$

13. 常用的强度理论有四个。强度条件为：$\sigma_{r}\leqslant[\sigma]$，各强度理论的相当应力分别为：

第一强度理论　$\sigma_{r1}=\sigma_{1}$

第二强度理论　$\sigma_{r2}=\sigma_{1}-\mu(\sigma_{2}+\sigma_{3})$

第三强度理论　$\sigma_{r3}=\sigma_{1}-\sigma_{3}$

第四强度理论　$\sigma_{r4}=\sqrt{\frac{1}{2}[(\sigma_{1}-\sigma_{2})^{2}+(\sigma_{2}-\sigma_{3})^{2}+(\sigma_{3}-\sigma_{1})^{2}]}$

莫尔强度理论　　$\sigma_{rM}=\sigma_1-\frac{[\sigma]^+}{[\sigma]^-}\sigma_3$

习　　题

9－1　何谓主平面？何谓主应力？通过受力物体内某一点有几个主平面？

9－2　何谓单向应力状态、二向应力状态和三向应力状态？其单元体上各有几个应力分量？分别画出它们的单元体及应力分量。

9－3　若物体在两个方向上受力相同［题 9－3 图（a）］，试由［题 9－3 图（b）］和［题 9－3 图（c）］分析这种情况下物体内任一点的应力状态。其应力圆有何特点？如从物体中任意地割取一部分，例如从中分割出一个圆柱体［题 9－3 图（a）］，则在圆柱体的柱面上的应力情况如何？

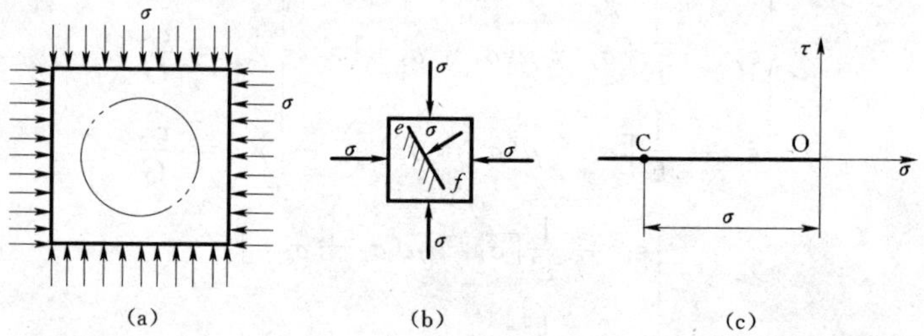

题 9－3 图

9－4　冬天自来水管结冰时，会因受内压而胀破。显然水管中的冰也受到同样大小的反作用力，为何冰不破坏而水管破坏。

9－5　将沸水倒入厚玻璃杯中，如玻璃杯发生破裂，试问破裂是从壁厚的内部开始，还是从壁厚的外部开始？为什么？

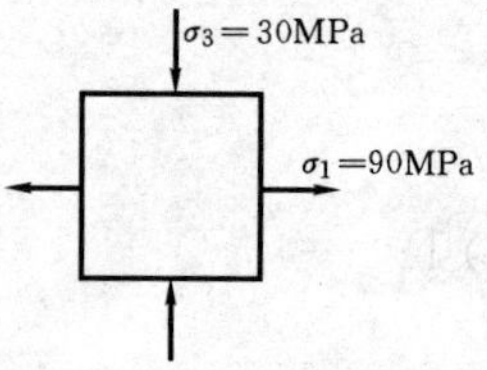

题 9－6 图

9－6　有一二向应力状态的单元体（题 9－6 图），试求：

（1）外法线与 σ_1 的夹角 $\alpha=30°$的截面上的应力；

（2）确定正应力为零的截面（$\alpha<90°$），并求出此截面上的切应力。

9－7　在题 9－7 图所示各单元体中，试用解析法和图解法求斜截面 ab 上的应力。应力的单位为 MPa。

9－8　已知应力状态如题 9－8 图所示，图中应力单位皆为 MPa。试用解析法及图解法求：

（1）主应力大小，主平面位置；

（2）在单元体上绘出主平面位置及主应力方向；

（3）最大切应力。

9－9　如题 9－9 图所示，锅炉直径 $D=1\text{m}$，壁厚 $t=10\text{mm}$，内受蒸汽压力 $p=3\text{MPa}$，试求：

（1）壁内主应力 σ_1、σ_2 及最大切应力 τ_{max}；

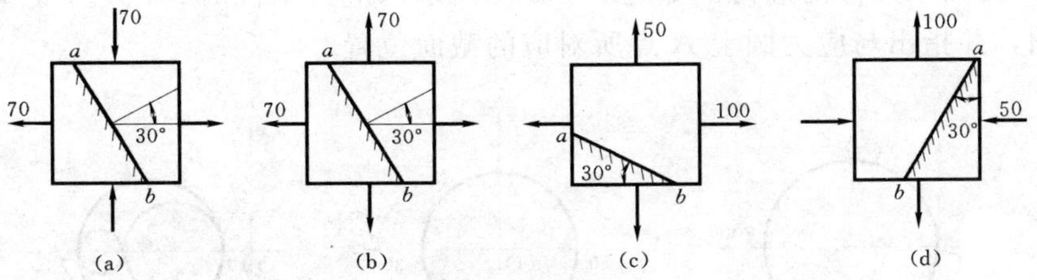

题 9-7 图

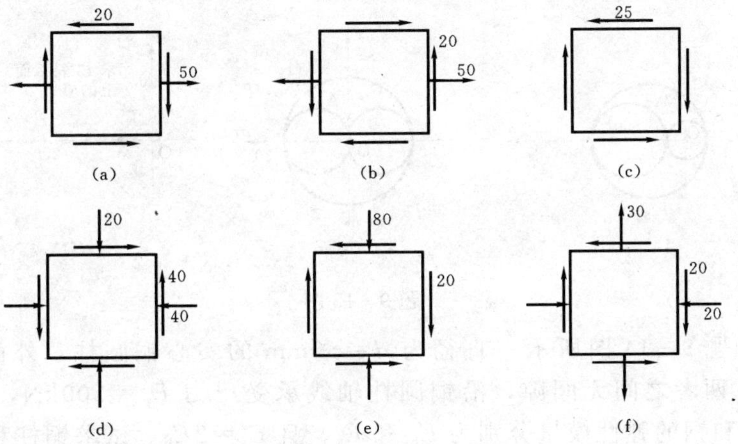

题 9-8 图

（2）斜截面 ab 上的正应力及切应力。

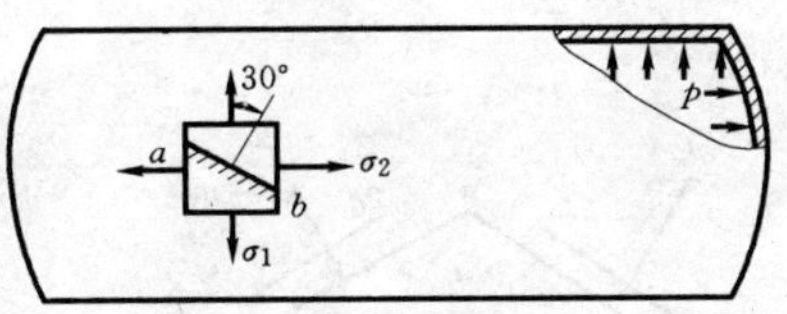

题 9-9 图

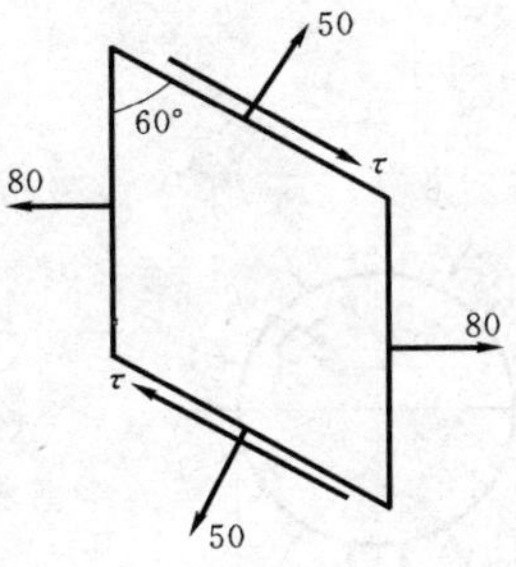

题 9-10 图

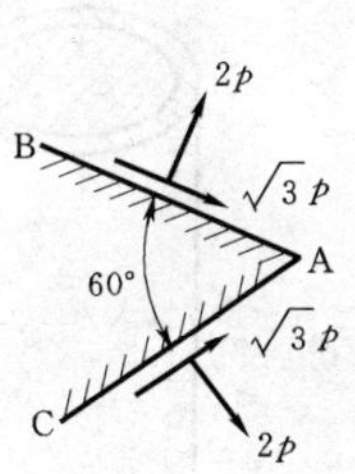

题 9-11 图

9-10　二向应力状态如题 9-10 图所示，应力单位为 MPa，试求主应力并作应力圆。

9-11　过 A 点处两截面的应力如题 9-11 图所示。试求该点处的主应力之值和方向，并画到该图上。

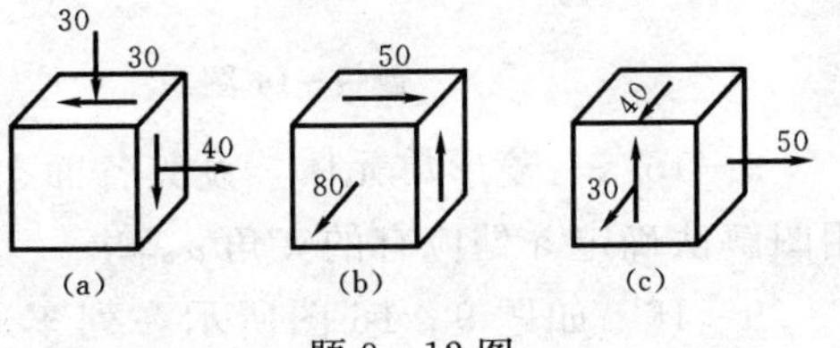

题 9-12 图

9-12　试用图解法求出题 9-12 图所示单元体的三个主应力。画出单元体的三向应力圆并找出最大切应力。

9－13　已知单元体的应力圆如题 9－13 图所示（应力单位为 MPa）。试画出各自相应的单元体图，并指出与应力圆上 A 点所对应的截面位置。

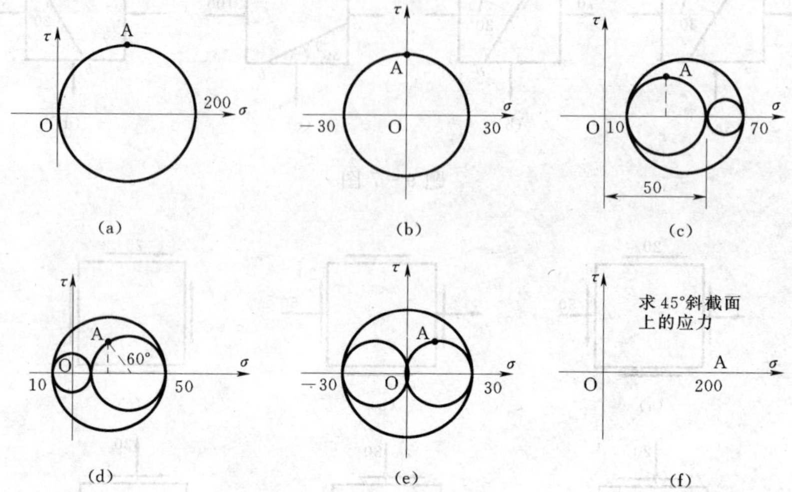

题 9－13 图

9－14　如题 9－14 图所示一直径为 $d=50\text{mm}$ 的实心铜圆柱，外面包着壁厚 $t=1\text{mm}$ 的钢筒，两者之间无间隙，沿铜圆柱轴线承受压力 $F_p=200\text{kN}$，若铜的泊松比 $\mu_b=0.32$，铜和钢的弹性模量分别为 E_b 和 E_s，且 $E_s=2E_b$。试求铜柱和钢筒中的主应力。

提示：当圆柱承受沿半径方向的均匀压力 p 时，其中任一点的径向和环向应力均为 p。

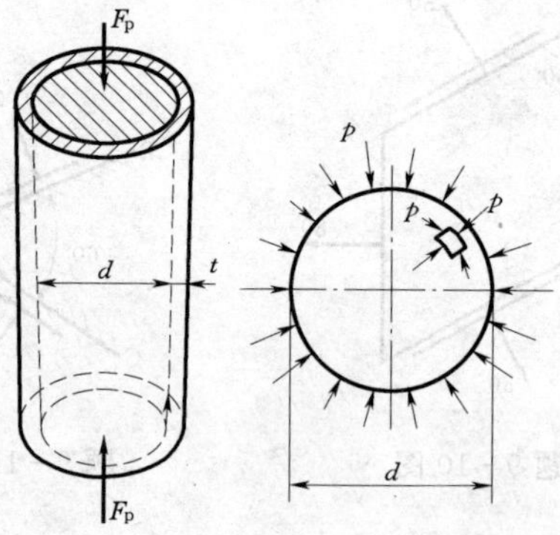

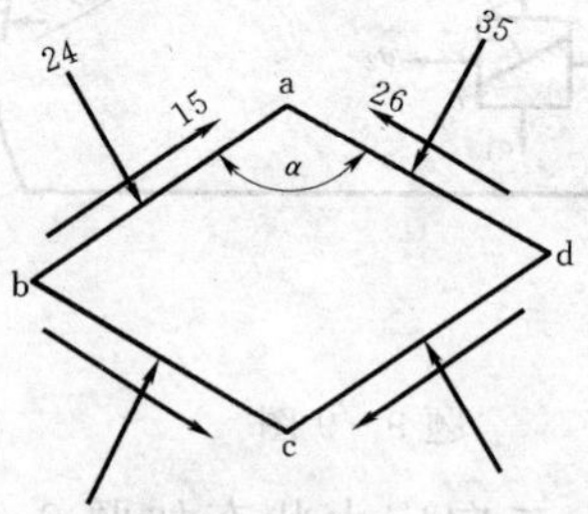

题 9－14 图　　　　题 9－15 图

9－15　一菱形单元体，设其各面上的应力如题 9－15 图所示，应力单位为 MPa。试用图解法确定 a 处应有的夹角 α。

9－16　如题 9－16 图所示，列车通过钢桥时，在钢桥横梁的 A 点用变形仪量得 $\varepsilon_x=0.0004$，$\varepsilon_y=-0.00012$。试求 A 点在 x－x 及 y－y 方向的正应力。设 $E=200\text{GPa}$，$\mu=0.3$。

9－17　一正方形钢块，放在一刚性平面上，上表面承受均匀的压力，压强为 p。分别写出图示两种情况下的 σ_{r3} 和 σ_{r4}。题 9－17 图（a）为自由受压，题 9－17 图（b）为放在一个刚性槽内，且钢块与槽之间没有任何空隙。材料的 E、μ 为已知。

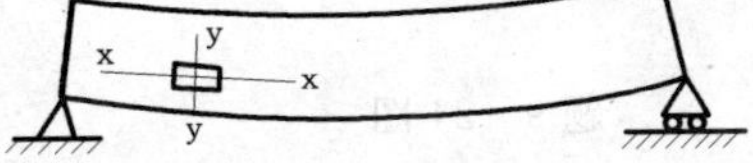

题 9－16 图

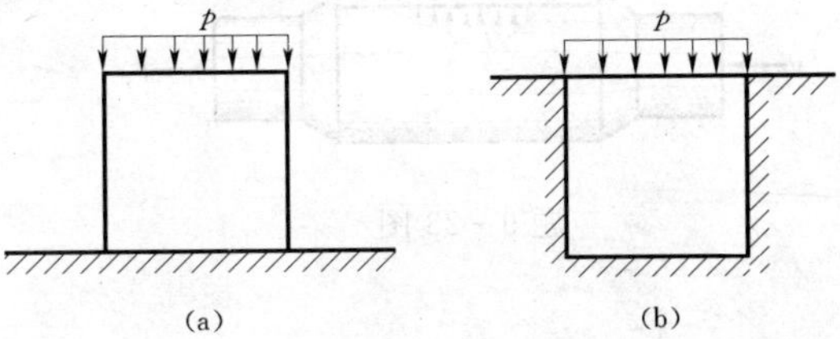

题 9－17 图

9－18　已知应力状态如题 9－18 图所示，图中应力单位皆为 MPa。试写出四个强度理论、莫尔强度理论的相当应力。设 $\mu=0.25$，$[\sigma]^{+}/[\sigma]^{-}=1/4$。

9－19　一薄壁容器如题 9－19 图所示，平均直径 $D_0=1250$mm，工作内压力 $p=2.33$MPa，在工作温度下的屈服点为 $\sigma_s=182.5$MPa，安全系数为 $n=1.8$，根据最大切应力理论计算容器的壁厚 t。

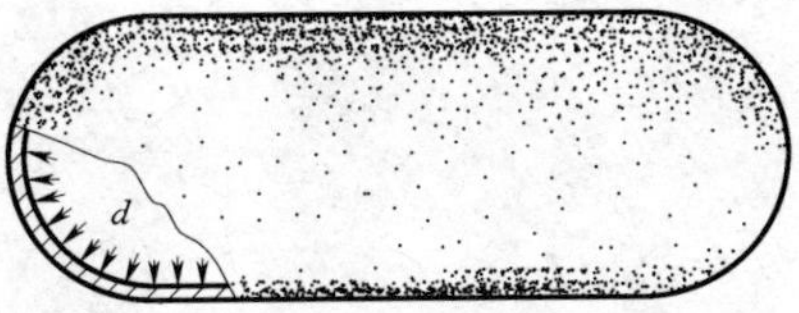

题 9－19 图

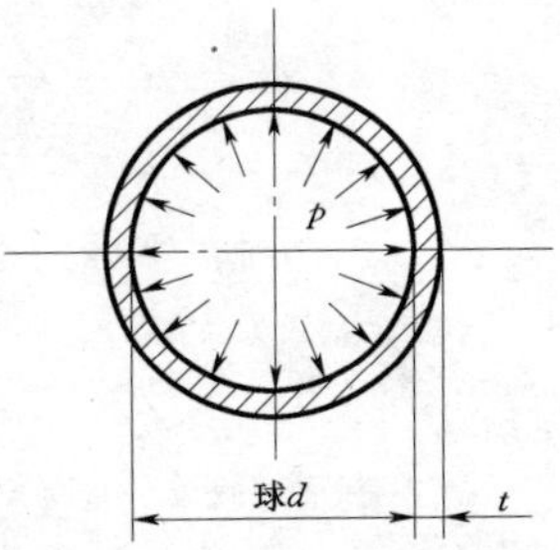

题 9－20 图

9－20　如题 9－20 图所示，一中空的钢球，内径 $d=200$mm，其内部压强 $p=15$MPa，钢材的许用应力 $[\sigma]=160$MPa，试按第三和第四强度理论设计球壁的厚度 t。注意：在任何过球心的截面上，作用着均匀分布的拉应力 $\sigma=pd/4t$。

9－21　车轮与钢轨接触点处的主应力为：-800MPa，-900MPa，-1100MPa。若 $[\sigma]=300$MPa，试对接触点作强度校核。

9－22　炮筒横截面如题 9－22 图所示。在危险点处，$\sigma_t=550$MPa，$\sigma_r=-350$MPa，第三个主应力垂直于图面是拉应力，且其大小为 420MPa。试按第三和第四强度理论，计算其相当应力。

题 9－22 图

9－23　铸铁薄管如题 9－23 图所示。若管的外径 $D=200$mm，壁厚 $t=15$mm，内压 $p=4$MPa，$F_p=200$kN。铸铁的抗拉及抗压许用应力分别为：$[\sigma]^{+}=30$MPa，$[\sigma]^{-}=120$MPa，$\mu=0.25$。试用第二强度理论及莫尔强度理论校核薄管的强度。

9－24　如题9－24图所示受扭圆轴，直径 $d=20\text{mm}$，材料的 $E=200\text{GPa}$，$\mu=0.3$，现用变形仪测得圆轴表面与轴线成45°方向的应变 $\varepsilon=-5.2\times10^{-4}$，试求扭矩 m。

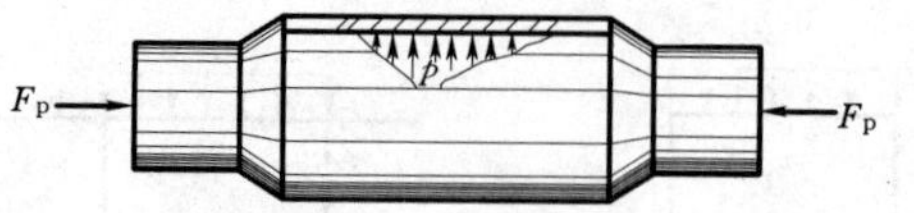

题9－23图

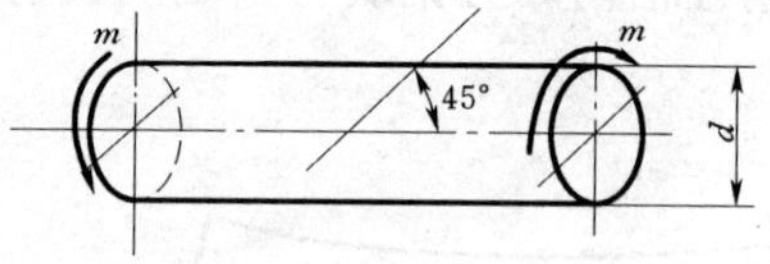

题9－24图

第十章　组　合　变　形

第一节　组合变形的概念和实例

前面几章分别讨论了构件在一种基本变形下的强度和刚度计算，即拉伸（压缩）、剪切、扭转和弯曲变形下的强度和刚度计算。但在工程实际中，有许多构件在载荷作用下，往往不只产生某一种基本变形，而是同时产生两种或多种变形。这种由两种或多种基本变形组合而成的变形称为组合变形（Combined deformation）。例如，图 10－1（a）表示的烟囱，在自重作用下产生的轴向压缩变形，水平方向风力产生的弯曲变形；图 10－1（b）表示的挡土墙，在自重与铅垂土压力作用下产生偏心压缩变形，水平土压力产生弯曲变形，图 10－1（c）表示的房屋桁架，檩条受到从屋面传来的垂直作用力后，分解为相互垂直两个平面内的载荷作用，产生组合变形—斜弯曲；图 10－1（d）表示齿轮传动轴，轴将产生在水平平面和垂直平面内的弯曲变形和扭转变形。

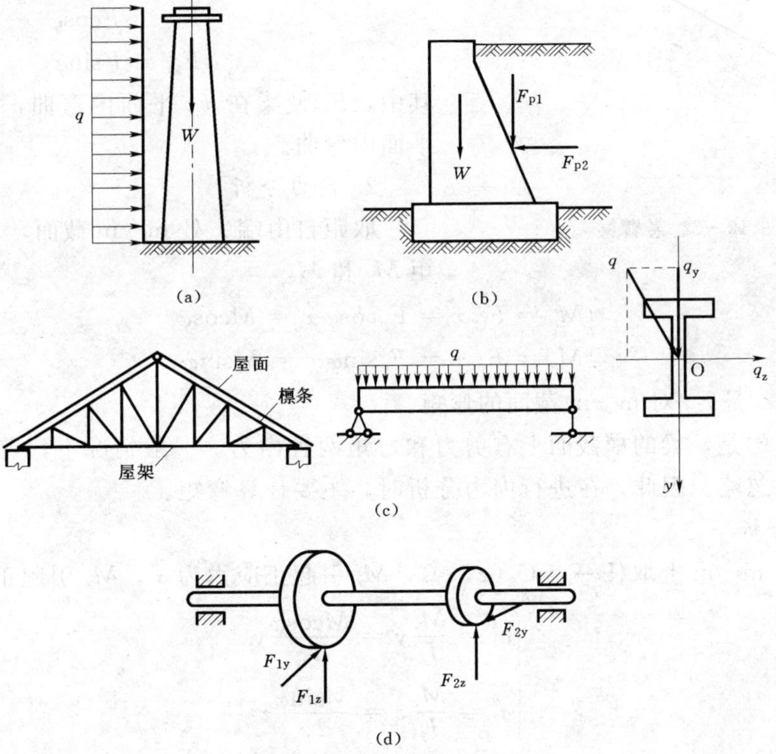

图 10－1　组合变形实例

目前为止，我们研究的构件都是在弹性范围内、小变形条件下，因此可认为载荷单独作用下的基本变形彼此独立、互不影响，因此，可以应用叠加原理，采取先分解后综合的方法，对构件进行强度、刚度分析。

本章主要讨论斜弯曲、拉伸（压缩）与弯曲、扭转与弯曲组合变形的强度计算。

第二节　斜　弯　曲

在前面研究梁弯曲变形时，讨论了梁平面弯曲的条件，即无论截面是否有对称轴，只要外力作用平面是通过截面形心主惯性轴平面，使梁的挠曲线是在主惯性平面内的一条平面曲线，则梁产生平面弯曲。但在许多工程问题中，外力不作用在形心主惯性轴平面内，这时，杆件将在两个相互垂直的形心主惯性平面内，同时产生弯曲变形，变形后梁的挠曲线不在载荷作用面内，这种弯曲称为斜弯曲（Oblique bending）。

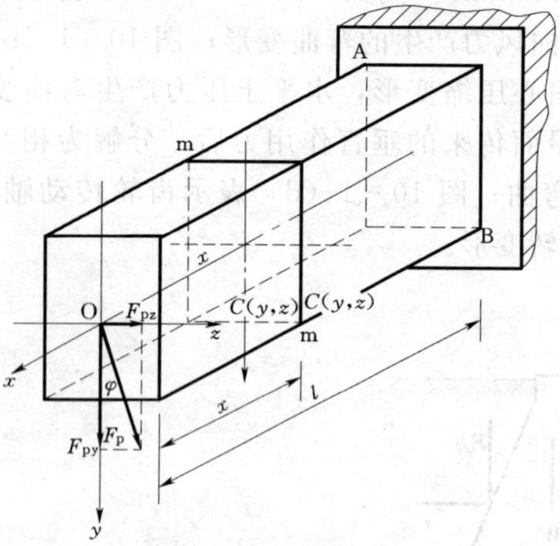

图 10-2　悬臂梁

现以矩形截面悬臂梁为例说明斜弯曲应力与变形的计算。

设悬臂梁在自由端受集中力 F_p 作用，F_p 垂直于梁的轴并通过截面形心，与形心主轴 y 成 φ 角。如图 10-2 所示建立坐标系。

1. 外力分解

把 F_p 沿 y 轴和 z 轴分解为 F_{py} 和 F_{pz}，得

$$\begin{cases} F_{py} = F\cos\varphi \\ F_{pz} = F\sin\varphi \end{cases} \tag{a}$$

其中，F_{py} 使梁在 xy 平面内弯曲，F_{pz} 使梁在 xz 平面内弯曲。

2. 内力分析

取距自由端 x 处 m—m 截面，求出该截面弯矩 M_z 和 M_y

$$\begin{cases} M_z = F_{py}x = F_p\cos\varphi\, x = M\cos\varphi \\ M_y = F_{pz}x = F_p\sin\varphi\, x = M\sin\varphi \end{cases} \tag{b}$$

其中，$M = F_p x$ 是 F_p 对 m—m 截面的弯矩。

需要说明的是，梁的横截面上有剪力和弯矩两种内力。一般情况下，剪力影响很小，引起的切应力忽略。因此，在进行内力分析时，主要计算弯矩。

3. 应力分析

在横截面 m—m 上取任一点 C（z，y），M_z 引起正应力为 σ'，M_y 引起正应力为 σ''。

$$\begin{cases} \sigma' = \dfrac{M_z}{I_z}y = \dfrac{M\cos\varphi}{I_z}y \\ \sigma'' = \dfrac{M_y}{I_y}z = \dfrac{M\sin\varphi}{I_y}z \end{cases} \tag{c}$$

根据叠加原理，横截面 m—m 上任一点 C 处总弯曲正应力为

$$\sigma=\sigma'+\sigma''=\frac{M_z}{I_z}y+\frac{M_y}{I_y}z=\frac{M\cos\varphi}{I_z}y+\frac{M\sin\varphi}{I_y}z \tag{10-1}$$

正应力正负号，可以直接观察 M_z 和 M_y 弯矩分别引起的正应力是拉应力还是压应力来决定。

4. 确定中性轴位置

由于横截面上的最大正应力在离中性轴最远处，因此，要想求最大正应力，必须找到中性轴位置。由于中性轴截面上各点正应力等于零，所以用 y_0、z_0 表示中性轴上一点的坐标，代入式（10-1），令 $\sigma=0$

$$\frac{\cos\varphi}{I_z}y_0+\frac{\sin\varphi}{I_y}z_0=0 \tag{d}$$

这就是中性轴方程。从上式可以看出，中性轴是通过截面形心的一条直线，设中性轴与 z 轴的夹角为 α，如图 10-3 所示。

$$\tan\alpha=-\frac{I_z}{I_y}\tan\varphi \tag{10-2}$$

从式（10-2）可以看出，中性轴的位置与 I_z 和 I_y 和 φ 有关，即与横截面的形状和尺寸以及 φ 有关。

讨论：(1) 如果 $I_z\neq I_y$，α 和 φ 不相等，即中性轴不垂直于外力作用的平面（如矩形等）。

(2) 如果 $I_z=I_y$，α 和 φ 相等，即中性轴垂直于外力作用的平面（如圆形、正方形等）。

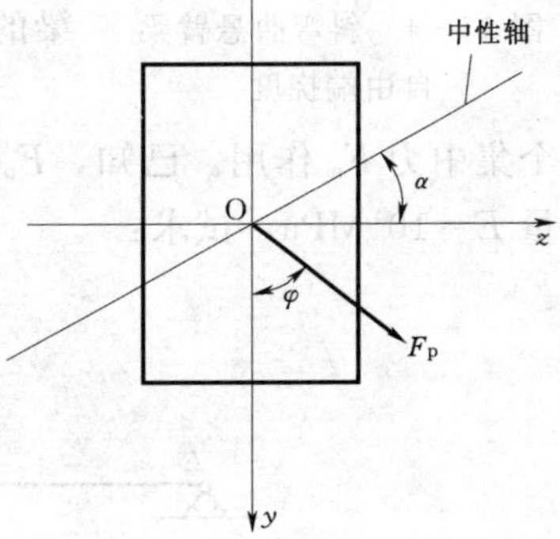

图 10-3 中性轴

5. 最大正应力

为了进行强度计算，必须先确定危险截面，后在危险截面上确定危险点。由公式（b）看出，危险截面在悬臂梁固定端，最大正应力（危险点）在离中性轴最远处棱角 A、B 点，A 点为最大拉应力，B 点为最大压应力。

$$\sigma^{+}=M\left[\frac{\cos\varphi}{I_z}y_a+\frac{\sin\varphi}{I_y}z_a\right] \tag{10-3a}$$

$$\sigma^{-}=-M\left[\frac{\cos\varphi}{I_z}y_b+\frac{\sin\varphi}{I_y}z_b\right] \tag{10-3b}$$

对于不容易确定危险点的截面，如梁的横截面没有棱角，在确定中性轴位置以后，在横截面周边上作两条与中性轴平行的切线，切点距中性轴最远的点为危险点。

6. 强度条件

经过分析发现，危险截面上危险点 A、B 点都是单向应力状态，如果材料的抗拉与抗压许用应力相同，则强度条件可写为

$$\sigma_{\max}=\frac{M_{z\max}}{I_z}y_{\max}+\frac{M_{y\max}}{I_y}z_{\max}=\frac{M_{z\max}}{W_z}+\frac{M_{y\max}}{W_y}\leqslant[\sigma] \tag{10-4}$$

7. 梁的挠曲线计算

如图 10-4 所示，分力 F_{py} 和 F_{pz} 在自由端分别引起的挠度为

$$f_y=\frac{F_{py}l^3}{3EI_z}=\frac{F_p\cos\varphi l^3}{3EI_z} \tag{e}$$

$$f_z=\frac{F_{pz}l^3}{3EI_y}=\frac{F_p\sin\varphi l^3}{3EI_y} \tag{f}$$

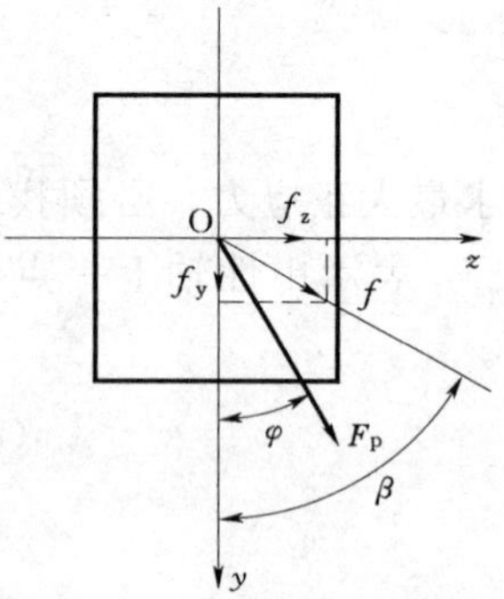

图 10-4　斜弯曲悬臂梁自由端挠度

则总挠度为两个挠度的几何和，大小为

$$f=\sqrt{f_y^2+f_z^2} \tag{10-5}$$

设总挠度 f 与 y 轴方向的夹角为β，则总挠度方向为

$$\tan\beta=\frac{f_z}{f_y}=\frac{I_z}{I_y}\tan\varphi=-\tan\alpha \tag{10-6}$$

此式表明，梁的两个形心主惯性矩 I_y 和 I_z 不相等，β 和 φ 不相等，说明斜弯曲梁的变形与载荷作用面不重合。只有形心主惯性矩 I_y 和 I_z 相等，β 和 φ 相等，梁的变形与载荷作用面重合，即平面弯曲。但无论梁形心主惯性矩 I_y 和 I_z 是否相等，梁的变形在与中性轴垂直平面内。

【例 10-1】　图10-5所示矩形截面的简支梁在跨中央受一个集中力 F_p 作用。已知，$F_p=10$kN，与形心主轴 y 形成$\varphi=15°$的夹角，设木材的弹性模量 $E=10^4$MPa，试求：

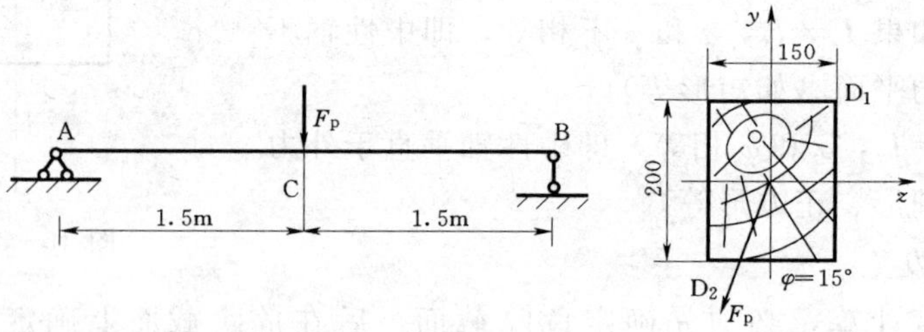

图 10-5　例 10-1 图

(1) 危险截面上的最大正应力；

(2) 最大挠度及其方向。

解：(1) 计算最大正应力。把载荷沿 y 轴和 z 轴分解为 F_{py} 和 F_{pz}

$$\begin{cases}F_{py}=F_p\cos\varphi=F_p\cos15°\\F_{pz}=F_p\sin\varphi=F_p\sin15°\end{cases}$$

危险截面在跨中，最大弯矩为

$$\begin{cases}M_{zmax}=\frac{1}{2}F_{py}l=\frac{1}{2}F_p\cos\varphi l=\frac{1}{2}\times10\times\cos15°\times1.5=7.25\ (\text{kN}\cdot\text{m})\\M_{ymax}=\frac{1}{2}F_{pz}l=\frac{1}{2}F_p\sin\varphi l=\frac{1}{2}\times10\times\sin15°\times1.5=1.94\ (\text{kN}\cdot\text{m})\end{cases}$$

由于正应力线性分布，再根据两弯矩方向，最大正应力在 D_1 和 D_2 点，D_1 为最大拉应力点，D_2 为最大压应力点，由于矩形截面两点对称，因此，两点正应力的绝对值相等，只计算一点即可，计算 D_1 点。

$$\sigma_{max}=\frac{M_{zmax}}{W_z}+\frac{M_{ymax}}{W_y}$$

其中
$$W_z=\frac{bh^2}{6}=\frac{150\times 200^2}{6}=10^6(\text{mm}^3)$$

$$W_y=\frac{hb^2}{6}=\frac{200\times 150^2}{6}=7.5\times 10^5(\text{mm}^3)$$

因此，最大正应力为

$$\sigma_{\max}=\frac{M_{z\max}}{W_z}+\frac{M_{y\max}}{W_y}=\frac{7.25\times 10^6}{10^6}+\frac{1.94\times 10^6}{7.5\times 10^5}=9.84\ (\text{MPa})$$

（2）计算最大挠度及其方向。沿 z 轴和 y 轴方向的挠度为

$$f_z=\frac{F_{pz}(2l)^3}{48EI_y}=\frac{F_p\sin\varphi l^3}{6EI_y}$$

$$f_y=\frac{F_{py}(2l)^3}{48EI_z}=\frac{F_p\cos\varphi l^3}{6EI_z}$$

其中
$$I_y=\frac{hb^3}{12}=\frac{200\times 150^3}{12}=5.6\times 10^7(\text{mm}^4)$$

$$I_z=\frac{bh^3}{12}=\frac{150\times 200^3}{12}=10^8(\text{mm}^4)$$

总挠度为

$$\begin{aligned}f&=\sqrt{f_y^2+f_z^2}\\&=\frac{F_p l^3}{6EI_z}\sqrt{\left(\frac{I_z}{I_y}\right)^2\sin^2\varphi+\cos^2\varphi}\\&=\frac{10\times 10^3\times(1.5\times 10^3)^3}{6\times 10^4\times 10^8}\sqrt{\left(\frac{10^8}{5.6\times 10^7}\right)^2\sin^2 15+\cos^2 15}\\&=6.02\ (\text{mm})\end{aligned}$$

设总挠度 f 与 y 轴方向的夹角为 β，则总挠度方向为

$$\tan\beta=\frac{f_z}{f_y}=\frac{I_z}{I_y}\tan\varphi=\frac{10^8}{5.6\times 10^7}\tan 15^\circ=0.478$$

第三节　拉伸（压缩）与弯曲组合

杆件在受轴向拉（压）力作用时，还受通过其轴线的纵向平面内垂直于轴线的载荷作用，这时杆将发生拉伸（压缩）与弯曲的组合变形。

例如烟囱在自重和风力的作用下发生这样的组合变形，如图 10－1（a）所示。在自重作用下，引起轴向压缩，在风力作用下引起弯曲，所以是轴向压缩与弯曲的组合。但是，这里的杆件具有较大的抗弯刚度，即轴向拉（压）力引起的弯矩可略去不计，因此，计算这种组合变形强度，分别计算各种载荷单独引起的正应力，然后按叠加原理求其几何和。

现以图 10－6（a）所示矩形截面简支梁为例，梁受轴向拉力 F_S 和横向载荷 F_p 同时作用。

1. 外力

首先分析梁的外力作用引起哪种变形。

F_S——轴向拉力，引起拉伸变形。

F_p——横向载荷，引起弯曲变形。

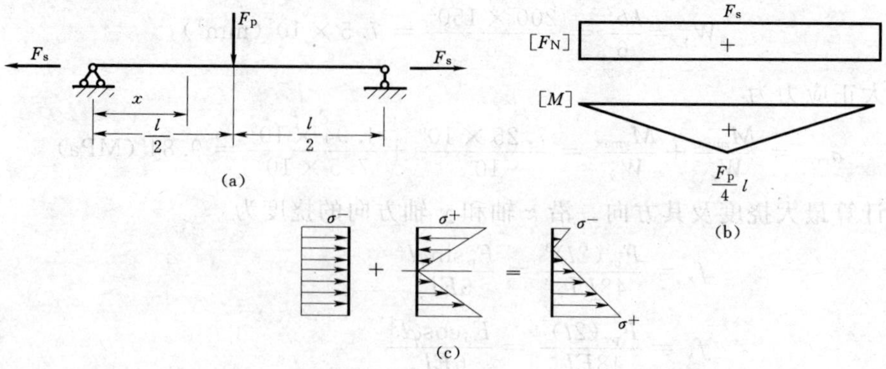

图 10-6 矩形截面梁

2. 内力

求出横截面上的内力。

F_N——轴力。

弯矩
$$M=\frac{F_p}{2}x \quad \left(0\leqslant x\leqslant\frac{1}{2}\right) \tag{a}$$

由内力图 10-6（b）可看出，最大弯矩在梁的中点

$$M_{max}=\frac{F_p}{4}l \tag{b}$$

由于梁切应力引起破坏非常小，剪力可忽略。

3. 正应力分析

轴力 F_N 引起正应力为 σ'，在梁的横截面上均匀分布。

$$\sigma'=\frac{F_N}{A}=\frac{F_S}{A} \tag{c}$$

其中 A 为梁的横截面面积。

弯矩 M 引起的正应力为 σ''，在梁的横截面上线性分布。离中性轴为 y 处的正应力为

$$\sigma''=\frac{My}{I_z} \tag{d}$$

根据叠加原理，横截面上正应力为

$$\sigma=\sigma'+\sigma''=\frac{F_S}{A}\pm\frac{My}{I_z} \tag{10-7}$$

设 $\sigma''>\sigma'$，最大拉、压应力在梁的中点截面上、下边缘处，公式为

$$\sigma_{max}=\frac{F_S}{A}\pm\frac{M_{max}}{W_z}=\frac{F_S}{A}\pm\frac{F_p l}{4W_z} \tag{10-8}$$

正应力分布如图 10-6（c）所示正应力符号与以前所述相同。

4. 强度条件

危险点的应力为单向应力状态，因此直接建立强度条件

$$\sigma=\frac{F_S}{A}+\frac{F_p l}{4W_z}\leqslant[\sigma] \tag{10-9}$$

如果杆件横截面为非对称，即许用拉应力与许用压应力不相等时，杆内的最大拉应力和最大压应力必须分别满足杆件的拉、压强度条件。

【例 10-2】 如图10-7所示，宽度为 b、厚度为 t 的板，具有半径为 r 的半圆缺口，两端受合力为 F_p 的均布拉伸载荷作用，求最小截面 BC 处的应力。

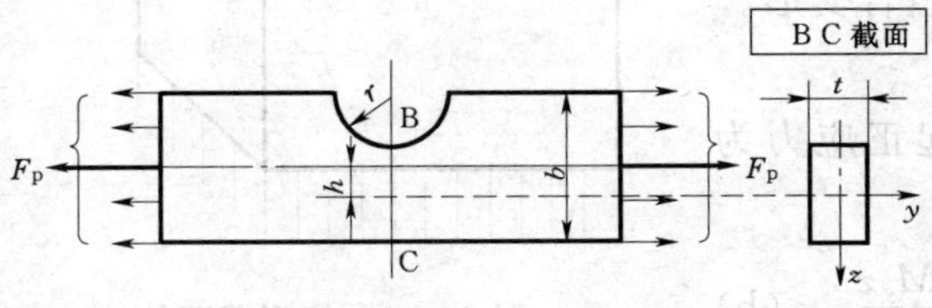

图 10-7 例 10-2 图

解：载荷的合力 F_p 作用于两端截面的形心，设过 BC 截面形心的轴线与过合力作用点的轴线之间距离为 h，则

$$h=\frac{b}{2}-\frac{b-r}{2}=\frac{r}{2}$$

作用于截面 BC 的力为拉力 F_p 和弯矩 $M=-F_p h=-\frac{F_p r}{2}$，故截面 BC 上产生的应力为

$$\sigma=\frac{F_p}{A}+\frac{Mz}{I_y}=\frac{F_p}{t(b-r)}-\frac{F_p\frac{r}{2}z}{\frac{t(b-r)^3}{12}}=\frac{F_p}{t(b-r)}-\frac{6F_p rz}{t(b-r)^3}$$

因此，B，C 点的应力 σ_B，σ_C 为

$$\sigma_B=\frac{F_p}{t(b-r)}-\frac{6F_p r\left(-\frac{b-r}{2}\right)}{t(b-r)^3}=\frac{F_p}{t(b-r)}\left(1+\frac{3r}{b-r}\right)$$

$$\sigma_C=\frac{F_p}{t(b-r)}-\frac{6F_p r\frac{b-r}{2}}{t(b-r)^3}=\frac{F_p}{t(b-r)}\left(1-\frac{3r}{b-r}\right)$$

第四节 偏心压缩（拉伸）及截面核心

在工程上经常见到外力作用线与杆的轴线不重合，如图 10-8 厂房中吊车立柱，受到载荷 F_{p1} 和 F_{p2} 作用，F_{p1} 为轴向力，引起压缩变形，F_{p2} 作用线不经过立柱的轴线，因此，立柱将同时发生轴向压缩和弯曲变形。

作用在直杆上的外力，当其作用线与杆的轴线平行但不重合时，将引起偏心拉伸或偏心压缩（Eccentric tension or compression）。

一、偏心压（拉）应力计算

下面以矩形截面柱为例（见图 10-9），矩形截面杆在 A 点受压力 F_p 作用。设 F_p 力作用点的坐标为 y_F 和 z_F。

1. 外力分析

把力 F_p 移到形心轴上，有外力 F_p、力矩 M_z，M_y

$$\begin{cases} M_z=F_p y_F \\ M_y=F_p z_F \end{cases} \qquad \text{(a)}$$

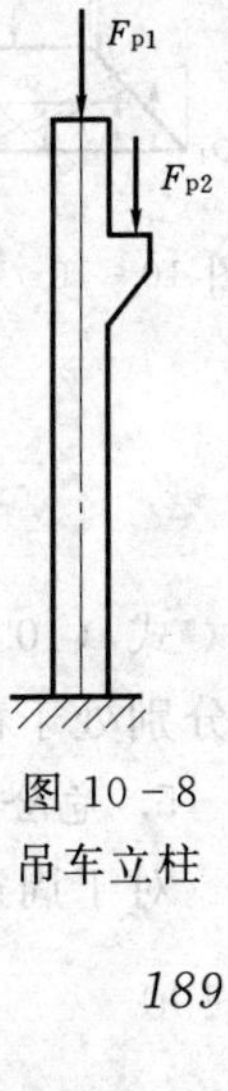

图 10-8 吊车立柱

2. 内力分析

求出任意截面上的内力为

轴力　　　　　$F_N=-F_p$

弯矩　　　　　M_z, M_y

因此，偏心压（拉）也是压（拉）弯组合变形。

3. 应力分析

设轴力 F_N 引起正应力为 σ'，M_z 引起正应力为 σ''，M_y 引起正应力为 σ'''。

$$\sigma'=-\frac{F_p}{A},\quad \sigma''=-\frac{M_z y}{I_z},\quad \sigma'''=-\frac{M_y z}{I_y} \qquad \text{(b)}$$

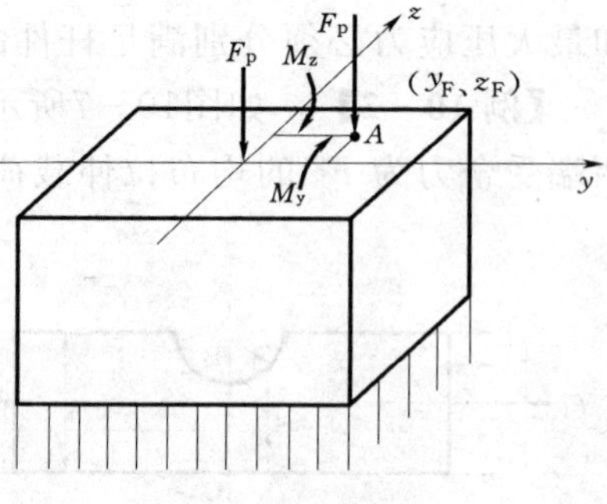

图 10-9　矩形截面柱

其中，σ''和 σ'''求的是压应力。

应用叠加原理，叠加后的正应力为

$$\sigma=\sigma'+\sigma''+\sigma'''=-\frac{F_p}{A}-\frac{M_z y}{I_z}-\frac{M_y z}{I_y}=-\frac{F_p}{A}-\frac{F_p y_F y}{I_z}-\frac{F_p z_F z}{I_y} \qquad (10-10)$$

正应力分布如图 10-10 所示（设两个同方向的正应力大于一个反方向的正应力）

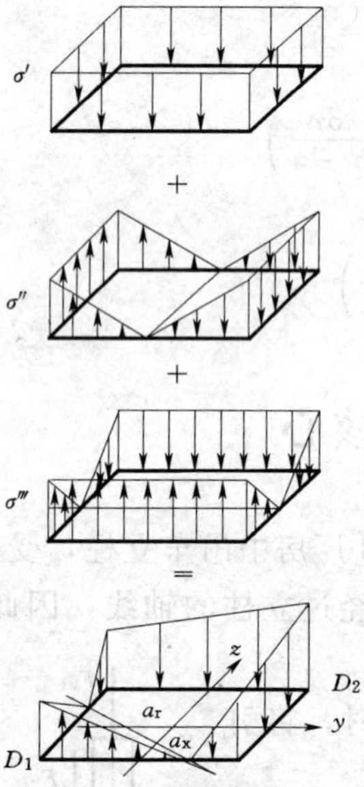

图 10-10　正应力分布图

4. 中性轴

为了寻找危险点，先找中性轴，中性轴上正应力 $\sigma=0$

$$\sigma=-\frac{F_p}{A}-\frac{F_p y_F y}{I_z}-\frac{F_p z_F z}{I_y}=0 \qquad \text{(c)}$$

令

$$\frac{I_z}{A}=i_z^2, \frac{I_y}{A}=i_y^2 \qquad \text{(d)}$$

其中 i_z 和 i_y 为横截面面积对 z 轴和 y 轴的惯性半径，因此，上式变为

$$-\frac{F_p}{A}\left(1+\frac{y_F y}{i_z^2}+\frac{z_F z}{i_y^2}\right)=0$$

令 y_0，z_0 为中性轴上任一点的坐标，因此得到中性轴方程

$$1+\frac{y_F y_0}{i_z^2}+\frac{z_F z_0}{i_y^2}=0 \qquad \text{(e)}$$

由上式表明，中性轴是一条不通过坐标原点（截面形心）的斜直线。它的位置与偏心力作用点的坐标（y_F，z_F）有关，为了求出中性轴的位置，设它与坐标轴 y、z 的截距分别为 a_y 和 a_z。

令 $y_0=0$，$z_0=0$ 时

$$\begin{cases} a_z=-\dfrac{i_y^2}{z_F} \\ a_y=-\dfrac{i_z^2}{y_F} \end{cases} \qquad (10-11)$$

式（10-11）表明，a_z 和 z_F，a_y 和 y_F 总是符号相反，所以，外力作用点与中性轴必须分别处于截面形心两侧。

5. 危险点

对于周边具有棱角的横截面，其危险点一定在截面的棱角处，最大拉应力和最大压应

力分别在截面的棱角 D_1 和 D_2 处。其值为

$$\sigma_{-}^{+}=-\frac{F_p}{A}\pm\frac{F_p z_F}{W_y}\pm\frac{F_p y_F}{W_z} \tag{10-12}$$

对于周边不具有棱角的横截面，在周边作与中性轴平行的两条切线，两切点为危险点，即横截面上最大拉应力与最大压应力的点。

6. 强度条件

由于危险点为单向应力状态，因此直接建立强度条件

$$\sigma_{-}^{+}=-\frac{F_p}{A}\pm\frac{F_p z_F}{W_y}\pm\frac{F_p y_F}{W_z}\leqslant[\sigma] \tag{10-13}$$

二、截面核心

如前所述，当偏心压力 F_p 的偏心距较小时，杆横截面上可能不出现拉应力，当偏心压力 F_p 的偏心距较大时，杆横截面上可能不出现压应力。土建工程中常用的混凝土构件和砖、石砌体，其拉伸强度远低于压缩强度，在这类构件的设计计算中，往往认为其拉伸强度为零。这就要求构件在受偏心压力作用时，其横截面上不出现拉应力。为此，应使中性轴与横截面不相交。由公式（10－11）可看出，如果（y_F，z_F）较小时，即外力作用点离形心越近，中性轴离形心越远。因此，当外力作用点位于截面形心附近的一个区域内时，就可以保证中性轴不与横截面相交，这个区域称为截面核心（Core of section）。当外力作用在截面核心的边界上时，与此相对应的中性轴正好与截面的周边相切，利用这一关系确定截面核心的边界。

为确定任意形状截面的截面核心边界（图 10－11），可将与截面周边相切的任意直线①看作是中性轴，由公式（10－11）确定与该中性轴对应的外力作用点 1，即截面核心的边界上的一个坐标，同理，分别将与截面周边相切的任意直线②、③等看作是中性轴，由公式确定与该中性轴对应的外力作用点 2，3 等坐标，连接这些点得到一条封闭的曲线，曲线所包围的带阴影的面积，即截面核心。

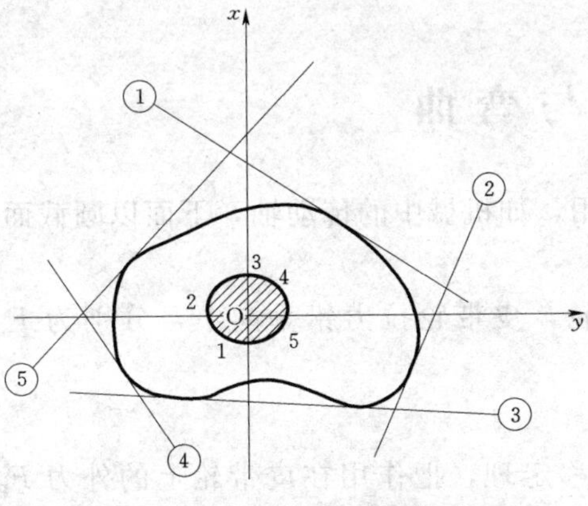

图 10－11　任意形状截面

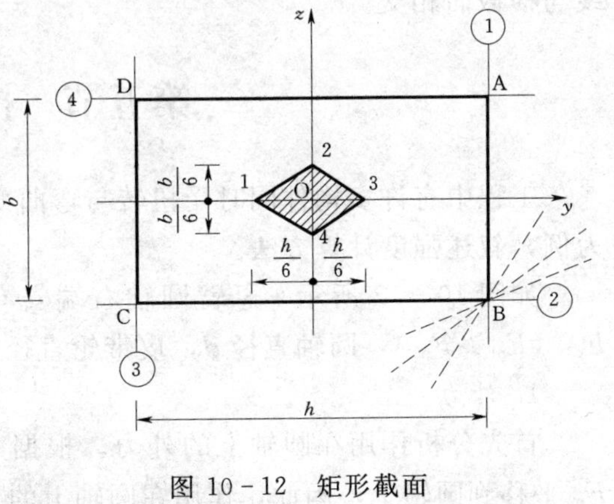

图 10－12　矩形截面

下面以矩形截面为例，说明确定截面核心的方法。

矩形截面边长为 b、h（见图 10－12），y、z 轴为截面形心主惯性轴，先将与 AB 边相切的直线①看作是中性轴，其在 y、z 两轴上的截距分别为

$$a_{y_1}=\frac{h}{2},\quad a_{z_1}=\infty$$

其惯性半径为

$$i_y^2=\frac{b^2}{12},\quad i_z^2=\frac{h^2}{12}$$

所以，得到截面核心边界1点的坐标为

$$y_{F_1}=-\frac{i_z^2}{a_y}=-\frac{\frac{h^2}{12}}{\frac{h}{2}}=-\frac{h}{6},\quad z_{F_1}=-\frac{i_y^2}{a_z}=0$$

同理，分别取BC、CD和DA边相切的直线②、③、④为中性轴，可求得对应的截面核心边界点2、3、4的坐标分别为

$$y_{F_2}=0,\quad z_{F_2}=\frac{b}{6},\quad y_{F_3}=\frac{h}{6},\quad z_{F_3}=0,\quad y_{F_4}=0,\quad z_{F_4}=-\frac{b}{6}$$

这样，我们得到截面核心边界上的4个点。但是通过4个点，不能完全确定截面核心的形状，即外力作用点的规律，如果中性轴由1转到2，可以求出每个中性轴相对应的截面边界的位置，得到截面核心形状。但是，这样做太繁琐，可通过中性轴方程确定。当中性轴由1转到2时，A点坐标$\left(\frac{h}{2},\frac{b}{2}\right)$为常数，中性轴方程中

$$1+\frac{y_F y_0}{i_z^2}+\frac{z_F z_0}{i_y^2}=0$$

y_0，z_0为常数，可以发现，y_F，z_F的关系为一条直线，因而，可以确定1，2点之间的关系也为一条直线。同理，确定2，3，4点之间的关系也为一条直线。所以，确定矩形截面偏心压（拉）截面核心为菱形。

对于具有棱角的截面，均可按上述方法确定截面核心。对周边具有凹进部分的截面（如T字形截面），在选取中性轴边界时，凹进部分的周边不能作为中性轴，因为这种直线与横截面相交。

第五节 扭转与弯曲

工程中有许多构件同时受扭转与弯曲变形作用，如机械中的传动轴，下面以圆截面轴为例，叙述强度计算方法。

如图10-13所示，悬臂圆轴右端安有皮带轮，皮带轮拉力铅垂向下，分别为F_{p1}、F_{p2}（$F_{p1}>F_{p2}$），圆轴直径d，皮带轮直径为D。

1. 外力

首先分析作用在圆轴上的外力。根据力的平移定理，把作用在皮带轮上的外力F_{p1}、F_{p2}平移到圆轴上，因此，作用在圆轴上的外力有

$$F_p=F_{p1}+F_{p2},\quad M_e=(F_{p1}-F_{p2})\frac{D}{2} \tag{a}$$

根据外力分析知道，圆轴在外力F_p和外力偶M_e作用下为弯曲与扭转组合变形。

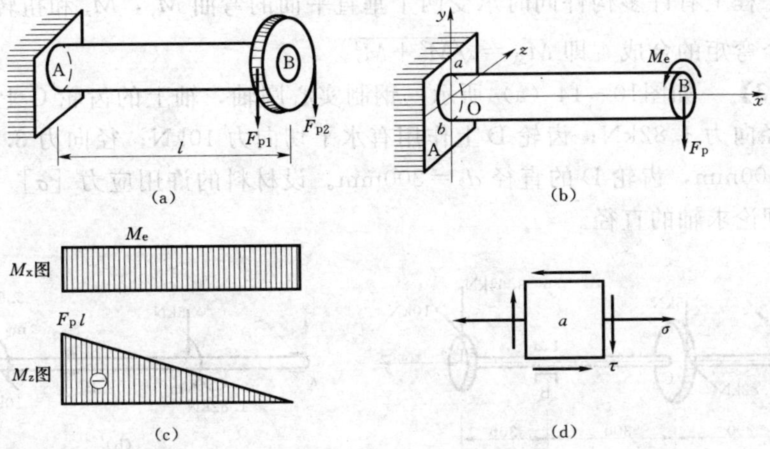

图 10-13　悬臂圆轴

2. 内力

画出内力图，如图 10-13（c）所示。

任意截面上的内力为

弯矩　　$M_z=-F_p(L-x)\ (0<x\leqslant l)$

扭矩　　$M_x=M_e(0<x<l)$　　(b)

最大弯矩为　　$M_{zmax}=F_p l$

3. 应力

由内力分析得到危险截面为 A，则危险截面上离中性轴最远点 a，b 为危险点，弯矩和扭矩分别产生的应力为

$$\sigma=\pm\frac{M_{zmax}}{W_z}=\frac{F_p l}{W_z},\quad \tau=\frac{M_x}{W_p}=\frac{M_e}{W_p} \tag{c}$$

4. 强度条件

在危险点 a 取出单元体，应力状态如图 10-13（d）所示，根据应力状态分析，应用第三、第四强度理论，建立扭转与弯曲组合变形强度条件

$$\sigma_{r3}=\sqrt{\sigma^2+4\tau^2}\leqslant[\sigma] \tag{10-14}$$

$$\sigma_{r4}=\sqrt{\sigma^2+3\tau^2}\leqslant[\sigma] \tag{10-15}$$

如果将应力式（c）代入式（10-14）、式（10-15），并且将圆轴中 $W_z=\frac{\pi d^3}{32}=W$，$W_p=\frac{\pi d^3}{16}$关系代入，那么，应用第三、第四强度理论，扭转与弯曲组合变形强度条件为

$$\sigma_{r3}=\frac{\sqrt{M^2+M_x^2}}{W}\leqslant[\sigma] \tag{10-16}$$

$$\sigma_{r4}=\frac{\sqrt{M^2+0.75M_x^2}}{W}\leqslant[\sigma] \tag{10-17}$$

必须强调指出，式（10-16）、式（10-17）只适用于圆轴扭转与弯曲组合变形情况。

另外，工程上有许多构件同时承受两个垂直平面的弯曲 M_y，M_z 和扭转，这时，这里的弯矩为两个弯矩的合成，即 $M_{总}=\sqrt{M_y^2+M_z^2}$。

【例 10-3】 如图10-14（a）所示一钢制实心圆轴，轴上的齿轮C上作用有铅垂切向力 5kN；径向力 1.82kN；齿轮D上作用有水平切向力 10kN；径向力 3.64kN。齿轮C的直径 $d_1=400$mm，齿轮D的直径 $d_2=200$mm。设材料的许用应力 $[\sigma]=100$MPa，试按第四强度理论求轴的直径。

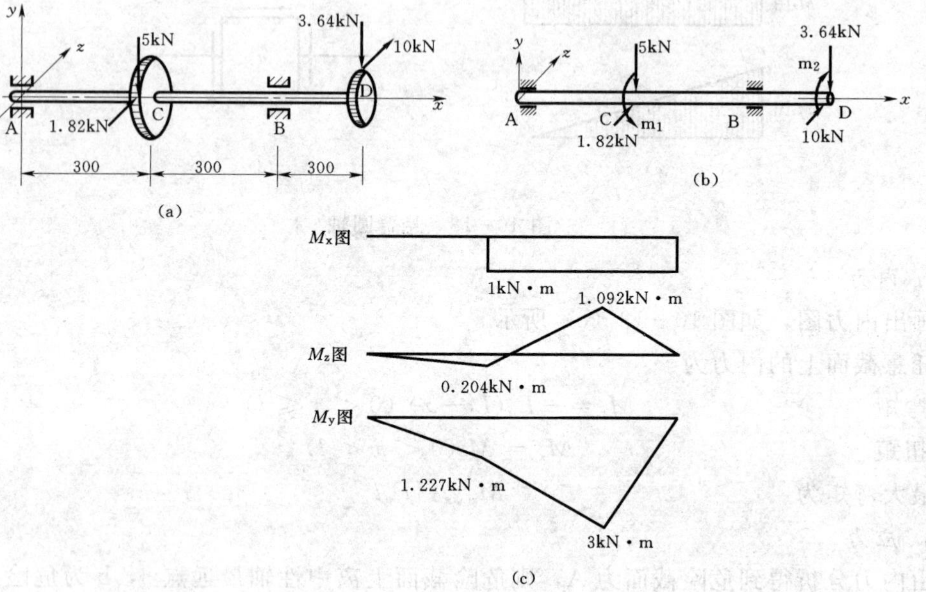

图 10-14 例 10-3 图

解：(1) 外力简化，画出轴受力简图，如图 10-14（b）所示。齿轮C上的铅垂切向力与齿轮D上水平切向力向轴线简化，简化后得到力和力矩，力矩大小相等、方向相反，引起轴扭转变形。

$$M_e=m_1=m_2=5\times\frac{d_1}{2}=5\times\frac{0.4}{2}=1\ (\text{kN}\cdot\text{m})$$

齿轮C上径向力与齿轮D上水平切向力引起 xz 平面内的弯曲，齿轮C上铅垂切向力与齿轮D上径向力引起 xy 平面内的弯曲（图 10-14c）。

(2) 分别作内力图—扭矩图 M_x，xy 平面内的弯矩 M_z，xz 平面内的弯矩 M_y。

(3) 判断危险截面。由内力图可以判断出轴的危险截面为截面B。在截面B上，扭矩 M_x 和合成弯矩 M 分别为

$$M_x=M_e=1\ \text{kN}\cdot\text{m}$$

$$M=\sqrt{M_z^2+M_y^2}=\sqrt{1.09^2+3^2}=3.19\ (\text{kN}\cdot\text{m})$$

(4) 按照第四强度理论，求轴的直径。由式（10-17），得

$$\sigma_{r4}=\frac{\sqrt{M^2+0.75M_x^2}}{W}\leqslant[\sigma]$$

$$\sqrt{M^2+0.75M_x^2}=\sqrt{3.19^2+0.75\times1^2}=3.3\ (\text{kN}\cdot\text{m})$$

$$d\geqslant\sqrt[3]{\frac{32\times3.3\times10^6}{\pi[\sigma]}}=\sqrt[3]{\frac{32\times3.3\times10^6}{\pi\times100}}=69.5\ (\text{mm})$$

小　结

1. 组合变形概念。

构件受力之后，同时产生两种或两种以上的基本变形，称为组合变形。

2. 组合变形构件强度分析方法。

组合变形构件强度是在各种基本变形应力计算基础上。具体步骤如下：

(1) 对外力进行分解，分解成几组基本变形构件受力情况。

(2) 分析基本变形的内力，确定危险截面。

(3) 计算危险截面上的应力，确定危险点位置。

(4) 根据危险点应力状态，建立相应的强度理论。

3. 常见几种组合变形强度条件。

斜弯曲　$\sigma_{max}=\frac{M_{zmax}}{I_z}y_{max}+\frac{M_{ymax}}{I_y}z_{max}=\frac{M_{zmax}}{W_z}+\frac{M_{ymax}}{W_y}\leqslant[\sigma]$

拉(压)与弯曲　$\sigma_{max}=\frac{F_S}{A}+\frac{M_{max}}{W_z}\leqslant[\sigma]$

偏心压(拉)　$\sigma^{+}_{-}=-\frac{F_p}{A}\pm\frac{M_{ymax}}{W_y}\pm\frac{M_{zmax}}{W_z}\leqslant[\sigma]$

扭转与弯曲　$\sigma_{r3}=\sqrt{\sigma^2+4\tau^2}\leqslant[\sigma]$

$$\sigma_{r4}=\sqrt{\sigma^2+3\tau^2}\leqslant[\sigma]$$

如果为圆轴，则　$\sigma_{r3}=\frac{\sqrt{M^2+M_x^2}}{W}\leqslant[\sigma]$

$$\sigma_{r4}=\frac{\sqrt{M^2+0.75M_x^2}}{W}\leqslant[\sigma]$$

习　题

10-1　悬臂梁受到水平平面内 F_{p1} 及铅垂面内 F_{p2} 的作用，如题 10-1 图所示，$F_{p1}=0.8\text{kN}$，$F_{p2}=1.65\text{kN}$，$l=1000\text{mm}$，该梁的尺寸为 $b=90\text{mm}$，$h=180\text{mm}$；该梁的弹性模量为 $E=10\text{GPa}$，试求最大正应力及其作用点位置，并求该梁的最大挠度。

10-2　矩形截面的悬臂木梁如题 10-2 图所示，若 $F_p=0.24\text{kN}$，$\frac{h}{b}=2$，$[\sigma]=10\text{MPa}$，试选定截面尺寸。

10-3　工字形截面简支梁如题 10-3 图所示，力 F_p 与截面铅垂轴的交角为 5°，若 $F_p=60\text{kN}$，$l=4\text{m}$，$[\sigma]=160\text{MPa}$，且最大挠度不超过 $\frac{l}{400}$，试选定工字钢的型号。

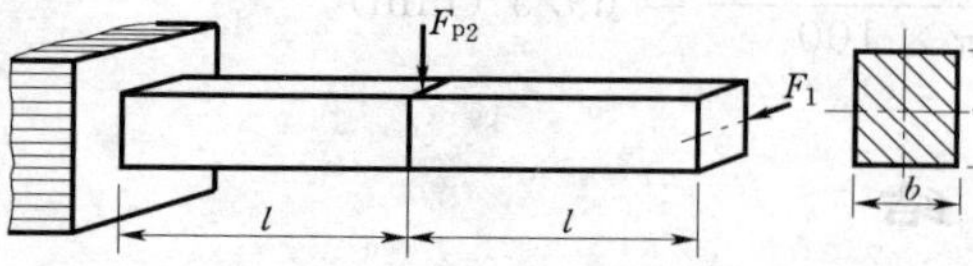

题 10-1 图

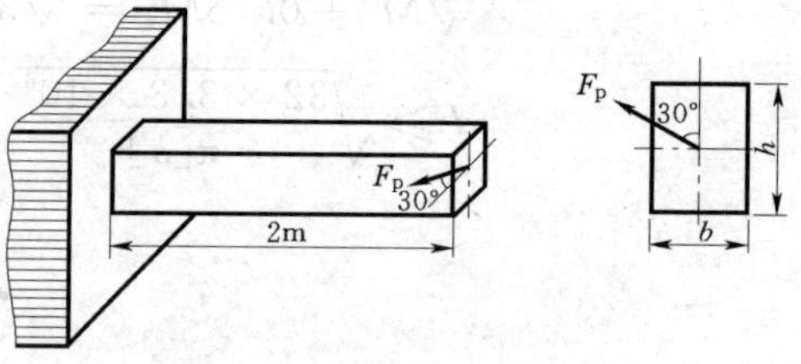

题 10-2 图

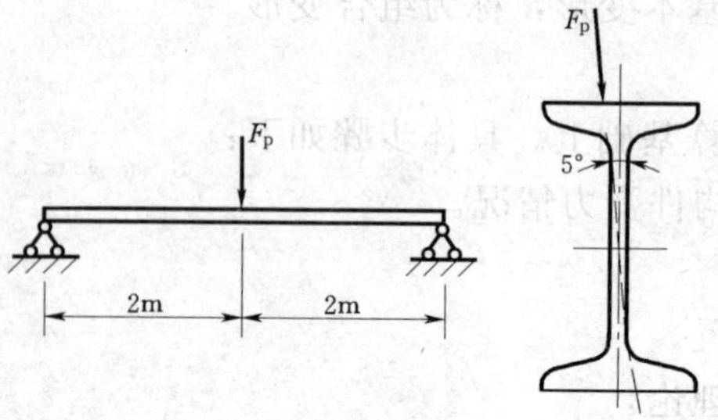

题 10-3 图

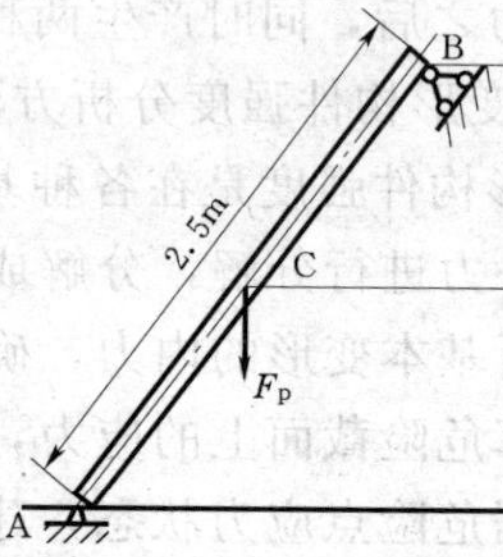

题 10-4 图

10-4　如图 10-4 图所示，梁 AB 的截面为 100mm×100mm 的正方形，若 F_P = 3kN，求最大拉应力及最大压应力。

10-5　如题 10-5 图所示外悬式起重机，由工字梁 AB 及拉杆 BC 组成，起重载荷 F_P = 25kN，l = 2m，若 [σ] = 100MPa，而 B 处支承可近似地视为铰接，支承反力通过两杆轴线的交点，试选择 AB 梁的截面。

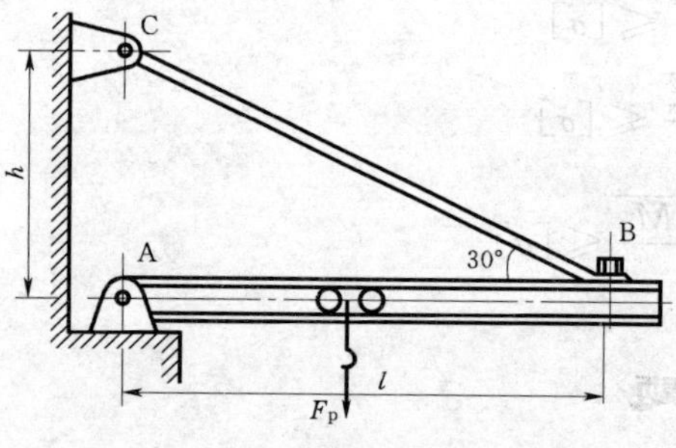

题 10-5 图

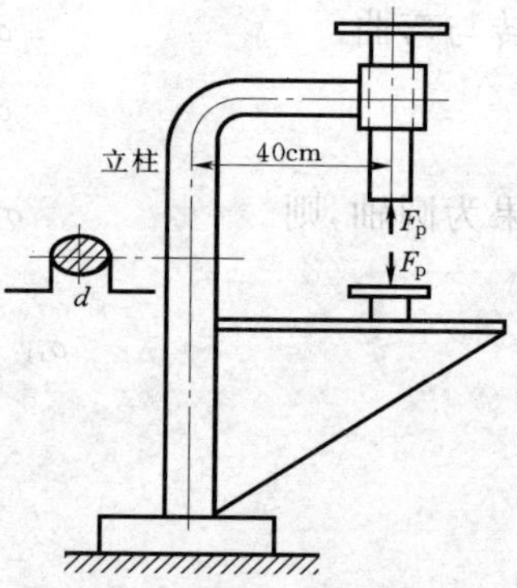

题 10-6 图

10-6　如题 10-6 图所示为一钻床，若 F_P = 15kN，[σ^+] = 35MPa，试计算铸铁立柱所需的直径 d。

10-7　如题 10-7 图所示，砖砌烟囱高 h = 30m，底截面 m—m 的外径 d_1 = 3m，内径 d_2 = 2m，自重 P_1 = 2000kN，受 q = 1kN/m 的风力作用。试求：

(1) 烟囱底截面上的最大压应力；

(2) 若烟囱的基础埋深 h_0 = 4m，基础及填土自重按 P_2 = 1000kN 计算，土壤的许用压应力 [σ] = 0.3MPa，圆形基础的直径 D 应为多大？

注：计算风力时，可略去烟囱直径的变化，把它看作是等截面的。

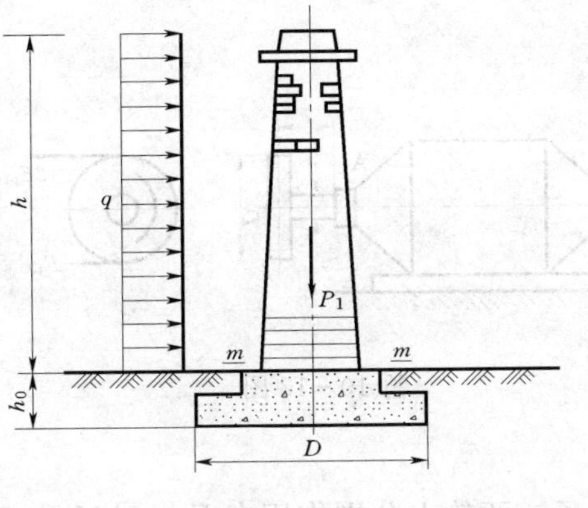

题 10-7 图

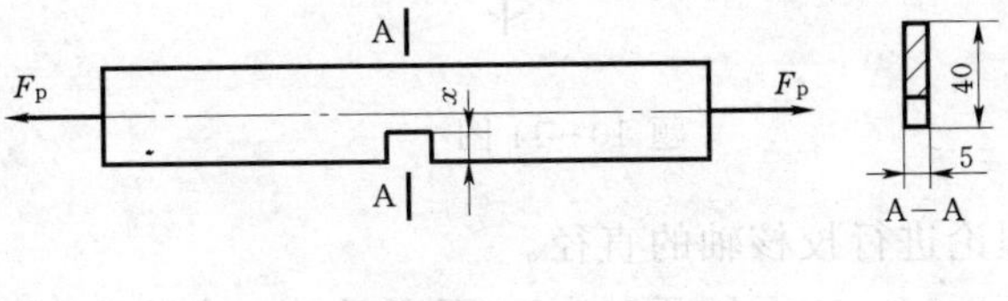

题 10-8 图

10-8　受拉构件形状如题 10-8 图所示，已知截面尺寸为 40mm×5mm，承受轴向拉力 $F_p=12$kN。现拉杆开有切口，如不计应力集中影响，当材料的 $[\sigma]=100$MPa 时，试确定切口的最大许可深度，并绘出切口截面的应力变化图。

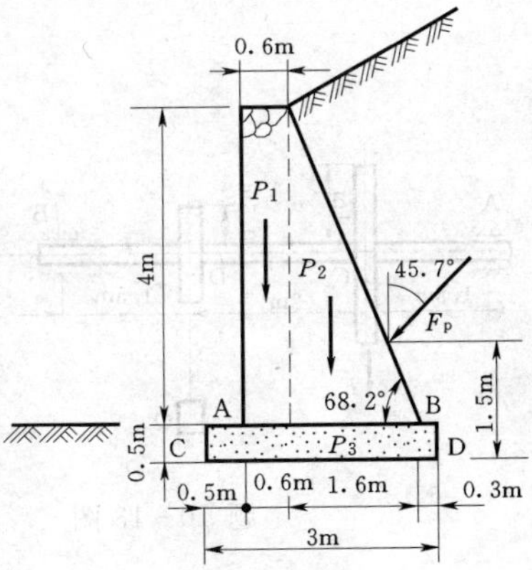

题 10-9 图

10-9　如题 10-9 图所示一浆砌块石挡土墙，高 4m，已知墙背承受的土压力 $F_p=137$kN，并且与铅垂线成夹角 $\alpha=45.7°$，浆砌石的密度为 $2.35\times10^3\,kg/m^3$，其他尺寸如图所示。试取 1m 长的墙体作为计算对象，试计算作用在截面 AB 上 A 点和 B 点处的正应力。又砌体的许用压应力 $[\sigma^-]$ 为 3.5MPa，许用拉应力 $[\sigma^+]$ 为 0.14MPa，试作强度校核。

10-10　试确定题 10-10 图所示各图形的截面核心。

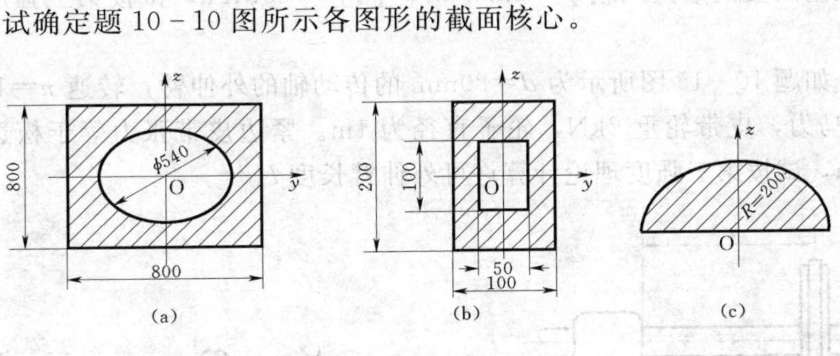

题 10-10 图

10-11　曲拐圆形部分的直径 $d=50$mm，受力如题 10-11 图所示，试绘出 A 点的应力状态，并求其主应力及最大切应力。

10-12　如题 10-12 图所示，电动机功率为 9kW，转速为 715r/min，皮带轮直径 $D=250$mm，外伸臂长 $l=120$mm，轴的直径 $d=40$mm。若 $[\sigma]=60$MPa，试用第三强度

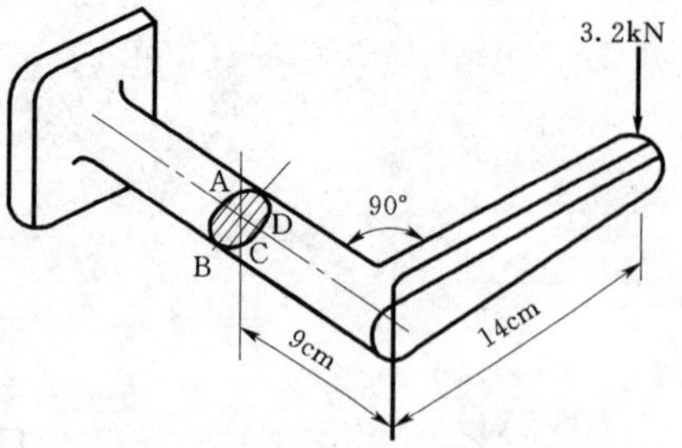

题 10-11 图

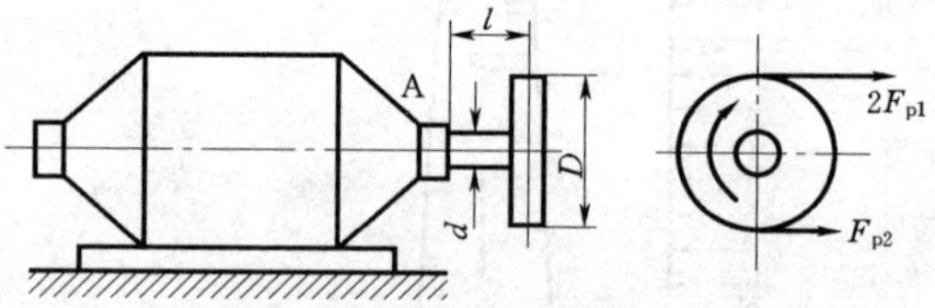

题 10-12 图

理论进行校核轴的直径。

10-13　如题 10-13 图所示轴上安装有两个轮子，两轮上分别作用有 $F_p=3kN$ 及 Q，该轴处于平衡状态。若 $[\sigma]=60MPa$，试按第三及第四强度理论选定轴的直径。

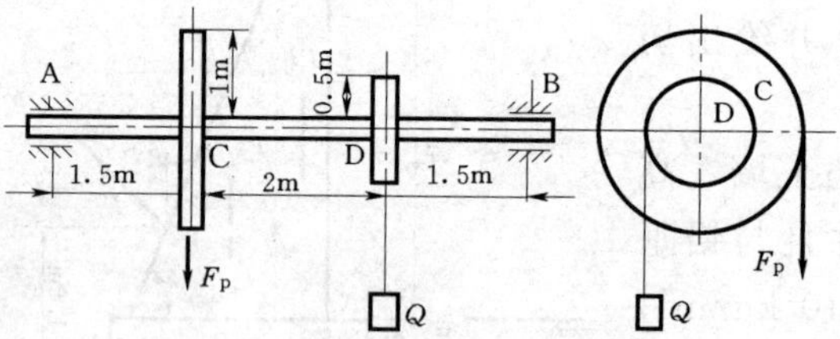

题 10-13 图

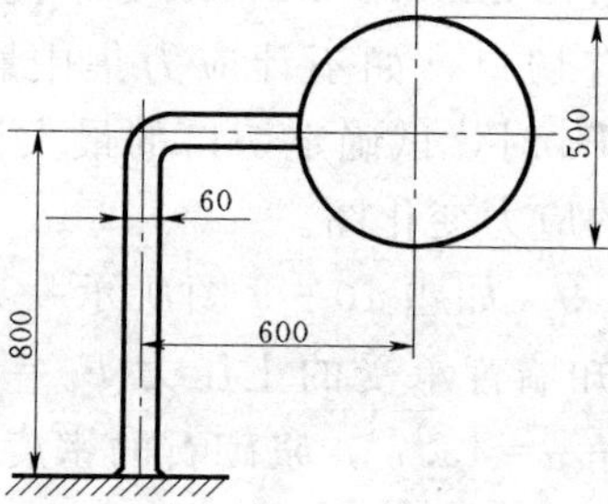

题 10-14 图

10-14　如题 10-14 图所示，铁道路标圆信号板，装在外径 $D=60mm$ 的空心圆柱上，若信号板上所受的最大风载 $p=2kN/m^2$，$[\sigma]=60MPa$，试按第三强度理论选定空心柱的厚度。

10-15　如题 10-15 图所示为 $d=80mm$ 的传动轴的外伸臂，转速 $n=110r/min$，传递功率为 16 马力，皮带轮重 2kN，轮子直径为 1m。紧边皮带张力等于松边的 3 倍。若 $[\sigma]=70MPa$，试按第三强度理论计算许可外伸臂长度 l。

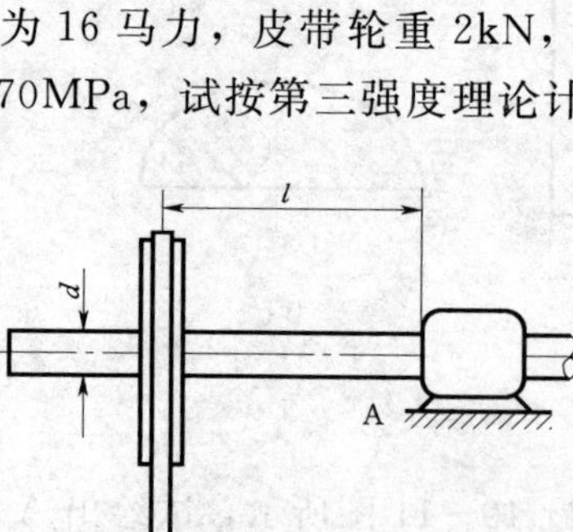

题 10-15 图

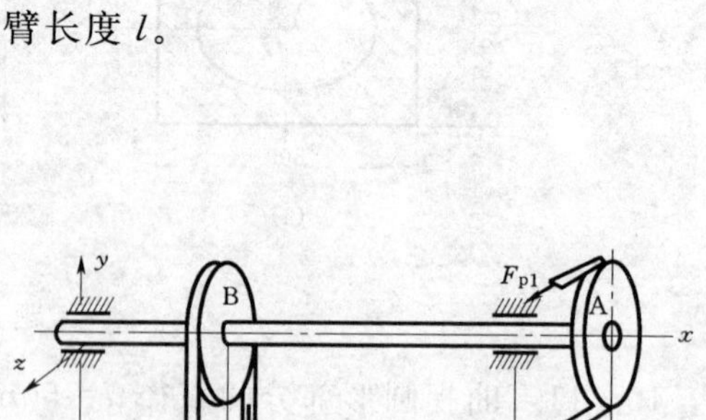

题 10-16 图

10－16　如题 10－16 图所示为传动轴，传递功率为 7354.99W，转速为 100r/min，A 轮上的皮带是水平的，B 轮上的皮带是铅垂的，若两轮直径均为 600mm，$F_{p1}>F_{p2}$，$F_{p2}=1.5$kN，$[\sigma]=80$MPa，试按第三强度理论选定轴的直径。

10－17　如题 10－17 图所示，飞机起落架的折轴为管状截面，内径 $d=70$mm，外径 $D=80$mm。材料的许用应力 $[\sigma]=100$MPa，$F_{p1}=1$kN，$F_{p2}=4$kN，试按第三强度理论校核折轴的强度。

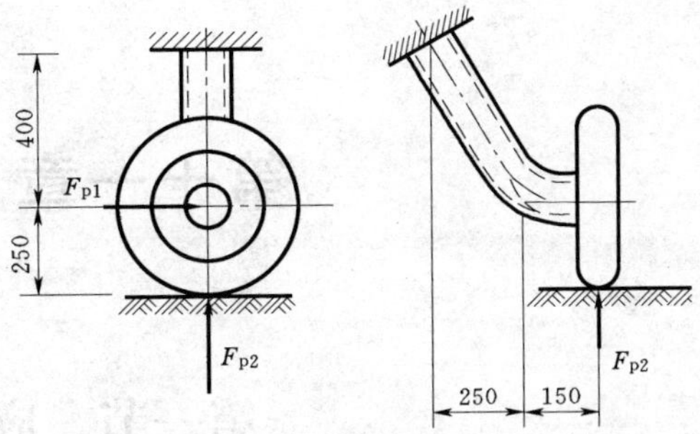

题 10－17 图

第十一章　能　量　法

第一节　应变能的计算

弹性体在载荷作用下发生变形，载荷在其相应的位移上作功，同时，弹性体内储存能量，这个能量叫应变能（Strain energy）。如果不考虑加载过程中其他形式的能量损耗，根据能量守恒原理，积蓄在弹性体内的应变能 V_ε 在数值上等于载荷所作的功 W，即

$$V_\varepsilon = W$$

通常将上式表达的原理称为功能原理，而根据这个原理求解弹性体变形、位移等的方法，称为能量法（Energy method）。能量方法是力学上应用较广的一种方法，不仅应用于线弹性体，也应用于非线性弹性体。本章只研究线弹性体。

一、基本应变能的计算

如前所述，若外力在加载过程中所做的功全部以应变能的形式积蓄在弹性体内，即在加载和卸载的过程中能量没有任何损失，则只要得到加载过程中外力功的数值，弹性体应变能的数值也就可以计算出来，所以说外力功是应变能的一种变量。

1. 轴向拉伸（压缩）时杆内的应变能

由前面介绍知道，在弹性范围内，外力 F_p 与变形 Δl 关系成正比，如图 11-1 所示，因此，外力作功为 F_p 与 Δl 的关系图线下的面积，即

$$W = \frac{1}{2}F_p\Delta l$$

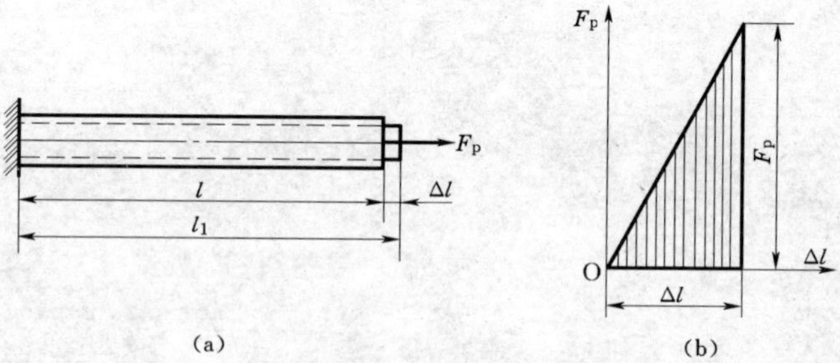

图 11-1　拉伸

杆内的应变能为

$$V_\varepsilon = W = \frac{1}{2}F_p\Delta l$$

由于 $\Delta l=\dfrac{F_N l}{EA}$，$F_p=F_N$，所以，拉伸（压缩）变形时，杆内的应变能为

$$V_\varepsilon = \frac{F_N^2 l}{2EA} \tag{11-1a}$$

或

$$V_\varepsilon = \frac{EA}{2l}\Delta l^2 \tag{11-1b}$$

若外力较复杂，轴力沿轴线为变量 $F_N(x)$，可以先计算长度为 dx 微段内的应变能，再按积分的计法计算整个杆件的应变能，即

$$V_\varepsilon = \int dV_\varepsilon = \int_l \frac{F_N^2(x)dx}{2EA} \tag{11-1c}$$

2. 扭转时圆轴内的应变能

受扭圆轴处于弹性阶段时，其扭转角 φ 与外扭矩 M_e 呈线性关系，如图 11-2 所示，此时外力作功为

$$W = \frac{1}{2}M_e\varphi$$

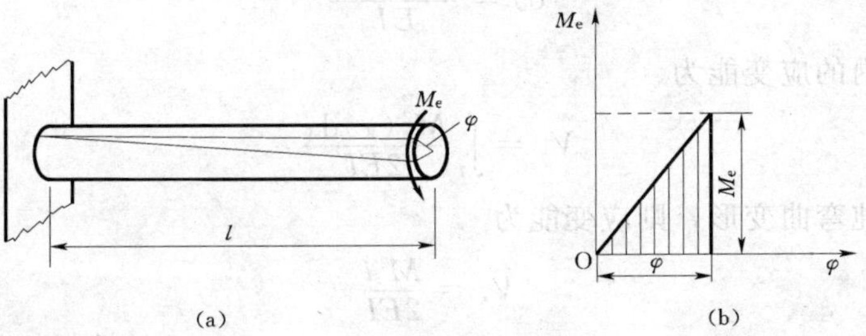

图 11-2　扭转变形

圆轴内的应变能为

$$V_\varepsilon = W = \frac{1}{2}M_e\varphi$$

由于 $\varphi = \frac{M_x l}{GI_p}$，$M_e = M_x$，所以，圆轴扭转时，杆内的应变能为

$$V_\varepsilon = \frac{M_x^2 l}{2GI_p} \tag{11-2a}$$

若扭矩 M_x 沿轴线为变量时，式（11-2a）为

$$V_\varepsilon = \int_l \frac{M_x^2(x)dx}{2GI_p} \tag{11-2b}$$

3. 弯曲时梁内的应变能

梁在横力弯曲时，横截面上同时存在弯矩和剪力。与之相对应，梁同时发生弯曲变形与剪切变形，因此，梁内应变能包括弯曲应变能与剪切应变能。但是，在一般情况下，剪切应变能很小，通常多忽略不计，因而，只计算弯曲应变能。

为了计算弯曲应变能，从图 11-3（a）梁中截取微段 dx，微段上内力如图 11-3（b）所示，微段内弯矩增量 $dM(x)$ 为一阶无穷小，可略去不计，在弹性范围内，弯矩 $M(x)$ 与转角 $d\theta$ 成正比，因此，弯矩作的功为

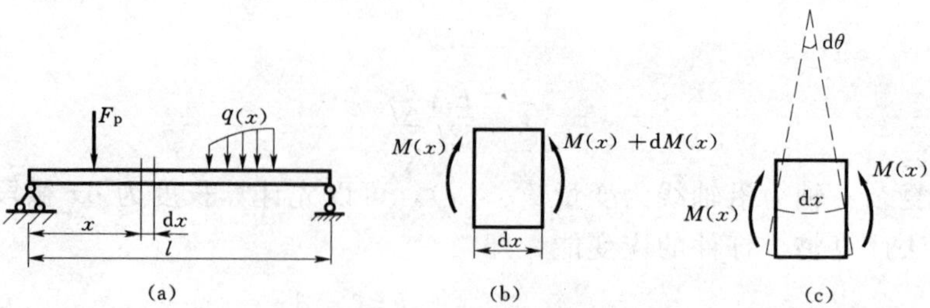

图 11-3　弯曲变形

$$dW = \frac{1}{2}M(x)d\theta$$

梁内的应变能为

$$dV_\varepsilon = dW = \frac{1}{2}M(x)d\theta$$

由于
$$d\theta = \frac{M(x)dx}{EI}$$

所以，弯曲时梁内的应变能为

$$V_\varepsilon = \int_l \frac{M^2(x)dx}{2EI} \tag{11-3}$$

如果梁产生纯弯曲变形，则应变能为

$$V_\varepsilon = \frac{M^2 l}{2EI} \tag{11-4}$$

二、弹性体组合变形时的应变能

弹性体在拉伸、扭转、弯曲组合变形时，在弹性体内取微段，如图 11-4 所示，微段截面上内力有轴力 F_N、扭矩 M_x 和弯矩 M，分别引起的位移为 d（Δl）、$d\varphi$、$d\theta$，则微段上的应变能为各种内力在该微段上各自产生应变能的积，即

$$dV_\varepsilon = dW = \frac{1}{2}F_N(x)d(\Delta l) + \frac{1}{2}M_x(x)d\varphi + \frac{1}{2}M(x)d\theta$$
$$= \frac{F_N^2(x)dx}{2EA} + \frac{M_x^2(x)dx}{2GI_p} + \frac{M^2(x)dx}{2EI}$$

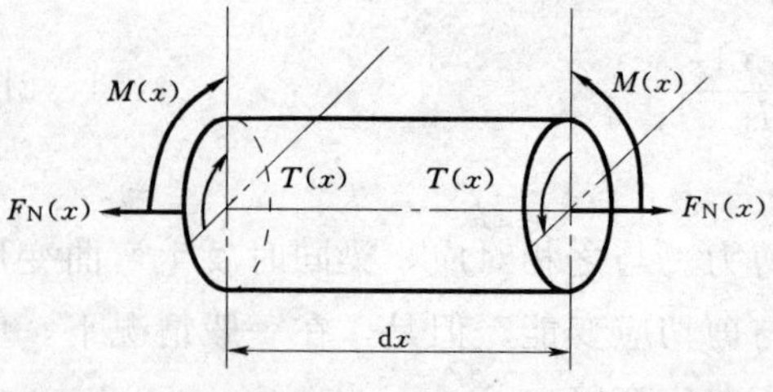

图 11-4　组合受力

如果杆长为 l，积分上式，整个杆内的应变能为

$$V_\varepsilon = \int_l \frac{F_N^2(x)dx}{2EA} + \int_l \frac{M_x^2(x)dx}{2GI_p} + \int_l \frac{M^2(x)dx}{2EI} \tag{11-5}$$

由式（11-5）可看出，应变能与内力 $F_N^2(x)$、$M_x^2(x)$、$M^2(x)$ 成线性关系，不与 $F_N(x)$、$M_x(x)$、$M(x)$ 成线性关系，而弹性范围内的内力与载荷成线性关系，因此弹性体内的应变能与载荷不成线性关系。所以，载荷在自身引起的位移、其他载荷引起的位移上都作功，不能采用叠加法计算应变能。另外，

应变能与载荷加载顺序无关。

【例 11-1】 图11-5所示考虑自重的杆，已知：杆长为 l，抗拉刚度 EA，载荷 q，试求杆内的应变能。

解：取任意截面到自由端距离为 x，该截面上的轴力为

$$F_N(x) = qx \quad (0 \leqslant x < l)$$

杆内的应变能力为 $V_\varepsilon = \int_l \frac{F_N^2(x)\mathrm{d}x}{2EA} = \int_0^l \frac{(qx)^2\mathrm{d}x}{2EA} = \frac{q^2l^3}{6EA}$

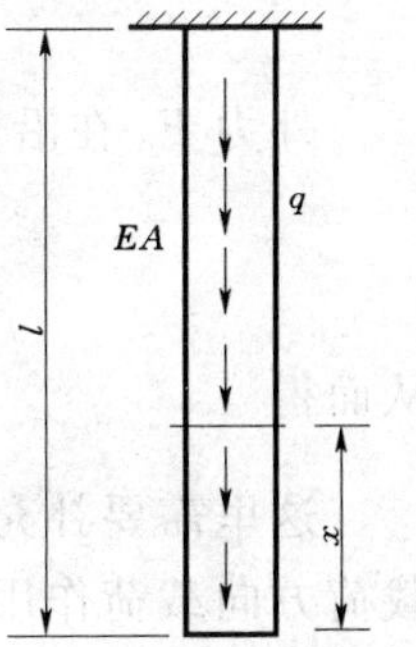

图 11-5 例 11-1 图

【例 11-2】 图11-6所示简支梁，抗弯刚度为 EI，试求在 m 作用下 A 的转角。

解：取任意截面到 A 端距离为 x，该截面弯矩方程为

$$M(x) = m - \frac{m}{l}x \quad (0 < x \leqslant l)$$

梁内弯曲应变能为

$$V_\varepsilon = \int_l \frac{M^2(x)\mathrm{d}x}{2EI} = \int_0^l \frac{\left(m - \frac{m}{l}x\right)^2\mathrm{d}x}{2EI} = \frac{m^2l}{6EI}$$

外力作功为 $W = \frac{1}{2}m\theta_A$ 依 $V_\varepsilon = W$ 有

$$\frac{1}{2}m\theta_A = \frac{m^2l}{6EI}$$

从而得
$$\theta_A = \frac{ml}{3EI}$$

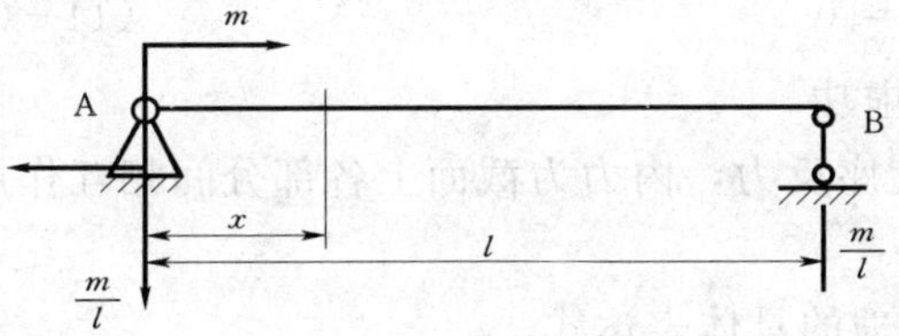

图 11-6 例 11-2 图

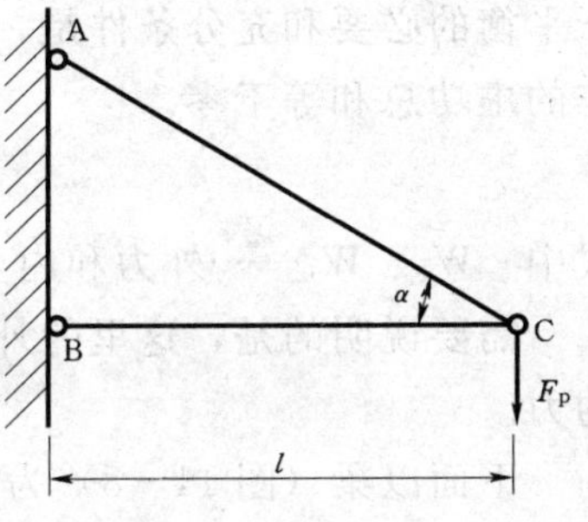

图 11-7 例 11-3 图

【例 11-3】 在图11-7所示结构中，已知 AC 与 BC 两杆的抗拉刚度均为 EA，$\alpha = 45°$，试用能量法求力 F_p 作用下节点 C 的垂直位移。

解：由平衡方程求出 AC、BC 杆的内力分别为

$$F_{NAC} = \sqrt{2}F_p(\text{拉力}), \quad F_{NBC} = F_p(\text{压力})$$

杆系内的应变能等于各杆应变能之和，即

$$V_\varepsilon = \sum \frac{F_{Ni}^2 l_i}{2EA} = \frac{F_{NAC}^2 l_{AC}}{2EA} + \frac{F_{NBC}^2 l_{BC}}{2EA}$$

因此

$$V_\varepsilon = \frac{F_{NAC}^2 l_{AC}}{2EA} + \frac{F_{NBC}^2 l_{BC}}{2EA} = \frac{\sqrt{2}F_p^2 l}{EA} + \frac{F_p^2 l}{2EA} = (1+2\sqrt{2})\frac{F_p^2 l}{2EA}$$

外力作功为

$$W = \frac{1}{2}F_p\Delta_C$$

外力 F_p 在沿其作用方向上的位移 Δ_C 所作的功等于杆系内的应变能，即 $V_\varepsilon = W$ 有

$$\frac{1}{2}F_p\Delta_C = (1+2\sqrt{2})\frac{F_p^2 l}{2EA}$$

从而得

$$\Delta_C = (1+2\sqrt{2})\frac{F_p l}{EA}$$

这里需要补充的是，利用 $V_\varepsilon = W$ 求杆件或结构的位移，只能求一个载荷作用下，沿载荷方向载荷作用点的位移。这种方法有很大的局限性，因此，介绍其他方法求一般情况下的位移。

第二节　莫　尔　定　理

莫尔定理又称为莫尔积分法或单位力法（Dummy load method），它是计算弹性变形比较简便的方法。下面以虚功原理为依据推导出该定理。

一、变形体的虚功原理

由理论力学虚功原理可得到变形体的虚功原理。变形体的虚功原理表述为：变形体处于平衡的必要和充分条件是，作用在其上的外力、内力对于任何微小的、可能的虚位移所作的虚功总和等于零。

$$W_e + W_i = 0 \tag{11-6}$$

式中　W_e、W_i——外力和内力对虚位移所作的虚功。

需要说明的是，这里的外力指的是载荷和支座反力，内力为截面上各部分间相互作用的力。

下面以梁（图 11-8）为例，推导出虚功原理的具体表达式。

悬臂梁在集中荷载 F_{p1}，F_{p2}，…，F_{pn} 作用下，沿其作用方向的相应虚位移分别为 Δ_1，Δ_2，…，Δ_n，则外力所作的虚功为

$$W_e = F_{p1}\Delta_1 + F_{p2}\Delta_2 + F_{pn}\Delta_n = \sum F_{pi}\Delta_i \tag{a}$$

为了计算梁的内力对于虚位移所作的虚功，在梁上任意位置取微段 dx，则微段上微内力有轴力 F_N、弯矩 M 和扭矩 M_x，忽略剪力的影响，在这些微内力作用下，微段相应产生虚位移 d（Δl）、$d\theta$、$d\varphi$，对于微段而言，微内力可看作是微段上的外力，则所作的虚功为

$$dW_e = F_N d(\Delta l) + M d\theta + M_x d\varphi \tag{b}$$

由于微段在上述外力作用下处于平衡状态，根据虚功原理，所有外力对于微段的虚位移所作的虚功等于零，即

$$dW_e + dW_i = 0 \tag{c}$$

则，微段上的内力作的虚功为

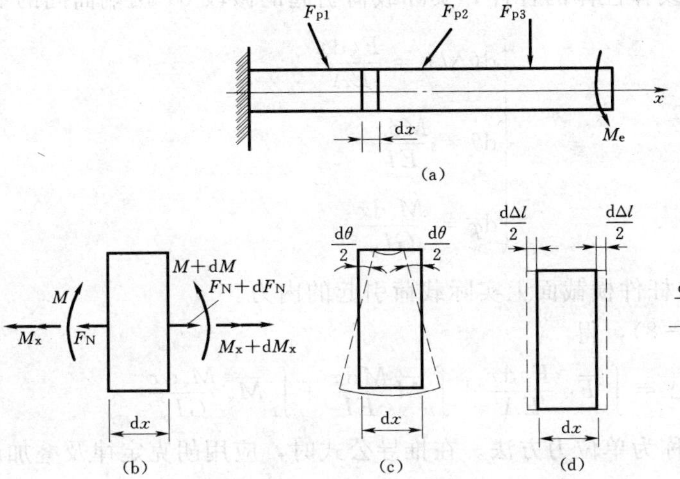

图 11-8 梁的受力

$$dW_i = -[F_N d(\Delta l) + M d\theta + M_x d\varphi] \tag{d}$$

于是，整个梁上内力所作的虚功为

$$W_i = \int_l -[F_N d(\Delta l) + M d\theta + M_x d\varphi] \tag{e}$$

把式（e）代入虚功原理式（11-6），得到虚功原理

$$\sum F_i \Delta_i = \int_l [F_N d(\Delta l) + M d\theta + M_x d\varphi] \tag{11-7}$$

应用变形体虚功原理时应注意以下两个问题：

(1) 对于所研究的力系（外力与内力）必须满足平衡条件。

(2) 对于所选择的虚位移则应当是微小的，且满足变形连续条件与位移边界条件。

另外，由于在推导中未涉及变形体的应力—应变关系，因此，变形体虚功原理不仅适用于线性弹性体，而且适用于非线性弹性体与非弹性体。

二、莫尔定理

式（11-7）中，Δ_i 是沿力方向上的虚位移，要想求出任一点任意方向的真实位移，必须建立一个相应的变换。想要确定在实际载荷作用下杆件上某一截面沿某一指定方向（或转向）的位移 Δ，可在该点处施加一个相应的单位力“1”，单位力所引起的杆件任意横截面上的内力为$\overline{F}_N$、$\overline{M}$、$\overline{M}_x$。把实际载荷作用下的位移作为单位力作用下的虚位移。这时，虚功原理式（11-7）可表达为

$$1\Delta = \int_l [\overline{F}_N d(\Delta l) + \overline{M} d\theta + \overline{M}_x d\varphi] \tag{11-8}$$

式中 Δ 是实际载荷引起的所求的位移，被看作单位力“1”引起的虚位移；1Δ 是单位力所作的虚功；d（Δl）、$d\theta$、$d\varphi$ 是实际载荷引起分别与 $\overline{F}_N$、$\overline{M}$、M_x 相对应的位移。

式（11-8）为用单位力法计算杆件位移的一般表达式。应当注意，在按杆件的虚功原理导出该式时，是将实际载荷所引起的位移当作虚位移，而将虚设的单位力当作载荷。

由前面可知，对于线弹性体的杆件，实际载荷引起的微段 dx 两端面间的变形分别为

$$\begin{cases} \mathrm{d}(\Delta l) = \dfrac{F_{\mathrm{N}}\mathrm{d}x}{EA} \\ \mathrm{d}\theta = \dfrac{M\mathrm{d}x}{EI} \\ \mathrm{d}\varphi = \dfrac{M_{\mathrm{x}}\mathrm{d}x}{GI_{\mathrm{p}}} \end{cases}$$

式中 F_{N}、M、M_{x}——杆件横截面上实际载荷引起的内力。

把上式代入式（11-8），得

$$\Delta = \int_l \overline{F}_{\mathrm{N}} \frac{F_{\mathrm{N}}\mathrm{d}x}{EA} + \int_l \overline{M} \frac{M\mathrm{d}x}{EI} + \int_l \overline{M}_{\mathrm{x}} \frac{M_{\mathrm{x}}\mathrm{d}x}{GI_{\mathrm{p}}} \tag{11-9}$$

此式称为莫尔定理，或称为单位力方法。在推导公式时，应用胡克定律及叠加原理，因此适用于线弹性体。

在应用式（11-9）计算位移时，注意：单位力的方向是假设的，求出的位移 Δ 为正号，说明位移 Δ 的实际方向和单位力的所设方向相同；若为负则相反。

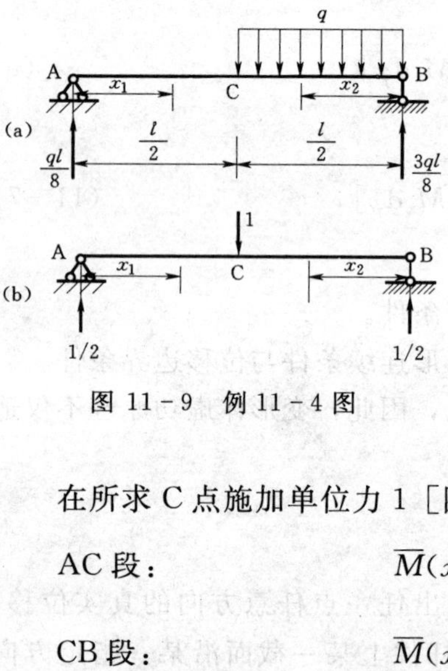

图 11-9 例 11-4 图

【例 11-4】 图11-9（a)所示弯曲刚度为 EI 的等截面简支梁受均布载荷 q 作用，试用单位力法计算梁中点 C 的挠度。

解：先求支反力

$$F_{\mathrm{A}} = \frac{ql}{8},\ F_{\mathrm{B}} = \frac{3ql}{8}$$

然后求出实际载荷作用下引起的弯矩方程

AC 段：$M(x_1) = \dfrac{ql}{8}x_1 \quad \left(0 \leqslant x_1 \leqslant \dfrac{l}{2}\right)$

CB 段：$M(x_2) = \dfrac{3ql}{8}x_2 - \dfrac{qx_2^2}{2} \quad \left(0 \leqslant x_2 \leqslant \dfrac{l}{2}\right)$

在所求 C 点施加单位力 1［图 11-9（b)］，求出单位力作用下引起的弯矩方程

AC 段：$\overline{M}(x_1) = \dfrac{1}{2}x_1 \quad \left(0 \leqslant x_1 \leqslant \dfrac{l}{2}\right)$

CB 段：$\overline{M}(x_2) = \dfrac{1}{2}x_2 \quad \left(0 \leqslant x_2 \leqslant \dfrac{l}{2}\right)$

代入式（11-9），求出位移

$$w_{\mathrm{c}} = \int_l \frac{\overline{M}M(x)}{EI}\mathrm{d}x = \int_0^{\frac{l}{2}} \frac{\frac{1}{2}x_1}{EI} \times \frac{ql}{8}x_1\mathrm{d}x_1 + \int_0^{\frac{l}{2}} \frac{\frac{1}{2}x_2}{EI}\left(\frac{3ql}{8}x_2 - \frac{qx_2^2}{2}\right)\mathrm{d}x_2$$

$$= \frac{5ql^4}{768EI} \quad (\downarrow)$$

【例 11-5】 图11-10（a）所示折杆，弯曲刚度为 EI，求截面 A 的水平位移和截面 B 的转角。

解：先求出实际载荷作用下引起的内力方程

AB 段：
$$M(x_1)=-F_p x_1 \quad (0\leqslant x_1<a)$$
$$F_N(x_1)=0$$
BC 段：
$$M(x_2)=-F_p a \quad (0<x_2<2a)$$
$$F_N(x_2)=-F_p$$

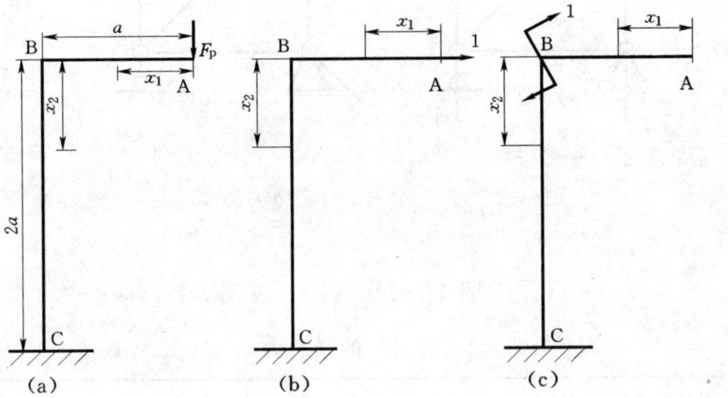

图 11-10 例 11-5 图

在所求 A 点施加单位力 1 [11-10（b）]，求出单位力作用下引起的内力方程

AB 段：
$$\overline{M}(x_1)=0,\quad \overline{F}_N(x_1)=1$$
BC 段：
$$\overline{M}(x_2)=-x_2,\ \overline{F}_N(x_2)=0$$

代入公式，求出位移
$$\Delta_x=\int_0^a\frac{\overline{M}(x_1)M(x_1)}{EI}dx_1+\int_0^{2a}\frac{\overline{M}(x_2)M(x_2)}{EI}dx_2+\sum\frac{\overline{F}_N(x_i)F_N(x_i)}{EA}l_i$$
$$=\int_0^{2a}\frac{(-x_2)(-F_pa)}{EI}dx_2=\frac{2F_pa^3}{EI}\quad(\rightarrow)$$

在所求 B 点施加单位力偶 1 [11-10（c）]，求出单位力偶作用下引起的内力方程

AB 段：
$$\overline{M}(x_1)=0$$
BC 段：
$$\overline{M}(x_2)=-1$$

代入公式，求出转角
$$\theta_B=\int_0^a\frac{\overline{M}(x_1)M(x_1)}{EI}dx_1+\int_0^{2a}\frac{\overline{M}(x_2)M(x_2)}{EI}dx_2$$
$$=\int_0^{2a}\frac{(-1)(-F_pa)}{EI}dx_2=\frac{2F_pa^2}{EI}\ (\curvearrowright)$$

【例 11-6】 图11-11（a）所示桁架，各杆的 EA 相同，试求 A、C 两点之间的相对位移 Δ_{AC}。

解：先求支反力，方向如图 11-11（a）所示
$$F_{Ax}=F_p,\quad F_{Ay}=F_p,\quad F_{By}=F_p$$

为了方便表述，对桁架各杆编号，其号码已在图中标出，由于各杆为二力杆，根据节点法或截面法，求出各杆的轴力已列入表 11-1 中。

在 A 点和 C 点沿 A 与 C 的连线作用一对相反的单位力 [图 11-11（b）]，求出各杆的轴力，也列入表 11-1 中。

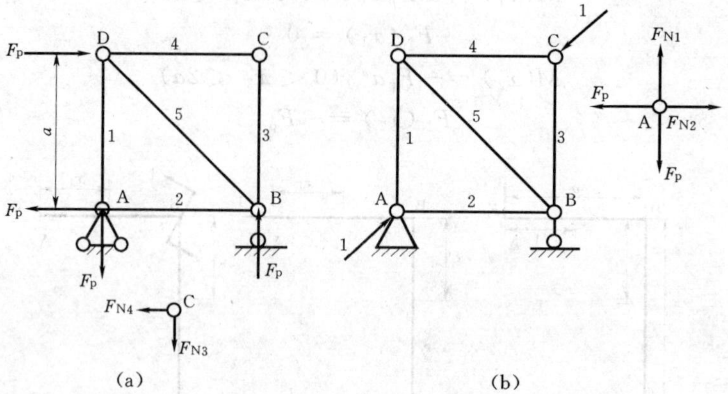

图 11-11　例 11-6 图

表 11-1　　　　　　　　　　各 杆 的 轴 力

杆件编号	l_i	F_{Ni}	$\overline{F}_{Ni}$	$\overline{F}_{Ni}F_{Ni}l_i$
1	a	F_p	$-\frac{\sqrt{2}}{2}$	$-\frac{\sqrt{2}}{2}F_pa$
2	a	F_p	$-\frac{\sqrt{2}}{2}$	$-\frac{\sqrt{2}}{2}F_pa$
3	a	0	$-\frac{\sqrt{2}}{2}$	0
4	a	0	$-\frac{\sqrt{2}}{2}$	0
5	$\sqrt{2}a$	$-\sqrt{2}F_p$	1	$2F_pa$

将表 11-1 中数值代入公式，求得

$$\Delta_{AC}=\sum\frac{\overline{F}_{Ni}F_{Ni}l_i}{EA}=\frac{1}{EA}\left(-\frac{\sqrt{2}}{2}F_pa-\frac{\sqrt{2}}{2}F_pa-2F_pa\right)=-\frac{F_pa}{EA}(\sqrt{2}+2)(\leftarrow\rightarrow)$$

经过分析可看出，应用单位力法求点的位移时，只需在这个点上加单位力；求两点相对位移时，在两个点连线作用方向上加一对单位力；求截面的转角时，在该截面上加单位力偶。

第三节　图 形 互 乘 法

应用莫尔定理计算弯曲位移时，需要分别求出载荷、单位力作用下的各段的弯矩方程，然后积分求解，这个积分是比较繁琐的过程。对于等截面直杆，EI 为常量，因此，把积分中的 EI 提取出来，然后用某数值乘积的形式代替积分，即

$$\Delta=\int_l\frac{\overline{M}(x)M(x)}{EI}\mathrm{d}x=\frac{1}{EI}\int_l\overline{M}(x)M(x)\mathrm{d}x \qquad \text{(a)}$$

图 11-12 所示，等截面直杆 AB 的$\overline{M}$ (x) 图和M (x)图，其中$\overline{M}$ (x) 图为一斜直线（单位力作用，弯矩图必为斜直线或折线），斜角为 α，与 x 轴的交点为坐标原点 O，则$\overline{M}$ (x) 图中任意横截面上的纵坐标值可写为

$$\overline{M}(x)=x\tan\alpha \qquad \text{(b)}$$

把式（b）代入式（a）

$$\Delta=\frac{1}{EI}\int_l \overline{M}(x)M(x)\mathrm{d}x=\frac{1}{EI}\int_l M(x)x\tan\alpha\mathrm{d}x$$

$$=\frac{1}{EI}\tan\alpha\int_l xM(x)\mathrm{d}x \qquad \text{(c)}$$

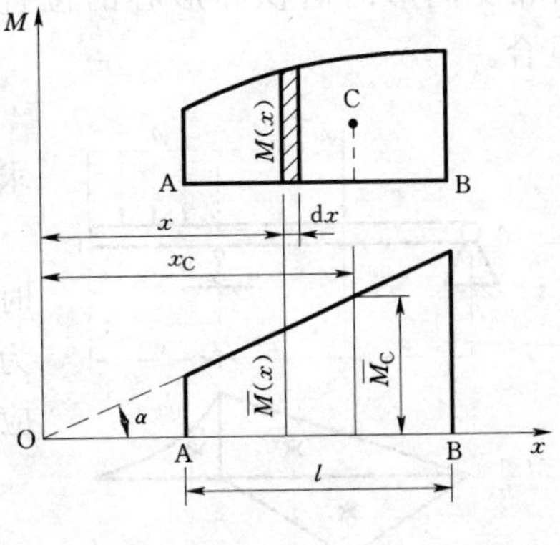

图 11-12　图乘

式中，$M(x)\mathrm{d}x$ 是 $M(x)$ 图中画阴影部分的微分面积，$xM(x)\mathrm{d}x$ 是该微分面积对 M 轴的静矩，因而 $\int_l xM(x)\mathrm{d}x$ 是 $M(x)$ 图的面积对 M 轴的静矩。若以 ω 代表 $M(x)$ 图的面积，x_C 代表 $M(x)$ 图的形心到 M 轴的距离，则有

$$\int_l xM(x)\mathrm{d}x=\omega x_C$$

因此，（c）式可化为

$$\Delta=\frac{1}{EI}\omega x_C\tan\alpha$$

其中 $x_C\tan\alpha$ 为 $\overline{M}(x)$ 图中与 $M(x)$ 图形中的形心对应截面的弯矩值，用 $\overline{M}_C$ 表示。因此，莫尔积分公式可写为

$$\Delta=\int_l \frac{M(x)\overline{M}(x)}{EI}\mathrm{d}x=\frac{\omega\overline{M}_C}{EI} \qquad (11-10a)$$

式（11-10a）就是图形互乘法数学表达式。

一般情况下，梁或刚架的 $\overline{M}$ 图可能由几段直线构成，弯曲刚度也可能逐段变化，因此采用图形互乘法计算梁或平面刚架位移的一般形式为

$$\Delta=\sum_{i=1}^{n}\frac{\omega_i\overline{M}_{Ci}}{E_i I_i} \qquad (11-10b)$$

如果等截面直杆为拉伸或扭转变形，相应的把上式用轴力或扭矩符号表示。

需要指出的是：图形互乘法中的一个弯矩图形必须是直线。如果是折线，以该点为分界点，图形互乘再相加。

应用公式（11-10）时，由于 $M(x)$ 图在多种载荷共同作用下的弯矩图的面积不易求出，因此，应用叠加原理，将每个载荷单独作用下的弯矩图分别相乘，然后求其总和。

应用图形互乘法时，要经常计算弯矩图形的面积和形心的位置。图 11-13 给出了几

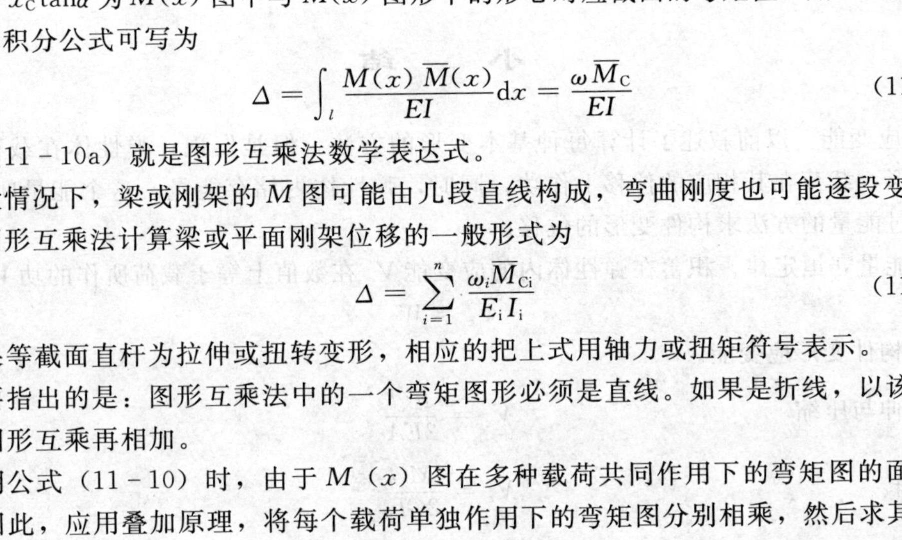

图 11-13　图形形心

(a) 三角形 $\omega=\frac{lh}{2}$；(b) 二次抛物线 $\omega=\frac{2}{3}lh$；(c) 二次抛物线 $\omega=\frac{1}{3}lh$

种常见图形的面积和形心的位置计算公式。其中抛物线顶点的切线与基线平行或与基重合。

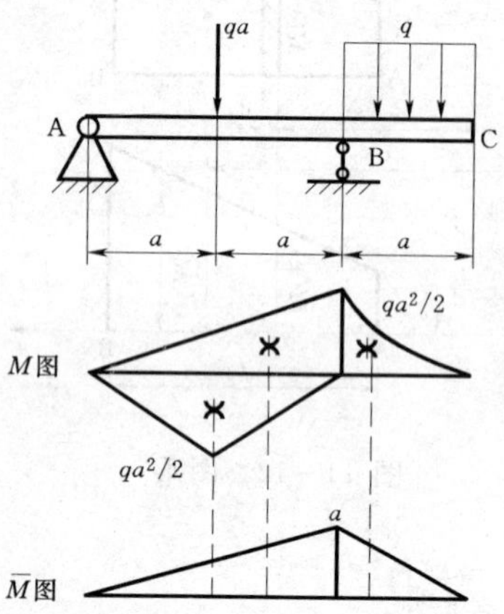

图 11-14 例 11-7 图

【例 11-7】 图11-14所示简支梁，EI 为常数，试求 C 截面的挠度。

解：画出实际载荷分别作用时的弯矩图、单位力作用时的弯矩图。单位力作用弯矩图为一条折线，因此以这点为分界点。利用公式（11-10），对弯矩图每一部分分别应用图形互乘法，然后求其总和。

$$
\begin{aligned}
w_c=\frac{\omega \overline{M}_C}{EI}&=\frac{1}{EI}\left[2\,\frac{1}{2}a\,\frac{qa^2}{2}\left(-\frac{1}{2}a\right)\right.\\
&\quad+\left(-\frac{1}{2}2a\,\frac{qa^2}{2}\right)\left(-\frac{2}{3}a\right)\\
&\quad\left.+\left(-\frac{1}{3}a\,\frac{qa^2}{2}\right)\left(-\frac{3}{4}a\right)\right]\\
&=\frac{5qa^4}{24EI}
\end{aligned}
$$

小 结

1. 应变能。以前叙述了计算每种基本变形的方法。但是发现，弹性体在载荷作用下发生变形，载荷在其相应的位移上作功，同时，弹性体内储存能量。这个能量叫应变能。本章通过能量的方法求构件变形的位移。

由能量守恒定律，积蓄在弹性体内的应变能 V_ε 在数值上等于载荷所作的功 W，即

$$V_\varepsilon=W$$

2. 构件变形应变能。

拉伸与压缩 $$V_\varepsilon=\frac{F_N^2 l}{2EA}$$

扭转 $$V_\varepsilon=\frac{M_x^2 l}{2GI_p}$$

纯弯曲 $$V_\varepsilon=\frac{M^2 l}{2EI}$$

横力弯曲 $$V_\varepsilon=\int_l\frac{M^2(x)\mathrm{d}x}{2EI}$$

组合变形应变能 $$V_\varepsilon=\int_l\frac{F_N^2(x)\mathrm{d}x}{2EA}+\int_l\frac{M_x^2(x)\mathrm{d}x}{2GI_p}+\int_l\frac{M^2(x)\mathrm{d}x}{2EI}$$

这种应变能只能求出力作用方向上的点的位移。

3. 单位力法。为了计算任意点在载荷作用下，任意方向的位移，采用单位力法。

$$\Delta=\int_l\overline{F}_N\frac{F_N\mathrm{d}x}{EA}+\int_l\overline{M}\frac{M\mathrm{d}x}{EI}+\int_l\overline{M}_x\frac{M_x\mathrm{d}x}{GI_p}$$

注意：在所求点施加单位力 1，这里的单位力是广义力，即集中力、集中力偶等。

4. 图形互乘法。采用图形互乘法省去繁琐的积分过程，通过寻找弯矩图图形面积及形心、形心对应截面的弯矩值，然后进行乘积。

$$\Delta=\int_{l}\frac{M(x)\,\overline{M}(x)}{EI}\mathrm{d}x=\frac{\omega\,\overline{M}_{C}}{EI}$$

习　　题

11－1　如题 11－1 图所示，两根圆截面直杆的材料相同，尺寸如图所示，其中一根为等截面杆，另一根为变截面杆。试比较两根杆件的应变能。

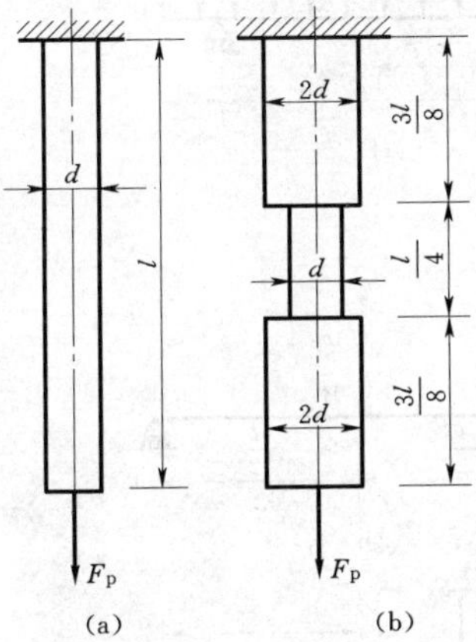

题 11－1

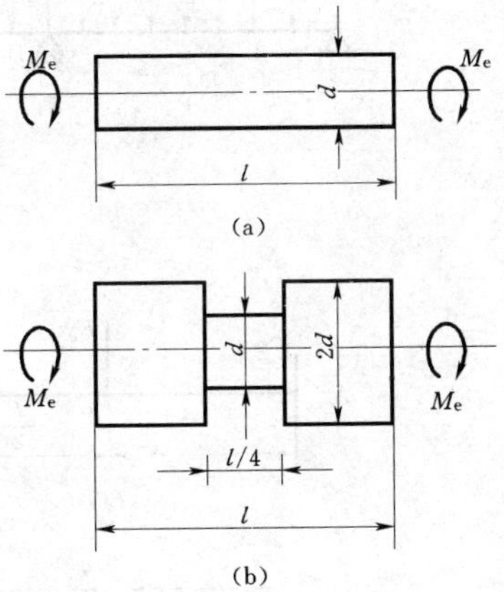

题 11－2

11－2　如题 11－2 图所示两种圆杆，受相等的外力偶矩 M_e 作用，求两杆储存的应变能之比 $V_{\varepsilon a}/V_{\varepsilon b}$。

11－3　已知题 11－3 图所示三角桁架中各杆的拉伸、压缩刚度均为 EA。(1) 计算桁架内的弹性变形能；(2) 求 B 点的竖向位移。

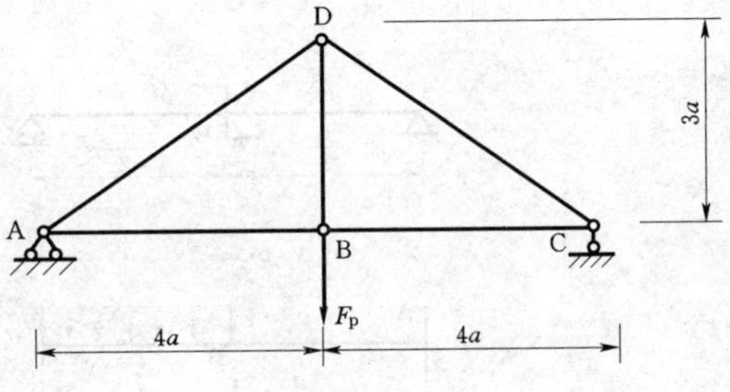

题 11－3

11－4　分别用莫尔定理和图形互乘法求题 11－4 图所示各梁 A 截面的转角和 A、B 两截面的挠度。EI 为已知。

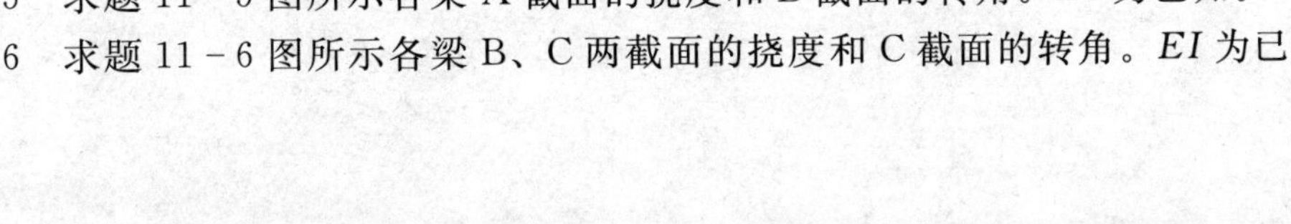

题 11－4

11－5　求题 11－5 图所示各梁 A 截面的挠度和 B 截面的转角。EI 为已知。

11－6　求题 11－6 图所示各梁 B、C 两截面的挠度和 C 截面的转角。EI 为已知。

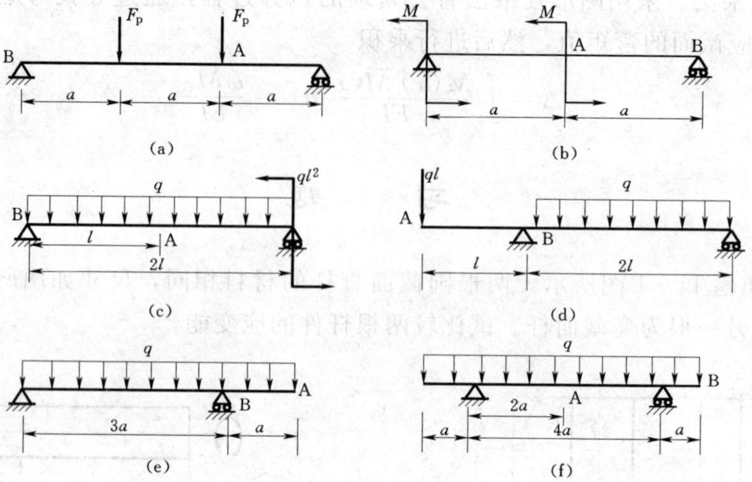

题 11 - 5

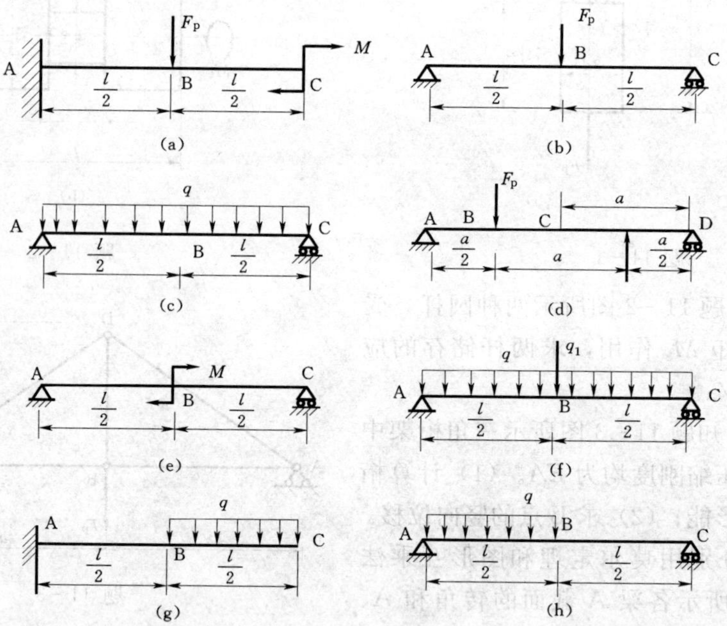

题 11 - 6

11 - 7　如题 11 - 7 图所示结构，水平杆的抗弯刚度 EI、横截面面积 A 及斜杆弹性模量 E_1、横截面面积 A_1 均为已知，求力 F_p 所引起的 A 截面的水平和铅垂位移。

11 - 8　求题 11 - 8 图所示刚架 A 截面的水平、铅垂位移及转角。

11 - 9　求题 11 - 9 图所示刚架 B 截面的水平位移及转角。

11 - 10　求题 11 - 10 图所示刚架 A 截面的转角，B 截面的水平位移，C 截面的铅垂位移。

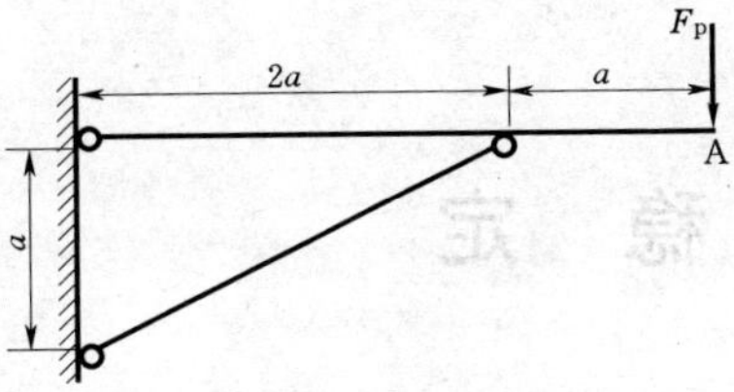

题 11－7

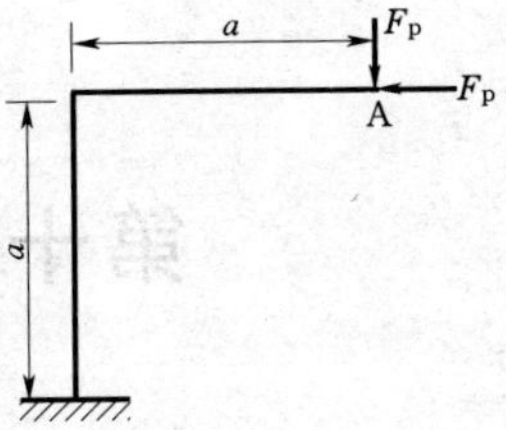

题 11－8

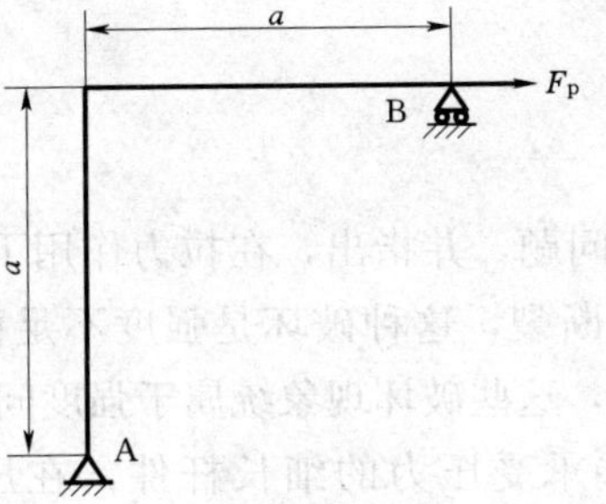

题 11－9

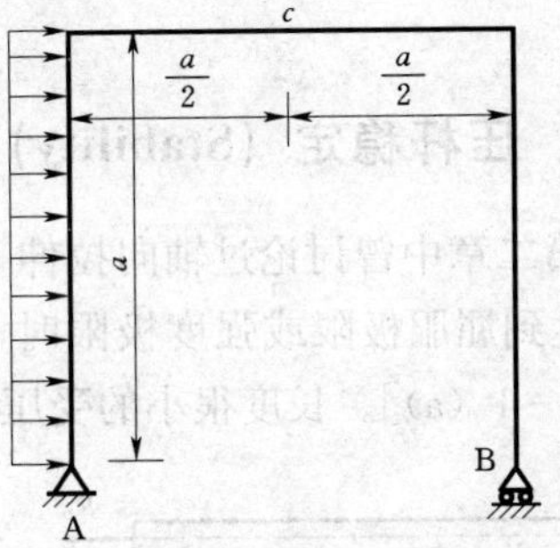

题 11－10

第十二章 压 杆 稳 定

第一节 压杆稳定的概念

一、压杆稳定（Stability）的概念

在第二章中曾讨论过轴向拉伸（压缩）杆件的强度问题，并指出，在拉力作用下的杆件，当应力达到屈服极限或强度极限时，将发生塑性变形或断裂，这种破坏是强度不足而引起的［见图 12-1（a）］。长度很小的受压短杆也有相同的现象，这些破坏现象统属于强度问题。

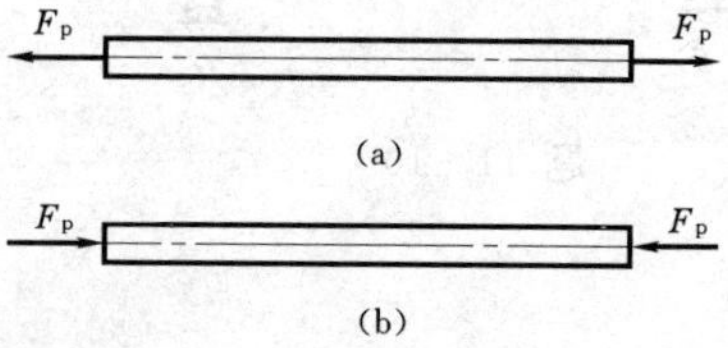

图 12-1 轴向拉伸和压缩

实际工程中有些承受压力的细长杆件，在压力作用下，表现出与上述强度问题迥然不同的性质。如图 12-1（b）所示的细长直木杆受压时，通过实验可知，在压力 F_p 达到某一数值但还小于按抗压强度极限所确定的载荷时，细长直杆就发生了弯曲变形。这种弯曲变形不是由横向力引起，而是由轴向压力引起的，所以称为纵向弯曲变形。这时直杆便丧失了正常工作能力。读者可以用一根细长的木条进行实验（见图 12-2），就能看出这种情况。

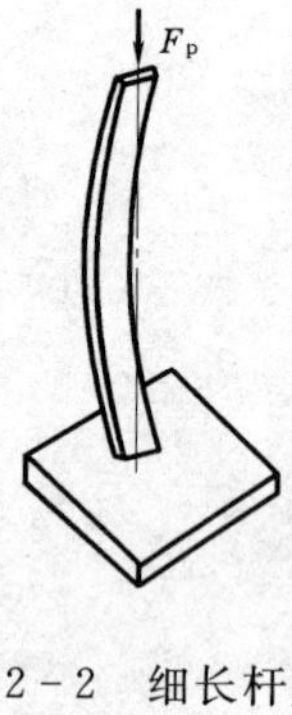

图 12-2 细长杆受压

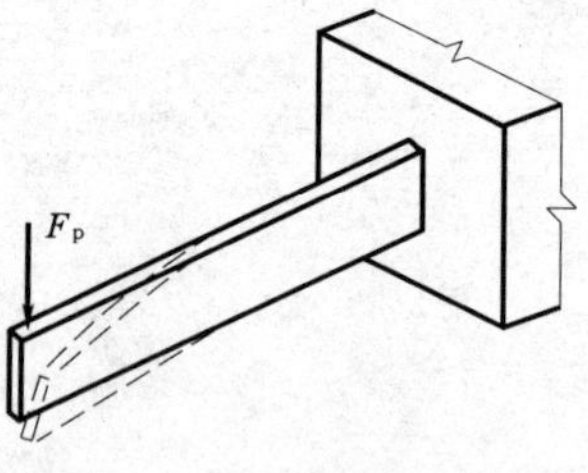

图 12-3 狭长矩形截面梁失稳

从上述细长直木杆压缩变形发生的情况，可以看出两个重要的特点：第一，变形性质发生了变化，由压缩变形转化为纵向弯曲变形。第二，出现这种弯曲变形时构件所能承受的轴向载荷 F_p，将小于按抗压强度极限确定的载荷。人们把细长直杆所发生的这种情况称为“丧失稳定性”，或简称为“失稳”（Buckling），而把这一类问题称为“稳定问题”。

除了细长直杆在压缩变形时会出现稳定问题外，其他一些构件也会出现类似问题。例如图 12-3 所示狭长矩形截面或工字形截面的梁，当它受到横向干扰力作用时，有可能出

现侧向失稳现象。

薄壁圆拱失去稳定的情况则如图 12-4 的虚线所示。一般地讲，当弹性薄壁构件在壁内出现压应力时，就有稳定问题。所以，有些构件仅满足强度、刚度条件是不够的，还要满足稳定性的要求，才能安全而正常地工作。

对于在工作中不会出现稳定问题的构件，例如受拉直杆，只要使之满足强度和刚度就可解决它的安全问题。而对于有可能出现稳定问题的构件，例如受压的细长直杆，则还要满足稳定性要求才能解决它的安全问题。建筑史上有过这样的例子，由于设计时没有考虑到结构构件的稳定问题而发生了重大事故。可见稳定问题在结构构件计算中占有重要地位。

压杆在建筑结构中经常遇到，例如柱子和桁架中的压杆等。本章主要讨论压杆的稳定问题，这类问题通常简称“压杆稳定”。

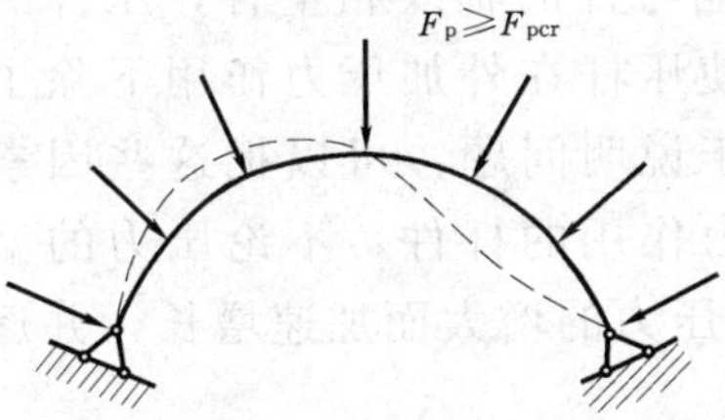

图 12-4 薄壁圆拱失稳

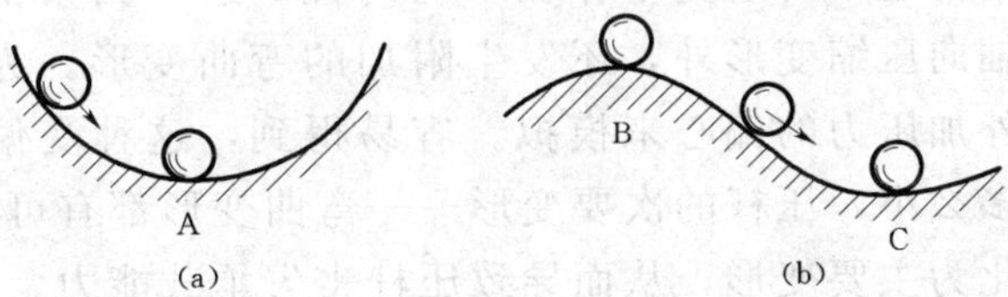

图 12-5 稳定平衡与不稳定平衡

前面简述了压杆失稳时的现象。为了进一步揭示它的实质，首先建立有关稳定平衡与不稳定平衡的概念。图 12-5（a）表示将一小球放在凹面的最低位置 A 而处于平衡状态。这时候如果将小球轻轻推动一下，小球将由于本身重量的作用而在点 A 附近来回滚动，最后还是停在原来位置 A 上。这样，小球在位置 A 的平衡就是“稳定平衡”。图 12-5（b）表示将小球放在凸面上，按理想情况看，如果没有外力作用，小球在最高点 B 处也能平衡；但这时候，如果将小球轻微推动一下，小球将沿坡面滚下去，滚到另一位置 C 然后静止平衡，而再不能回到原来位置 B 上，小球在原位置 B 的平衡就叫做“不稳定平衡”。

同样，如在外力作用下处于平衡的构件，经过外部小的干扰后仍能保持它原有的平衡状态时，就称这个构件处于稳定平衡状态；相反，如不能保持它原来的平衡状态，则称这个构件原来就处于不稳定的平衡状态。

在前面讨论轴向拉伸（压缩）杆件的强度计算时已知，只要拉、压杆横截面上的正应力不超过材料的许用应力，就从强度上保证杆件能正常工作。但在实际结构中，受压杆件的横截面尺寸一般都比按强度条件算出的为大，而且，其横截面的形状往往与梁的横截面形状相仿，即尽可能增大截面的形心主惯性矩。例如，钢桁架上弦杆（压杆）的截面［见图 12-6（a）］、厂房钢柱的截面［见图 12-6（b）］等。其原因可从一个简单的实验来加以说明。

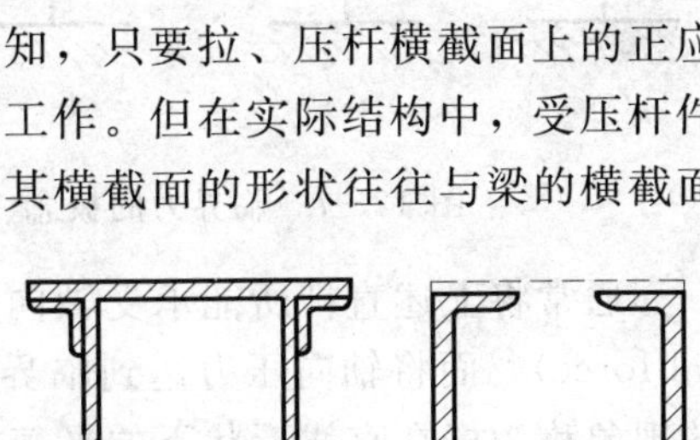

图 12-6 压杆横截面

取一根长为 300mm 的钢尺，其横截面尺寸为 20mm×1mm。若钢的许用应力为 $[\sigma]=196\text{MPa}$，则按强度条件算得钢尺所能承受的轴向压力应为

$$F_p = (20 \times 1 \times 10^{-6}) \times (196 \times 10^6) = 3.92\ (\text{kN})$$

但若将此钢尺竖立在桌上，用手压其上端，则当压力不到 40N 时，钢尺就被明显压弯。显然，这个压力要比 3.92kN 小两个数量级。当钢尺被明显压弯时，就不可能再承受更多的压力。由此可见，钢尺的承载能力并不取决于轴向压缩的抗压强度，而是与钢尺受压时变弯有关。因此，要提高压杆的承载能力，就应提高压杆的抗弯刚度。这就是压杆的横截面之所以做成和梁的横截面相仿的原因。再用一张纸片来做一个简单的实验：把一张平的纸片竖放在桌上，其自重就可能使它变弯。但若把纸片折成类似于角钢的形状，就须在其顶端放上一个轻砝码，才能使其变弯。而若将纸片卷成圆筒形，则虽放上一个轻砝码，也不能使它变弯。这就表明，压杆是否会变弯，与杆横截面的抗弯刚度有关。而且，实际的压杆在制造时其轴线不可避免地会存在初曲率，作用在压杆上的外力的合力作用线也不可能毫无偏差地与杆的轴线相重合，压杆的材料本身也不可避免地存在不均匀性。这些因素都可能使压杆在外加压力作用下除了发生轴向压缩变形外，还发生附加的弯曲变形。为了便于说明问题，可以把这些因素都用外加压力的偏心来模拟。容易得到，这种受偏心压力作用的杆件，不论压力的偏心距多么小，压杆的次要变形——弯曲变形都有可能随着压力的增大而加速增长，并逐渐转化为主要变形，从而导致压杆丧失承载能力。

二、临界力的概念

在一细长直杆的顶端作用一轴向压力 F_p，当力 F_p 的数值小于某一极限值时，杆能一直保持它在直线形状下的平衡。即使作用一微小的侧向干扰力使杆发生微小的弯曲变形，杆也能在干扰力解除后恢复其原有的直线形状，这说明压杆在直线形状下的平衡是稳定的［见图 12-7（a）］。但是当力 F_p 增大到某一极限值 F_{pcr} 时，压杆在直线形状下的平衡就变为不稳定了。这时若再作用一微小的侧向干扰力使杆发生微小的弯曲变形，则在干扰力解除后，杆仍将保持其在曲线形状下的平衡，不能再恢复其原来的直线形状了［见图 12-7（b）］。若继续加大力 F_p 使其超过 F_{pcr}，则杆将继续弯曲，甚至破坏［见图 12-7（c）］。

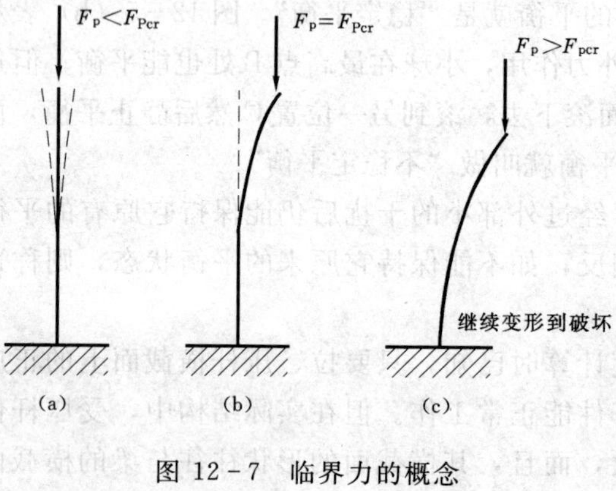

图 12-7 临界力的概念

通常将上述直杆所能承受轴向压力的极限值 F_{pcr} 称为临界压力（或简称临界力 Critical force)，而将轴向压力达到临界压力时，压杆在直线形状下的平衡由稳定转为不稳定的现象称为杆在直线形状下的平衡丧失了稳定性，或简称为“失稳”。

在工程实际中，结构常可能因其中某些构件的失稳而导致整个结构的破坏。例如，在 1907 年，加拿大长达 548m 的魁北克大桥在施工时突然倒塌，就是由于两根受压杆失稳所引起的。由此可见，研究压杆稳定问题对于保证工程结构的安全是非常重要的。

第二节 细长压杆的临界压力、欧拉公式

一、两端铰支细长压杆临界力的欧拉公式

首先，对两端为球形铰支的细长压杆，推导其临界压力 F_{pcr} 的计算公式。

取一两端用球形铰支座支承的细长杆如图 12－8 所示，在它的两端作用着轴向力 F_p。如前所述，当力 F_p 的大小达到 F_{pcr} 时，若使杆在横向受到微小的扰动，使杆发生弯曲变形，并保持为微弯状态。

因杆的弯曲变形很小，可应用挠曲线的近似微分方程，即

$$\frac{d^2 y}{dx^2} = -\frac{M(x)}{EI}$$

或 $$y'' = -\frac{M(x)}{EI}$$

在任意截面 m－n 处的弯矩

$$M(x) = F_{pcr} y$$

代入上式，得 $y'' = -\dfrac{F_{pcr} y}{EI}$

令 $$k^2 = \frac{F_{pcr}}{EI} \quad \text{(a)}$$

则 $$y'' + k^2 y = 0 \quad \text{(b)}$$

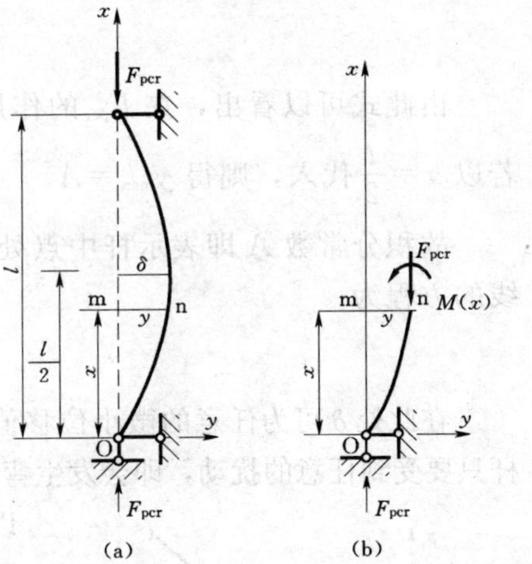

图 12－8 两端铰支的压杆

这是个常系数线性二阶齐次微分方程，其通解为

$$y = A\sin kx + B\cos kx \quad \text{(c)}$$

式中的 A 和 B 为积分常数，可由压杆杆端的边界条件，即

当 $x = 0$ 时，$y = 0$

当 $x = l$ 时，$y = 0$

来确定。将这二边界条件分别代入式（c），即得

$$\begin{cases} B = 0 \\ A\sin kl = 0 \end{cases} \quad \text{(d)}$$

式（d）$A \neq 0$，若 $A = 0$，由（c）式可知 $y = 0$，杆轴为直线，这与压杆处于微弯的平衡状态相矛盾。只此，只能是

$$\sin kl = 0$$

要满足这一条件，必须有

$$kl = n\pi \text{ 或 } k = \frac{n\pi}{l} \quad (n = 0,1,2,3,\cdots)$$

将其代入式（a）即可得到

$$F_{pcr} = n^2 \frac{\pi^2 EI}{l^2}$$

显然，必须采用使杆丧失稳定的最小压力，即应取 $n=1$，这样便得到两端铰支压杆的临界载荷为

$$F_{pcr}=\frac{\pi^2 EI}{l^2} \tag{12-1}$$

式（12－1）是由欧拉（L. Euler）在1744年首先导出的，故通常称为欧拉公式（Euler's formula）。注意，杆的弯曲将在其最小刚度平面内发生，故式（12－1）中的 I 是杆截面的最小形心主惯性矩。

在上述临界载荷 F_{pcr} 的作用下，$k=\frac{\pi}{l}$，故式（c）可改写为

$$y=A\sin\frac{\pi x}{l}$$

由此式可以看出，在 F_{pcr} 的作用下，杆的挠曲线是一具有“半个波长”的正弦曲线。若以 $x=\frac{l}{2}$ 代入，则得 $y_{max}=A$。

故积分常数 A 即表示杆中点处所发生的最大挠度。若以 δ 代表它，则得到杆的挠曲线的方程为

$$y=\delta\sin\frac{\pi x}{l}$$

在此处 δ 可为任意的微小位移值，即当 $F_p<F_{pcr}$ 时，杆保持直线形状，而当 $F_p=F_{pcr}$ 时，杆只要受到任意的扰动，即会发生弯曲，且此时挠度可具有任意的数值。若以 F_p 作为纵坐标，以 δ 作为横坐标，画出 F_p—δ 曲线图，则曲线会成为折线OAB的形状，如图12－9所示。

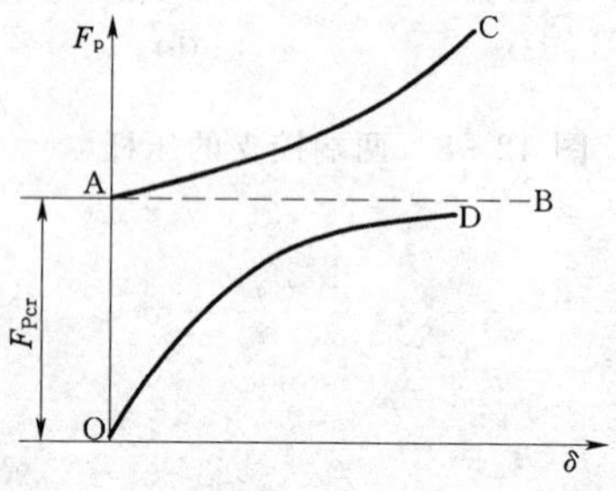

图12－9　压杆的 F_p—δ 曲线图

δ 的不确定性之所以存在，是因为在求欧拉公式时，以近似的曲率 $\frac{d^2y}{dx^2}$ 代替了准确的曲率，$\frac{d^2y}{dx^2}\Big/\left[1+\left(\frac{dy}{dx}\right)^2\right]^{3/2}$，而近似公式只在曲率很小时才适用的缘故。若用准确的曲率来代替近似公式，则所得出的 F_p—δ 曲线应由曲线OAC来代表，从这条曲线可以看出，当 $F_p>F_{pcr}$ 时，杆的挠度虽然增加得很快，但仍有一定的数值，故 δ 的不确定性实际上并不存在。

当利用实验的方法来研究压杆的稳定性时，由于实验条件的限制（例如载荷容易偏心，材料不完全均质，杆不完全等直等），所得到的 F_p—δ 曲线大致像曲线OD的形状。当载荷远小于临界载荷的理论值时，挠度就已开始产生，但它增加得比较缓慢，而当压力接近于临界压力理论值时，则挠度增加得很快。试验的技术越先进，仪器越精密，实验曲线OD就越接近于理论曲线OAC。

二、不同杆端约束细长压杆临界力的欧拉公式

前面推导了两端铰支的中心受压杆的临界力的表达式。对杆端支承为其他形式的压杆，也可用同样方法导出其临界力的计算公式。但要注意，由于杆端支承的约束程度不同，在推导过程中所用的杆的边界条件也应做相应的改变。用同样方法可求得两端为其他

支承情况的压杆的临界力公式。另外，也可通过将两种压杆的挠曲线形状进行对比的方法，由两端铰支压杆的临界力公式直接推出杆端为其他支承情况的压杆的临界力公式。

如图 12－10（a）所示的一端固定、一端自由的压杆，在临界力 F_{pcr} 的作用下，其挠曲线的形状与长度为 $2l$ 的两端铰支压杆挠曲线［见图 12－10（b）］的上半段完全一样。

因此，有这种支承的压杆的临界力，与长度为 $2l$、截面惯性矩和它相同的两端铰支压杆的临界力相等，即

$$F_{pcr}=\frac{\pi^2 EI}{(2l)^2}=\frac{\pi^2 EI}{4l^2} \tag{e}$$

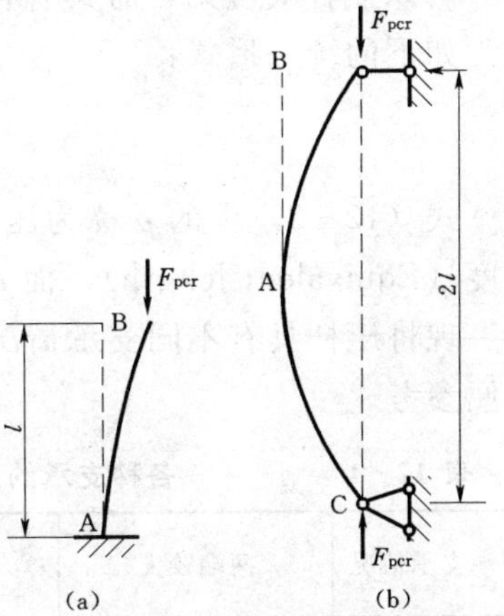

图 12－10　比较挠曲线形状直接导出临界力计算公式（一端固定、一端自由的压杆）

如图 12－11（a）所示的两端固定的压杆，在临界力 F_{pcr} 的作用下，其挠曲线在距两端为 $\frac{l}{4}$ 长度处各有一反弯点 C 和 D。因在杆的反弯点处没有弯矩，这相当于在杆的点 C 和 D 处存在着铰的作用。且在点 C、D 之间压杆的挠曲线的形状与长度为 $l/2$ 的两端铰接压杆的挠曲线［见图 12－11（b）］完全一样。因此，有这种支承的临界力，与长为 $l/2$、截面惯性矩与其相同的两端铰支压杆的临界力相等，即

$$F_{pcr}=\frac{\pi^2 EI}{(l/2)^2}=\frac{4\pi^2 EI}{l^2} \tag{f}$$

如图 12－12（a）所示的一端固定，另一端铰支的压杆，在临界力 F_{pcr} 的作用下，其挠曲线在距铰支端约为 $0.7l$ 处有一反弯点 C，使得 BC 段的挠曲线形状与长度约为 $0.7l$ 的两端铰支压杆的挠曲线，如图 12－12（b）一样，因此，有这种支承的压杆其临界力为

$$F_{pcr}\approx\frac{\pi^2 EI}{(0.7l)^2}\approx\frac{2\pi^2 EI}{l^2}$$

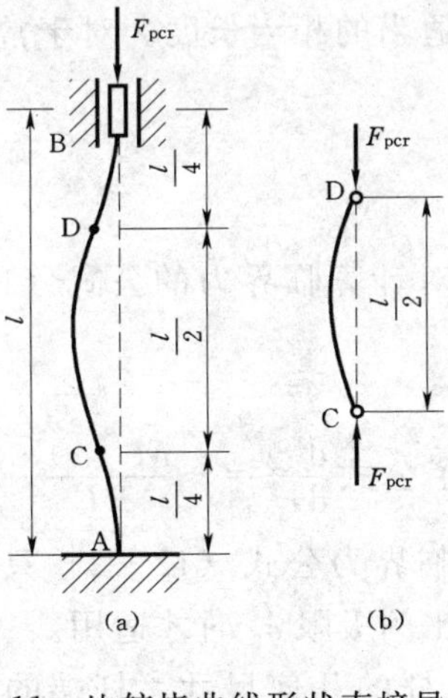

图 12－11　比较挠曲线形状直接导出临界力计算公式（两端固定的压杆）

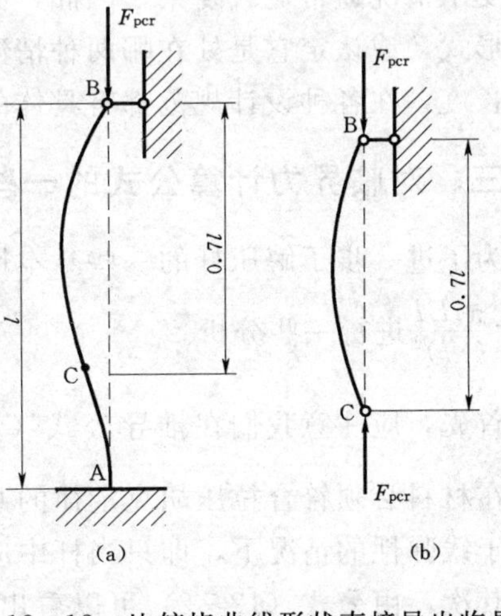

图 12－12　比较挠曲线形状直接导出临界力计算公式（一端固定、一端铰支的压杆）

由以上各式可见，对具有各种不同杆端约束的压杆，其临界力公式（欧拉公式）可归纳为如下的统一形式：

$$F_{\mathrm{pcr}}=\frac{\pi^2 EI}{(\mu l)^2}=\frac{\pi^2 EI}{l_0^2} \tag{12-2}$$

式（12－2）中的 μ 称为压杆的长度系数，$l_0=\mu l$ 称为计算长度，μl 称为压杆的相当长度（Equivalent length），而 l 则是压杆的实际长度。

现将压杆具有不同支承情况下的临界力和长度系数 μ 的计算公式归纳于表 12－1 中，以便参考。

表 12－1　　各种支承约束条件下等截面细长压杆临界力的欧拉公式

杆端支承情况	两端铰支	一端固定 一端铰支	两端固定	一端固定 一端自由	两端固定但可 沿横向相对移动
失稳时挠曲线 形状	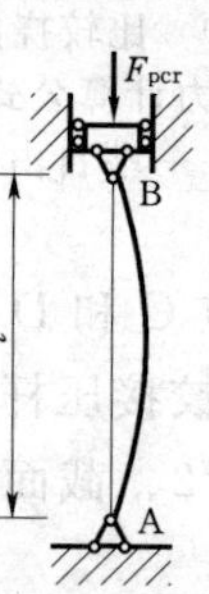	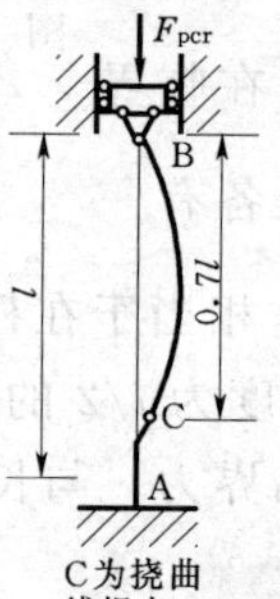 C为挠曲线拐点	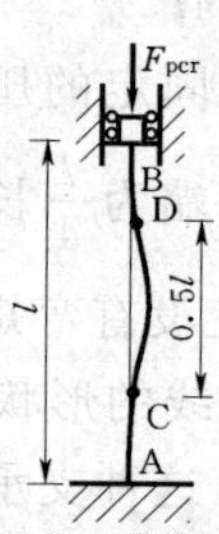 C、D为挠曲线拐点	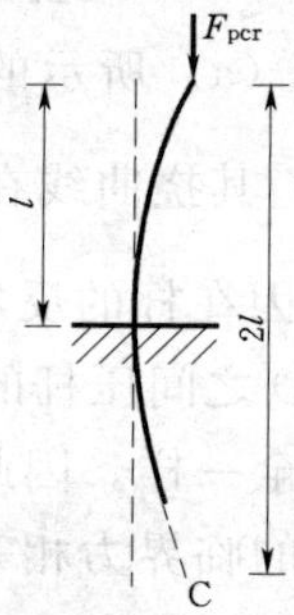	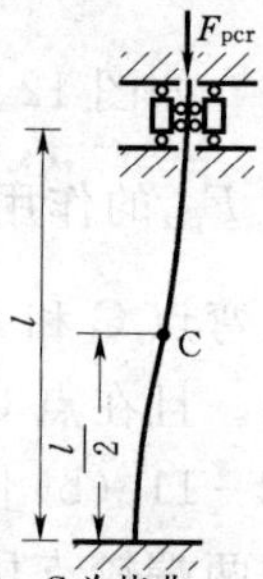 C为挠曲线拐点
临界力 （欧拉公式）	$F_{pcr}=\frac{\pi^2 EI}{l^2}$	$F_{pcr}\approx\frac{\pi^2 EI}{(0.7l)^2}$	$F_{pcr}=\frac{\pi^2 EI}{(0.5l)^2}$	$F_{pcr}=\frac{\pi^2 EI}{(2l)^2}$	$F_{pcr}=\frac{\pi^2 EI}{l^2}$
计算长度	$l_0=l$	$l_0=0.7l$	$l_0=0.5l$	$l_0=2l$	$l_0=l$
长度系数 μ	$\mu=1$	$\mu\approx0.7$	$\mu=0.5$	$\mu=2$	$\mu=1$

显然，上面所介绍的压杆的几种支承方式都是理想的和典型的，在工程实际中，杆的实际支承情况通常比较复杂，因此，必须根据杆的实际支承情况，将其恰当地化为上述的典型形式，或认定它是处在哪两种情况之间，从而定出适当的相当长度。对于常用压杆的相当长度，在各种设计规范都有具体的规定。

三、对临界力计算公式的一些分析

为了进一步了解压杆的一些基本性质，下面我们再对计算临界力的公式（12－2）即 $F_{\mathrm{pcr}}=\frac{\pi^2 EI}{(\mu l)^2}$进行一些分析。

首先，应注意我们在推导公式（12－2）时曾利用了公式$\frac{\mathrm{d}^2 y}{\mathrm{d}x^2}=-\frac{M(x)}{EI}$，该公式是建立在材料必须符合拉压胡克定律的基础上的。因此，临界力公式（12－2）只适用于材料处于线弹性的情况下，即只当杆中应力不超过材料的比例极限 σ_{p} 时才适用。

其次，由公式（12－2）可以看出：临界力 F_{pcr} 与压杆的几何尺寸、杆端的支承情况及材料的弹性模量等有关，而与材料的强度无关。若有几何尺寸和杆端支承情况完全一样的两细长杆，一是用普通的碳素钢制成，另一是用高强度的低合金钢制成，尽管这两种钢的强度相差很大，但因它们的弹性模量 E 的数值非常接近，两杆所具有的抵抗失稳的能力基本上是相同的。由此可知，在一般情况下，用高强度材料制造细长压杆是不经济的，因在这种情况下，材料的强度不可能得到充分的发挥。

第三，由公式（12-2）还可看出：要使压杆具有较大的临界力，就要尽可能地采用弹性模量 E 较高的材料和具有较大惯性矩的截面形式。例如：有两横截面面积完全相同的压杆，其中一根做成直径较小的实心圆截面，另一根做成空心圆截面，则在其他条件相同的情况下，由于后者的 I 比前者大，其抵抗失稳的能力也比前者大。由此可以推论，在杆的横截面面积不变的条件下，若将其横截面形状做成薄壁的（如圆筒和方箱形等），则其整体稳定性将比实心的或厚壁的截面杆好得多。当然压杆的壁也不能做得太薄，杆可能在整体失稳之前即出现局部失稳现象，例如工字形截面杆在受到压力作用时，其腹板部分或翼缘部分都可能在整体失稳前出现局部的翘曲现象。

最后，在应用式（12-2）计算压杆的临界力时，要仔细研究压杆可能在哪一纵向平面内失稳，这与杆端的支承情况以及压杆的抗弯刚度 EI 有密切的关系。当杆端支承在各个方向的约束情况相同，即杆在各个方向有相同的计算长度 l_0 时，杆的失稳必将在杆抗弯能力最弱的纵向平面内发生，即杆的临界力 F_{pcr} 决定于压杆的最小抗弯刚度 EI_{min}。反之，当杆在各个方向的 EI 都相同时，则失稳发生在约束最薄弱的平面内，故在计算临界力时，应采用压杆在此平面内的相当长度。

【例 12-1】　有一支承混凝土模板的圆截面木支柱。已知柱长 $l=4$m，其横截面的平均直径 $d=120$mm，木材的 $E=10$GPa。若材料处于弹性阶段，试求此受压木柱的临界力。

解：(1) 计算柱截面的惯性矩：

$$I=\frac{\pi d^4}{64}=\frac{\pi\times 120^4}{64}=10.2\times 10^{-6}(\text{mm}^4)=10.2\times 10^{-6}\text{m}^4$$

(2) 确定柱的相当长度：由于模板的支柱是可随时装拆的临时构件，其两端可看做是铰支，故柱的长度系数 $\mu=1$，$l=4$m。

(3) 计算支柱的临界力

$$F_{pcr}=\frac{\pi^2 EI}{l^2}=\frac{\pi^2\times 10\times 10^9\times 10.2\times 10^6}{4^2}$$

$$=63\times 10^3(\text{N})=63\text{kN}$$

【例 12-2】　图12-13表示一横截面为矩形的细长压杆，其两端都是用“柱形铰”与其他构件相连接。若杆在工作过程中其材料仍处于弹性阶段，试确定杆截面尺寸 b 和 h 之间的应有关系。

解：因连杆的两端是用“柱形铰”与其他构件相连接，可认为在垂直于铰轴的平面［见图 12-13 (a)］内是铰接支承，而在包含铰轴的平面［图 12-13 (b) 中的 xOz 平面］内则是固定支承。故在设

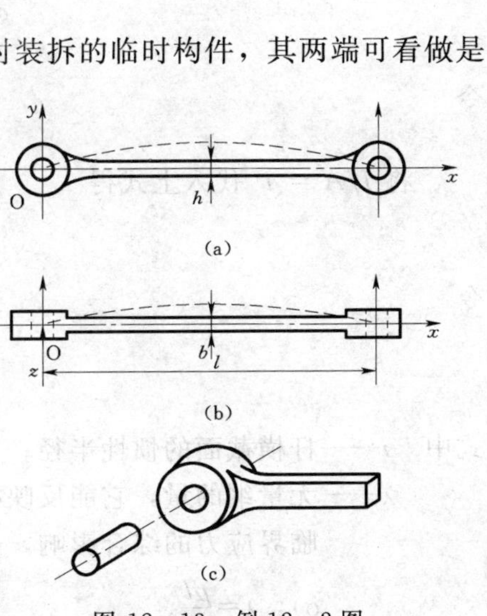

图 12-13　例 12-2 图

(a) 正视图；(b) 俯视图；(c) 柱形铰

计时，必须分别计算在上述两个平面内的临界力，并加以比较。

(1) 若压杆在 xOy 平面内失稳，则如前所述，可认为其两端是铰接支承，相当长度 $\mu l=l$；压杆横截面对 z 轴的惯性矩 $I_z=bh^3/12$。由式 (12-2) 可求得其临界力为

$$F'_{pcr}=\frac{\pi^2 EI}{l^2}=\frac{\pi^2 Ebh^3}{12l^2}$$

(2) 若压杆在 xOz 平面内失稳，则如前所述，可认为其两端是固定支承，相当长度 $\mu l=0.5l$；压杆横截面对 y 轴的惯性矩 $I_y=hb^3/12$。由式 (12-2) 可求得其临界力为

$$F''_{pcr}=\frac{\pi^2 EI}{(0.5l)^2}=\frac{4\pi^2 Ehb^3}{12l^2}=\frac{\pi^2 Ehb^3}{3l^2}$$

(3) 压杆横截面的合理尺寸，应使压杆在 xOy 和 xOz 两个平面内具有相同的稳定性。即应使

$$F'_{pcr}=F''_{pcr}$$

或

$$\frac{\pi^2 Ebh^3}{12l^2}=\frac{\pi^2 Ehb^3}{3l^2}$$

由此可得

$$h^2=4b^2$$

故应得

$$h=2b$$

第三节 压杆的临界应力、临界应力总图

一、细长杆的临界应力

将临界载荷 F_{pcr} 除以压杆的横截面面积 A，即可求得压杆的临界应力 (Critical stress)，即

$$\sigma_{cr}=\frac{F_{pcr}}{A}=\frac{\pi^2 EI}{(\mu l)^2 A}$$

令

$$i=\sqrt{\frac{I}{A}}$$

将 $I/A=i^2$ 代入上式得

$$\sigma_{cr}=\frac{\pi^2 E}{\left(\frac{\mu l}{i}\right)^2}$$

令

$$\lambda=\frac{\mu l}{i}$$

$$\sigma_{cr}=\frac{\pi^2 E}{\lambda^2} \tag{12-3}$$

式中 i——杆横截面的惯性半径；

λ——无量纲的量，它能反映杆端支承情况、杆的尺寸和横截面形状等因素对压杆临界应力的综合影响，通常把它称为压杆的长细比或柔度 (Slenderness ratio)，$\lambda=\frac{\mu l}{i}$。

σ_{cr}和 λ 的关系，可用图 12-14 中的曲线表示出来。从此曲线可以看出 σ_{cr}的数值将随

着 λ 的增大而迅速地减小。反之，当 λ 较小时，它的数值又远远地超过了材料的比例极限。

在我们推导欧拉公式时曾利用了梁挠曲线的近似微分方程，而该方程是从胡克定理出发推导出来的，故只当胡克定律适用时，欧拉公式才适用。换言之，只当 σ_{cr} 不超过比例极限 σ_p 时，欧拉公式才适用。即能应用欧拉公式的条件为

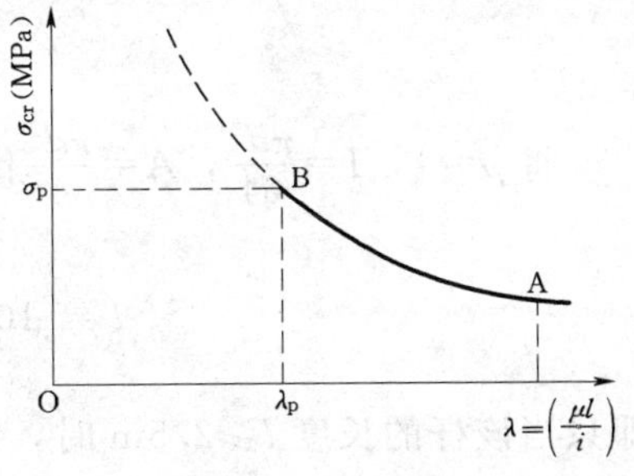

图 12-14　欧拉曲线

$$\sigma_{cr}=\frac{\pi^2 E}{\lambda^2}\leqslant\sigma_p$$

若将上式改写为

$$\lambda^2\geqslant\frac{\pi^2 E}{\sigma_p}$$

或

$$\lambda\geqslant\sqrt{\frac{\pi^2 E}{\sigma_p}}=\pi\sqrt{\frac{E}{\sigma_p}}=\lambda_p$$

即可看出，欧拉公式的适用范围可用压杆的下列最小柔度值来表示

$$\lambda_p=\pi\sqrt{\frac{E}{\sigma_p}}\tag{12-4}$$

这就是说，只有当压杆的柔度 $\lambda\geqslant\lambda_p$ 时，才能应用欧拉公式来计算压杆的临界力。

由此可知，前面所称的细长压杆，应为其柔度不小于 λ_p，即 $\lambda\geqslant\lambda_p$ 的压杆。通常称 $\lambda\geqslant\lambda_p$ 的压杆为大柔度杆（Long columns），或细长压杆。而当压杆的柔度 $\lambda<\lambda_p$ 时，就不能用欧拉公式。这一界限值 λ_p 取决于压杆材料的力学性能。

表 12-2　一些常用材料的 λ_p 值

材　料		λ_p
Q235 号钢	$\sigma_s=240$MPa	100
	$\sigma_b=372$MPa	
优质碳钢	$\sigma_s=306$MPa	100
	$\sigma_b=470$MPa	
硅钢	$\sigma_s=353$MPa	100
	$\sigma_b\geqslant510$MPa	
铬钼钢		55
硬铝		50

例如，对 Q235 号钢，其 E 和 σ_p 的平均值可分别取为 210GPa 和 200MPa，代入上式即得

$$\lambda_p=\pi\sqrt{\frac{210\times10^9}{200\times10^6}}\approx100$$

即对由 Q235 号钢制成的压杆，只有当 $\lambda\geqslant100$ 时，欧拉公式才适用，如在图 12-14 中的欧拉曲线只有位于点 B 以右的部分才能用。同样可以求出其他一些常用材料的 λ_p 值，见表 12-2，供参考。

【例 12-3】　有一两端铰支（球形铰）的圆截面受压杆，该杆用Q235号钢制成，已知杆的直径 $d=100$mm，钢的弹性模量 $E=210\times10^9$Pa、比例极限 $\sigma_p=200$MPa，试求能应用欧拉公式的最短柱长。

解：当 $\lambda\geqslant\lambda_p$ 时，才能用欧拉公式计算杆的临界力

$$\lambda_p=\pi\sqrt{\frac{E}{\sigma_p}}=100$$

因此，由 $\lambda\geqslant100$，即 $\frac{\mu l}{i}\geqslant100$

$$l \geqslant \frac{100i}{\mu} = \frac{100}{\mu}\sqrt{\frac{I}{A}}$$

将 $\mu=1$，$I=\frac{\pi d^2}{64}$，$A=\frac{\pi d^2}{4}$代入即得

$$l = 100\sqrt{\frac{I}{A}} = 100 \times \frac{d}{4} = 2.5\ (\mathrm{m})$$

即只当该杆的长度 $l \geqslant 2.5\mathrm{m}$ 时，才能用欧拉公式计算临界力。

二、超过比例极限时压杆的临界应力和临界力

在工程实际中，常见压杆的柔度往往小于 λ_p，即为非细长压杆，其临界力超过材料的比例极限时，属于非弹性稳定问题。这类问题的临界应力可通过解析法求得，但通常采用经验公式进行计算，这些公式是在试验与分析的基础上建立的。常见的经验公式有直线公式与抛物线公式等。各国采用的经验公式多以本国的试验为依据，我国根据自己的试验材料采用了下列直线公式和抛物线经验公式：

$$\begin{cases} \text{直线公式为} & \sigma_{cr} = a - b\lambda \\ \text{抛物线公式为} & \sigma_{cr} = a - b\lambda^2 \end{cases} \qquad (12-5)$$

$$F_{pcr} = \sigma_{cr} A$$

式中　A——压杆的横截面面积；

λ——压杆的柔度；

a、b——与材料有关的常数，随材料不同而不同，具体参看相关设计规范或其他参考书。

三、压杆的临界应力总图

由上面的讨论可知，中心受压直杆的临界应力 σ_{cr} 的计算与压杆的柔度 $\lambda=\mu l/i$ 有关。对于 $\lambda \geqslant \lambda_p$ 的大柔度（细长）压杆，临界应力可按欧拉公式（12-3）计算。对于 $\lambda < \lambda_p$ 的中柔度压杆。欧拉公式不再适用，其临界应力的计算有很多不同的观点，上述经验公式的临界应力计算式（12-5），只是其中的一种观点。当压杆的柔度很小时，即为小柔度杆，按经验公式求得的临界应力值，有可能超过了材料的屈服极限 σ_s，这时，就应以屈服极限 σ_s 作为压杆的临界应力 σ_{cr}。综上所述，在不同 λ 范围内，压杆的临界应力 σ_{cr} 与柔度 λ 间的关系曲线如图 12-15 所示，称为压杆的临界应力总图。

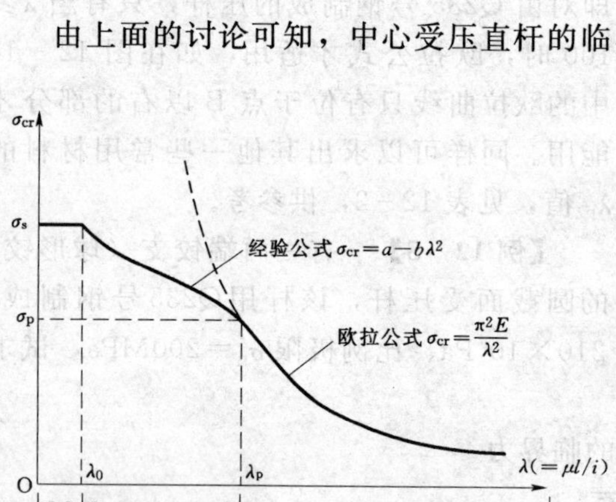

图 12-15　临界应力总图

第四节 压杆的稳定计算与压杆的合理截面

一、压杆的稳定条件与稳定校核

轴向受压杆的强度计算，可按强度条件，即

$$\sigma=\frac{F_p}{A}\leqslant[\sigma]$$

来进行。式中的许用应力 $[\sigma]$，是由材料的极限应力除以大于 1 的强度安全系数算得的。

同样，工程中，实际压杆的轴线不可能是理想的直线，压力的作用线也不可能与压杆的轴线完全重合。因此，中心受压直杆的力学模型，并不能反映实际压杆受力后的变形情况。为了保证受压杆件具有足够的稳定性，对压杆进行稳定计算时，也要建立相应的稳定条件（Stability condition），从而对压杆进行稳定计算。建立稳定条件的思路与建立强度条件的类似。

1. 安全系数法

对于压杆来说，当其横截面上的正应力达到临界应力时，压杆就要失稳。因此，正常工作的压杆，其横截面上的正应力应小于临界应力。为了保证压杆具有足够的稳定性，还必须考虑有一定的安全储备。因此，在对压杆进行稳定计算时，不能以临界应力值为准，而是以临界应力除以大于 1 的安全系数所得的数值为准，即要求横截面上的正应力 $\sigma=\frac{F_p}{A}\leqslant\frac{\sigma_{cr}}{n_{st}}$，通常将稳定条件写成下列用安全系数表达的形式：

$$n=\frac{\sigma_{cr}}{\sigma}\geqslant n_{st} \tag{12-6a}$$

$$n=\frac{F_{pcr}}{F_p}\geqslant n_{st} \tag{12-6b}$$

式中 n_{st}——规定稳定安全系数；

n——压杆的工作安全系数。

稳定安全系数一般都大于强度安全系数，这是因为难以避免的一些因素，如杆件的初弯曲、压力的偏心、材料的不均匀等都会影响压杆的稳定性，使压杆的临界力降低。稳定安全系数的取值，在有关规范和手册中均有具体规定。几种常见压杆的稳定安全系数如表 12-3 所示。

表 12-3 几种常见压杆的稳定安全系数

实际压杆	金属结构中的压杆	矿山、冶金设备中的压杆	机床丝杠	精密丝杠	水平长丝杠	磨床油缸活塞杆	低速发动机挺杆	高速发动机挺杆
n_{st}	1.8～3.0	4～8	2.5～4	＞4	＞4	2～5	4～6	2～5

2. 稳定系数法

在工程实际中，也常采用所谓稳定系数法进行稳定性计算，将式（12-6）中的$\frac{\sigma_{cr}}{n_{st}}$写成下列形式

$$\frac{\sigma_{cr}}{n_{st}} = [\sigma]_{st} = \varphi[\sigma]$$

式中 $[\sigma]$ ——强度计算时的许用应力；

$[\sigma]_{st}$——稳定许用应力（Stability allowable stress）；φ 为小于 1 的数，称为稳定系数（Stability coefficient），其值与压杆的柔度及所用材料有关。

因此，压杆的稳定条件可表达为

$$\sigma = \frac{F_p}{A} \leqslant \varphi[\sigma] \tag{12-7a}$$

通常改写为

$$\frac{F_p}{\varphi A} \leqslant [\sigma] \tag{12-7b}$$

式中 F_p——压杆承受的轴向力；

A——压杆的横截面面积。

当压杆由于钉孔或其他原因而使截面有局部削弱时，因为压杆的临界力是根据整根杆的失稳来确定的，所以在稳定计算中不必考虑局部截面削弱的影响，而以毛面积进行计算。但在强度计算中，危险截面为局部被削弱的截面，应按净面积进行计算。

在稳定计算中，如果已知压杆的材料、杆长、截面尺寸和杆端约束条件，则利用稳定系数（或有关计算式）和稳定条件，就可进行稳定性校核、设计截面和确定许可载荷等三个方面的工作。

二、实际压杆的稳定系数

设计压杆时常用的方法是将压杆的稳定许用应力 $[\sigma]_{st}$ 写作材料的强度许用应力 $[\sigma]$ 乘以一个随压杆柔度 λ 而改变的稳定系数 $\varphi=\varphi(\lambda)$，以反映压杆的稳定许用压力随压杆柔度改变的这一特点。在稳定系数 $\varphi=\varphi(\lambda)$ 中，也考虑了压杆的稳定安全系数 n_{st} 随压杆柔度而改变的因素。

《钢结构设计规范》（GB 50017—2003），根据我国常用构件的截面形式、尺寸和加工条件，规定了相应的残余应力变化规律，并考虑了 1/1000 的弯曲度，计算了 96 根压杆的稳定系数 φ 与柔度 λ 间的关系值，然后把承载能力相近的截面归并为 a、b、c 三类截面在不同柔度 λ 下的 φ 值（对于 Q235 号钢，可查表 12－4），以供压杆设计时应用。其中 a 类的残余应力影响较小，稳定性较好；c 类的残余应力影响较大，或截面没有双对称轴，需考虑扭转失稳的影响，其稳定性较差。b 类为除 a 类和 c 类以外的其他各种截面，基本上多数情况可取作 b 类。表 12－4 只列出了 b 类截面的稳定系数 φ 值，其他可查阅钢结构设计规范（GB 50017—2003）。

对于木压杆的稳定系数 φ 值，可查阅《木结构设计规范》（GB 50005—2003）。

表 12－4　　Q235 号钢 b 类截面中心受压直杆的稳定系数 φ

λ	0	1.0	2.0	3.0	4.0	5.0	6.0	7.0	8.0	9.0
10	0.992	0.991	0.989	0.987	0.985	0.983	0.981	0.978	0.976	0.973
20	0.970	0.967	0.963	0.960	0.957	0.953	0.950	0.946	0.943	0.939

续表

λ	0	1.0	2.0	3.0	4.0	5.0	6.0	7.0	8.0	9.0
30	0.936	0.932	0.929	0.925	0.922	0.918	0.914	0.910	0.906	0.903
40	0.899	0.895	0.891	0.887	0.882	0.878	0.874	0.870	0.865	0.861
50	0.856	0.852	0.847	0.842	0.838	0.833	0.828	0.823	0.818	0.813
60	0.807	0.802	0.797	0.791	0.786	0.780	0.774	0.769	0.763	0.757
70	0.751	0.745	0.739	0.732	0.726	0.720	0.714	0.707	0.701	0.694
80	0.688	0.681	0.675	0.668	0.661	0.655	0.648	0.641	0.635	0.628
90	0.621	0.614	0.608	0.601	0.594	0.588	0.581	0.575	0.568	0.561
100	0.555	0.549	0.542	0.536	0.529	0.523	0.517	0.511	0.505	0.499
110	0.493	0.487	0.481	0.475	0.470	0.464	0.458	0.453	0.447	0.442
120	0.437	0.432	0.426	0.421	0.416	0.411	0.406	0.402	0.397	0.392
130	0.387	0.383	0.378	0.374	0.370	0.365	0.361	0.357	0.353	0.349
140	0.345	0.341	0.337	0.333	0.329	0.326	0.322	0.318	0.315	0.311
150	0.308	0.304	0.301	0.298	0.285	0.291	0.288	0.285	0.282	0.279
160	0.276	0.273	0.270	0.267	0.265	0.262	0.259	0.256	0.254	0.251
170	0.249	0.246	0.244	0.241	0.239	0.236	0.234	0.232	0.229	0.227
180	0.225	0.223	0.220	0.218	0.216	0.214	0.212	0.210	0.208	0.206
100	0.204	0.202	0.200	0.198	0.197	0.195	0.193	0.191	0.190	0.188
200	0.186	0.184	0.183	0.181	0.180	0.178	0.176	0.175	0.173	0.172
210	0.170	0.169	0.167	0.166	0.165	0.163	0.162	0.160	0.159	0.158
220	0.156	0.155	0.154	0.153	0.151	0.150	0.149	0.148	0.146	0.145
230	0.144	0.143	0.142	0.141	0.140	0.138	0.137	0.136	0.135	0.134
240	0.133	0.132	0.131	0.130	0.129	0.128	0.127	0.126	0.125	0.124

三、压杆横截面尺寸的设计

当已知压杆的材料、杆长和杆端的约束条件，而需选择压杆的截面尺寸时，由于压杆的稳定系数 φ（或柔度 λ）要受到截面形状和大小的影响，在按稳定条件，式（12-7）设计压杆的截面尺寸时，为了确定 A 必须知道 φ，但 φ 又取决于长细比 λ，λ 又取决于截面的惯性半径 i，i 又取决于横截面的形状与面积 A。由此可见，A 与 φ 这两个量值是相互依赖的，故在选择压杆的截面积时必须采用试算的方法。现将常用的 φ 系数法步骤介绍如下：

（1）先直接假定 φ 值（一般是假定 $\varphi=0.5$），再用式（12-7）求得初选 A。

（2）根据初选的 A，利用已有的图表（例如型钢表）或根据实践经验，选择型钢号码或求得截面的具体尺寸。

(3) 根据选定的截面尺寸，查得或算得惯性半径 i，算出压杆的长细比 λ。根据 λ 重新计算 φ 值。若此 φ 值和在 (1) 中假定的 φ 值相差较大，则需在这两个 φ 值之间再选一个 φ 值，重新按以上步骤进行计算，直到求得的 φ 值与假定的 φ 值比较接近为止。最后，根据求得的 φ 值，按式 (12－7) 验算是否满足稳定条件。若能满足，又不是过于安全，则所选得的截面就是所需的截面。若不满足或过于安全，则应参考验算结果，对截面尺寸作适当的调整，然后再进行验算，直至满足要求为止。

第五节　提高压杆稳定性的措施

为提高压杆的稳定性，应在可能的条件下，提高压杆的临界应力。为此，可以从压杆的约束情况，压杆的长度和截面形状以及材料性质等方面来考虑。

一、加强约束的牢固性

压杆约束的类型，决定了长度系数 μ 的数值。杆端的固定性越强，长度系数减小。从而降低了柔度，提高了临界力。所以，在条件允许时，应尽量使杆端不易转动。例如，长为 l 两端铰支的压杆如图 12－16 所示，其临界力为

$$F_{pcr}=\frac{\pi^2 EI}{l^2}$$

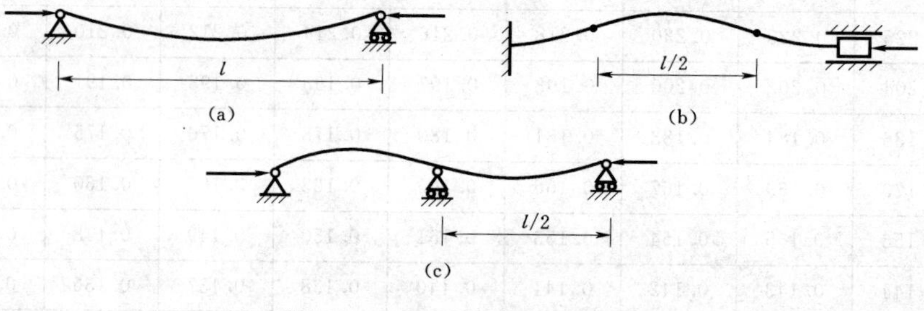

图 12－16　两端铰支的压杆

若将两端改为固定端，如图 12－16 (b) 所示，则相当长度 $\mu l=\dfrac{l}{2}$，临界力为

$$F_{pcr}=\frac{\pi^2 EI}{\left(\dfrac{l}{2}\right)^2}=\frac{4\pi^2 EI}{l^2}$$

可见，临界力变为原来的四倍。

二、尽量减小压杆长度

压杆长度增加，柔度也随着增加，由式 (12－3) 可见，其临界应力迅速下降。所以，在结构允许的条件下，应尽量减小压杆长度。这样可明显地提高压杆的稳定性。

如结构不允许减小杆长，也可采用增加支座的方法。如两端铰支的压杆，在中点增加一铰链支座 [见图 12－16 (c)]，临界力仍按上式计算，可见临界力也变为原来的四倍。

三、选择合理的截面形状

柔度 λ 与惯性半径 i 成反比，而 $i=\sqrt{\frac{I}{A}}$。所以，截面积 A 为一定的情况下，选择 I 值较大的截面形状，就比较合理。如图 12－17 中，选择（b）图要比（a）图更合理。显然，许多压杆采用空心截面杆也是基于上述考虑。

如压杆在各纵向截面的支承相同，则宜采用圆形或正方形截面。这些截面对任一形心轴的惯性半径 i 相等，压杆在各纵向平面内的柔度相等，致使杆在各纵向平面内的稳定性相同。如压杆在两个纵向对称平面内的支承情况不同，如图 12－13 所示的连杆，就应采用矩形、工字形一类的截面。尽量使压杆在两个纵向对称平面内的柔度相等，以使压杆在两个纵向对称平面内的稳定性相同。

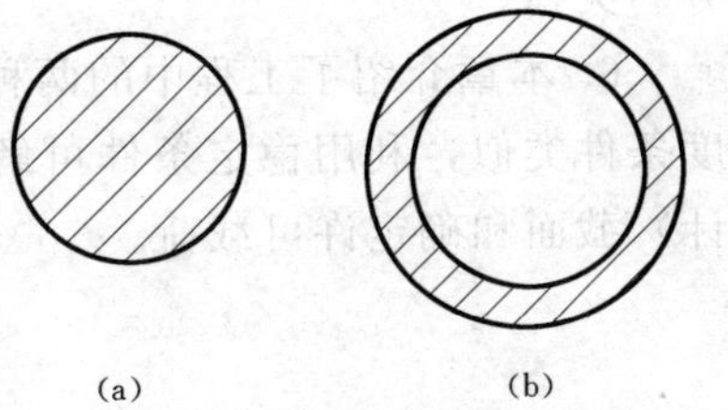

图 12－17　截面形状

四、合理选用材料

对于大柔度杆，材料对临界应力的影响，反映在弹性模量 E 上。而对各种钢材而言，E 值相差无几。所以，选用合金钢、优质钢对提高临界应力的作用不大，反而是不经济的。而对于中、小柔度杆，临界应力与材料的强度指标有关，选用高强度钢，可以提高压杆的稳定性。

小　结

1. 稳定问题是构件正常工作的三方面要求（强度、刚度、稳定）之一，虽然压杆稳定只占一章篇幅，但却占有重要地位。受压杆若不能满足稳定要求，会导致严重的后果，所以对受压杆的稳定问题，不容忽视。

2. 压杆的稳定，是指杆件在轴向压力作用下能保持其原有平衡形式的稳定。受轴向压力的直杆，当它能始终保持原有的直线形式的平衡时，原来的直线形式的平衡是稳定的，否则便是不稳定的。压杆从稳定平衡转为不稳定平衡就是失稳，压杆是否会失稳，则是以临界力为标志的。

稳定问题不同于强度问题，压杆失稳时，并非抗压强度不足被压坏，而是由于失稳，不能保持原有的直线平衡形式而发生弯曲。

3. 欧拉公式是计算临界力的重要公式，该公式是通过解微分方程得到的，微分方程的建立，则是基于压杆在临界力作用下可保持微弯状态的平衡。

从欧拉公式看到，细长压杆的临界力与杆件的长度（l）、横截面的形状和尺寸（I）、杆两端的支承情况（μ）、杆件所用材料（E）有关，设计压杆时，应综合考虑这些因素。

4. 欧拉公式是在 $\sigma \leqslant \sigma_p$ 的条件下导出的，该公式有其严格的适用范围。该适用范围以

柔度的形式表示为 $\lambda \geqslant \lambda_p$，在应用欧拉公式计算临界力或临界应力时，应首先算出杆的 λ 和 λ_p，且满足 $\lambda \geqslant \lambda_p$ 时方可应用此公式。

5. 柔度 λ 是压杆稳定计算中的一个重要物理量，不论是计算压杆的临界力（或临界应力），还是根据稳定条件对压杆进行稳定计算，都需首先算出 λ 值。从物理意义上看，λ 值综合地反映了压杆的长度、截面的形状和尺寸、杆两端支承情况对临界力（或临界应力）的影响，杆的 λ 值越大，越容易失稳。当两个方向的 λ 值不同时，杆总是沿 λ 值大的方向失稳。

6. 本章介绍了工程中的两种压杆稳定计算方法，即安全系数法与稳定系数法。与强度条件类似，利用稳定条件可解决稳定计算中的三类典型问题，即校核稳定、选择（设计）截面和确定许可载荷。

习　题

12-1　题 12-1 图所示压杆，由 30mm×30mm×4mm 的等边角钢制成，杆长 $l=0.45\text{m}$，若压杆材料的弹性模量 $E=210\text{GPa}$，试求压杆的临界力。

12-2　空心圆管的受力情况如题 12-2 图所示，管的外径 $D=52\text{mm}$，内径 $d=44\text{mm}$，$l=950\text{mm}$，材料为 30CrMnSiNi2A，$\sigma_b=1600\text{MPa}$，$\sigma_p=1200\text{MPa}$，试求压杆的临界压力 F_{pcr} 和临界应力 σ_{cr}。

12-3　三根圆截面压杆，直径均为 $d=160\text{mm}$，材料的弹性模量 $E=200\text{GPa}$，$\sigma_s=240\text{MPa}$。两端均为铰支，长度分别为 l_1、l_2 和 l_3，且 $l_1=2l_2=4l_3=5\text{m}$，试求各杆临界压力 F_{pcr}。

12-4　如题 12-4 图所示压缩机的活塞杆 AB 承受压力 $F_p=100\text{kN}$，长度 $l=1.1\text{m}$，直径 $d=70\text{mm}$，材料为碳钢，$\sigma_p=280\text{MPa}$，$\sigma_s=306\text{MPa}$，$E=200\text{GPa}$。试求活塞杆的工

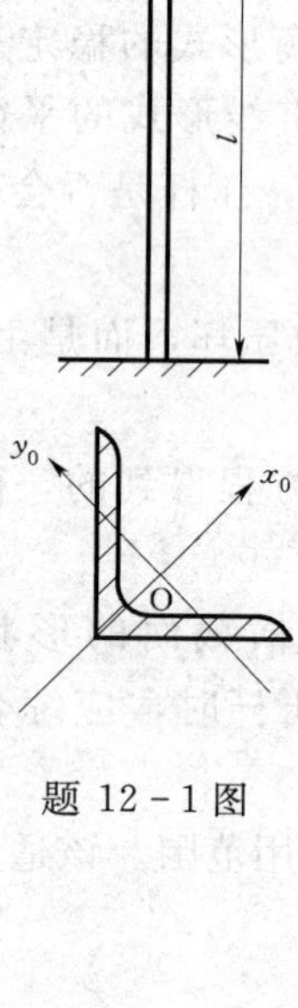

题 12-1 图

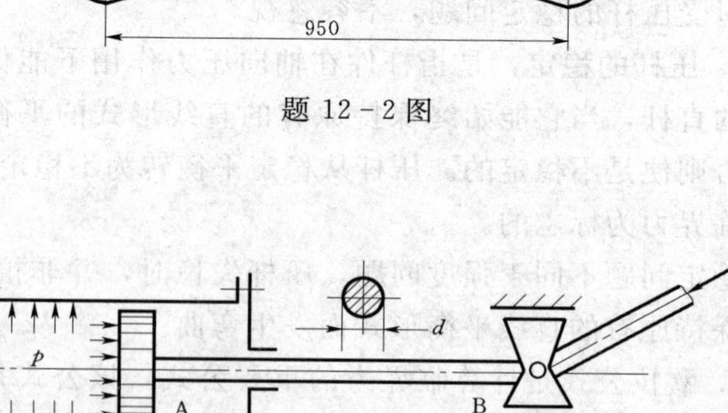

题 12-2 图

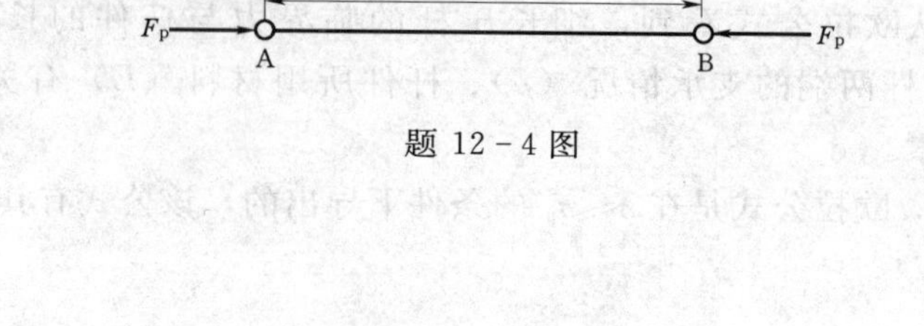

题 12-4 图

作安全系数 n，活塞两端可简化成铰支座。

12－5　题 12－5 图所示万能材料试验机，作拉伸实验时，两根立柱受压，立柱直径 $d=70\text{mm}$，$l=1.4\text{m}$，材料为 Q235 钢，立柱下端固定。在图平面内，上端不能转动，而允许水平方向微小移动，取 $\mu=1$。在垂直图平面内，上端自由，取 $\mu=2$。试求最大拉力为 250kN 时的工作安全系数。

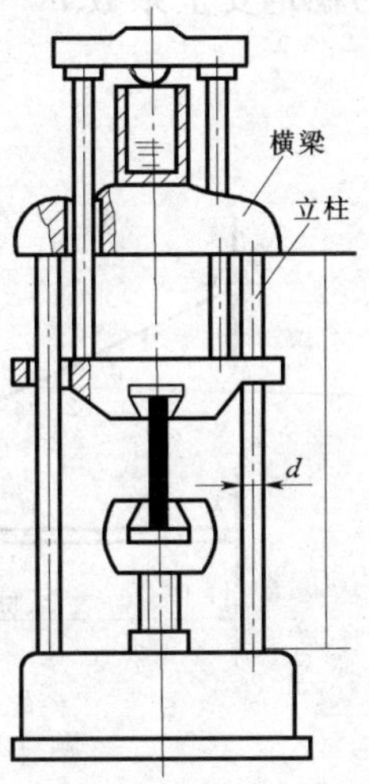

题 12－5 图

12－6　某内燃机挺杆为中空圆截面，外径 $D=10\text{mm}$，内径 $d=7\text{mm}$，两端均为球铰支座，挺杆受载荷 $F_p=1.4\text{kN}$，材料为 Q235 钢，$E=206\text{GPa}$。杆长 $l=456\text{mm}$，取安全系数 $n_{st}=3$，试校核挺杆的稳定性。

12－7　简易吊车的摇臂如题 12－7 图所示，最大载重量 $F_p=20\text{kN}$，已知 AB 杆的外径 $D=50\text{mm}$，内径 $d=40\text{mm}$，材料为 Q235 钢，许用应力 $[\sigma]=140\text{MPa}$。试按稳定系数法校核此压杆是否稳定。

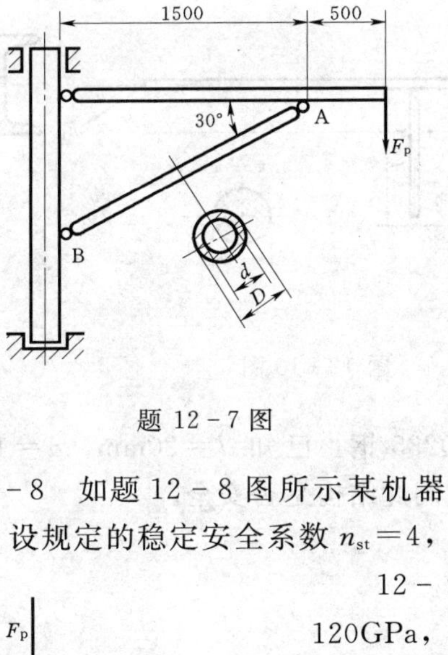

题 12－7 图

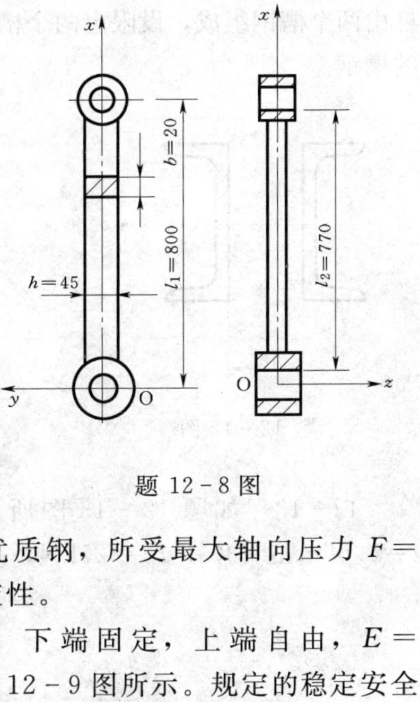

题 12－8 图

12－8　如题 12－8 图所示某机器的连杆，材料为优质钢，所受最大轴向压力 $F=60\text{kN}$，设规定的稳定安全系数 $n_{st}=4$，试校核连杆的稳定性。

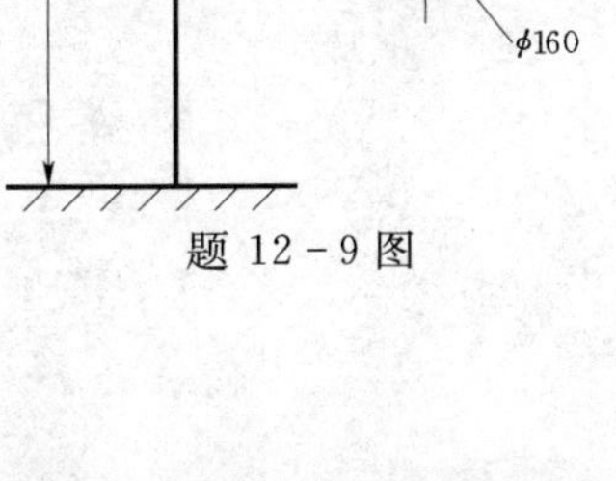

题 12－9 图

12－9　一铸铁立柱，下端固定，上端自由，$E=120\text{GPa}$，$\lambda_1=80$，尺寸如题 12－9 图所示。规定的稳定安全系数 $n_{st}=3$，试确定此立柱的许可载荷 F_p。

12－10　如题 12－10 图所示一转臂起重机架 ABC，受压杆 AB 系用 $\phi 76\times 4\text{mm}$ 的钢管制成，两端可以认为铰支，材料为 Q235 钢，若结构的自重不计，取安全系数 $n_{st}=3.5$，试求最大起重量 F_p。

12－11　题 12－11 图（a）所示机器，四根立柱的长度为 $l=3\text{m}$，钢材的 $E=210\text{MPa}$。立柱丧失稳定后的变形曲线如题 12－11 图（b）所示。若 F_p 的最大值为 1000kN，规定

的稳定安全系数 $n_{st}=4$，试按稳定条件设计立柱的直径。

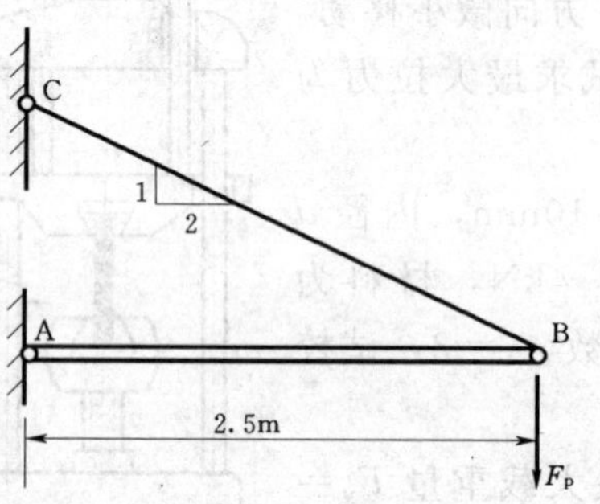

题 12-10 图

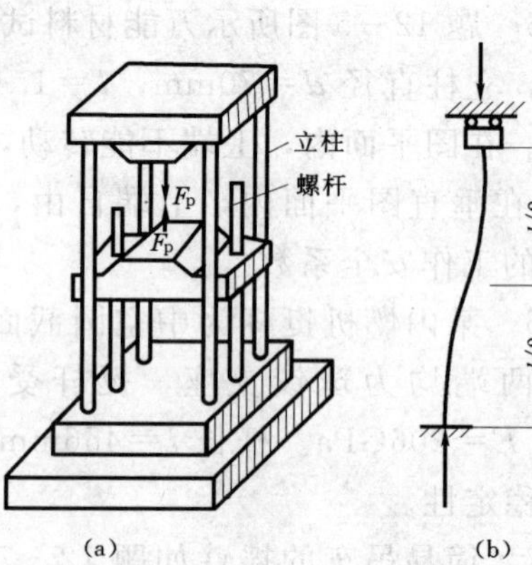

题 12-11 图

12-12 如题 12-12 图所示，长为 6m 的压杆，两端简化为铰支座，压力 $F_p=440$kN。压杆由两个槽钢组成，设限定两个槽钢腹板之间的距离为 100mm，$[\sigma]=160$MPa，试选择适用的槽钢。

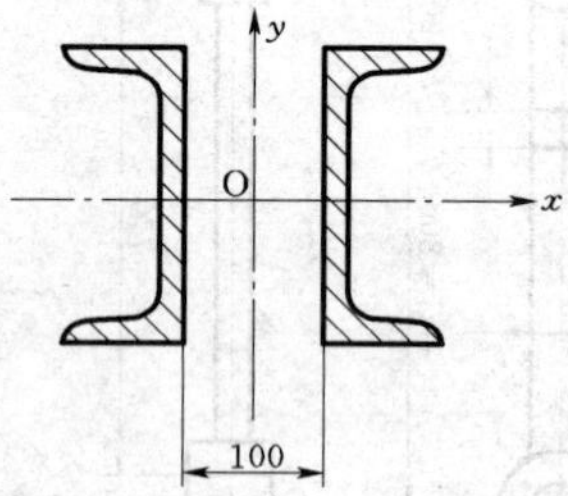

题 12-12 图

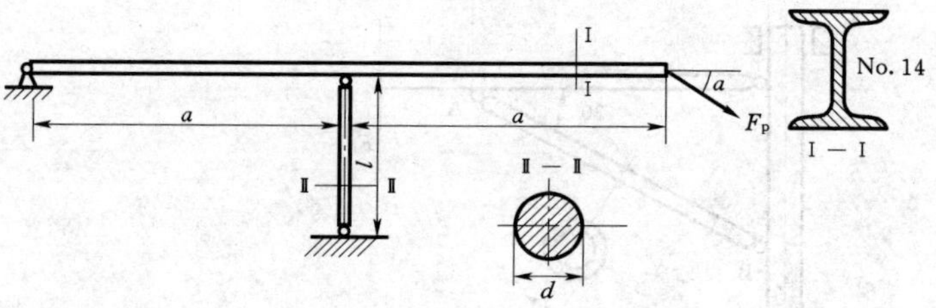

题 12-13 图

12-13 如题 12-13 图所示结构的材料为 Q235 钢，已知 $d=20$mm，$a=1.25$m，$l=0.55$m，$\alpha=30°$，$F_p=25$kN，$[\sigma]=160$MPa，试问此结构是否安全。

第十三章 动 载 荷

第一节 概 述

前面各章讨论了构件在静载荷作用下的应力、应变及位移计算问题。所谓静载荷（static load），是指加载过程缓慢，其大小从零增加到一定值后，即不再随时间而改变的载荷。在加载的过程中，构件内各质点的加速度很小，它对变形和应力的影响可以忽略不计。

实际工程中，有很多构件受到动载荷（Dynamic load）作用。所谓动载荷，是指随时间作急剧变化的载荷，以及作加速运动或转动的系统中构件的惯性力。例如，起重机加速吊升重物时，吊索受到惯性力的作用，汽锤打桩时，桩受到冲击载荷，等等。上述吊索，桩都承受动载荷。

工程中常见的动载荷有下列几种：

（1）作匀加速直线运动或匀速转动物体（构件）的惯性力。例如起重机在起吊重物时起重机吊索受到的惯性力，飞轮等速旋转时其轮缘上的惯性力等。

（2）冲击载荷。这种载荷的特点是能在一瞬时内，就把载荷加到被冲击物上面。例如土建工程中打桩时汽锤对桩的冲击力，吊车突然刹车时对吊车梁的冲击力等。

（3）振动载荷。这种载荷的特点是其大小和方向都随时间作周期性的变化。例如工业厂房中转动的机械设备对楼板与楼板梁的振动载荷、地震时的地震载荷等。

（4）交变载荷。例如机械中各类旋转轴受到的弯曲交变载荷。

构件由动载荷所引起的应力和变形分别称为动应力（Dynamic stress）和动变形（Dynamic deformation）。构件在动载荷作用下同样有强度、刚度和稳定性问题。实验结果表明，在静载荷作用下服从胡克定律的材料，在动载荷作用下，只要动应力不超过材料的比例极限，胡克定律仍然适用。

若构件内的应力随时间作周期性交替变化，则称为交变应力（Alternating stress）。构件长期在交变应力作用下，虽然最大工作应力远低于材料的屈服极限，且无明显的塑性变形，却往往会发生骤然断裂。这种破坏称为疲劳破坏（Fatigue failure）。因此，在交变应力作用下的构件还应校核疲劳强度。

本章将研究构件作匀加速直线运动或匀速转动和冲击的动载荷问题，另外，对交变应力和疲劳破坏的概念作一简略介绍。

第二节 构件作匀加速直线运动或匀速转动时的应力计算

构件作匀加速直线运动或匀速转动时，构件内各质点将产生惯性力。在这类问题中，由于加速度很容易确定，因而可应用动静法求解构件的动应力问题。动静法是把动载荷问题转化为静载荷问题求解的方法，即先求出构件内各点的加速度，并在构件上假想地附加相应的惯性力，使构件在外力、约束反力和惯性力共同作用下处于假想的平衡状态，再利用静载荷的方法就可计算出构件中的内力、应力、变形等，进而进行构件的强度和刚度计算。

一、构件作匀加速直线运动时的应力

图 13-1（a）所示的桥式起重机，以匀加速度 a 吊起一重为 P 的物体。若钢索横截面面积为 A，材料密度为 ρ，现分析和计算钢索截面上的动应力。

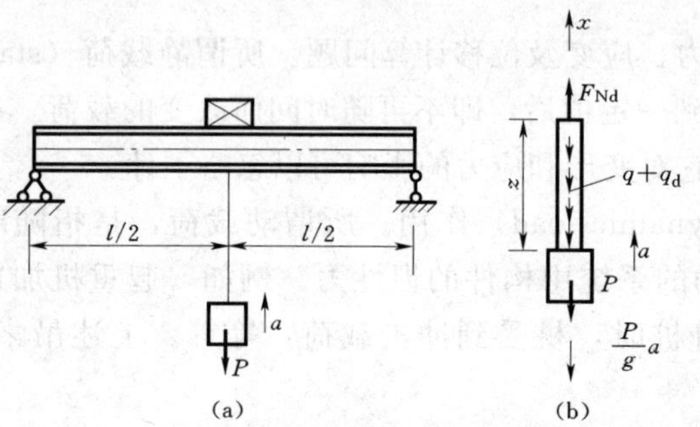

图 13-1　桥式起重机吊索动应力分析

先计算钢索任一 x 横截面上的内力。应用截面法，取出如图 13-1（b）所示的部分钢索和吊物作为研究对象。作用于其上的外力有吊物自重 P，长为 x 的一段钢索的自重，吊物和该段钢索的惯性力，以及截开面上的动内力 F_{Nd}。钢索的自重是均布的轴向力，集度为 $q=\rho gA$，其惯性力也是均布的轴向力，集度为 $q_d=\frac{\rho gA}{g}a$，吊物的惯性力为 $\frac{P}{g}a$。惯性力的方向均与加速度 a 的方向相反，如图 13-1（b）所示。

钢索横截面上的动内力可以由取出部分的平衡条件求得，即

$$F_{Nd}=P+\frac{P}{g}a+qx+q_dx=P+\frac{P}{g}a+\rho gAx+\frac{\rho gA}{g}ax=(P+\rho gAx)\left(1+\frac{a}{g}\right)$$

式中，$P+\rho gAx$ 为同一截面上的静内力 F_{Nst}。因此上式可写成

$$F_{Nd}=k_dF_{Nst} \tag{13-1}$$

式中

$$k_d=1+\frac{a}{g} \tag{13-2}$$

称为动荷系数（Dynamic coefficient），其值为动内力与静内力之比。可见，钢索横截面上的动内力等于该截面上的静内力乘以动荷系数。

进而可以计算钢索横截面上的动应力。按拉压杆件横截面上的正应力公式，有

$$\sigma_d=\frac{F_{Nd}}{A}=\frac{k_dF_{Nst}}{A}=k_d\,\sigma_{st} \tag{13-3}$$

可见，钢索横截面上的动应力为该截面上的静应力乘以动荷系数。

显然，求解这类动载荷问题的关键是求出动荷系数。

由式（13-1）可知，钢索的危险截面，即动内力最大的截面在钢索的上端，该截面的动应力也将最大。由式（13-3），得

$$\sigma_{dmax}=k_d\sigma_{stmax}$$

计算出最大动应力后，就可按如下的强度条件进行钢索的强度计算

$$\sigma_{dmax}=k_d\sigma_{stmax}\leqslant[\sigma] \tag{13-4}$$

由于在动荷系数 k_d 中已经包含了动载荷的影响，所以式（13-4）中 $[\sigma]$ 仍采用静载荷

情况的许用应力值。动荷系数的概念在结构的动力计算中是非常有用的，因为通过它可将动力计算问题转化为静力计算问题，即只需把由静力计算所得的结果乘上一动荷系数就是所需要的结果。

一般情况下，结构不同，动荷系数也不尽相同，同种结构承受不同载荷时，动荷系数也不一样。

从以上的讨论可知，作匀加速直线运动的构件，其横截面上的内力和应力可以通过动静法求得。对动静法应明确两点：

(1) 对作匀加速运动的物体上所加的惯性力是假想的。由理论力学可知，惯性力是加速运动物体对施力物体的反作用力，它并非作用在图 13-1 (b) 所确定的运动物体上。把惯性力假想地加在运动物体上，目的是使原来作加速运动的动力学问题转化为静力学问题，这样便可通过静力平衡条件求解。

(2) 惯性力的方向总是与加速度的方向相反。

【例 13-1】　一长度 $l=12\text{m}$ 的16号工字钢，用横截面面积为 $A=108\text{mm}^2$ 的钢索起吊，如图 13-2 (a) 所示，并以等加速度 $a=10\text{m/s}^2$ 上升。若只考虑工字钢的重量而不计吊索自重，试求吊索的动应力，以及工字钢在危险点处的动应力 σ_{dmax}。

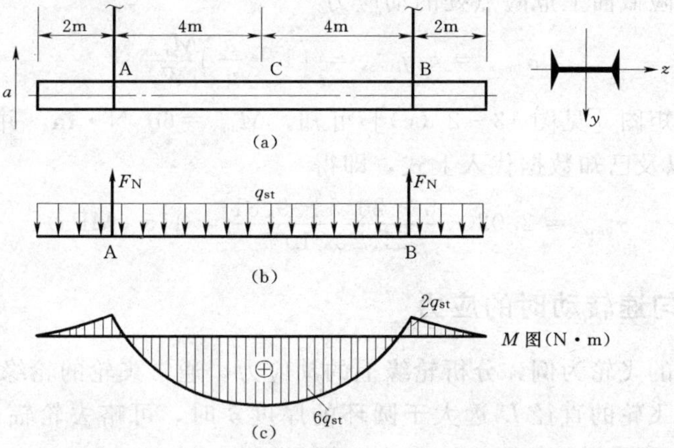

图 13-2　例 13-1 图

解：(1) 吊索的动应力。

根据动静法，将集度为 $q_d=A\rho a$ 的惯性力加在工字钢上，使工字钢上的起吊力与其重量和惯性力假想地组成平衡力系。若工字钢单位长度的重量记为 q_{st}，则惯性力集度为

$$q_d = q_{st}\frac{a}{g}$$

于是，工字钢上总的均布力集度为

$$q = q_{st} + q_d = q_{st}\left(1+\frac{a}{g}\right) = k_d q_{st}$$

式中，$k_d=1+\dfrac{a}{g}$ 为动荷系数。

于是，以下的内力、应力计算，可按工字钢自重（静载荷）计算，乘以动荷系数 k_d，即得动载荷（考虑惯性力）的内力和应力。

由对称关系可知，两吊索的轴力 F_N［参见图 13-2（b）］相等，其值可由平衡方程式

$$\sum F_y = 0，\ 2F_{Nst} - q_{st}l = 0$$

求得

$$F_{Nst} = \frac{1}{2}q_{st}l$$

吊索的静应力为

$$\sigma_{st} = \frac{F_{Nst}}{A} = \frac{q_{st}l}{2A}$$

故得吊索的动应力为

$$\sigma_d = k_d q_{st} = \left(1+\frac{a}{g}\right)\frac{q_{st}l}{2A}$$

由型钢表查得 $q_{st}=20.5\text{kg/m}=20.5g\ (\text{N/m})$ 及已知数据代入上式，得

$$\sigma_d = \left(1+\frac{10}{9.81}\right)\times\frac{(20.5\times 9.81)\times 12}{2\times 108\times 10^{-6}} = 2.02\times 11.2 = 22.6\ (\text{MPa})$$

（2）工字钢危险截面上危险点处的动应力

$$\sigma_{dmax} = k_d q_{stmax} = \left(1+\frac{a}{g}\right)\frac{M_{max}}{W_z}$$

由工字钢的弯矩图［见图 13-2（c）］可知，$M_{max}=6q_{st}\text{N}\cdot\text{m}$，并由型钢表查得 $W_z=21.2\times 10^{-6}\text{m}^3$ 以及已知数据代入上式，即得

$$\sigma_{dmax} = 2.02\times\frac{6\times 20.5\times 9.81}{21.2\times 10^{-6}} = 115\ (\text{MPa})$$

二、构件作匀速转动时的应力

以一匀速转动的飞轮为例，分析轮缘上的动应力。通常飞轮的轮缘较厚，而中间的轮辐较薄。因此，当飞轮的直径 D 远大于圆环的厚度 δ 时，可略去轮辐的影响，将飞轮简化为直径为 D 的薄壁圆环，如图 13-3（a）所示。

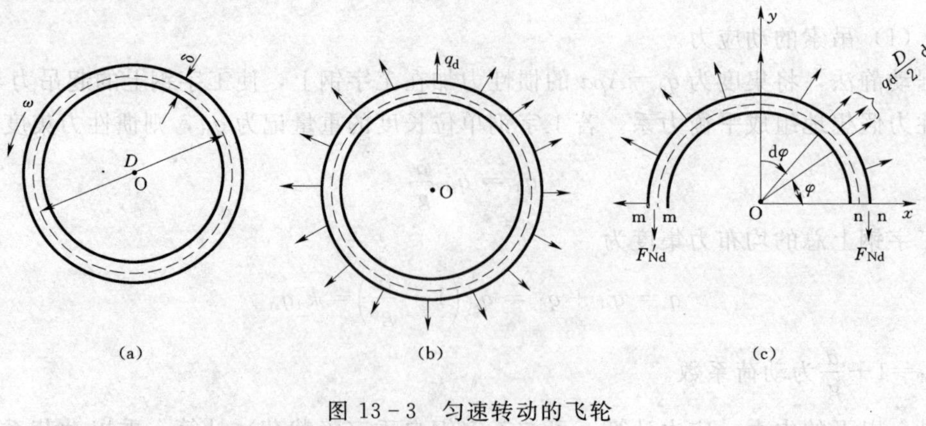

图 13-3　匀速转动的飞轮

设圆环以角速度 ω 绕圆心 O 且垂直于纸面的轴匀速转动。设圆环的横截面面积为 A，材料的密度为 ρ。圆环匀速转动时，各质点只有向心加速度。由于圆环的厚度 δ 远小于圆环直径 D，可认为圆环沿径向各点的向心加速度与圆环中线上各点处的向心加速度相等，均为 $a_n=\dfrac{\omega^2 D}{2}$。因而，沿圆环中线上将有均布的离心惯性力，其集度 $q_d=\dfrac{\rho g A}{g}a_n=\dfrac{\rho g A\omega^2 D}{2g}$，如图 13－3（b）所示。

按动静法，离心惯性力 q_d 自身组成一平衡力系。为了求得圆环的周向应力，先求通过直径截面上的内力。假想将圆环沿水平直径面截开，取上半部分进行研究。这部分上的外力如图 13－3（c）所示，在 $d\varphi$ 范围内的外力为 $q_d\dfrac{D}{2}d\varphi$，由平衡方程 $\sum F_y=0$ 得

$$-2F_{Nd}+\int_0^{\pi} q_d\frac{D}{2}d\varphi\sin\varphi=0$$

将 q_d 代入，得到截面 m—m 和 n—n 上的内力为

$$F_{Nd}=\frac{\rho g A}{g}\frac{\omega^2 D^2}{4}=\rho A v^2$$

式中，$v=\dfrac{D\omega}{2}$ 为圆环中线上的各点的线速度。

圆环横截面上的动应力为

$$\sigma_d=\frac{F_{Nd}}{A}=\frac{\rho\omega^2 D^2}{4}=\rho v^2$$

圆环的强度条件为

$$\sigma_d=\rho v^2\leqslant[\sigma]$$

从以上两式看出，环内应力与横截面面积 A 无关。要保证强度，应限制圆环的转速，增加横截面面积 A 无济于事。工程上，为保证飞轮的安全，必须控制飞轮的转速 ω，即限制轮缘的线速度 v。由上述计算可知，轮缘许用的最大线速度即临界速度为

$$[v]=\sqrt{\frac{[\sigma]}{\rho}}$$

【例 13－2】　直径 $d=100$mm 的圆轴，一端有重量 $P=0.6$kN、直径 $D=400$mm 的飞轮，以均匀转速 $n=1000$r/min 旋转［见图 13－4（a）］。现因在轴的另一端施加了掣动的外力偶矩 M_d，而在 $t=0.01$s 内停车。若轴的质量与飞轮相比很小而可略去不计，试求轴内最大动剪应力 $\tau_{d\max}$。

解：由于轴在掣动时产生角加速度，故轴的最大动剪应力应按动静法求解。

由动力学原理可知，若不计轴的质量，则飞轮的惯性力矩为

$$M_d=I_0\alpha \tag{a}$$

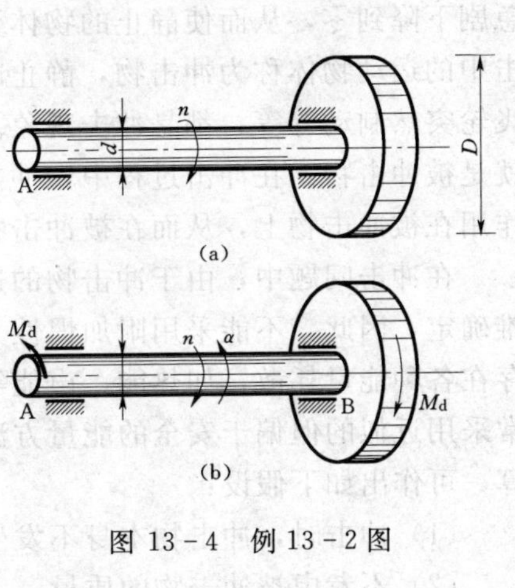

图 13－4　例 13－2 图

式中　I_0——飞轮的转动惯量，$N \cdot m \cdot s^2$；

　　α——角加速度，rad/s^2。

在掣动时，若为匀减速旋转，则 $\alpha = -\frac{\omega}{t}$，而 $\omega = \frac{2\pi n}{60}$，故

$$\alpha = -\frac{\pi n}{30t}$$

代入式(a),得

$$M_d = I_0 \frac{\pi n}{30t} \tag{b}$$

式（b）仅考虑 M_d 的大小，不计其负号。

根据动静法，沿与 α 相反的转向，将惯性力偶矩 M_d 作用于轴上［见图 13－4（b)]，从而得到一个假想的平衡力偶系。由截面法可得轴横截面上的扭矩 T_d 为

$$T_d = M_d = \frac{I_0 \pi n}{30t} \tag{c}$$

由圆轴扭转的剪应力公式得轴的最大动剪应力 τ_{dmax} 为

$$\tau_{dmax} = \frac{T_d}{W_p} = \frac{I_0 \pi n}{\frac{\pi d^3}{16} \times 30t} = \frac{8 I_0 n}{15 d^3 t} \tag{d}$$

根据所给数据，算出飞轮的转动惯量

$$I_0 = \frac{PD^2}{8g} = \frac{600 \times 0.4^2}{8 \times 9.81} = 1.223\ (N \cdot m \cdot s^2)$$

与已知数据一起代入式（d），得

$$\tau_{dmax} = \frac{8 I_0 n}{15 d^3 t} = \frac{8 \times 1.223 \times 1000}{15 \times 0.1^3 \times 0.01} = 65.2\ (MPa)$$

第三节　冲击时的应力计算

当运动着的物体作用到静止的物体上时，在相互接触的极短时间内，运动物体的速度急剧下降到零，从而使静止的物体受到很大的作用力，这种现象称为冲击（Impact)。冲击中的运动物体称为冲击物，静止的物体称为被冲击物。工程中的落锤打桩、汽锤锻造和飞轮突然制动等等，都是冲击现象。其中落锤、汽锤、飞轮就是冲击物，而桩、锻件、轴就是被冲击物。在冲击过程中，冲击物将获得很大的负加速度，于是，它将很大的惯性力作用在被冲击物上，从而在被冲击物中产生很大的冲击应力和变形。

在冲击问题中，由于冲击物的速度在极短时间内发生很大变化，所以负值的加速度很难确定，因此，不能采用附加惯性力的动静法进行计算。由于影响冲击的因素很多，而且存在各种能量耗散，如热能、声能等等，因此，冲击问题的精确计算十分困难，工程中通常采用近似的但偏于安全的能量方法，用以确定被冲击物的内力、应力、变形。为简化计算，可作出如下假设：

(1) 冲击时，冲击物本身不发生变形，即当作刚体。

(2) 不考虑被冲击物的质量。

(3) 冲击物与被冲击物接触后无回弹。

(4) 冲击后，被冲击构件的材料仍服从胡克定律，并不计能量损耗。

下面将讨论自由落体冲击和水平冲击两种情况。

一、自由落体冲击

设一重量为 P 的物体，从高度 h 处自由下落到一直杆的顶端，使杆受到竖向冲击而发生压缩变形如图 13-5所示。现以此为例，说明冲击应力和变形的计算方法。

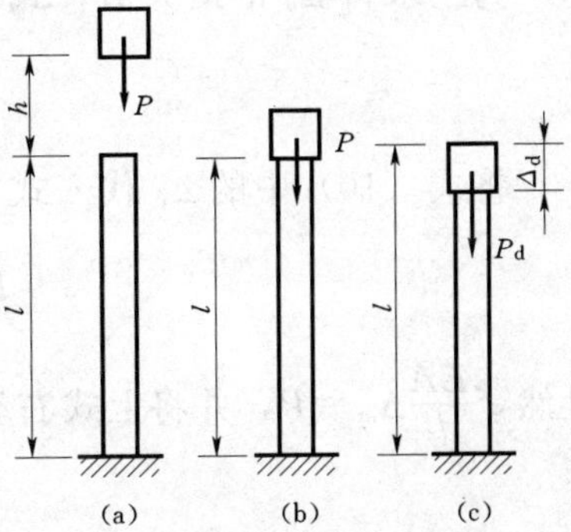

图 13-5　自由落体冲击

冲击物落到被冲击物顶端、即将与之接触时，具有速度 v。当其与直杆接触后，将贴合在一起运动，速度迅速减小，最后降到零；与此同时，被冲击物的变形也达到最大值 Δ_d。构件因此受到冲击载荷 F_d 并产生冲击应力 σ_d。

因在冲击过程中不计其他能量的损耗，则按能量守恒原理，冲击物在冲击前后所减少的动能 T 和位能 V 应与被冲击物所获得的应变能 $V_{\varepsilon d}$ 相等（因略去了杆的质量，故杆的动能和位能变化也略去不计），即

$$T + V = V_{\varepsilon d} \tag{1}$$

当杆的顶端达到最低位置时［见图 13-5（c）］，冲击物所减少的位能为

$$V = P(h + \Delta_d) \tag{2}$$

由于冲击物的初速度和末速度均为零，因而，其动能无变化，即

$$T = 0 \tag{3}$$

另一方面，在冲击过程中，被冲击物（直杆）所增加的应变能，则可通过冲击载荷 F_d 对位移 Δ_d 所作的功来计算。由于材料服从胡克定律，于是有

$$V_{\varepsilon d} = \frac{1}{2} F_d \Delta_d \tag{4}$$

根据杆件在弹性范围内 F_d 与 Δ_d 之间成线性关系，即

$$F_d = \frac{EA}{l}\Delta_d \tag{5}$$

将式（5）代入式（4），得

$$V_{\varepsilon d} = \frac{1}{2}\left(\frac{EA}{l}\right)\Delta_d^2 \tag{6}$$

将式（2）、式（3）和式（6）代入式（1），得

$$P(h + \Delta_d) = \frac{1}{2}\left(\frac{EA}{l}\right)\Delta_d^2 \tag{7}$$

注意到 $\frac{Pl}{EA} = \Delta_{st}$，即重物 P 作为静载荷作用在杆的顶端时，构件沿冲击方向的静位移（即杆的静缩短）。于是，式（7）可简化为

$$\Delta_d^2 - 2\Delta_{st}\Delta_d - 2\Delta_{st}h = 0 \tag{8}$$

由此解得

$$\Delta_d = \Delta_{st} \pm \sqrt{\Delta_{st}^2 + 2h\Delta_{st}} = \Delta_{st}\left(1 \pm \sqrt{1 + \frac{2h}{\Delta_{st}}}\right) \tag{9}$$

为了求得 Δ_d 的最大值，式（9）根号前应取正号，故有

$$\Delta_d = \Delta_{st}\left(1+\sqrt{1+\frac{2h}{\Delta_{st}}}\right) \tag{10}$$

将式（10）中的 Δ_d 代入式（5），即得冲击载荷 F_d 为

$$F_d = \frac{EA}{l}\Delta_{st}\left(1+\sqrt{1+\frac{2h}{\Delta_{st}}}\right) \tag{11}$$

显然，$\frac{EA}{l}\Delta_{st}=P$，并将上式右端的括号记为

$$k_d = 1+\sqrt{1+\frac{2h}{\Delta_{st}}} \tag{13-5a}$$

式中，k_d 称为冲击动荷系数。于是，式（11）改写为

$$F_d = k_d P \tag{12}$$

由此可见，冲击动荷系数 k_d 表示冲击载荷与冲击物重量的比值。在自由落体冲击这一特殊情况下，冲击动荷系数 k_d 可按式（13-5a）计算。而在其他的冲击问题中，冲击动荷系数的计算公式与式（13-5a）并不相同。

求得冲击动荷系数后，杆横截面上的冲击应力可表达为

$$\sigma_d = \frac{F_d}{A} = k_d\frac{P}{A} = k_d\,\sigma_{st} \tag{13}$$

由式（10）、式（12）和式（13）可见，冲击位移、冲击载荷和冲击应力均等于将冲击物的重量 P 作为静载荷作用时，相应的量乘以同一个冲击动荷系数 k_d。由此可见，冲击载荷问题计算的关键，在于确定相应的冲击动荷系数。

由冲击动荷系数 k_d 的计算式（13-5a）可见：

（1）当 $h=0$ 时，$k_d=2$。表明构件的动应力和动变形都是静载荷作用下的两倍。这种载荷称为突加载荷（Sudden load）。

（2）若已知冲击物自由下落、刚接触被冲击物时的速度为 v，则 h 可用 $\frac{v^2}{2g}$ 代替，动荷系数成为

$$k_d = 1+\sqrt{1+\frac{v^2}{g\Delta_{st}}} \tag{13-5b}$$

（3）在实际计算中，常作如下的近似处理，即：当 $\frac{2h}{\Delta_{st}}>10$ 或 $\frac{v^2}{g\Delta_{st}}>10$ 时，略去冲击动荷系数 k_d 计算式中根号内的“1”，使 $k_d=1+\sqrt{\frac{2h}{\Delta_{st}}}$ 或 $k_d=1+\sqrt{\frac{v^2}{g\Delta_{st}}}$；当 $\frac{2h}{\Delta_{st}}>100$ 或 $\frac{v^2}{g\Delta_{st}}>100$ 时同时冲击动荷系数 k_d 计算式中根号外与根号内的“1”，使 $k_d=\sqrt{\frac{2h}{\Delta_{st}}}$ 或 $k_d=\frac{v}{\sqrt{g\Delta_{st}}}$。

在实际冲击过程中，不可避免地会有声、热等其他能量损耗，因此，被冲击构件内所增加的应变能 $V_{\varepsilon d}$ 将小于冲击物所减少的能量（$T+V$）。表明由能量守恒原理计算出的冲

击动荷系数 k_d 是偏大的，因而，这种近似计算方法是偏于安全的。

二、水平冲击

图 13－6（a）示一重量为 P 的物体。水平冲击在的竖杆的 A 点，使杆发生弯曲。仍作出自由落体冲击时的假设，并仍应用由能量守恒原理所得的计算式 $T+V=V_{\varepsilon d}$ 进行分析。

冲击物即将接触到 A 点时的速度为 v。当与被冲击物接触后便一起运动，速度迅速降到零；与此同时，被冲击物受到的冲击载荷 F_d 和产生的冲击变形 Δ_d 都达到最大值。如图 13－6（b）所示。

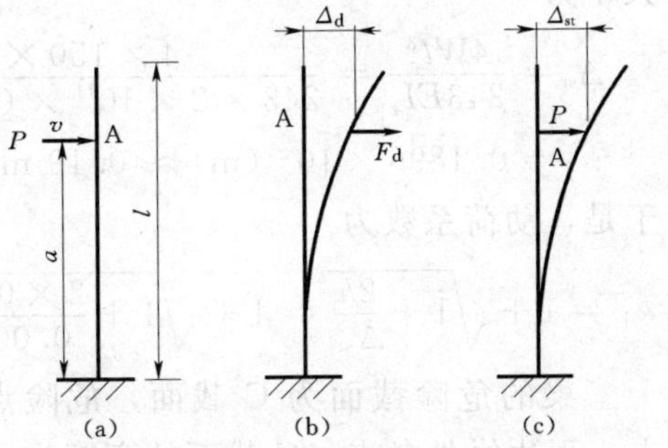

图 13－6　水平冲击

冲击前后冲击物减少的动能为 $T=\dfrac{P}{2g}v^2$；由于水平冲击，冲击前后位能无变化，故减少的位能为 $V=0$。同时，被冲击物受冲击后获得的应变能为 $V_{\varepsilon d}=\dfrac{1}{2}F_d\Delta_d$。由 $T+V=V_{\varepsilon d}$，得

$$\frac{P}{2g}v^2=\frac{1}{2}F_d\Delta_d$$

将 $F_d=\dfrac{\Delta_d}{\Delta_{st}}P$ 代入上式得

$$\frac{P}{2g}v^2=\frac{1}{2}\times\frac{P}{\Delta_{st}}\Delta_d^2$$

从上式解得

$$\Delta_d=\sqrt{\frac{v^2\ \Delta_{st}}{g}}=\sqrt{\frac{v^2}{g\Delta_{st}}}\Delta_{st}=k_d\Delta_{st}$$

式中

$$k_d=\sqrt{\frac{v^2}{g\Delta_{st}}} \tag{13－6}$$

称为水平冲击动荷系数。其中 Δ_{st} 是将冲击物重量 P 作为静载荷，水平作用于被冲击物上，构件在冲击点处沿冲击方向的静位移（即挠度），如图 13－6（c）所示。

求得了动荷系数 k_d 后，与自由落体冲击的情况相似，可求得冲击应力 σ_d 和冲击变形 Δ_d。

无论是自由落体冲击或水平冲击，在求得被冲击物中的最大动应力 σ_{dmax} 后，均可按下述强度条件进行强度计算：

$$\sigma_{dmax}\leqslant[\sigma]$$

【例 13－3】　重量 $W=150$N 的物体，从高 $h=75$mm 处自由落下，冲击在简支梁的 C 点，如图 13－7 所示。已知梁长 $l=2$m，截面为边长 $a=50$mm 的正方形，材料的弹性模量 $E=2\times10^5$ MPa。试求梁的最大冲击应力 σ_{dmax} 和梁跨中 D 点的冲击变形 Δ_{Dd}，不计梁的自重。

解：梁受到自由落体冲击，应按式（13－5a）计算动荷系数，首先计算 Δ_{st}，即将 W

$=150N$ 作为静载荷作用于 C 点时该点的变形。其大小为

$$\Delta_{st}=\frac{4Wl^3}{243EI_z}=\frac{4\times 150\times 2^3}{243\times 2\times 10^{11}\times (0.05)^4/12}$$

$$=0.1896\times 10^{-3}(\text{m})\approx 0.19\ \text{mm}$$

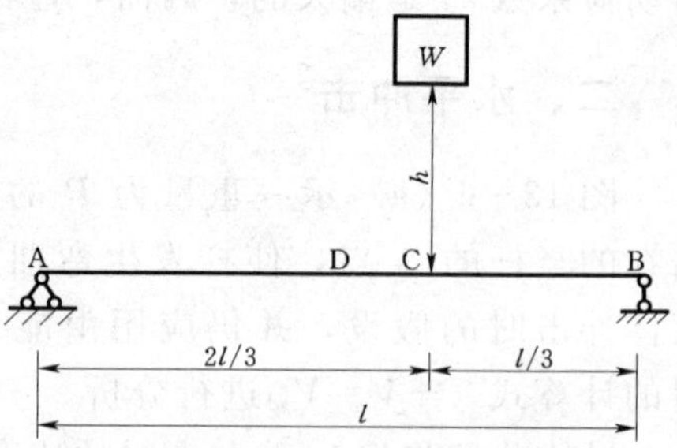

图 13-7　例 13-3 图

于是，动荷系数为

$$k_d=1+\sqrt{1+\frac{2h}{\Delta_{st}}}=1+\sqrt{1+\frac{2\times 0.075}{0.00019}}=29.1$$

梁的危险截面为 C 截面，危险点为该截面的上、下边缘处各点。C 截面的弯矩为

$$M_{max}=\frac{W}{3}\times\frac{2l}{3}=\frac{2}{9}\times 150\times 2=66.7\ (\text{N}\cdot\text{m})$$

危险点处的静应力为

$$\sigma_{stmax}=\frac{M_{max}}{W_z}=\frac{66.7}{(0.05)^3/6}=3.2\ (\text{MPa})$$

所以梁的最大冲击应力为

$$\sigma_{dmax}=k_d\,\sigma_{stmax}=29.1\times 3.2=93.1\ (\text{MPa})$$

梁跨中 D 点处的静变形为

$$\Delta_{Dst}=\frac{23Wl^3}{1296EI_z}=\frac{23\times 150\times 2^3}{1296\times 2\times 10^{11}\times (0.05)^4/12}=0.204\times 10^{-3}(\text{m})=0.204\ \text{mm}$$

所以 D 点处的冲击变形为

$$\Delta_{Dd}=k_d\Delta_{Dst}=29.1\times 0.204=5.95\ (\text{mm})$$

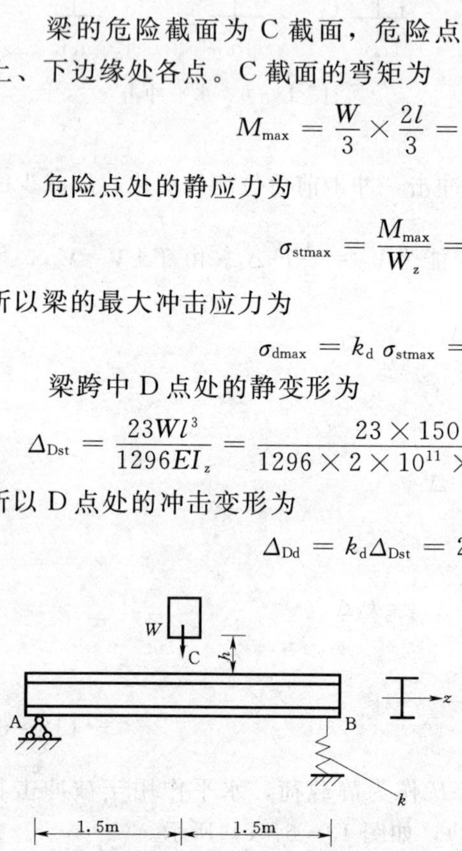

图 13-8　例 13-4 图

【例 13-4】　图13-8所示 16 号工字钢梁，右端置于一弹簧常数 $k=0.16\text{kN/mm}$ 的弹簧上。重量 $W=2.0\text{kN}$ 的物体自高 $h=350\text{mm}$ 处自由落下，冲击在梁跨中 C 点。梁材料的 $[\sigma]=160\text{MPa}$，$E=2.1\times 10^5\ \text{MPa}$，试校核梁的强度。

解：梁受到自由落体冲击，应按式 (13-5a) 计算动荷系数，首先计算 Δ_{st}，将 W 作为静载荷作用在 C 点。由型钢表查得梁截面的 $I_z=1130\text{cm}^4$ 和 $w_z=141\text{cm}^3$。梁本身的变形为

$$\Delta_{Cst}=\frac{Wl^3}{48EI_z}=\frac{2\times 10^3\times 3^3}{48\times 2.1\times 10^{11}\times 1130\times 10^{-8}}=0.474\times 10^{-3}(\text{m})=0.474\ \text{mm}$$

由于右端支座是弹簧，在支座反力 $F_{RB}=\dfrac{W}{2}$ 的作用下，其缩短量为

$$\Delta_{Bst}=\frac{0.5W}{k}=\frac{0.5\times 2\times 10^3}{0.16\times 10^3}=6.25\ (\text{mm})$$

故 C 点沿冲击方向的总静位移为

$$\Delta_{st}=\Delta_{Cst}+\frac{1}{2}\Delta_{Bst}=0.474+\frac{1}{2}\times 6.25=3.6\ (\text{mm})$$

再由式（13－5），求得动荷系数为

$$k_{\mathrm{d}}=1+\sqrt{1+\frac{2h}{\Delta_{\mathrm{st}}}}=1+\sqrt{1+\frac{2\times0.35}{0.0036}}=14.98$$

梁的危险截面为跨中C截面，危险点为该截面上、下边缘处各点。C截面的弯矩为

$$M_{\max}=\frac{Wl}{4}=\frac{2\times10^3\times3}{4}=1.5\times10^3(\mathrm{N\cdot m})$$

危险点处的静应力为

$$\sigma_{\mathrm{stmax}}=\frac{M_{\max}}{W_z}=\frac{1.5\times10^3}{141\times10^{-6}}=10.64\ (\mathrm{MPa})$$

所以，梁的最大冲击应力为

$$\sigma_{\mathrm{dmax}}=k_{\mathrm{d}}\,\sigma_{\mathrm{stmax}}=14.98\times10.64=159.4<[\sigma]\approx160\ (\mathrm{MPa})$$

所以梁是安全的。

三、提高构件抗冲击能力的措施

从冲击动荷系数公式可知，在满足构件强度的前提下，增加构件的静位移是提高抗冲击能力的根本途径。具体措施可归结为以下几点：

（1）选择适当的材料。由计算位移的公式看出，构件材料的E越小，Δ_{st}越大，因此，可以选择E较低的材料制作受冲构件，但E较低的材料，其许用应力［σ］往往也较低，要注意两者兼顾。

（2）安装缓冲装置。工程中常采用缓冲装置来减少构件受冲击的损害。如汽车的底座与大梁间安装叠板弹簧、某些机器和零件下面安放橡皮垫或弹簧垫圈等。这样做即增大了构件受冲击处的静位移Δ_{st}，从而减小了动荷系数k_{d}，避免构件产生过大的动荷应力。

（3）适当设计构件的长度。例如当材料和横截面面积相同时，适当增大构件的长度，实际上也就增大了静位移，降低冲击系数k_{d}，从而减小冲击应力。但对压杆，要注意避免因杆过长导致出现失稳的问题。

（4）避免构件局部削弱。如图13－9所示材料相同的两杆，一为变截面杆，一为等截面杆，受到同样重量和速度的物体的水平冲击，由于（a）杆的静位移$\Delta_{\mathrm{st,a}}$小于（b）杆的静位移$\Delta_{\mathrm{st,b}}$，所以（a）杆的动荷系数k_{da}大于（b）杆的动荷系数k_{db}。同时，在危险面上，两杆的横截面面积同为A_2，相应的最大静应力相等，其值均为$\sigma_{\mathrm{stmax}}=P/A_2$；从而（a）杆的最大动应力$\sigma_{\mathrm{d,amax}}$大于（b）杆的最大动应力$\sigma_{\mathrm{d,bmax}}$。因此，应尽可能避免使构件局部削弱。

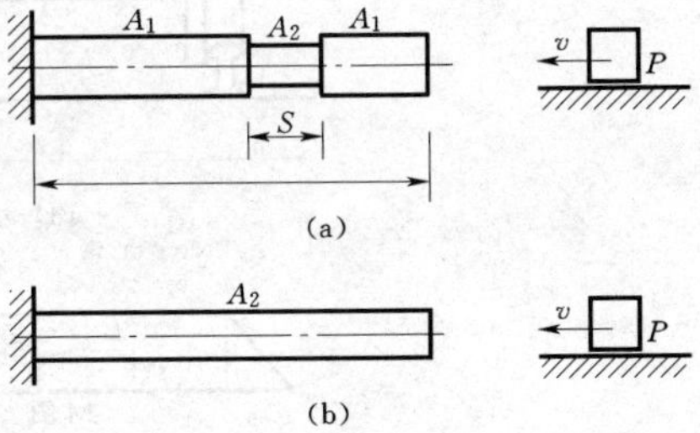

图13－9 变截面杆与等截面杆

第四节 交变应力和疲劳破坏

一、交变应力和疲劳破坏

工程中，某些构件所受的载荷是随时间作周期性变化的。例如图13－10（a）所示的

梁，受电动机的重量 W 与电动机转动时引起的干扰力 $F_H\sin\omega t$ 作用，干扰力 $F_H\sin\omega t$ 就是随时间作周期性变化的。因而梁跨中截面下边缘危险点处的拉应力将随时间作周期性变化，如图 13－10（b）所示。这种应力随时间变化的曲线，称为应力谱（Stress spectrum）。

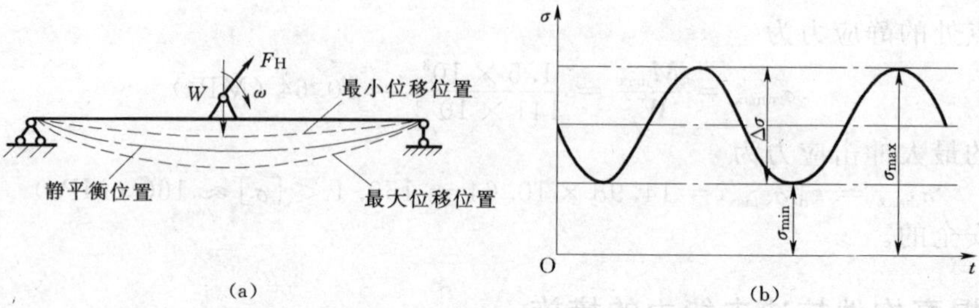

图 13－10　载荷随时间作周期性变化

此外，还有某些构件，虽然所受的载荷并没有变化，但由于构件本身在转动，因而构件内各点处的应力也随时间作周期性的变化。如图 13－11（a）所示的火车轮轴，承受车厢传来的载荷 F_p，F_p 并不随时间变化。轴的弯矩图如图 13－11（b）所示。但由于轴在转动，横截面上除圆心以外的各点处的正应力都随时间作周期性的变化。如以截面边缘上的某点 i 言，当 i 点转至位置 1 时［见图 13－11（c）］，正处于中性轴上，$\sigma=0$；当 i 点转至位置 2 时，$\sigma=\sigma_{max}$；当 i 点转至位置 3 时，又在中性轴上，$\sigma=0$；当 i 点转至位置 4 时，$\sigma=\sigma_{min}$。可见，轴每转一周，i 点处的正应力经过了一个应力循环（Stress cycle），其应力谱如图 13－11（d）所示。

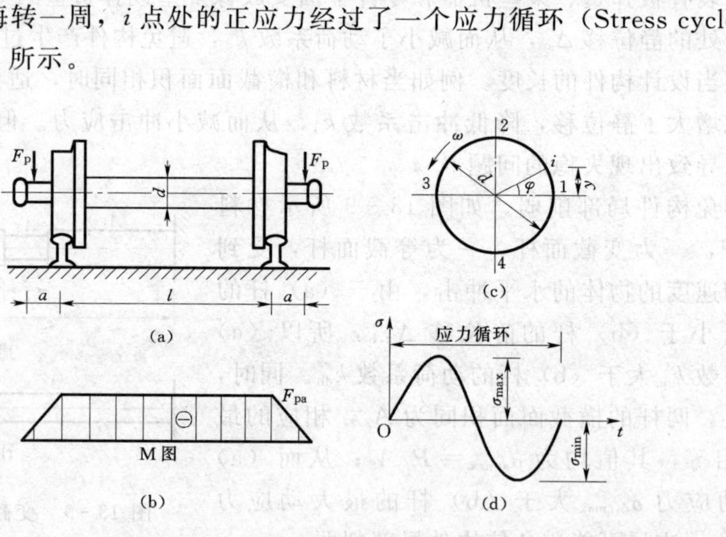

图 13－11　转动构件的应力谱

在上述两类情况下，构件中都将产生随时间作周期性交替变化的应力。这种应力称为交变应力。

实践表明，构件若长期处于交变应力下，则在最大工作应力远低于材料的屈服极限，且不产生明显的塑性变形情况下，也有可能发生骤然的断裂。这种破坏，习惯上称为疲劳破坏。

构件在交变应力下的疲劳破坏，与静应力下的破坏有本质上的区别，疲劳破坏具有以下特点：

(1) 破坏时构件内的最大工作应力远低于静载荷下材料的强度极限，甚至低于材料的屈服极限。

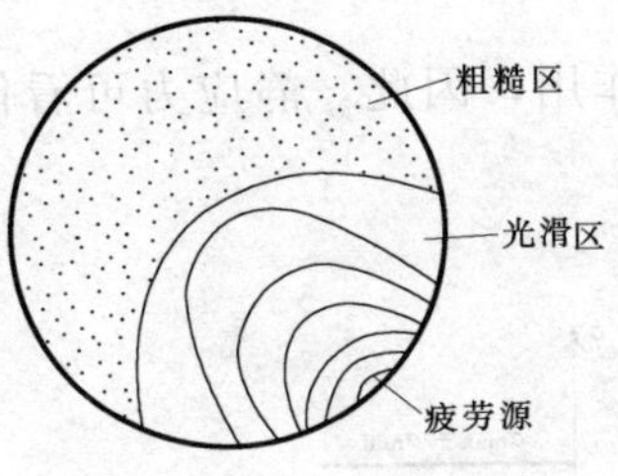

图 13-12　疲劳破坏断口

(2) 疲劳破坏需经历多次应力循环后才能出现，即破坏是一个积累损伤的过程。

(3) 破坏是突然发生的，即使是塑性很好的材料，破坏时也无明显的塑性变形，即表现为脆性断裂。

(4) 在破坏的断口上，通常呈现两个截然不同的区域：一个是光滑区域；另一个是粗粒状区域。例如，车轴疲劳破坏的断口如图 13-12 所示。

以上现象可以通过疲劳破坏的形成过程加以说明。原来，当循环应力的大小超过一定限度并经历了足够多次的交替重复后，在构件内部应力最大或材质薄弱处，将产生细微裂纹（即所谓疲劳源或裂缝源），这种裂纹随着应力循环次数增加而不断扩展，并逐渐形成为宏观裂纹。在扩展过程中，由于应力循环变化，裂纹两表面的材料时而互相挤压，时而分离，或时而正向错动，时而反向错动，从而形成断口的光滑区。另一方面，由于裂纹不断扩展，当达到其临界尺寸时，构件将发生突然断裂，断口的粗粒状区就是突然断裂造成的。因此，疲劳破坏的过程可理解为细微裂纹的形成、宏观裂纹的扩展以及突然失稳断裂的过程。

二、交变应力的基本参量

当交变应力稳定变化时，设某种交变应力的应力谱如图 13-13 所示。由应力谱可见，构件中某一点的应力在其最大值 σ_{max} 和最小值 σ_{min} 之间作周期性的变化。应力每重复变化一次，称为一个应力循环。重复的次数称为循环次数，又称为疲劳寿命（Fatigue life）。应力循环中最小应力与最大应力的比值，称为交变应力的应力比或循环特征（Cycleperformance），并用 r 表示，即

$$r=\frac{\sigma_{min}}{\sigma_{max}} \tag{13-7}$$

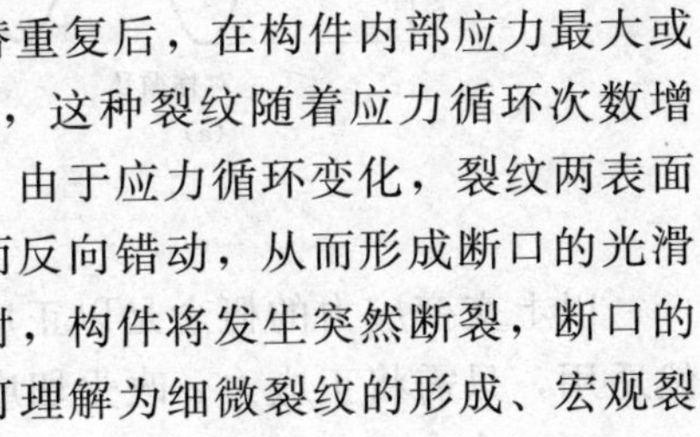

图 13-13　交变应力的应力谱

交变应力中的应力交替变化程度，可用最大应力与最小应力的差值来表示，称为交变应力的应力幅（Stress amplitude），即

$$\Delta\sigma=\sigma_{max}-\sigma_{min} \tag{13-8}$$

交变应力的特征可用上述四个参量 σ_{max}、σ_{min}、r 和 $\Delta\sigma$ 来表示。交变应力的基本参量，通常用最大应力 σ_{max} 和应力比 r 来表示，也可用最大应力 σ_{max} 和应力幅 $\Delta\sigma$ 来表示。值得注意的是，最大应力和最小应力都是带正负号的，这里以绝对值较大者为最大应力，并规定它为正号，而与正应力反向的最小应力则为负号。

在交变应力中，当循环特征 $r=\frac{\sigma_{\min}}{\sigma_{\max}}=-1$ 时，称为对称循环交变应力（Reverse stress），此时，应力幅 $\Delta\sigma=2\sigma_{\max}$，见图 13-14（a）；凡循环特征 $r\neq-1$ 的交变应力，统称为非对称循环的交变应力。若非对称循环的交变应力中的 $\sigma_{\min}=0$，则循环特征 $r=0$，称为脉动循环交变应力（Pulsating stress），此时 $\Delta\sigma=\sigma_{\max}$，见图 13-14（b）；当循环特征 $r=\frac{\sigma_{\min}}{\sigma_{\max}}=1$ 时，即有 $\sigma_{\max}=\sigma_{\min}$，$\Delta\sigma=0$，这实际上是静应力作用，因此，静应力可看作是交变应力的一种特例，见图 13-14（c）。

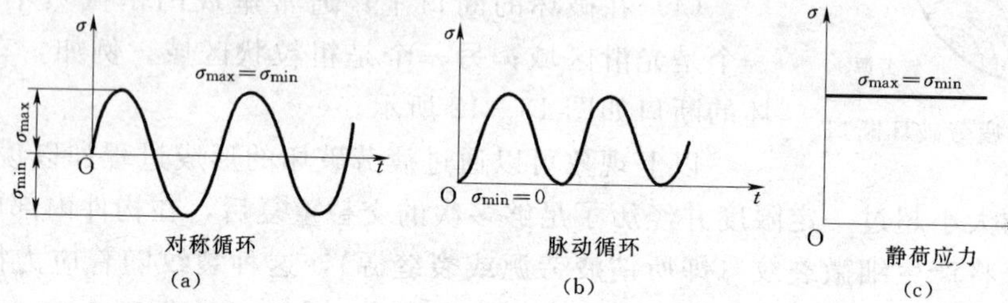

图 13-14

以上交变应力的概念是以正应力 σ 来描述的，当构件承受交变切应力时，上述概念仍然适用，只需将正应力 σ 改为切应力 τ 即可。

第五节　疲劳极限和 *S*—*N* 曲线

构件在交变应力作用下，即使其最大工作应力小于屈服极限（或强度极限），也可能发生疲劳破坏。可见，材料的屈服极限等静荷强度指标不能用来说明构件在交变应力作用下的强度。

材料在交变应力作用下是否发生破坏，不仅与最大应力 $\sigma_{\max}$ 有关，还与循环特征 r 和循环次数 N 有关。试验表明，在一定的循环特征 r 下，$\sigma_{\max}$ 越大，到达破坏时的循环次数 N 就越小，即寿命越短；反之，如 $\sigma_{\max}$ 越小，则到达破坏时的循环次数 N 就越大，即寿命越长。当 $\sigma_{\max}$ 减小到某一限值时，虽经“无限多次”应力循环，材料仍不发生疲劳破坏，这个应力限值就称为材料的持久极限或疲劳极限（Fatigue limit），以 σ_r 表示。同一种材料在不同循环特征下的疲劳极限是不相同的，对称循环下的疲劳极限 σ_{-1} 是衡量材料疲劳强度的一个基本指标，不同材料的 σ_{-1} 是不相同的。

材料的疲劳极限可由疲劳试验来测定，如材料在对称循环弯曲交变应力时的疲劳极限可按 GB/T 4337—2008 旋转弯曲疲劳试验来测定。在试验时，需要用若干光滑小尺寸试样［图 13-15（a）］，$d=7\sim10$mm，在专用的疲劳试验机上进行试验，图 13-15（b）中所示为对称循环疲劳试验机。

将试样分成若干组，各组试样承受不同的载荷（应力水平），使其最大应力值由高到低。然后让每根试样经历应力循环，直至发生疲劳破坏。记录下每根试样中最大应力 $S_{\max}$［这里的 S 指广义应力（σ 或 τ）］以及发生破坏时所经历的应力循环次数。将这

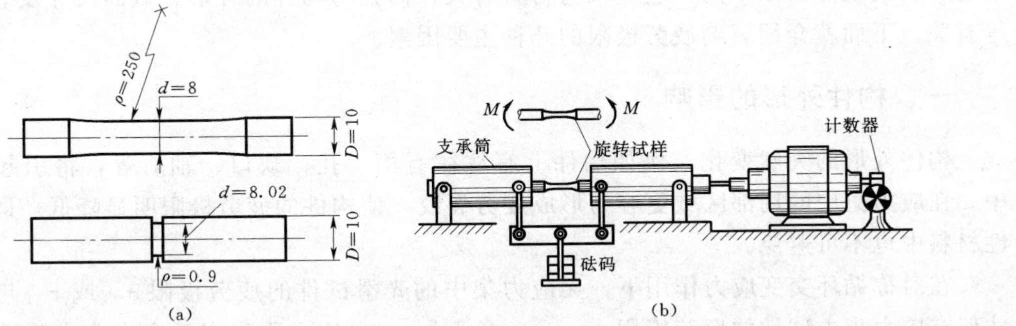

图 13－15　疲劳试样与对称循环疲劳试验机简图

些试验数据标在 S—N 坐标中，如图 13－16 所示。可以看出，疲劳试验结果具有明显的分散性，但是通过这些点可以画出一条曲线表明试件疲劳寿命随其承受的应力而变化的趋势。这条曲线称为应力—寿命曲线，简称 S—N 曲线。

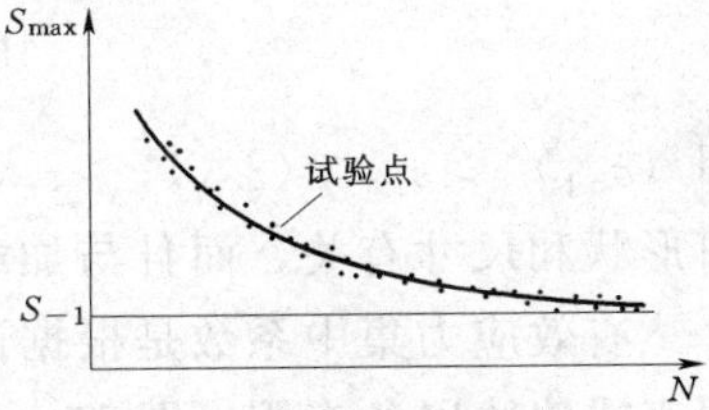

图 13－16　一般的 S—N 曲线

应力比不同，S—N 曲线亦不同。图 13－17（a）、（b）所示为对称循环下两种典型的 S—N 曲线。

图 13－17（a）为每一应力水平只有一个试样的数据，这时用“最小二乘法”画出 S—N 曲线；图 13－17（b）为每一应力水平有一组试样的数据，如果每组有足够多的试样数据，则试验点形成分布带，S—N 曲线通常位于分布带的中央（又称均值）。S—N 曲线若有水平渐近线，则表示试样经历无穷多次应力循环而不发生破坏，渐近线的纵坐标即为光滑小试样的疲劳极限。对于应力比为 r 的情形，其疲劳极限用 S_r 表示；对称循环下的疲劳极限为 S_{-1}。

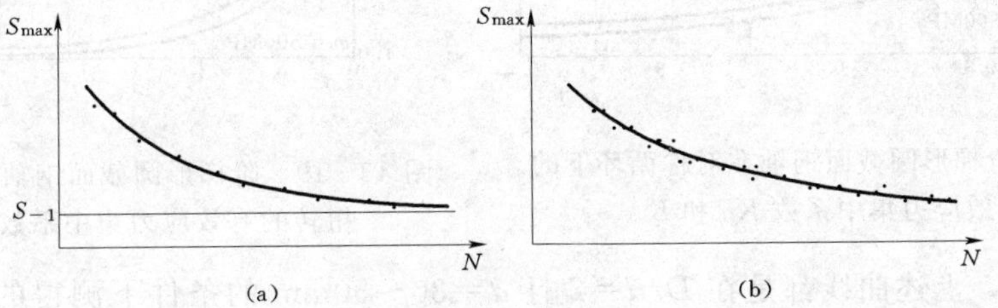

图 13－17　对称循环下的两种类型的 S—N 曲线

所谓“无穷多次”应力循环，在试验中是难以实现的。工程设计中通常规定：对于 S—N 曲线有水平渐近线的材料（如结构钢），若经历 10^7 次（称为循环基数，用 N_0 表示）应力循环而不破坏，即认为可承受无穷多次应力循环；对于 S—N 曲线没有水平渐近线的材料（例如铝合金），规定某一循环次数（例如 $N_0=2\times10^7$ 次）下不破坏时的最大应力作为条件疲劳极限。

第六节　影响构件疲劳极限的主要因素

前面用光滑小试件测得的疲劳极限，称为材料的疲劳极限。试验表明，构件的疲劳极限与材料的疲劳极限不同，它不仅与材料有关，而且与构件的外形、截面尺寸及表面状态等有关。下面就介绍影响疲劳极限的几种主要因素。

一、构件外形的影响

构件外形的突然变化，例如构件上有往往有槽、孔、缺口、轴肩等，将引起应力集中。在应力集中的局部区域更容易形成疲劳裂纹，使构件的疲劳极限明显降低，即使在塑性材料中也不可避免。

在对称循环交变应力作用下，无应力集中的光滑试件的疲劳极限 σ_{-1} 或 τ_{-1} 与同样尺寸但有应力集中试件的疲劳极限 $(\sigma_{-1})^*$ 或 $(\tau_{-1})^*$ 之比，称为有效应力集中系数或疲劳缺口系数，并用 K_σ 或 K_τ 表示，即

$$K_\sigma = \frac{\sigma_{-1}}{(\sigma_{-1})^*},\quad K_\tau = \frac{\tau_{-1}}{(\tau_{-1})^*} \tag{13-9}$$

因 $(\sigma_{-1})^* > \sigma_{-1}$，$(\tau_{-1})^* > \tau_{-1}$，所以 K_σ 或 K_τ 的值恒大于1，它的大小不仅与构件的几何形状和尺寸有关，而且与加载方式以及材料的力学性能有关。

有效应力集中系数是根据试验得出的，这方面已经积累了相当多的实验资料，并制成图表或曲线以备查用。图 13－18～图 13－20 分别给出了阶梯形圆截面钢轴在对称循环下的弯曲、扭转和拉—压交变应力作用时的有效应力集中系数 $K_{\sigma 0}$ 和 $K_{\tau 0}$。

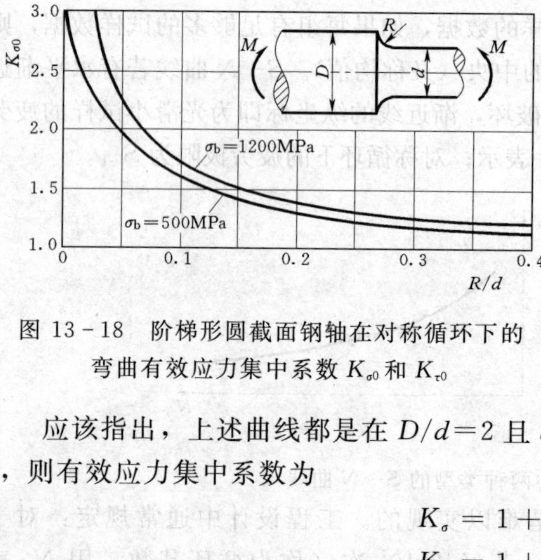

图 13－18　阶梯形圆截面钢轴在对称循环下的弯曲有效应力集中系数 $K_{\sigma 0}$ 和 $K_{\tau 0}$

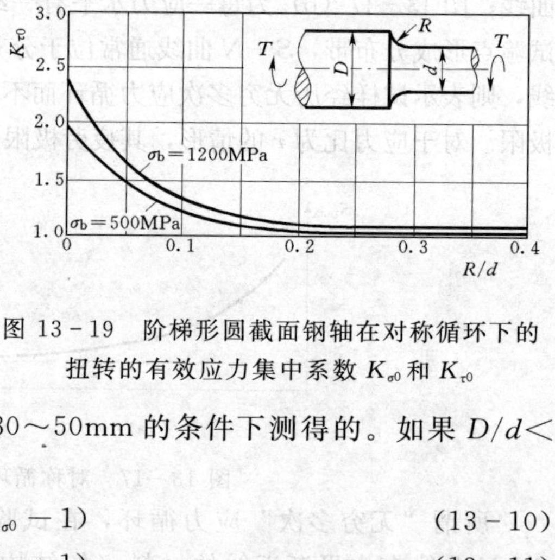

图 13－19　阶梯形圆截面钢轴在对称循环下的扭转的有效应力集中系数 $K_{\sigma 0}$ 和 $K_{\tau 0}$

应该指出，上述曲线都是在 $D/d=2$ 且 $d=30\sim50\text{mm}$ 的条件下测得的。如果 $D/d<2$，则有效应力集中系数为

$$K_\sigma = 1 + \xi(K_{\sigma 0} - 1) \tag{13-10}$$

$$K_\tau = 1 + \xi(K_{\tau 0} - 1) \tag{13-11}$$

式中，$K_{\sigma 0}$ 和 $K_{\tau 0}$ 为 $D/d=2$ 时的有效应力集中系数；ξ 为与 D/d 有关的修正系数，其值可由经验曲线（图 13－21）查得。至于其他情况下的有效应力集中系数，可查阅本章附表 13－1、附表 13－2 及有关手册。

由图 13－18～图 13－20 可以看出，圆角半径 R 愈小，有效应力集中系数 $K_{\sigma 0}$ 和 $K_{\tau 0}$ 愈大；材料的静强度极限 σ_b 愈高，应力集中对疲劳极限的影响愈显著。

所以，对于交变应力工作下的零构件，尤其是用高强度材料制成的零构件，设计时应尽量减小应力集中。例如使构件的外部轮廓做得尽可能平滑，增大内圆角的半径和将必要

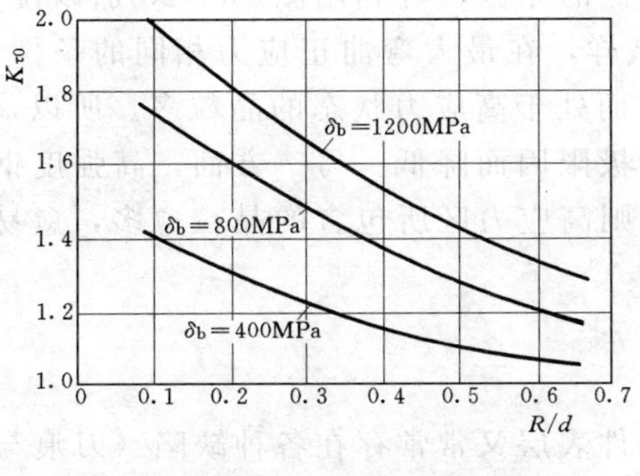

图 13-20　阶梯形圆截面钢轴在对称循环下拉—压交变应力作用时的有效应力集中系数 $K_{\sigma0}$ 和 $K_{\tau0}$

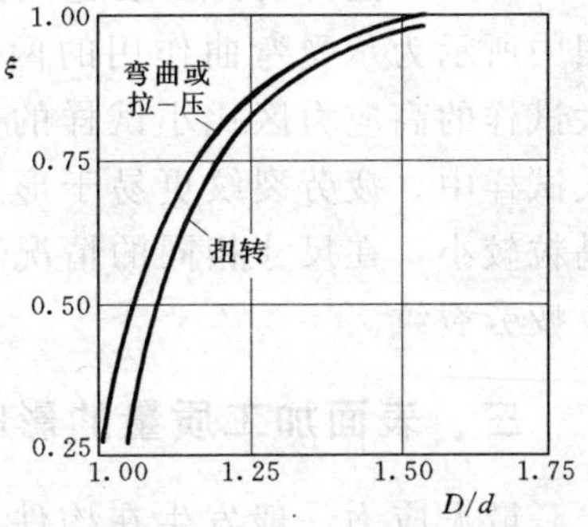

图 13-21　经验曲线

的孔或沟槽配置在低应力区内等。这些措施均能显著提高构件的疲劳强度。

二、构件尺寸的影响

前面所讲的疲劳极限为光滑小试样（直径 d=7～10mm）的试验结果，称为"试样的疲劳极限"或"材料的疲劳极限"。弯曲和扭转疲劳试验结果均表明：随着构件横截面尺寸的增加，疲劳极限将降低。这种现象称为尺寸效应。因此，当构件尺寸大于标准试样尺寸时，必须考虑尺寸的影响。

截面尺寸对疲劳极限的影响，用尺寸效应系数 ε_σ 或 ε_τ 表示。它代表光滑大尺寸试样的疲劳极限与光滑小尺寸试样的疲劳极限之比值，即

$$\varepsilon_\sigma=\frac{(\sigma_{-1})_d}{\sigma_{-1}},\quad \varepsilon_\tau=\frac{(\tau_{-1})_d}{\tau_{-1}} \tag{13-12}$$

式中，$(\sigma_{-1})_d$ 和 $(\tau_{-1})_d$ 为对称循环下光滑大试件的疲劳极限；σ_{-1} 和 τ_{-1} 为对称循环下光滑小试件的疲劳极限。系数 ε_σ 或 ε_τ 之值小于 1。实验指出，同样尺寸的构件在弯曲扭转时的尺寸效应系数相同，即 $\varepsilon_\sigma=\varepsilon_\tau$。此外，尺寸对于轴向拉压的疲劳极限并无影响，即 $\varepsilon_\sigma=1$。

图 13-22 给出了圆截面钢轴对称循环弯曲与扭转时的尺寸效应系数。可以看出：试样的直径 d 愈大，尺寸效应系数 ε_σ 或 ε_τ 越小，疲劳极限降低愈多；同时，材料的静强度愈高，截面尺寸的大小对构件疲劳极限的影响愈显著。

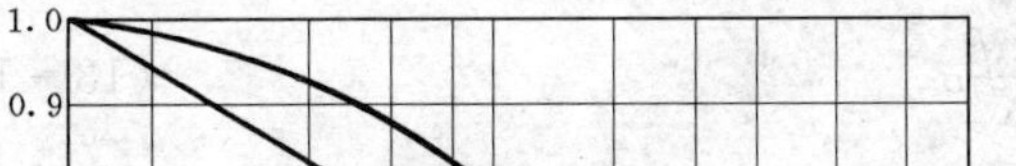

图 13-22　尺寸效应系数

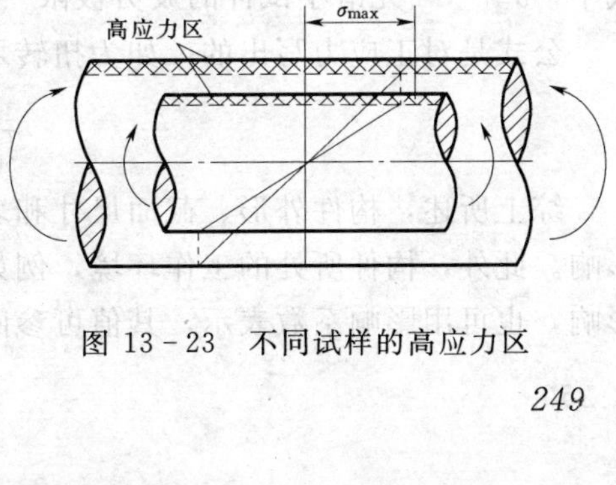

图 13-23　不同试样的高应力区

弯曲和扭转疲劳极限随截面尺寸增大而降低的原因，可利用图 13－23 加以说明。图中所示为承受弯曲作用的两根直径不同的试样，在最大弯曲正应力相同的条件下，大试样的高应力区比小试样的高应力区厚，因而处于高应力状态的晶粒多。所以，在大试样中，疲劳裂纹更易于形成并扩展，疲劳极限因而降低。另一方面，高强度钢的晶粒较小，在尺寸相同的情况下，晶粒愈小，则高应力区所包含的晶粒愈多，愈易产生疲劳裂纹。

三、表面加工质量的影响

最大应力一般发生在构件表层，同时，构件表层又常常存在各种缺陷（刀痕与擦伤等），因此，构件表面的加工质量和表面状况，对构件的疲劳强度也存在显著影响。

表面加工质量对构件疲劳极限的影响，可用表面质量系数 β 表示，即

$$\beta = \frac{\sigma_{-1}^{*}}{\sigma_{-1}} \tag{13-13}$$

式中 σ_{-1}^{*}——某种方法加工试件的疲劳极限；

σ_{-1}——光滑试件（磨削加工）的疲劳极限。

显然，β 是一个小于 1 的系数。表面质量系数 β 与加工方法的关系如图 13－24 所示。

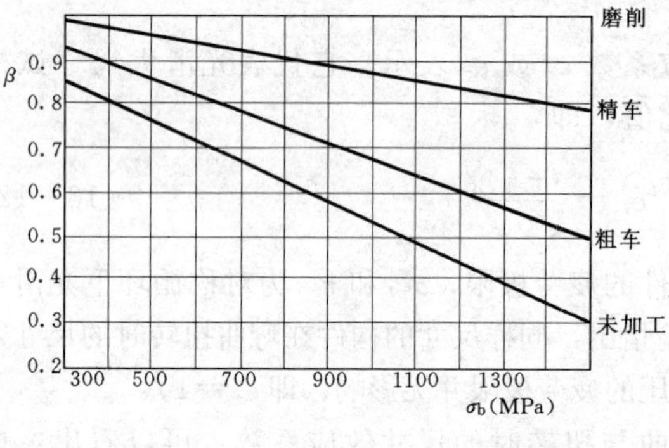

图 13－24 表面质量系数 β 与加工方法关系

由图可以看出：表面加工质量愈低，β 值越小，疲劳极限降低愈多；同时，材料的静强度愈高，加工质量对构件疲劳极限的影响愈显著。

另一方面，如构件经淬火、渗碳、氮化等热处或化学处理，使表层得到强化；或者经滚压、喷丸等机械处理，使表层形成预压应力，减弱容易引起裂纹的工作拉应力，这些都会明显提高构件的疲劳极限，得到大于 1 的表面质量系数 β。各种强化方法的表面质量系数入表 13－1 中。

综合上述三种因素，在对称循环下，构件的疲劳极限应为

$$\sigma_{-1}^{0} = \frac{\varepsilon_{\sigma}\beta}{K_{\sigma}}\sigma_{-1} \tag{13-14}$$

式中 σ_{-1}——光滑小试件的疲劳极限。

公式是对正应力写出的，如为扭转可写成

$$\tau_{-1}^{0} = \frac{\varepsilon_{\tau}\beta}{K_{\tau}}\tau_{-1} \tag{13-15}$$

综上所述，构件外形、截面尺寸和表面加工质量等因素对构件的疲劳极限均有一定的影响。此外，构件所处的工作环境，例如高温、腐蚀介质等，对构件的疲劳极限也会产生影响，也可用影响系数表示，其值可参阅有关书刊。

表 13－1　　各种强化方法的表面质量系数

强化方法	心部强度 σ_b（MPa）	β		
		光轴	低应力集中的轴 $K_\sigma \leqslant 1.5$	内应力集中的轴 $K_\sigma \geqslant 1.8 \times 2$
高频淬火	600～800 800～1000	1.5～1.7 1.3～1.5	1.6～1.7	2.4～2.8
氮化	900～1200	1.1～1.25	1.5～1.7	1.7～2.1
渗碳	400～600 700～800 1000～1200	1.8～2.0 1.4～1.5 1.2～1.3	3 2	
喷丸硬化	600～1500	1.1～1.25	1.5～1.6	1.7～2.1
滚子滚压	600～1500	1.1～1.3	1.3～1.5	1.6～2.0

注　1. 高频淬火是根据直径为 10～20mm、淬硬层厚度为（0.05～0.20）d 的试件试验求得的数据，对大尺寸的试件强化系数的值会有某些降低。

2. 氮化层厚度 0.01d 时用小值；（0.03～0.04）d 时用大值。

3. 喷丸硬化是根据 8～40mm 的试件求得的数据。喷丸速度低时用小值，速度高时用大值。

4. 滚子滚压是根据 17～130mm 的试件求得的数据。

螺纹、键和花键的有效应力集中系数见表 13－2。

横孔处的有效应力集中系数见表 13－3。

表 13－2　　螺纹、键和花键的有效应力集中系数

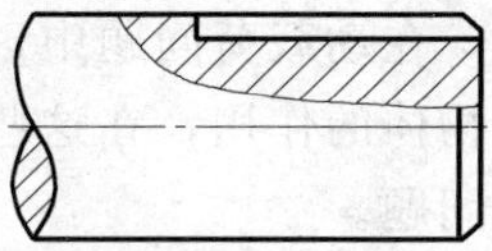

A 型

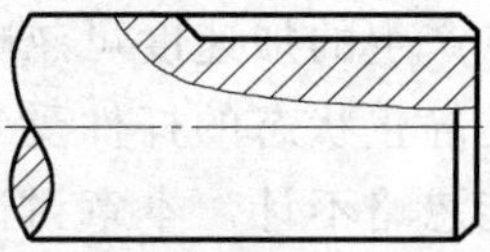

B 型

σ_b（MPa）	螺纹（$K_\tau=1$）K_σ	键　槽			花　槽		
		K_σ		K_τ	K_σ	K_τ	
		A 型	B 型	A，B 型		矩形	渐开线型
400	1.45	1.51	1.30	1.20	1.35	2.10	1.40
500	1.78	1.64	1.38	1.37	1.45	2.25	1.43
600	1.96	1.76	1.46	1.54	1.55	2.35	1.46
700	2.20	1.89	1.54	1.71	1.60	2.45	1.49
800	2.32	2.01	1.62	1.88	1.65	2.55	1.52
900	2.47	2.14	1.69	2.05	1.70	2.65	1.55
1000	2.61	2.26	1.77	2.22	1.72	2.70	1.58
1200	2.90	2.50	1.92	2.39	1.75	2.80	1.60

表 13-3　　横孔处的有效应力集中系数

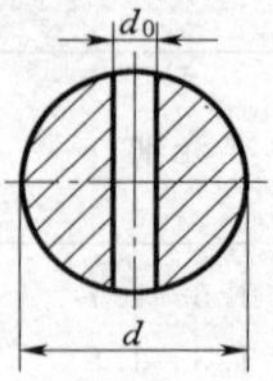

σ_b（MPa）	K_σ		K_τ
	$\frac{d_0}{d}=0.05\times0.15$	$\frac{d_0}{d}=0.15\times0.25$	$\frac{d_0}{d}=0.05\times0.25$
400	1.90	1.70	1.70
500	1.95	1.75	1.75
600	2.00	1.80	1.80
700	2.05	1.85	1.80
800	2.10	1.90	1.85
900	2.15	1.95	1.90
1000	2.20	2.00	1.90
1200	2.30	2.10	2.00

小　　结

本章讨论的动载荷问题与前面各章讨论的静载荷问题不同。在静载荷问题中，杆件本身处于静止（或匀速直线运动）状态，而载荷是从零开始逐渐缓慢增加到最终值，因此对加载过程中杆件各质点产生的加速度可忽略不计。在动载荷问题中，或者是杆件本身处于加速运动状态，或者是静止状态的杆件受到运动物体的作用，在这些情况下，杆件或运动物体产生的加速度不能忽略不计。本章讨论 3 类问题。

1. 惯性力载荷问题。构件作匀加速直线运动或匀速转动时，其内力和应力的计算，都可以采用动静法。即对作加速运动的杆件假想地加上惯性力，并使杆件在外力和惯性力共同作用下处于平衡状态，再通过静力平衡条件求出杆件中的内力和应力，即把求动载荷的问题转化为在载荷和惯性力作用下的静载荷问题。

对动静法应很好地掌握。动静法中重要的一步是计算惯性力，对惯性力应明确：①惯性力是作加速运动的物体对施力物体的反作用力，将它加在作加速运动的杆件上是假想的；②惯性力的方向总是与加速度的方向相反。

2. 冲击载荷问题。用能量法求解，因为冲击时在极短的时间内发生了很大的速度变化，加速度难以准确算出，所以很难采用动静法。能量法实际上是一种近似的计算方法，因为它采用了一系列的基本假设。基本公式为

$$T+V=V_{ed}$$

应力和变形计算可按下式进行

$$F_d=k_dP,\ \sigma_d=k_d\sigma_{st},\ \Delta_d=k_d\Delta_{st}$$

自由落体冲击

$$k_{\mathrm{d}}=1+\sqrt{1+\frac{2h}{\Delta_{\mathrm{st}}}}\text{ 或 }k_{\mathrm{d}}=1+\sqrt{1+\frac{v^2}{g\Delta_{\mathrm{st}}}}$$

水平冲击

$$k_{\mathrm{d}}=\sqrt{\frac{v^2}{g\Delta_{\mathrm{st}}}}$$

强度条件

$$\sigma_{\mathrm{dmax}}\leqslant[\sigma]$$

3. 交变应力问题。交变应力是一种应力交替变化反复作用的应力，构件在这种应力作用下，产生疲劳破坏，即由裂纹萌生、扩展和失稳引起的破坏。它具有以下特征：

(1) 破坏时应力远低于静载荷作用的强度指标。

(2) 破坏出现在多次应力循环之后。

(3) 破坏突然发生，属于脆性破坏，即使塑性良好的材料也不产生明显的塑性变形。

(4) 破坏断口有明显的光滑区和粗糙区。

交变应力的基本参量，通常用 $\sigma_{\max}$ 和 r 来表示，也可用 $\sigma_{\max}$ 和 $\Delta\sigma$ 来表示。根据交变应力循环特征 r 的不同，可分为对称循环（$r=-1$）、非对称循环（$r\neq-1$），脉动循环（$r=0$）属于非对称循环，静应力（$r=1$）是交变应力的特例。

在循环特征 r 下，试件经历无限多次循环而不破坏的最大应力为材料的疲劳极限 σ_r，材料的疲劳极限可由疲劳试验绘出的 S—N 曲线得到。

构件的疲劳极限与材料的疲劳极限不同，它不仅与材料有关，而且构件外形、截面尺寸和表面加工质量等因素对构件的疲劳极限均有一定的影响，可用相应的影响系数来表示。

有效应力集中系数：$K_\sigma=\dfrac{\sigma_{-1}}{(\sigma_{-1})^*}$，$K_\tau=\dfrac{\tau_{-1}}{(\tau_{-1})^*}$，其值恒大于1。

尺寸效应系数：$\varepsilon_\sigma=\dfrac{(\sigma_{-1})_{\mathrm{d}}}{\sigma_{-1}}$，$\varepsilon_\tau=\dfrac{(\tau_{-1})_d}{\tau_{-1}}$，其值小于1。

表面质量系数：$\beta=\dfrac{\sigma_{-1}^*}{\sigma_{-1}}$，其值一般小于1。

在对称循环下，构件的疲劳极限应为

$$\sigma_{-1}^0=\frac{\varepsilon_\sigma\beta}{K_\sigma}\sigma_{-1}$$

习　题

13-1　如题13-1图所示，均质等截面杆，长为 l，重为 P，横截面面积为 A，水平放置在一排光滑的滚子上。杆的两端受轴向力 F_1 和 F_2 作用，且 $F_1>F_2$。试求杆内正应力沿杆件长度分布的情况（设滚动摩擦可以忽略不计）。

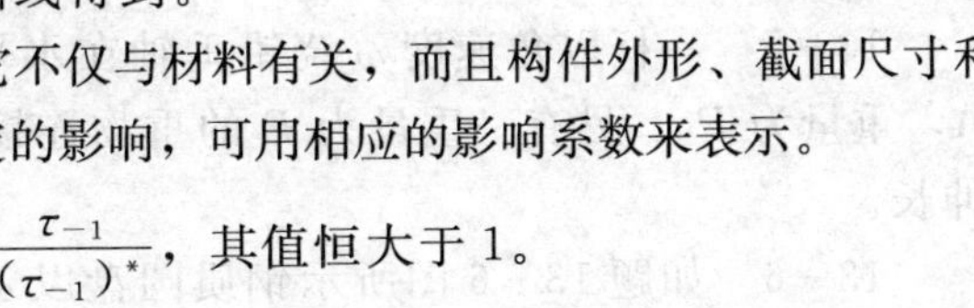

题13-1图

13-2　如题13-2图所示，用钢索起吊 $P=60\mathrm{kN}$ 的重物，并在第一秒钟内以等加速上升 2.5m。试求钢索横截面上的轴力 F_{Nd}（不计钢索的质量）。

13-3　如题 13-3 图所示，长为 l、横截面面积为 A 的杆以加速度 a 向上提升。若材料单位体积的质量为 ρ，试求杆内的最大应力。

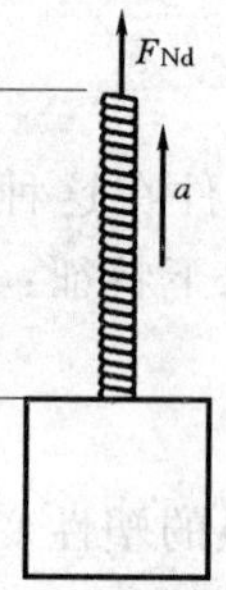

题 13-2 图

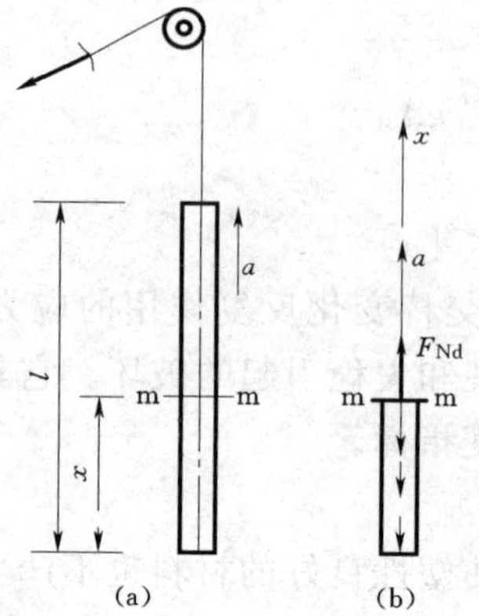

题 13-3 图

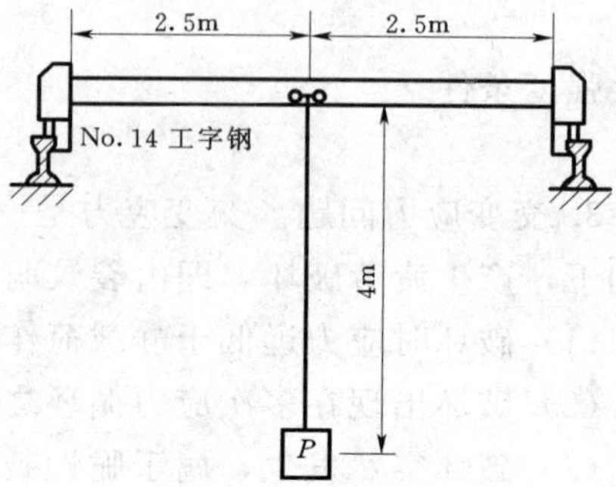

题 13-4 图

13-4　如题 13-4 图所示，桥式起重机上悬挂一重量 $P=50\mathrm{kN}$ 的重物，以匀速度 $v=1\mathrm{m/s}$ 向前移（在图中，移动的方向垂直于纸面）。当起重机突然停止时，重物像单摆一样向前摆动。若梁为 No.14 工字钢，吊索横截面面积 $A=5\times10^{-4}\mathrm{m}^2$，问此时吊索内及梁内的最大应力增加多少？设吊索的自重以及由重物摆动引起的斜弯曲影响都忽略不计。

13-5　一杆以角速度 ω 绕铅垂轴在水平面转动。已知杆长为 l，杆的横截面面积为 A，重量为 P_1。另有一重量为 P 的重物连接在杆的端点，如题 13-5 图所示。试求杆的伸长。

13-6　如题 13-6 图所示钢质圆盘以 $\omega=40\mathrm{rad/s}$ 的匀角度旋转，盘上有一个圆孔。若钢的密度 $\rho=7800\mathrm{kg/m^3}$，试求由于这一圆孔使轴内引起的最大弯曲正应力。

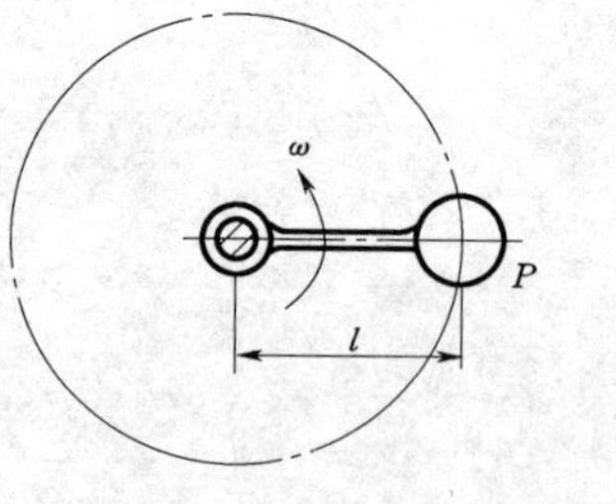

题 13-5 图

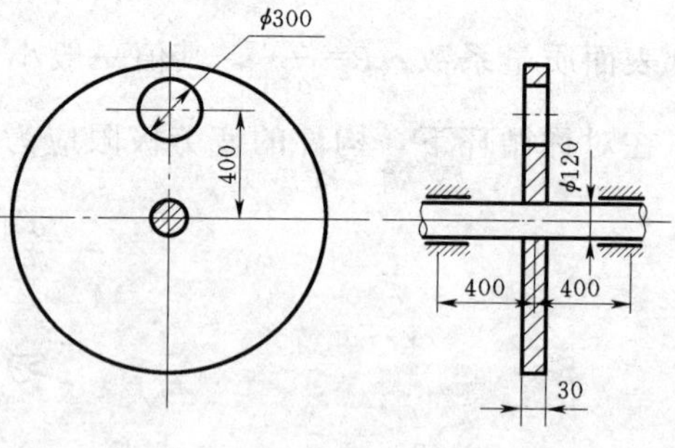

题 13-6 图

13-7　如题 13-7 图所示机车车轮以 $n=300\mathrm{r/min}$ 的转速旋转。平行杆 AB 的横截面为矩形，$h=5.6\mathrm{cm}$，$b=2.8\mathrm{cm}$，长度 $l=2\mathrm{m}$，$r=25\mathrm{cm}$，材料的密度为 $\rho=7800\mathrm{kg/m^3}$。试确定平行杆最危险的位置和杆内最大正应力。

13-8　如题 13-8 图所示，在直径 $d=100\mathrm{mm}$ 的轴上，装有转动惯量 $I_0=0.5\mathrm{kN}\cdot$

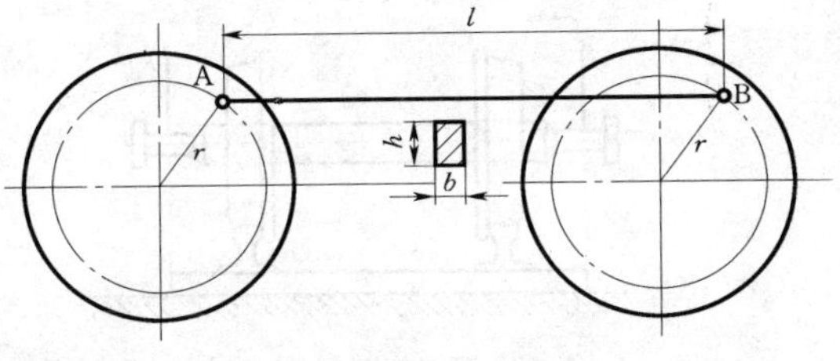

题 13-7 图

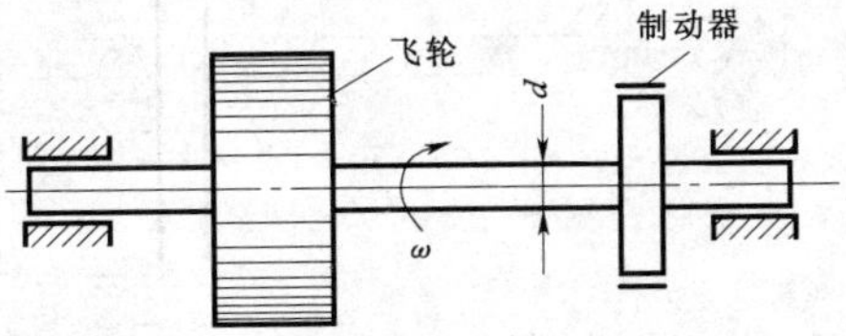

题 13-8 图

m·s² 的飞轮，轴以 $n=300\text{r/min}$ 的匀角速度旋转，如图所示。现用制动器使飞轮在 4min 内停止转动，试求轴内的最大剪应力（不计轴的质量和轴承的摩擦力）。

13-9　如题 13-9 图所示，重量为 P 的重物自高度下落冲击于梁上的 C 点。设梁的 E，I 及抗弯截面系数 W 皆为已知量。试求梁内最大正应力及梁的跨度中点的挠度。

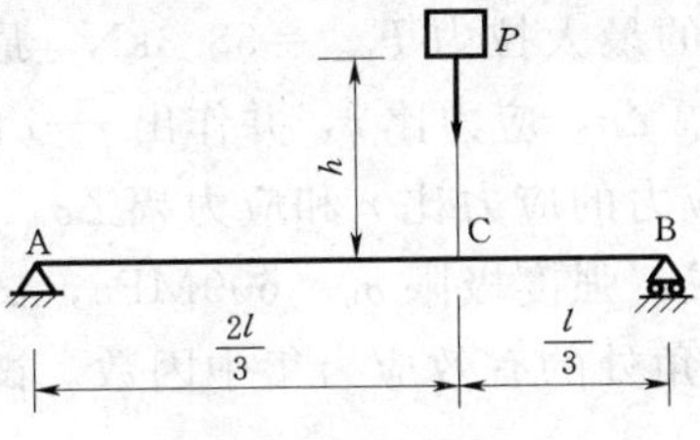

题 13-9 图

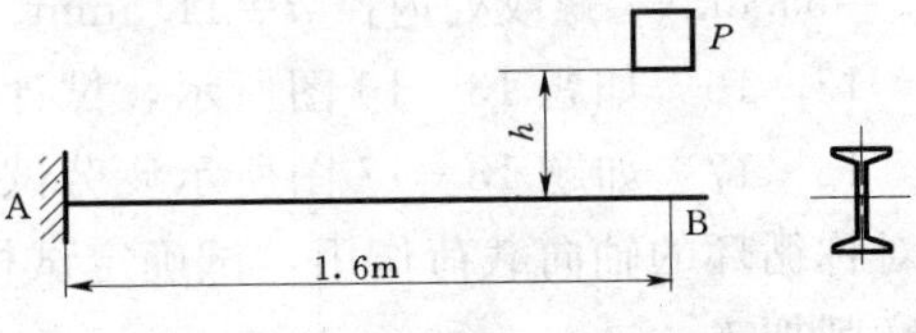

题 13-10 图

13-10　重量为 $P=5\text{kN}$ 的重物自高度 $h=15\text{mm}$ 处自由下落，冲击到 20b 号工字钢梁上的 B 点处，如题 13-10 图所示。已知钢的弹性模量 $E=210\text{GPa}$。试求梁内最大冲击正应力（不计梁的自重）。

13-11　重量为 $P=5\text{kN}$ 的重物，自高度 $h=15\text{mm}$ 处自由下落，冲击到外伸梁的 C 点处，如题 13-11 图所示。已知梁为 20b 号工字钢，其弹性模量 $E=210\text{GPa}$。试求梁内最大冲击正应力（不计梁的自重）。

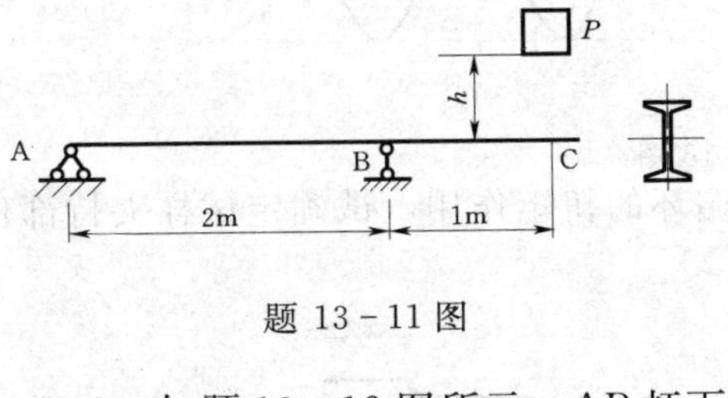

题 13-11 图

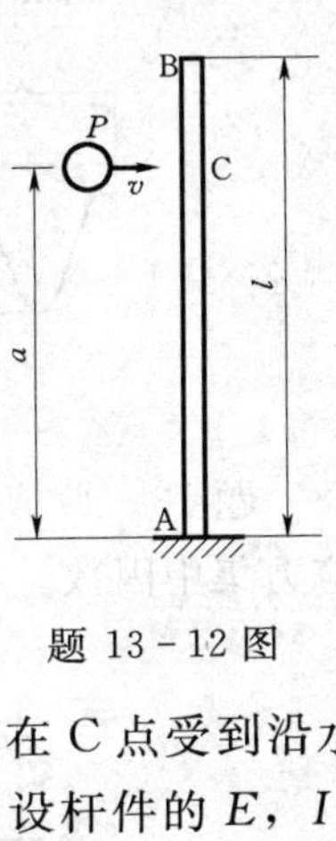

题 13-12 图

13-12　如题 13-12 图所示，AB 杆下端固定，长度为 l，在 C 点受到沿水平运动的物体的冲击。物体的重量为 P，当其与杆件接触时的速度为 v。设杆件的 E，I 及 W 皆为已知量。试求 AB 杆的最大应力。

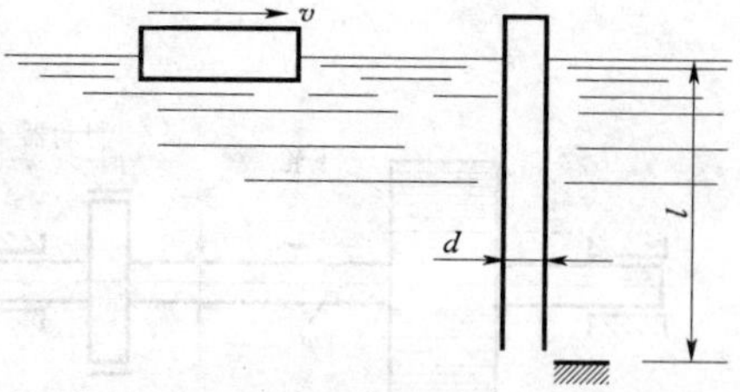

题 13-13 图

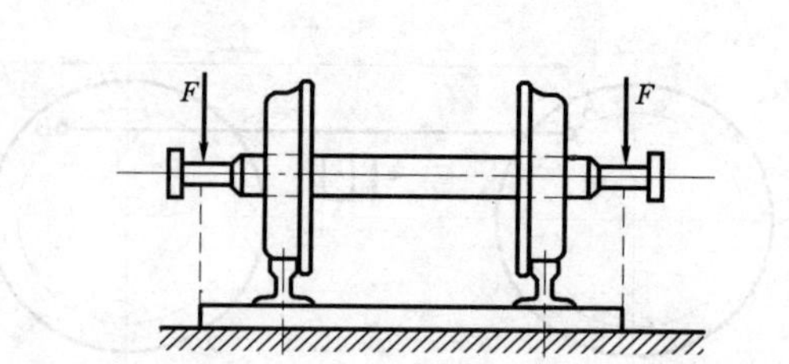

题 13-14 图

13-13　重量 $P=2\text{kN}$ 的冰块，以 $v=1\text{m/s}$ 的速度沿水平方向冲击在木桩的上端，如题 13-13 图所示。木桩长 $l=3\text{m}$，直径 $d=200\text{mm}$，弹性模量 $E=11\text{GPa}$。试求木桩的最大冲击正应力（不计木桩自重）。

13-14　火车轮轴受力情况如题 13-14 图所示。$a=500\text{mm}$，$l=1435\text{mm}$，轮轴中段直径 $d=15\text{cm}$。若 $F=50\text{kN}$，试求轮轴中段截面边缘上任一点的最大应力 $\sigma_{\max}$，最小应力 $\sigma_{\min}$，应力比 r，并作出 σ—t 曲线。

13-15　柴油发动机连杆大头螺钉在工作时受到的最大拉力 $F_{\max}=58.3\text{kN}$，最小拉力 $F_{\max}=55.8\text{kN}$。螺纹处内径 $d=11.5\text{mm}$。试求其应力幅 $\Delta\sigma$，应力比 r，并作出 τ—t 曲线。

13-16　如题 13-16 图所示，试计算图示交变应力的应力比 r 和应力幅 $\Delta\sigma$。

13-17　如题 13-17 图所示疲劳试样，由钢制成，强度极限 $\sigma_b=600\text{MPa}$，试验时承受对称循环的轴向载荷作用，试确定试样夹持部位圆角处的有效应力集中因数。试样表面经磨削加工。

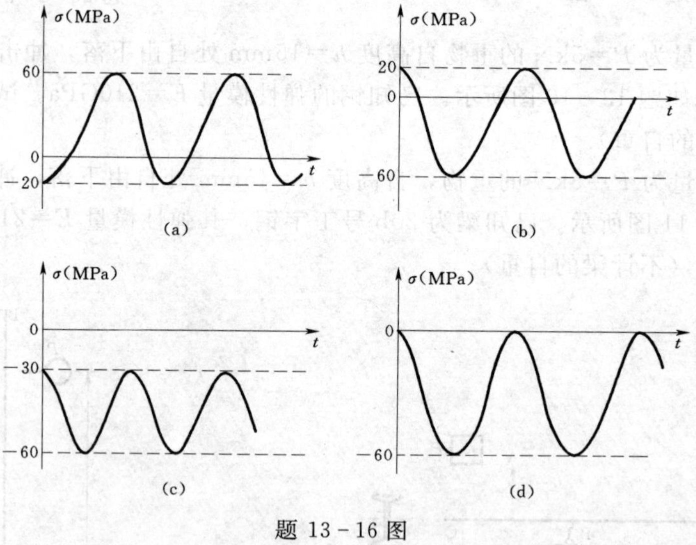

题 13-16 图

13-18　题 13-17 所述试样，承受对称循环的扭矩作用，试确定试样夹持部位圆角处的有效应力集中因数。

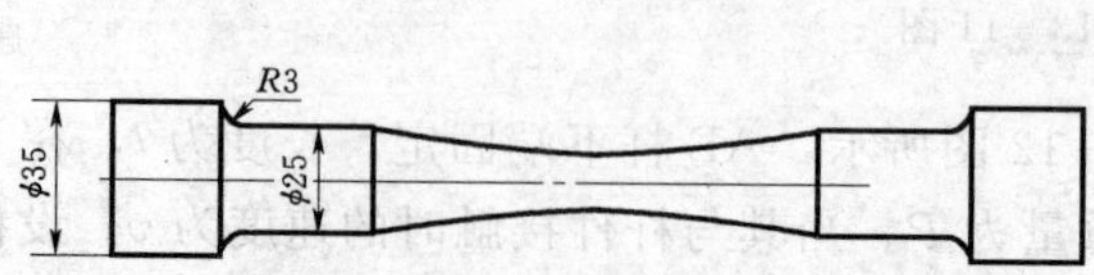

题 13-17 图

附录Ⅰ　平面图形的几何性质

在结构设计中，我们总希望在满足强度、刚度和稳定性的前提下选取截面面积小而承载能力较大的杆件，以取得较好的经济效果。杆件的应力和变形，不仅取决于外载荷的大小和杆件的几何尺寸，而且与杆件横截面的形状和几何量有关。例如拉伸与压缩时遇到的横截面积、圆轴扭转时遇到的 I_P 和 W_P、弯曲时遇到的 I_Z 和 W_Z 以及研究组合变形、压杆稳定问题和能量法时，都要涉及到与横截面形状和尺寸有关的几何量。这些几何量包括：形心、静矩、极惯性矩、惯性矩、惯性半径、惯性积、主轴和形心主轴、主矩和形心主矩等，这些几何量统称为平面图形的几何性质（Geomatrical properties of an area）。

第一节　截面的静矩和形心

一、静矩

附图1所示的平面图形代表一任意截面，其面积为 A。在图形平面内选坐标系 yOz 在坐标为（y、z）处取微面积 dA，则 ydA 和 zdA 分别称为该微面积 dA 对于 z 和 y 轴的静矩（又称面积矩），而以下两积分

$$\left\{\begin{aligned} S_z &= \int_A y\mathrm{d}A \\ S_y &= \int_A z\mathrm{d}A \end{aligned}\right. \tag{1}$$

则分别定义为平面图形对于 z 轴和 y 轴的静矩（Static moment）。

截面的静矩是对某一坐标轴而言的，同一截面对于不同的坐标轴，其静矩不同。静矩数值可能为正，可能为负，也可能为零。静矩的单位为立方毫米（mm^3）或立方米（m^3）。

二、形心

我们知道截面图形是没有物理意义的，只有几何意义。由几何学可知，任何图形有一个几何中心，在这里把图形的几何中心简称为形心（Centroid），截面图形形心的位置可依照理论力学求物体重心的方法来确定。

匀质薄板的重心就是该薄板的平面图形（截面）的形心。若用C表示平面图形截面的形心，z_c 和 y_c 表示形心的坐标（见附图1），则有

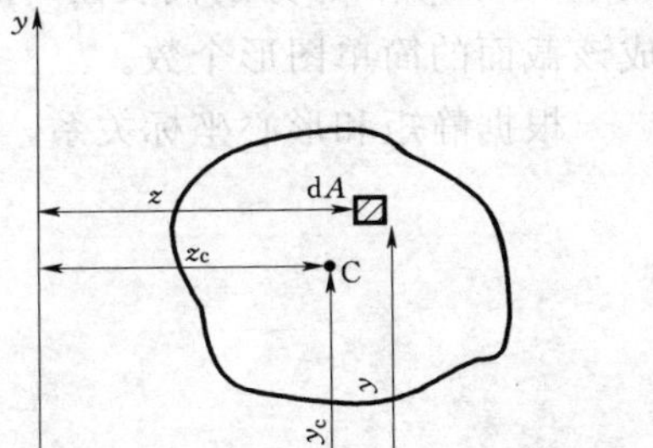

附图1　任意平面

$$\left\{\begin{aligned} z_c &= \frac{\int_A z\mathrm{d}A}{A} \\ y_c &= \frac{\int_A y\mathrm{d}A}{A} \end{aligned}\right. \tag{2}$$

由于式（2）中的$\int_A z\mathrm{d}A$和$\int_A y\mathrm{d}A$为式（1）中的静矩，则可将上式改写为

$$\left\{\begin{aligned} z_c &= \frac{S_y}{A} \\ y_c &= \frac{S_z}{A} \end{aligned}\right. \tag{2a}$$

因此，在已知截面对于 z 轴和 y 轴的静矩及其面积时，即可按式（2a）确定截面形心在 yOz 坐标系的坐标。若将上式写为

$$\left\{\begin{aligned} S_z &= Ay_c \\ S_y &= Az_c \end{aligned}\right. \tag{2b}$$

则在已知截面面积及其形心在 yOz 坐标系中的坐标时，即可按式（2b）计算该截面对 z 轴和 y 轴的静矩。

由以上两式可以看出：若截面对于某轴的静矩为零，则该轴一定通过截面的形心；反之，若某轴通过截面的形心，则截面对该轴的静矩一定为零。平面图形的对称轴一定通过形心，所以，平面图形对于对称轴的静矩恒等于零。

当截面是由若干简单图形，例如矩形、圆形和三角形等组成时，由于简单图形的面积及其形心位置均为已知，而且由静矩定义可知截面各组成部分对于某轴的静矩之代数和等于该截面对于同一轴的静矩。则整个截面的静矩可用下式表达：

$$\left\{\begin{aligned} S_z &= \sum_{i=1}^{n} A_i y_i \\ S_y &= \sum_{i=1}^{n} A_i z_i \end{aligned}\right. \tag{3}$$

式中 A_i 和 y_i、z_i 分别代表任一简单图形的面积及其形心在 yOz 坐标系中的坐标；n 为组成该截面的简单图形个数。

根据静矩和形心坐标关系，还可以计算组合图形的形心坐标

$$\left\{\begin{aligned} y_c &= \frac{\sum_{i=1}^{n} A_i y_i}{\sum_{i=1}^{n} A_i} \\ z_c &= \frac{\sum_{i=1}^{n} A_i z_i}{\sum_{i=1}^{n} A_i} \end{aligned}\right. \tag{4}$$

【例 1】　试计算附图 2 矩形截面对坐标轴的静矩。

解： 根据式（2b）得

$$S_z = Ay_c，\quad S_y = Az_c$$

已知 $A = bh$、$y_c = \dfrac{1}{2}h$、$z_c = \dfrac{1}{2}b$，则

$$S_z = bh\,\frac{1}{2}h = \frac{1}{2}bh^2$$

$$S_y = bh\,\frac{1}{2}b = \frac{1}{2}hb^2$$

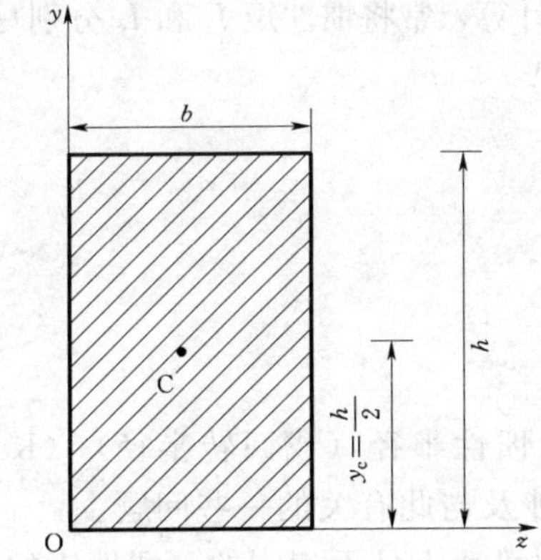

附图 2　例 1 图

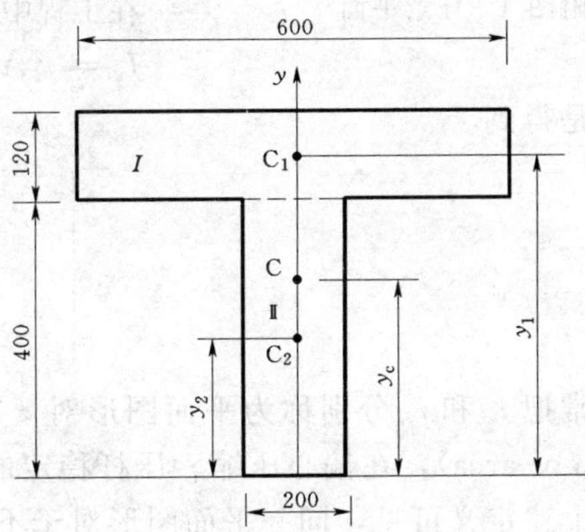

附图 3　例 2 图

【例 2】　试确定附图 3 所示截面形心 C 的位置（图中尺寸单位 mm）。

解： 因图形对称，其形心在对称轴（y 轴）上，即 $z_c=0$。只需计算 y_c 值。将截面分成Ⅰ、Ⅱ两个矩形，取一参考坐标轴 z，则

$$A_1 = 600 \times 120 = 72000(\text{mm}^2)$$

$$y_1 = 400 + 60 = 460(\text{mm})$$

$$A_2 = 400 \times 200 = 80000(\text{mm}^2)$$

$$y_2 = 200\text{mm}$$

$$y_c = \frac{\sum_{i=1}^{n} A_i y_i}{\sum_{i=1}^{n} A_i} = \frac{72000 \times 460 + 80000 \times 200}{72000 + 80000} = 323.2\ (\text{mm})$$

第二节　截面的惯性矩、极惯性矩及惯性积

一、惯性矩和惯性半径

一任意构件的横截面，如附图 4 所示，面积为 A，现选取一直角坐标系 yOz，在平面

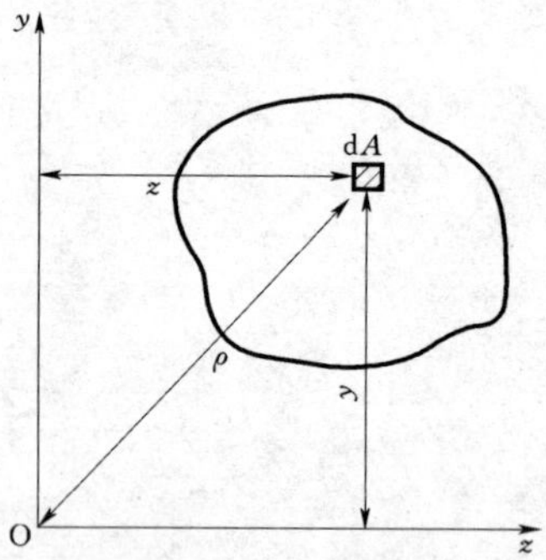

附图 4 任意平面

图形中坐标为（z，y）处取一微面积 dA，则 $y^2\mathrm{d}A$ 和 $z^2\mathrm{d}A$ 分别称为该微面积 dA 对于 z 轴和 y 轴的惯性矩，以下两积分

$$\begin{cases} I_z = \int_A y^2 \mathrm{d}A \\ I_y = \int_A z^2 \mathrm{d}A \end{cases} \tag{5}$$

则分别定义为平面图形对于 z 轴和 y 轴的惯性矩（Second axial moment of area）。

在工程中，为了便于计算，常将惯性矩 I_z 和 I_y 分别写成

$$I_z = i_z^2 A, \quad I_y = i_y^2 A$$

于是得到

$$\begin{cases} i_z = \sqrt{\dfrac{I_z}{A}} \\ i_y = \sqrt{\dfrac{I_y}{A}} \end{cases} \tag{6}$$

通常把 i_z 和 i_y 分别称为平面图形对 z 轴和 y 轴的惯性半径（或回转半径）（Radius gyration of area），在偏心压缩、压杆稳定的计算时会涉及与此有关的一些问题。

从上述定义可见，同一平面图形对于不同坐标轴的惯性矩是不相同的。惯性矩的数值恒为正，惯性矩的单位为米的四次方（m^4）或毫米的四次方（mm^4）。

二、极惯性矩

由附图 4 微面积 dA 到坐标原点 O 的距离为 ρ，而乘积 $\rho^2 \cdot \mathrm{d}A$ 则称为该微面积对原点 O 的极惯性矩（Second polar moment of area）。在整个平面图形上积分，便可以得到平面图形对坐标原点 O 的极惯性矩

$$I_\rho = \int_A \rho^2 \mathrm{d}A \tag{7}$$

从附图 4 中看到，微面积 dA 到坐标原点 O 的距离 ρ 和它到两个坐标轴的距离 y、z 有如下关系：

$$\rho^2 = z^2 + y^2$$

则

$$I_\rho = \int \rho^2 \mathrm{d}A = \int_A (z^2 + y^2)\mathrm{d}A = \int_A z^2 \mathrm{d}A + \int_A y^2 \mathrm{d}A = I_y + I_z \tag{8}$$

因此，图形对原点 O 的极惯性矩等于它对两个直角坐标轴的惯性矩之和。

三、惯性积

由附图 4 微面积 dA 与它到两轴距离的乘积 $yz\mathrm{d}A$ 称为微面积 dA 对 z、y 两轴的惯性积（Product of inertia of area），在整个平面图形上积分，便可以得到平面图形对 z 轴和 y 轴的惯性积

$$I_{zy} = \int_A yz\,dA \tag{9}$$

根据上述定义可知：

惯性矩和极惯性矩恒为正，而惯性积则由于坐标轴位置的不同，可能为正，可能为负。也可能为零。三者的量纲均为［长度］^{4}。

【例 3】　试计算附图 5 所示矩形截面对于其对称轴（形心轴）z 和 y 的惯性矩以及对 z、y 两轴的惯性积。

解：(1) 先计算对 z 轴的惯性矩。取平行于 z 轴的阴影面积［见图 5 (a)］为微面积，则

$$dA = b\,dy$$

$$I_z = \int_A y^2\,dA = \int_{-\frac{h}{2}}^{\frac{h}{2}} by^2\,dy = \frac{1}{12}bh^3$$

(2) 用同样的方法可求得对 y 轴的惯性矩为

$$I_y = \frac{1}{12}hb^3$$

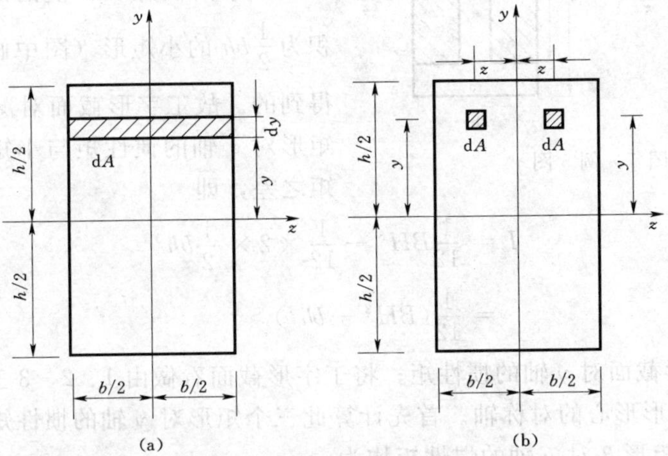

附图 5　例 3 图

(3) 计算对 z、y 轴的惯性积。y 轴为截面的对称轴，在 y 轴两侧对称位置取相同的微面积 dA（图 5b），由于处在对称位置的 $zy\,dA$ 值大小相等，符号相反（y 坐标相同，z 坐标相同符号相反），因此，该两微面积对 z、y 轴的惯性积等于零。将此推广到整个截面，则有

$$I_{zy} = \int_A yz\,dA = 0$$

这说明：只要 z、y 轴之一为截面的对称轴，则截面对该两轴的惯性积一定为零。

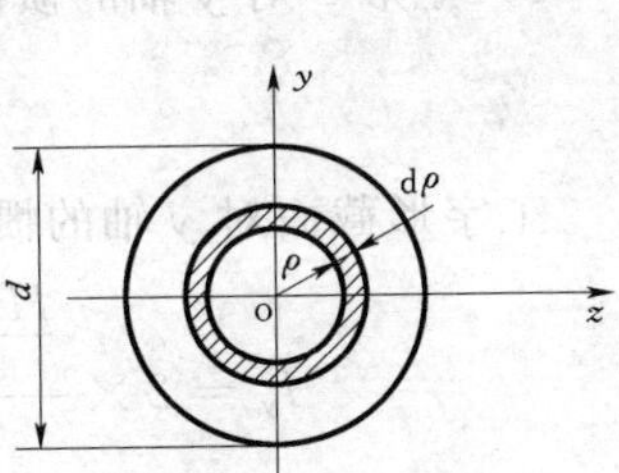

附图 6　例 4 图

【例 4】　附图 6 为一直径为 d 的圆，试求：

(1) 圆形截面对圆心的极惯性矩 I_ρ。

(2) 圆形截面对过形心的直径轴 z、y 的惯性矩 I_z、I_y。

解：(1) 在距圆心为 ρ 处取宽度为 $d\rho$ 的圆环为微面积 dA，则

$$dA = 2\pi\rho d\rho$$

$$I_\rho = \int_A \rho^2 dA = \int_0^{\frac{d}{2}} 2\pi\rho^3 d\rho = \frac{1}{32}\pi d^4$$

(2) 由圆的对称性可知，$I_z = I_y$；根据式 (9) 得

$$I_z = I_y = \frac{1}{64}\pi d^4$$

同理可得空心圆（设内径 d 与外径 D 之比为 α）对通过圆心的任意轴的惯性矩和极惯性矩为

$$I_z = I_y = \frac{\pi D^4}{64}(1-\alpha^4)\text{；}\quad I_\rho = \frac{\pi D^4}{32}(1-\alpha^4)$$

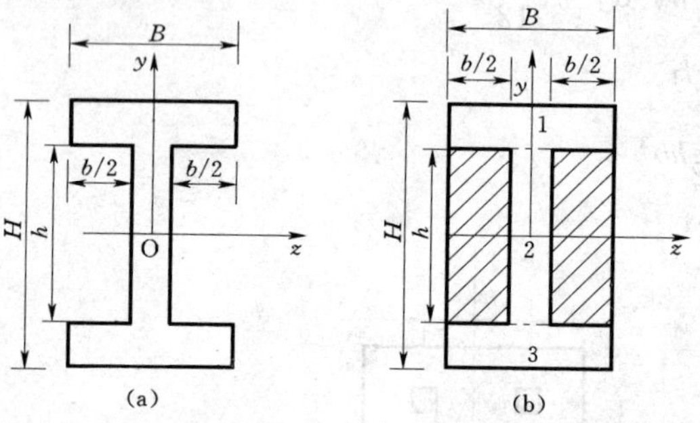

附图 7 例 5 图

【例 5】 试求附图 7 所示工字形截面对其形心轴 z、y 的惯性矩。

解：(1) 求工字形截面对 z 轴的惯性矩；附图 7 (a) 所示的工字形，可看成是由附图 7 (b) 中面积为 BH 值的矩形，减去两个面积为 $\frac{1}{2}bh$ 的小矩形（图中画有阴影部分）而得到的。故工字形截面对 z 轴的惯性矩是大矩形对 z 轴的惯性矩与小矩形对 z 轴的惯性矩之差，即

$$I_z = \frac{1}{12}BH^3 - \frac{1}{12}\times 2\times\frac{1}{2}bh^3 = \frac{1}{12}(BH^3 - bh^3)$$

(2) 求工字形截面对 y 轴的惯性矩；将工字形截面看做由 1、2、3 三个矩形组成，且 y 轴为过此三个矩形形心的对称轴。首先计算此三个矩形对 y 轴的惯性矩：

1) 矩形 1 和矩形 3 对 y 轴的惯性矩均为

$$\frac{\frac{1}{2}(H-h)B^3}{12}$$

2) 矩形 2 对 y 轴的惯性矩为

$$\frac{h(B-b)^3}{12}$$

工字形截面对 y 轴的惯性矩等于此三个矩形对 y 轴的惯性矩之和，所以

$$I_y = 2\times\frac{\frac{H-h}{2}B^3}{12} + \frac{h(B-b)^3}{12} = \frac{(H-h)B^3 + h(B-b)^3}{12}$$

由上述例题可见，对于复杂平面图形，为了避免复杂的数学运算，一般都不采用积分的方法计算它们的惯性矩和惯性积，而是利用简单图形的计算结果以及图形对于其平行轴惯性矩之间的关系，由叠加的方法求得。

第三节　惯性矩、惯性积的平行移轴定理

同一平面图形对于不同坐标轴的惯性矩和惯性积虽然不同，但是相互之间却存在着一定的关系，这些关系可以用来简化计算，有助于应用简单平面图形的结果来计算组合平面图形的惯性矩和惯性积。

对于附图 8 所示的两对相互平行的正交坐标系，设 y_c 和 z_c 轴是通过图形形心 C 的一对坐标轴，平面图形对于该两轴的惯性矩和惯性积分别为 $I_{yc}=\int_A z^2\mathrm{d}A$、$I_{zc}=\int_A y^2\mathrm{d}A$、$I_{yczc}=\int_A y_c z_c\mathrm{d}A$ 另一对坐标轴 y 和 z 分别平行于 y_c 和 z_c 轴，且二者之间的距离分别为 a 和 b。两坐标系的变换关系为

$$y=y_c+a,\quad z=z_c+b$$

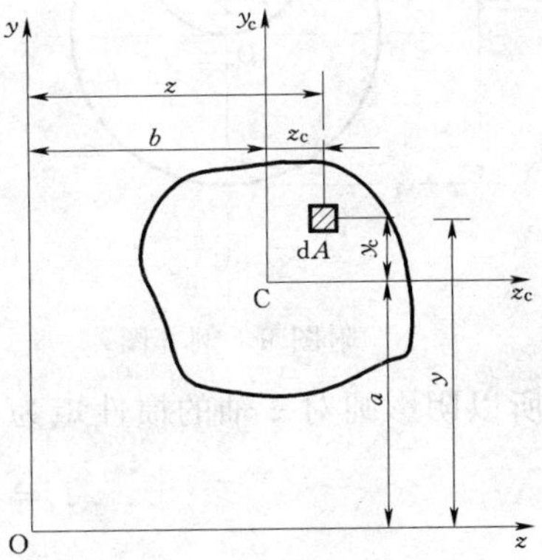

附图 8　平面任意图

平行移轴定理是指平面图形对于相互平行坐标轴的惯性矩、惯性积之间的关系，即通过已知一坐标轴的惯性矩和惯性积，求平面图形对另一平行轴的惯性矩和惯性积。其关系推导如下：

由定义式（5）代入坐标变换关系得

$$\begin{aligned}I_z&=\int_A y^2\mathrm{d}A=\int_A(y_c+a)^2\mathrm{d}A\\&=\int_A y_c^2\mathrm{d}A+2a\int_A y_c\mathrm{d}A+a^2\int_A\mathrm{d}A=Iz_c+2aSz_c+a^2A\\I_y&=\int_A z^2\mathrm{d}A=\int_A(z_c+b)^2\mathrm{d}A\\&=\int_A z_c^2\mathrm{d}A+2b\int_A z_c\mathrm{d}A+b^2\int_A\mathrm{d}A=Iy_c+2bSy_c+b^2A\\I_{y_cz_c}&=\int_A yz\mathrm{d}A=\int_A(y_c+a)(z_c+b)\mathrm{d}A\\&=\int_A y_cz_c\mathrm{d}A+b\int_A y_c\mathrm{d}A+a\int_A z_c\mathrm{d}A+ab\int_A\mathrm{d}A\\&=I_{y_cz_c}+bSz_c+aSy_c+abA\end{aligned}$$

由于 y_c 轴和 z_c 轴通过形心，所以 $Sz_c=Sy_c=0$，于是得到

$$\begin{cases}I_y=I_{yc}+b^2A\\I_z=I_{zc}+a^2A\\I_{yz}=Iy_cz_c+abA\end{cases}\qquad(10)$$

式（10）称为惯性矩和惯性积的平行移轴定理（Paralled axis theorem）。该定理表明：

（1）平面图形对任意轴的惯性矩，等于平面图形对于与该轴平行的形心轴的惯性矩加上该图形的面积与两平行轴之间距离的平方的乘积。

（2）平面图形对于任意一对直角坐标轴的惯性积，等于平面图形对于平行于该坐标轴的一对通过形心的直角坐标轴的惯性积，加上该图形的面积与两对平行轴间距离的乘积。

（3）因为面积和距离的平方均恒为正，故自形心轴移至与之平行的其他任意轴的惯性

矩总是增加的，反之则减小。

(4) 公式中的距离 a 和 b 有正有负，故移轴后，惯性积有可能增加也可能减少。

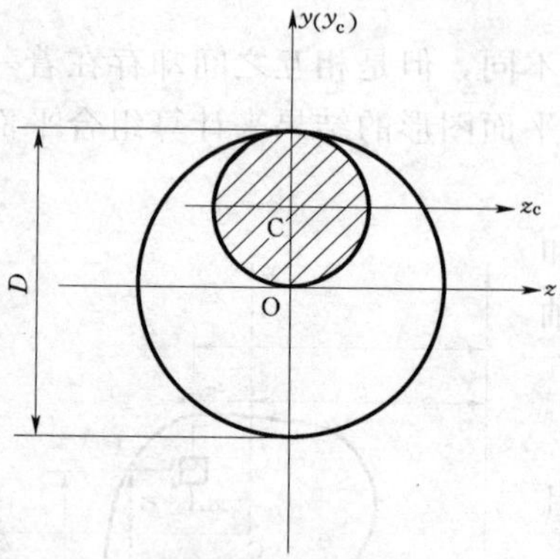

附图 9　例 6 图

【例 6】 如附图 9 所示，在圆形截面中挖去阴影圆形截面后试求图形对 z 轴、y 轴的惯性矩。

解：(1) 求图形对 z 轴的惯性矩 I_z。由阴影圆对本身形心轴 z_c、y_c 的惯性矩为

$$I_{zc}=I_{yc}=\frac{\pi d^4}{64}=\frac{\pi}{64}\left(\frac{D}{2}\right)^4=\frac{\pi D^4}{1024}$$

而小圆形心 C 到 O 的距离为

$$a=\frac{d}{2}=\frac{D}{4}$$

面积为 $$A=\frac{\pi d^2}{4}=\frac{\pi D^2}{16}$$

所以阴影圆对 z 轴的惯性矩为

$$I_z=I_{zc}+a^2A=\frac{\pi D^4}{1024}+\left(\frac{D}{4}\right)^2\times\frac{\pi D^4}{16}$$

$$=\frac{\pi D^4}{1024}+\frac{\pi D^4}{256}=\frac{5\pi D^4}{1024}$$

整个图形对 z 轴的惯性矩为大圆的惯性矩减去阴影圆的惯性矩，即

$$I_z=\frac{\pi D^4}{64}-\frac{5\pi D^4}{1024}=\frac{11\pi D^4}{1024}$$

(2) 求图形对 y 轴的惯性矩 I_y。因小圆形心 C 到 y 轴的距离 $b=0$，所以整个图形对 y 轴的惯性矩为大圆的惯性矩减去阴影圆的惯性矩，即

$$I_y=\frac{\pi D^4}{64}-\frac{\pi D^4}{1024}=\frac{15\pi D^4}{1024}$$

第四节　惯性矩和惯性积的转轴定理

转轴定理是研究坐标系绕原点转动时，平面图形对坐标轴的惯性矩和惯性积的变化规律。

设如附图 10 所示的平面图形对于 yOz 坐标系的惯性矩和惯性积分别为 I_y、I_z 和 I_{yz}，当这对正交坐标轴绕 O 点逆时针转过 α 角，得到一新的坐标系 y_1Oz_1。要考察的是平面图形对新坐标系的 I_{y_1}、I_{z_1} 和 $I_{y_1z_1}$ 与原坐标系的 I_y、I_z 和 I_{yz} 之间的关系。

由附图 10 可看出，面积微元 dA 在原坐标系中的坐标 (z, y) 和在新坐标系中的坐标 (z_1, y_1) 之间存在如下变换关系

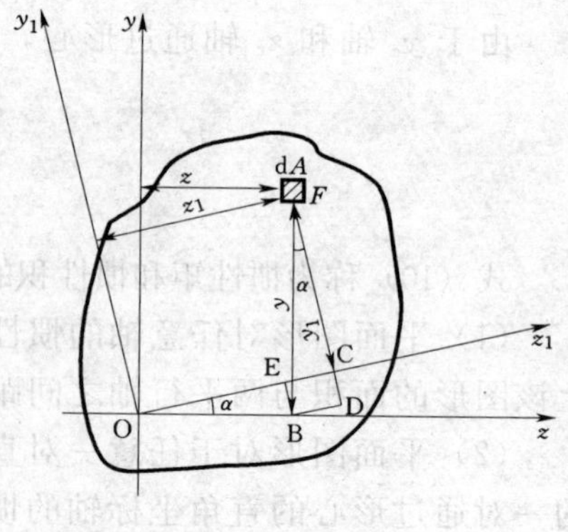

附图 10　任意平面

$$y_1=y\cos\alpha-z\sin\alpha$$

$$z_1 = z\cos\alpha + y\sin\alpha$$

由定义式（5）代入坐标变换得

$$\begin{aligned}
I_{z1} &= \int_A y_1^2 \mathrm{d}A = \int_A (y\cos\alpha - z\sin\alpha)^2 \mathrm{d}A \\
&= \cos^2\alpha\int_A y^2 \mathrm{d}A + \sin^2\alpha\int_A z^2 \mathrm{d}A - 2\cos\alpha\sin\alpha\int_A yz\,\mathrm{d}A \\
&= I_z\cos^2\alpha + I_y\sin^2\alpha - I_{yz}\sin2\alpha \\
I_{y1} &= \int_A z_1^2 \mathrm{d}A = \int_A (z\cos\alpha + y\sin\alpha)^2 \mathrm{d}A \\
&= \cos^2\alpha\int_A z^2 \mathrm{d}A + \sin^2\alpha\int_A y^2 \mathrm{d}A + 2\cos\alpha\sin\alpha\int_A yz\,\mathrm{d}A \\
&= I_y\cos2\alpha + I_z\sin2\alpha + I_{yz}\sin2\alpha \\
I_{y_1z_1} &= \int_A y_1 z_1 \mathrm{d}A = \int_A (y\cos\alpha - z\sin\alpha)(z\cos\alpha + y\sin\alpha)\mathrm{d}A \\
&= \cos\alpha\sin\alpha\int_A y^2 \mathrm{d}A + \cos^2\int_A yz\,\mathrm{d}A - \sin\alpha\cos\alpha\int_A z^2 \mathrm{d}A - \sin^2\alpha\int_A yz\,\mathrm{d}A \\
&= (I_z - I_y)\cos\alpha\sin\alpha + I_{yz}(\cos^2\alpha - \sin^2\alpha)
\end{aligned}$$

考虑到
$$\cos^2\alpha = \frac{1+\cos2\alpha}{2},\quad \sin^2\alpha = \frac{1-\cos2\alpha}{2}$$

代入上式得到

$$\begin{cases}
I_{y_1} = \dfrac{I_z + I_y}{2} - \dfrac{I_z - I_y}{2}\cos2\alpha + I_{yz}\sin2\alpha \\
I_{z_1} = \dfrac{I_z + I_y}{2} + \dfrac{I_z - I_y}{2}\cos2\alpha - I_{yz}\sin2\alpha \\
I_{y_1z_1} = \dfrac{I_z - I_y}{2}\sin2\alpha + I_{yz}\cos2\alpha
\end{cases} \tag{11}$$

式（11）称为惯性矩和惯性积的转轴定理。若将 I_{y_1} 和 I_{z_1} 相加不难得到

$$I_{y_1} + I_{z_1} = I_y + I_z = I_\rho \tag{12}$$

式（12）说明平面图形对一对正交轴的惯性矩之和与 α 角无关，即在坐标系转动时，惯性矩之和保持不变。式中 α 角从原坐标系量起，以逆时针转动为正，反之为负。顺便指出，转轴定理中的 yOz 坐标系并不要求通过平面图形的形心。当然，对于绕形心转动的坐标系也是适用的，而且也是实际应用中最感兴趣的。

第五节 主轴与形心主轴、主矩与形心主矩

从转轴定理可知，对于确定的点，当坐标系旋转时，随着角度 α 的改变，惯性积 $I_{y_1z_1}$ 也随之发生变化。据惯性积的意义，其值可能为正，也可能为负或者为零。于是，总可以找到某一角度 α_0 以及相应的坐标系 y_0Oz_0，使得平面图形对于该对坐标轴的惯性积等于零，即 $I_{y_0z_0}=0$。

定义：过一点存在这样一对坐标轴，平面图形对其惯性积等于零，这一对坐标轴便称

为过这一点的主惯性轴，简称主轴（Principal axis）。平面图形对主轴的惯性矩称为主惯性矩（Principal moment of inertia of area），简称主矩。需要指出的是对于任意一点（图形内或图形外）都有主轴，而通过形心的主轴称为形心主轴。平面图形对形心主轴的惯性矩称为形心主矩。在工程计算中，最感兴趣的是形心主轴和形心主矩。

下面研究主轴（形心主轴）的方位及主矩（形心主矩）值的计算。

设 α_0 为主轴与原坐标轴的夹角，将其代入 $I_{y_0z_0}=0$，得

$$I_{y_0z_0}=I_{yz}\cos2\alpha_0+\frac{I_z-I_y}{2}\sin2\alpha_0=0$$

由此解得

$$\tan2\alpha_0=-\frac{2I_{yz}}{I_z-I_y} \tag{13}$$

$$\alpha_0=\frac{1}{2}\arctan\left(-\frac{2I_{yz}}{I_z-I_y}\right)$$

确定了 α_0 就确定了主轴的位置。α_0 有两个值，彼此相差 90°，这说明有两根主轴，且是相互正交的。

如果将式（11）的前两式对 α 求一阶导数，并令其为零，即

$$\mathrm{d}I_{y_1}/\mathrm{d}\alpha=0,\quad \mathrm{d}I_{z_1}/\mathrm{d}\alpha=0$$

也能得到同样的结论。这表明当 α 角度改变时，I_{y_1}、I_{z_1} 的数值也发生改变，当 $\alpha=\alpha_0$ 时，它们分别有极大值和极小值。考虑到

$$\cos2\alpha=1/\sqrt{1+\tan^2 2\alpha},\quad \sin2\alpha=\tan2\alpha/\sqrt{1+\tan^2 2\alpha}$$

于是得到主矩的计算公式

$$\begin{cases} I_{y_0}=\dfrac{I_y+I_z}{2}-\sqrt{\left(\dfrac{I_z-I_y^2}{2}\right)+I_{yz}^2} \\ I_{z_0}=\dfrac{I_y+I_z}{2}+\sqrt{\left(\dfrac{I_z-I_y^2}{2}\right)+I_{yz}^2} \end{cases} \tag{14}$$

确定形心主轴和形心主矩时，同样可用式（13）和式（14），但此时式中的 I_y、I_z 和 I_{yz} 应为平面图形对于一对形心轴的值。顺便指出，该公式与主应力和主方向的计算公式具有相同的形式和几何意义（即可以用莫尔圆来计算）。由以上的讨论，可得到确定平面图形形心主轴位置的几点结论：

（1）若平面图形有两个对称轴，则此二轴均为形心主轴。

（2）若平面图形只有一个对称轴，则该轴必为形心主轴，另一形心主轴通过平面图形的形心并与此轴垂直。

（3）若平面图形没有对称轴，可先求出平面图形的形心位置，进而求出通过形心的任意一对正交轴的惯性矩和惯性积，然后再利用转轴定理及式（13）和式（14）来求得形心主轴的位置及形心主矩。

第六节　组合图形的形心、形心主轴、形心主矩的计算

工程计算中应用最广泛的是组合图形的形心主矩，即平面图形对于通过其形心主轴的

惯性矩。为此必须首先确定图形的形心以及形心主轴的位置。因为组合图形是由一些简单图形（如矩形、圆形、三角形等）所组成，所以，在确定其形心、形心主轴以及形心主矩时，均不采用积分，而是利用简单图形的几何性质以及移轴和转轴定理来完成。一般按下面步骤进行。

（1）将组合图形分解为若干简单图形，并应用式（4）确定其形心位置。

（2）以形心为坐标原点，建立 yOz 坐标系（其中 y、z 轴一般与简单图形的形心轴平行），然后确定简单图形的自身形心轴的惯性矩，并利用移轴定理（必要时还要利用转轴定理）确定各个简单图形对于 y、z 轴的惯性矩和惯性积，相加后便得到组合图形的惯性矩和惯性积，即

$$I_y = \sum_{i=1}^{n} I_{y_i}, \quad I_z = \sum_{i=1}^{n} I_{z_i}, \quad I_{yz} = \sum_{i=1}^{n} I_{y_i z_i}$$

（3）应用式（13）确定形心主轴的位置，即确定形心主轴与 z 轴的夹角 α_0。

（4）利用转轴定理或直接应用式（14）计算形心主矩 I_{y_0} 和 I_{z_0} 可以看出，确定形心主矩的过程就是综合利用本章全部内容的过程。

【例 7】 T 字形截面，尺寸如附图 11（a）所示，求其形心主轴和形心主矩。

解：（1）把原图形分解成简单图形。将 T 字形分解从如附图 11（b）所示的两个矩形 Ⅰ 和 Ⅱ。

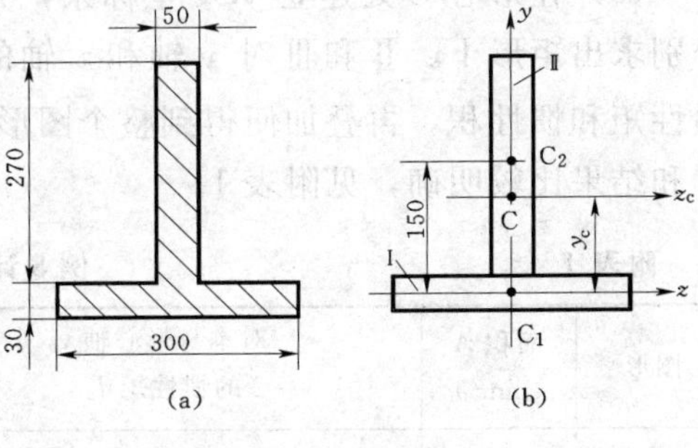

附图 11 例 7 图

（2）确定形心位置。首先以矩形 Ⅰ 的形心 C_1，为坐标原点建立参考坐标系 zC_1y，如附图 11 所示。因为 y 轴是 T 字形截面的对称轴，故图形的形心必位于其上，即 $z_c = 0$。于是，只要确定形心在 y 轴上的位置即可，即确定 y_c。由式（4）得

$$y_c = \frac{\sum_{i=1}^{n} A_i y_{ci}}{\sum_{i=1}^{n} A_i} = \frac{0 + 27 \times 5 \times 15}{30 \times 3 + 27 \times 5} = 9(\text{cm}) = 90\text{mm}$$

（3）确定形心主轴。因为对称轴及与之垂直的轴即为主轴。所以形心 C 为坐标原点建立如附图 11（b）所示的 y_cCz_c 坐标系，其 y_c 和 z_c 轴即为形心主轴。

（4）采用叠加法及移轴定理计算形心主矩

$$\begin{aligned} I_{zc} &= \sum_{i=1}^{n} I_{zc} = I_{z_{c\text{I}}} + I_{z_{c\text{II}}} \\ &= \left[\frac{30 \times 3^3}{12} + 9^2 \times (30 \times 3) + \frac{5 \times 27^3}{12} + 6^2 \times (5 \times 27)\right] \times 10^4 \\ &= (67.5 + 7290 + 8201.25 + 4860) \times 10^4 \\ &= 20418.75 \times 10^4 (\text{mm}^4) \end{aligned}$$

$$I_{yc}=I_{y_{cⅠ}}+I_{y_{cⅡ}}$$
$$=\left(\frac{3\times30^3}{12}+\frac{27\times5^3}{12}\right)\times10^4$$
$$=(6750+281.25)\times10^4$$
$$=7031.25\times10^4(mm^4)$$

【例 8】 Z字形截面图形及尺寸如附图 12（a）所示，求形心主轴的位置及形心主矩。

解：（1）首先将 Z 字形分解成如附图 12（b）所示的三个矩形Ⅰ、Ⅱ和Ⅲ的组合。

（2）确定形心位置。因为所给 Z 字形图形为中心对称图形，故其对称中心即为图形的形心。于是得到图形的形心位置 C，如附图 12（b）所示。

（3）在形心 C 处建立 yCz 坐标系，先分别求出矩形Ⅰ、Ⅱ和Ⅲ对 y 轴和 z 轴的惯性矩和惯性积，再叠加便得到整个图形对于 y 轴和 z 轴的惯性矩和惯性积，为使计算过程和结果比较明确，见附表 1。

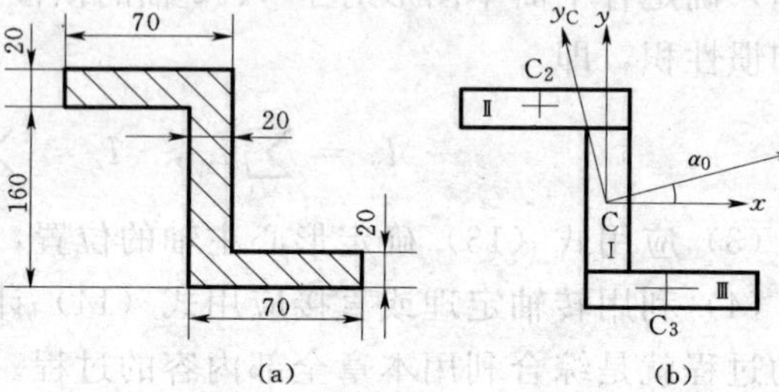

附图 12　例 8 图

附表 1　　例 8 计算过程及结果

图形	面积 A (mm²)	对本身形心轴 z_c 的惯性矩 I_{z_c}	a (mm)	a^2 (mm²)	a^2A (×10⁶mm⁴)	I_z (×10⁶mm⁴)
Ⅰ	2800	4.57×10^6	0	0	0	4.57
Ⅱ	1400	0.047×10^6	80	6400	8.96	9.00
Ⅲ	1400	0.047×10^6	−80	6400	8.96	9.00
总和						22.57

图形	面积 A (mm²)	对本身形心轴 y_c 的惯性矩 I_{y_c}	b (mm)	b^2 (mm²)	b^2A (×10⁶mm⁴)	I_y (×10⁶mm⁴)
Ⅰ	2800	0.093×10^6	0	0	0	0.093
Ⅱ	1400	0.57×10^6	−25	625	0.875	1.45
Ⅲ	1400	0.57×10^6	25	625	0.875	1.45
总和						3.0

图形	面积 A (mm²)	对本身形心轴的惯性积 $I_{y_cz_c}$	a (mm)	b (mm)	abA (×10⁶mm⁴)	I_{yz} (×10⁶mm⁴)
Ⅰ	2800	0	0	0	0	0
Ⅱ	1400	0	80	−25	−2.8	−2.8
Ⅲ	1400	0	−80	25	−2.8	−2.8
总和						−5.6

（4）根据上述结果确定主轴位置及形心主矩。由附表1的结果得到。

$$I_z = 22.57 \times 10^6 \mathrm{mm}^4,\quad I_y = 3.0 \times 10^6 \mathrm{mm}^4,\quad I_{yz} = -5.6 \times 10^6 \mathrm{mm}^4$$

将其代入式（13）得

$$\alpha_0 = \frac{1}{2}\arctan\left(-\frac{2I_{yz}}{I_z - I_y}\right) = \frac{1}{2}\arctan\left[-\frac{2 \times (-5.6 \times 10^6)}{(22.57 - 3.0) \times 10^6}\right]$$

$$= \frac{1}{2}\arctan\left(\frac{11.2}{19.57}\right) = 15^\circ$$

由此得到图形的形心主轴位置如附图12（b）所示。由式（14）得到形心主矩为

$$I_{z_0} = \frac{I_y + I_z}{2} + \sqrt{\left(\frac{I_z - I_y}{2}\right)^2 + I_{yz}^2}$$

$$= \frac{22.57 \times 10^6 + 3.0 \times 10^6}{2} + \sqrt{\left(\frac{22.57 \times 10^6 - 3.0 \times 10^6}{2}\right)^2 + (-5.6 \times 10^6)^2}$$

$$= 12.78 \times 10^6 + 11.27 \times 10^6$$

$$= 24.0 \times 10^6 (\mathrm{mm}^4)$$

$$I_{y_0} = \frac{I_y + I_z}{2} - \sqrt{\left(\frac{I_z - I_y}{2}\right)^2 + I_{yz}^2}$$

$$= 12.78 \times 10^6 - 11.27 \times 10^6$$

$$= 1.51 \times 10^6 (\mathrm{mm}^4)$$

小　结

本章从定义出发，研究讨论了平面图形的几何性质，重点是静矩、形心、惯性矩和惯性积的概念和惯性矩的计算；另外还讨论了主惯性轴和主惯性矩的定义及计算公式。

1. 掌握建立平面图形的静矩、形心、惯性矩、惯性积的概念，牢记矩形和圆形截面（包括空心截面）惯性矩和抗弯截面模量的计算结果。圆形截面和空心截面的极惯性矩和抗扭截面模量的计算结果。

2. 掌握惯性矩的平行移轴和转轴公式，学会应用平等移轴公式计算组合图形对形心轴的惯性矩。

3. 了解形心主轴和形心主惯性矩的意义。

4. 学会使用型钢表。

习　题

1. 试分别计算附题1图所示矩形对 y、z 轴的静矩。

2. 试求附题2图所示截面的形心坐标（图中尺寸单位为mm）。

3. 求附题3图所示空心楼板的惯性矩 I_z（图中尺寸单位为cm）。

4. 试求附题4图所示截面对其形心轴 z 和 y 的惯性矩（图中尺寸单位为mm）。

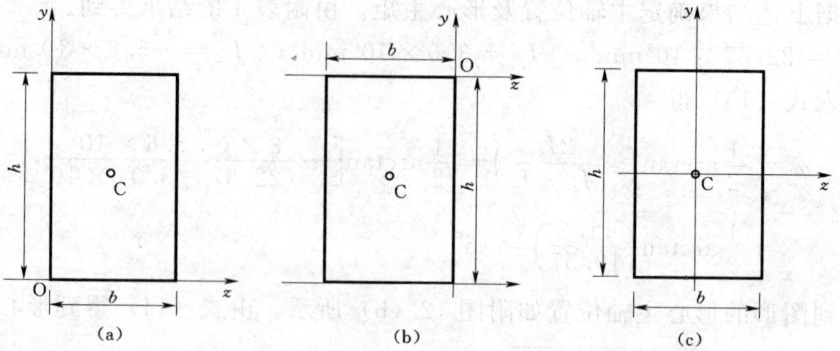

附题 1 图

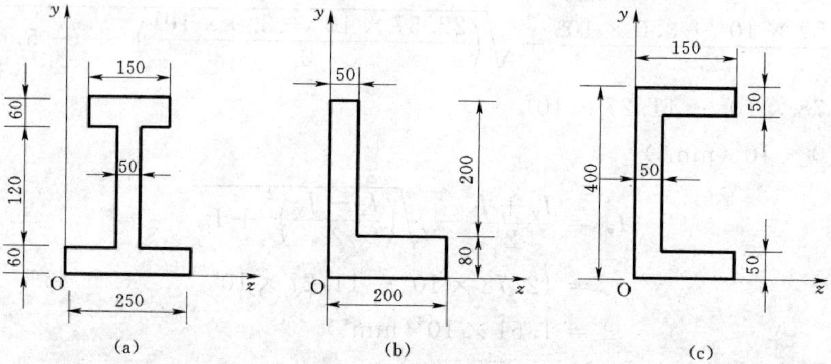

附题 2 图

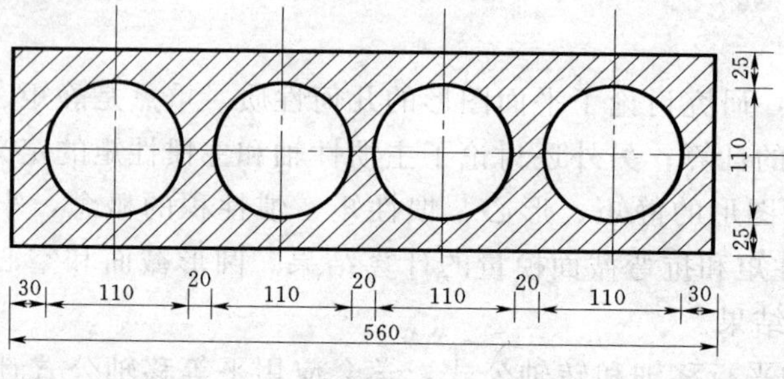

附题 3 图

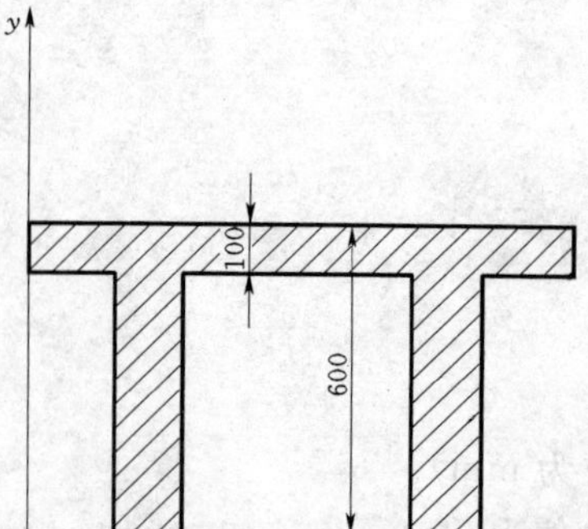

附题 4 图

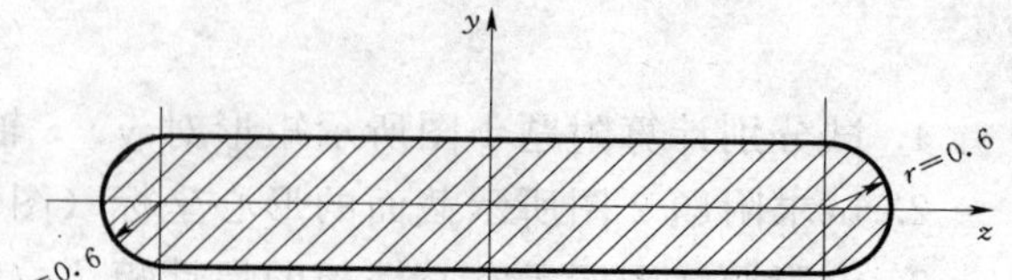

附题 5 图

5. 计算附题 5 图所示截面对 z、y 轴的惯性矩（图中尺寸单位为 m）。

6. 附题 6 图所示两个平面图形的面积相等，已知 $a=2\text{cm}$，试比较它们对形心轴 z 的惯性矩，并说明惯性矩不相等的原因。

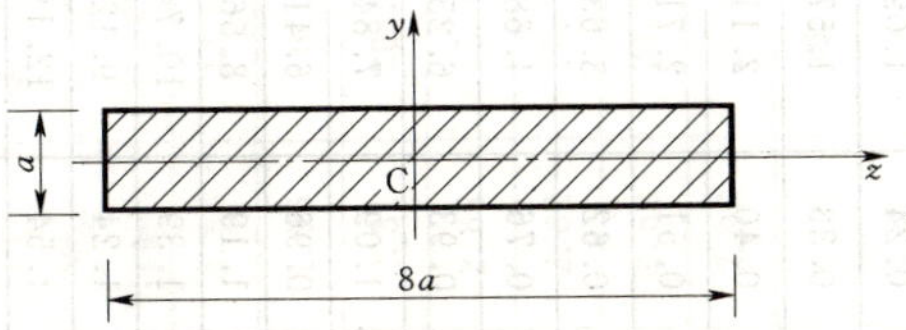

(a)

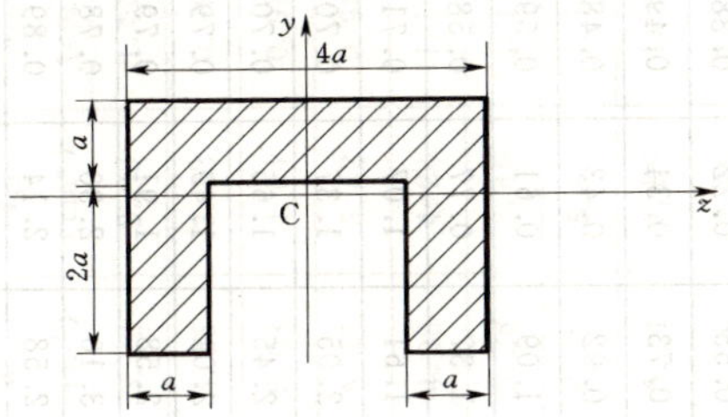

(b)

附题 6 图

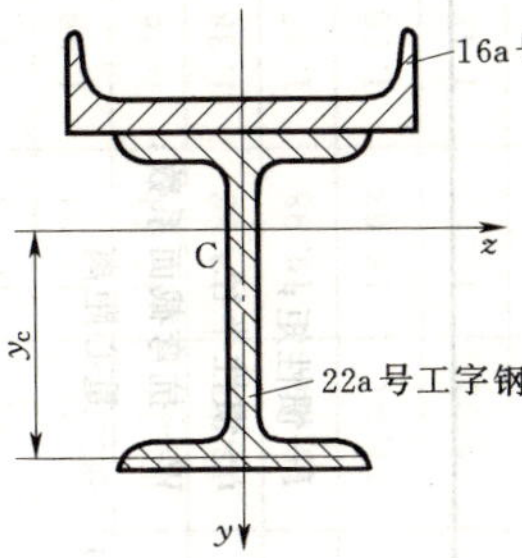

附题 7 图

7. 如附题 7 图所示，试求由 16a 号槽钢和 22a 号工字钢组成截面对形心轴 z 的惯性矩。

8. 求附题 8 图所示槽形截面的形心位置及对形心轴 z_c、y_c 的惯性矩 I_{zc}、I_{yc}（图中单位 mm）。

9. 求附题 9 图所示截面形心主轴的方位，并求形心主惯性矩（图中单位为 mm）。

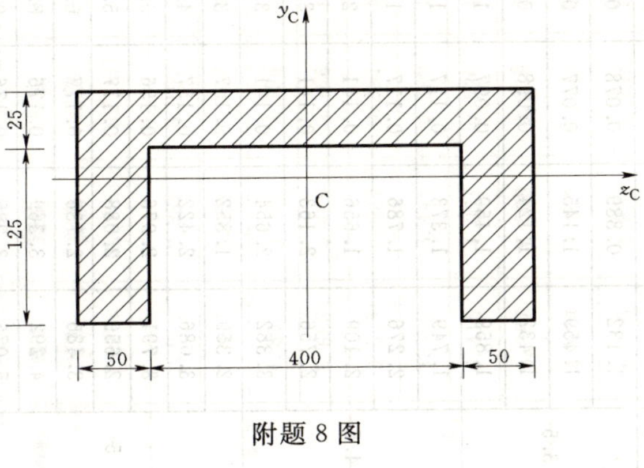

附题 8 图

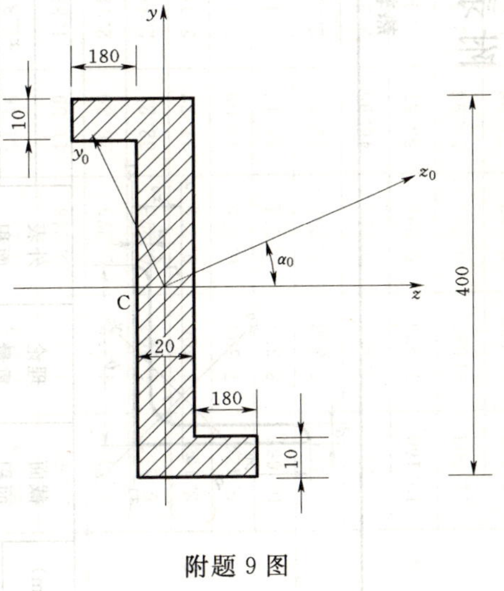

附题 9 图

续表

角钢号数	尺寸(mm) b	d	r	截面面积 (cm²)	理论重量 (kg/m)	外表面积 (m²/m)	参考数值 x—x I_x (cm⁴)	i_x (cm)	W_x (cm³)	$x_0—x_0$ I_{x0} (cm⁴)	i_{x0} (cm)	W_{x0} (cm³)	$y_0—y_0$ I_{y0} (cm⁴)	i_{y0} (cm)	W_{y0} (cm³)	$x_1—x_1$ I_{x1} (cm⁴)	z_0 (cm)
8	80	5	9	7.912	6.211	0.315	48.79	2.48	8.34	77.33	3.13	13.67	20.25	1.60	6.66	85.36	2.15
		6		9.397	7.376	0.314	57.35	2.47	9.87	90.98	3.11	16.08	23.72	1.59	7.65	102.50	2.19
		7		10.860	8.525	0.314	65.58	2.46	11.37	104.07	3.10	18.40	27.09	1.58	8.58	119.70	2.23
		8		12.303	9.658	0.314	73.49	2.44	12.83	116.60	3.08	20.61	30.39	1.57	9.46	136.97	2.27
		10		15.126	11.874	0.313	88.43	2.42	15.64	140.09	3.04	24.76	36.77	1.56	11.08	171.74	2.35
9	90	6	10	10.637	8.350	0.354	82.77	2.79	12.61	131.26	3.51	20.63	34.28	1.80	9.95	145.87	2.44
		7		12.301	9.656	0.354	94.83	2.78	14.54	150.47	3.50	23.64	39.18	1.78	11.19	170.30	2.48
		8		13.944	10.946	0.353	106.47	2.76	16.42	168.97	3.48	26.55	43.97	1.78	12.35	194.80	2.52
		10		17.167	13.476	0.353	128.58	2.74	20.07	203.90	3.45	32.04	53.26	1.76	14.52	244.07	2.59
		12		20.306	15.940	0.352	149.22	2.71	23.57	236.21	3.41	37.12	62.22	1.75	16.49	293.76	2.67
10	100	6	12	11.932	9.366	0.393	114.95	3.10	15.68	181.98	3.90	25.74	47.92	2.00	12.69	200.07	2.67
		7		13.796	10.830	0.393	131.86	3.09	18.10	208.97	3.89	29.55	54.74	1.99	14.26	233.54	2.71
		8		15.638	12.276	0.393	148.24	3.08	20.47	235.07	3.88	33.24	61.41	1.98	15.75	267.09	2.76
		10		19.261	15.120	0.392	179.51	3.05	25.06	284.68	3.84	40.26	74.35	1.96	18.54	334.48	2.84
		12		22.800	17.898	0.391	208.90	3.03	29.48	330.95	3.81	46.80	86.84	1.95	21.08	402.34	2.91
		14		26.256	20.611	0.391	236.53	3.00	33.73	374.06	3.77	52.90	99.00	1.94	23.44	470.75	2.99
		16		29.267	23.257	0.390	262.53	2.98	37.82	414.16	3.74	58.57	110.89	1.94	25.63	539.80	3.06
11	110	7	12	15.196	11.928	0.433	177.16	3.41	22.05	280.94	4.30	36.12	73.38	2.20	17.51	310.64	2.96
		8		17.238	13.532	0.433	199.46	3.40	24.95	316.49	4.28	40.69	82.42	2.19	19.39	355.20	3.01
		10		21.261	16.690	0.432	242.19	3.39	30.60	384.39	4.25	49.42	99.98	2.17	22.91	444.65	3.09
		12		25.200	19.782	0.431	282.55	3.35	36.05	448.17	4.22	57.62	116.93	2.15	26.15	534.60	3.16
		14		29.056	22.809	0.431	320.71	3.32	41.31	508.01	4.18	65.31	133.40	2.14	29.14	625.16	3.24

续表

角钢号数	尺寸（mm）			截面面积	理论重量	外表面积	参考数值										z_0
							$x-x$			x_0-x_0			y_0-y_0			x_1-x_1	
	b	d	r	(cm²)	(kg/m)	(m²/m)	I_x (cm⁴)	i_x (cm)	W_x (cm³)	I_{x0} (cm⁴)	i_{x0} (cm)	W_{x0} (cm³)	I_{y0} (cm⁴)	i_{y0} (cm)	W_{y0} (cm³)	I_{x1} (cm⁴)	(cm)
12.5	125	8	14	19.750	15.504	0.492	297.03	3.88	32.52	470.89	4.88	53.28	123.16	2.50	25.86	521.01	3.37
		10		24.373	19.133	0.491	361.67	3.85	39.97	573.89	4.85	64.93	149.46	2.48	30.62	651.93	3.45
		12		28.912	22.696	0.491	423.16	3.83	41.17	671.44	4.82	75.96	174.88	2.46	35.03	783.42	3.53
		14		33.367	26.193	0.490	481.65	3.80	54.16	763.73	4.78	86.41	199.57	2.45	39.13	915.61	3.61
14	140	10		27.373	21.488	0.551	514.65	4.34	50.58	817.27	5.46	82.56	212.04	2.78	39.20	915.11	3.82
		12		32.512	25.522	0.551	603.68	4.31	59.80	958.79	5.43	96.85	248.57	2.76	45.02	1099.28	3.90
		14		37.567	29.490	0.550	688.81	4.28	68.75	1093.56	5.40	110.47	284.06	2.75	50.45	1284.22	3.98
		16		42.539	33.393	0.549	770.24	4.26	77.46	1221.81	5.36	123.42	318.67	2.74	55.55	1470.07	4.06
16	160	10	16	31.502	24.729	0.630	779.53	4.98	66.70	1237.30	6.27	109.36	321.76	3.20	52.76	1365.33	4.31
		12		37.441	29.391	0.630	916.58	4.95	78.98	1455.68	6.24	128.67	377.49	3.18	60.74	1639.57	4.39
		14		43.296	33.987	0.629	1048.36	4.92	90.95	1665.02	6.20	147.17	431.70	3.16	68.244	1914.68	4.47
		16		49.067	38.518	0.629	1175.08	4.89	102.63	1865.57	6.17	164.89	484.59	3.14	75.31	2190.82	4.55
18	180	12	16	42.241	33.159	0.710	1321.35	5.59	100.82	2100.10	7.05	165.00	542.61	3.58	78.41	2332.80	4.89
		14		48.896	38.388	0.709	1514.48	5.56	116.25	2407.42	7.02	189.14	621.53	3.56	88.38	2723.48	4.97
		16		55.467	43.542	0.709	1700.99	5.54	131.13	2703.37	6.98	212.40	698.60	3.55	97.83	3115.29	5.05
		18		61.955	48.634	0.708	1875.12	5.50	145.64	2988.24	6.94	234.78	762.01	3.51	105.14	3502.43	5.13
20	200	14	18	54.642	42.894	0.788	2103.55	6.20	144.70	3343.26	7.82	236.40	863.83	3.98	111.82	3734.10	5.46
		16		62.013	48.680	0.788	2366.15	6.18	163.65	3760.89	7.79	265.93	971.41	3.96	123.96	4270.39	5.54
		18		69.301	54.401	0.787	2620.64	6.15	182.22	4164.54	7.75	294.48	1076.74	3.94	135.52	4808.13	5.62
		20		76.505	60.056	0.787	2867.30	6.12	200.42	4554.55	7.72	322.06	1180.04	3.93	146.55	5347.51	5.69
		24		90.661	71.186	0.785	2338.25	6.07	236.17	5294.97	7.64	374.41	1381.53	3.90	166.55	6457.16	5.87

注 截面图中的 $r_1=d/3$ 及表中 r 值，用于孔型设计，不作为交货条件。

表 2

热轧不等边角钢（GB 9788—88）

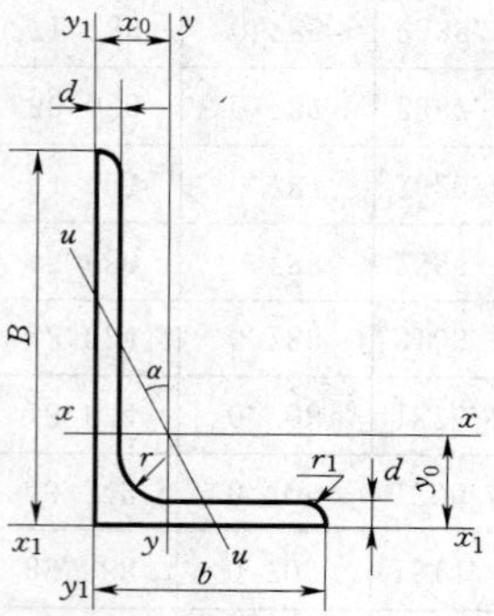

符号意义：B—长边宽度；　b—短边宽度；
d—边厚；　r—内圆弧半径；
r_1—边端内弧半径；　x_0—形心坐标；
y_0—形心坐标；　I—惯性矩；
i—惯性半径；　W—抗弯截面系数

角钢号数	尺寸 (mm)				截面面积	理论重量	外表面积	参考数值														
								$x-x$			$y-y$			x_1-x_1		y_1-y_1		$u-u$			
	B	b	d	r	(cm^2)	(kg/m)	(m^2/m)	I_x (cm^4)	i_x (cm)	W_x (cm^3)	I_y (cm^4)	i_y (cm)	W_y (cm^3)	I_{x1} (cm^4)	y_0 (cm)	I_{y1} (cm^4)	x_0 (cm)	I_u (cm^4)	i_u (cm)	W_u (cm^3)	tgα
2.5/1.6	25	16	3	3.5	1.162	0.912	0.080	0.70	0.78	0.43	0.22	0.44	0.19	1.56	0.86	0.43	0.42	0.14	0.34	0.16	0.392
			4		1.499	1.176	0.079	0.88	0.77	0.55	0.27	0.43	0.24	2.09	0.90	0.59	0.46	0.17	0.34	0.20	0.381
3.2/2	32	20	3		1.492	1.171	0.102	1.53	1.01	0.72	0.46	0.55	0.30	3.27	1.08	0.82	0.49	0.28	0.43	0.25	0.382
			4		1.939	1.22	0.101	1.93	1.00	0.93	0.57	0.54	0.39	4.37	1.12	1.12	0.53	0.35	0.42	0.32	0.374
4/2.5	40	25	3	4	1.890	1.484	0.127	3.08	1.28	1.15	0.93	0.70	0.49	5.39	1.32	1.59	0.59	0.56	0.54	0.40	0.385
			4		2.467	1.936	0.127	3.93	1.26	1.49	1.18	0.69	0.63	8.53	1.37	2.14	0.63	0.71	0.54	0.52	0.381
4.5/2.8	45	28	3	5	2.149	1.687	0.143	4.45	1.44	1.47	1.34	0.79	0.62	9.10	1.47	2.23	0.64	0.80	0.61	0.51	0.383
			4		2.806	2.203	0.143	5.69	1.42	1.91	1.70	0.78	0.80	12.13	1.51	3.00	0.68	1.02	0.60	0.66	0.380
5/3.2	50	32	3	5.5	2.431	1.908	0.161	6.24	1.60	1.84	2.02	0.91	0.82	12.49	1.60	3.31	0.73	1.20	0.70	0.68	0.404
			4		3.177	2.494	0.160	8.02	1.59	2.39	2.58	0.90	1.06	16.65	1.65	4.45	0.77	1.53	0.69	0.87	0.402
5.6/3.6	56	36	3	6	2.743	2.153	0.181	8.88	1.80	2.32	2.92	1.03	1.05	17.54	1.78	4.70	0.80	1.73	0.79	0.87	0.408
			4		3.590	2.818	0.180	11.45	1.78	3.03	3.76	1.02	1.37	23.39	1.82	6.33	0.85	2.23	0.79	1.13	0.408
			5		4.415	3.466	0.180	13.86	1.77	3.71	4.49	1.01	1.65	29.25	1.87	7.94	0.88	2.67	0.79	1.36	0.404

续表

角钢号数	尺寸(mm)				截面面积	理论重量	外表面积	参考数值													
								$x-x$			$y-y$			x_1-x_1		y_1-y_1		$u-u$			
	B	b	d	r	(cm^2)	(kg/m)	(m^2/m)	I_x (cm^4)	i_x (cm)	W_x (cm^3)	I_y (cm^4)	i_y (cm)	W_y (cm^3)	I_{x1} (cm^4)	y_0 (cm)	I_{y1} (cm^4)	x_0 (cm)	I_u (cm^4)	i_u (cm)	W_u (cm^3)	tgα
6.3/4	63	40	4	7	4.058	3.185	0.202	16.49	2.02	3.87	5.23	1.14	1.70	33.30	2.04	8.63	0.92	3.12	0.88	1.40	0.398
			5		4.993	3.920	0.202	20.02	2.00	4.74	6.31	1.12	2.71	41.63	2.08	10.86	0.95	3.76	0.87	1.71	0.396
			6		5.908	4.638	0.201	23.36	1.96	5.59	7.29	1.11	2.43	49.98	2.12	13.12	0.99	4.34	0.86	1.99	0.393
			7		6.802	5.339	0.201	26.53	1.98	6.40	8.24	1.10	2.78	58.07	2.15	15.47	1.03	4.97	0.86	2.29	0.389
7/4.5	70	45	4	7.5	4.547	3.570	0.226	23.17	2.26	4.86	7.55	1.29	2.17	45.92	2.24	12.26	1.02	4.40	0.98	1.77	0.410
			5		5.609	4.403	0.225	27.95	2.23	5.92	9.13	1.28	2.65	57.10	2.28	15.39	1.06	5.40	0.98	2.19	0.407
			6		6.647	5.218	0.225	32.54	2.21	6.95	10.62	1.26	3.12	68.35	2.32	18.58	1.09	6.35	0.98	2.59	0.404
			7		7.657	6.011	0.225	37.22	2.20	8.03	12.01	1.25	3.57	79.99	2.36	21.84	1.13	7.16	0.97	2.94	0.402
(7.5/5)	75	50	5	8	6.125	4.808	0.245	34.86	2.39	6.83	12.61	1.44	3.30	70.00	2.40	21.04	1.17	7.41	1.10	2.74	0.435
			6		7.260	5.699	0.245	41.12	2.38	8.12	14.70	1.42	3.88	84.30	2.44	25.37	1.21	8.54	1.08	3.19	0.435
			8		9.467	7.431	0.244	52.39	2.35	10.52	18.53	1.40	4.99	112.50	2.52	34.23	1.29	10.87	1.07	4.10	0.429
			10		11.590	9.098	0.244	62.71	2.33	12.79	21.96	1.38	6.04	140.80	2.60	43.43	1.36	13.10	1.06	4.99	0.423
8/5	80	50	5	8	6.375	5.005	0.255	41.96	2.56	7.78	12.82	1.42	3.32	85.21	2.60	21.06	1.14	7.66	1.10	2.74	0.388
			6		7.560	5.935	0.255	49.49	2.56	9.25	14.95	1.41	3.91	102.53	2.65	25.41	1.18	8.85	1.08	3.20	0.387
			7		8.724	6.848	0.255	56.16	2.54	10.58	16.96	1.39	4.48	119.33	2.69	29.82	1.21	10.18	1.08	3.70	0.384
			8		9.867	7.745	0.254	62.83	2.52	11.92	18.85	1.38	5.03	136.41	2.73	34.32	1.25	11.38	1.07	4.16	0.381
9/5.6	90	56	5	9	7.212	5.661	0.287	60.45	2.90	9.92	18.32	1.59	4.21	121.32	2.91	29.53	1.25	10.98	1.23	3.49	0.385
			6		8.557	6.717	0.286	71.03	2.88	11.74	21.42	1.58	4.96	145.59	2.95	35.58	1.29	12.90	1.23	4.18	0.384
			7		9.880	7.756	0.286	81.01	2.86	13.49	24.36	1.57	5.70	169.66	3.00	41.71	1.33	14.67	1.22	4.72	0.382
			8		11.183	8.779	0.286	91.03	2.85	15.27	27.15	1.56	6.41	194.17	3.04	47.93	1.36	16.34	1.21	5.29	0.380
10/6.3	100	63	6	10	9.617	7.550	0.320	99.06	3.21	14.64	30.94	1.79	6.35	199.71	3.24	50.50	1.43	18.42	1.38	5.25	0.394
			7		11.111	8.722	0.320	113.45	3.20	16.88	35.26	1.78	7.29	233.00	3.28	59.14	1.47	21.00	1.38	6.02	0.394
			8		12.584	9.878	0.319	127.37	3.18	19.08	39.39	1.77	8.21	266.32	3.32	67.88	1.50	23.50	1.37	6.78	0.391
			10		15.467	12.142	0.319	153.81	3.15	23.32	47.12	1.74	9.98	333.06	3.40	85.73	1.58	28.33	1.35	8.24	0.387
10/8	100	80	6	10	10.637	8.350	0.354	107.04	3.17	15.19	61.24	2.40	10.16	199.83	2.95	102.68	1.97	31.65	1.72	8.37	0.627
			7		12.301	9.656	0.354	122.73	3.16	17.52	70.08	2.39	11.71	233.20	3.00	119.98	2.01	36.17	1.72	9.60	0.626
			8		13.944	10.946	0.353	137.92	3.14	19.81	78.58	2.37	13.21	266.61	3.04	137.37	2.05	40.58	1.71	10.80	0.625
			10		17.167	13.476	0.353	166.87	3.12	24.24	94.65	2.35	16.12	333.63	3.12	172.48	2.13	49.10	1.69	13.12	0.622

续表

角钢号数	尺寸（mm）				截面面积	理论重量	外表面积	参考数值														
								$x-x$			$y-y$			x_1-x_1		y_1-y_1		$u-u$				
	B	b	d	r	(cm^2)	(kg/m)	(m^2/m)	I_x (cm^4)	i_x (cm)	W_x (cm^3)	I_y (cm^4)	i_y (cm)	W_y (cm^3)	I_{x1} (cm^4)	y_0 (cm)	I_{y1} (cm^4)	x_0 (cm)	I_u (cm^4)	i_u (cm)	W_u (cm^3)	tgα
11/7	110	70	6	10	10.637	8.350	0.354	133.37	3.54	17.85	42.92	2.01	7.90	265.78	3.53	69.08	1.57	25.36	1.54	6.53	0.403
			7		12.301	9.656	0.354	153.00	3.53	20.60	49.01	2.00	9.09	310.07	3.57	80.82	1.61	28.95	1.53	7.50	0.402
			8		13.944	10.946	0.353	172.04	3.51	23.30	54.87	1.98	10.25	354.39	3.62	92.70	1.65	32.45	1.53	8.45	0.401
			10		17.167	13.467	0.353	208.39	3.48	28.54	65.88	1.96	12.48	443.13	3.70	116.83	1.72	39.20	1.51	10.29	0.397
12.5/8	125	80	7	11	14.096	11.066	0.403	227.98	4.02	26.86	74.42	2.30	12.01	454.99	4.01	120.32	1.80	43.81	1.76	9.92	0.408
			8		15.989	12.551	0.403	256.77	4.01	30.41	83.49	2.28	13.56	519.99	4.06	137.85	1.84	49.15	1.75	11.18	0.407
			10		19.712	15.474	0.402	312.04	3.98	37.33	100.67	2.26	16.56	650.09	4.14	173.40	1.92	59.45	1.74	13.64	0.404
			12		23.351	18.330	0.402	364.41	3.95	44.01	116.67	2.24	19.43	780.39	4.22	209.67	2.00	69.35	1.72	16.01	0.400
14/9	140	90	8	12	18.038	14.160	0.453	365.64	4.50	38.48	120.69	2.59	17.34	730.53	4.50	195.79	2.04	70.83	1.98	14.31	0.411
			10		22.261	17.475	0.452	445.50	4.47	47.31	146.03	2.56	21.22	913.20	4.58	245.92	2.21	85.82	1.96	17.48	0.409
			12		26.400	20.724	0.451	521.59	4.44	55.87	169.79	2.54	24.95	1096.09	4.66	296.89	2.19	100.21	1.95	20.54	0.406
			14		30.456	23.908	0.451	594.10	4.42	64.18	192.10	2.51	28.54	1279.26	4.74	348.82	2.27	114.13	1.94	23.52	0.403
16/10	160	100	10	13	25.315	19.872	0.512	668.69	5.14	62.13	205.03	2.85	26.56	1362.89	5.24	336.59	2.28	121.74	2.19	21.92	0.390
			12		30.054	23.592	0.511	784.91	5.11	73.49	239.09	2.82	31.28	1635.56	5.32	405.94	2.36	142.33	2.17	25.79	0.388
			14		34.709	27.247	0.510	896.30	5.08	84.56	271.20	2.80	35.83	1908.50	5.40	476.42	2.43	162.23	2.16	29.56	0.385
			16		39.281	30.835	0.510	1003.04	5.05	95.33	301.60	2.77	40.24	2181.79	5.48	548.22	2.51	182.57	2.16	33.44	0.382
18/11	180	110	10	14	28.373	22.273	0.571	956.25	5.80	78.96	278.11	3.13	32.49	1940.40	5.89	447.22	2.44	166.50	2.42	26.88	0.376
			12		33.712	26.464	0.571	1124.72	5.78	93.53	325.03	3.10	38.32	2328.35	5.98	538.94	2.52	194.87	2.40	31.66	0.374
			14		38.967	30.589	0.570	1286.91	5.75	107.76	369.55	3.08	43.97	2716.60	6.06	631.95	2.59	222.30	2.39	36.32	0.372
			16		44.139	34.649	0.569	1443.06	5.72	121.64	411.85	3.06	49.44	3105.15	6.14	726.46	2.67	248.94	2.38	40.87	0.369
20/12.5	200	125	12		37.912	29.761	0.641	1570.90	6.44	116.73	483.16	3.57	49.99	3193.85	6.54	787.74	2.83	285.79	2.74	41.23	0.392
			14		43.867	34.436	0.640	1800.97	6.41	134.65	550.83	3.54	57.44	3726.17	6.62	922.47	2.91	326.58	2.73	47.34	0.390
			16		49.739	39.045	0.639	2023.35	6.38	152.18	615.44	3.52	64.69	4258.86	6.70	1058.86	2.99	366.21	2.71	53.32	0.388
			18		55.526	43.588	0.639	2238.30	6.35	169.33	677.19	3.49	71.74	4792.00	6.78	1197.13	3.06	404.83	2.70	59.18	0.385

注 1. 括号内型号不推荐使用。

2. 截面图中的 $r_1=d/3$ 及表中 r 值，用于孔型设计，不作为交货条件。

表 3 **热轧槽钢（GB 707—88）**

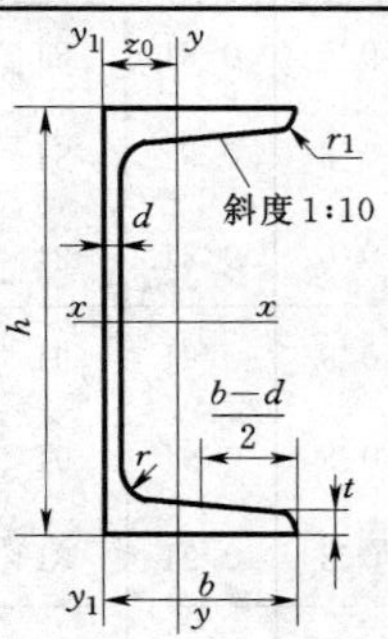

符号意义：h—高度；r_1—腿端圆弧半径；
b—腿宽度；I—惯性矩；
d—腰厚度；W—抗弯截面系数；
t—平均腿厚度；i—惯性半径；
r—内圆弧半径；z_0—$y-y$ 轴与 y_1-y_1 轴间距

型号	尺寸 (mm)						截面面积 (cm²)	理论重量 (kg/m)	参考数值							
									$x-x$			$y-y$			y_1-y_1	z_0 (cm)
	h	b	d	t	r	r_1			W_x (cm³)	I_x (cm⁴)	i_x (cm)	W_y (cm³)	I_y (cm⁴)	i_y (cm³)	I_{y1} (cm⁴)	
5	50	37	4.5	7	7.0	3.5	6.928	5.438	10.4	26.0	1.94	3.55	8.30	1.10	20.9	1.35
6.3	63	40	4.8	7.5	7.5	3.8	8.451	6.634	16.1	50.8	2.45	4.50	11.9	1.19	28.4	1.36
8	80	43	5.0	8	8.0	4.0	10.248	8.045	25.3	101	3.15	5.79	16.6	1.27	37.4	1.43
10	100	48	5.3	8.5	8.5	4.2	12.748	10.007	39.7	198	3.95	7.8	25.6	1.41	54.9	1.52
12.6	126	53	5.5	9	9.0	4.5	15.692	12.318	62.1	391	4.95	10.2	38.0	1.57	77.1	1.59
14 a	140	58	6.0	9.5	9.5	4.8	18.516	14.535	80.5	564	5.52	13.0	53.2	1.70	107	1.71
14 b	140	60	8.0	9.5	9.5	4.8	21.316	16.733	87.1	609	5.35	14.1	61.1	1.69	121	1.67
16a	160	63	6.5	10	10.0	5.0	21.962	17.240	108	866	6.28	16.3	73.3	1.83	144	1.80
16	160	65	8.5	10	10.0	5.0	25.162	19.72	117	935	6.10	17.6	83.4	1.82	161	1.75
18a	180	68	7.0	10.5	10.5	5.2	25.699	20.174	141	1270	7.04	20.0	98.6	1.96	190	1.88
18	180	70	9.0	10.5	10.5	5.2	29.299	23.00	152	1370	6.84	21.5	111	1.95	210	1.84
20a	200	73	7.0	11	11.0	5.5	28.837	22.637	178	1780	7.86	24.2	128	2.11	244	2.01

续表

型号	尺寸 (mm)						截面面积 (cm^2)	理论重量 (kg/m)	参考数值							
									$x-x$			$y-y$			y_1-y_1	z_0 (cm)
	h	b	d	t	r	r_1			W_x (cm^3)	I_x (cm^4)	i_x (cm)	W_y (cm^3)	I_y (cm^4)	i_y (cm^3)	I_{y1} (cm^4)	
20	200	75	9.0	11	11.0	5.5	32.837	25.777	191	1910	7.64	25.9	144	2.09	268	1.95
22a	220	77	7.0	11.5	11.5	5.8	31.846	24.999	218	2390	8.67	28.2	158	2.23	298	2.10
22	220	79	9.0	11.5	11.5	5.8	36.246	28.453	234	2570	8.42	30.1	176	2.21	326	2.03
a	250	78	7.0	12	12.0	6.0	34.917	27.410	270	3370	9.82	30.6	176	2.24	322	2.07
25b	250	80	9.0	12	12.0	6.0	39.917	31.335	282	3530	9.41	32.7	196	2.22	353	1.98
c	250	82	11.0	12	12.0	6.0	44.917	35.260	295	3690	9.07	35.9	218	2.21	384	1.92
a	280	82	7.5	12.5	12.5	6.2	40.034	31.427	340	4760	10.9	35.7	218	2.33	388	2.10
28b	280	84	9.5	12.5	12.5	6.2	45.634	35.823	366	5130	10.6	37.9	242	2.30	428	2.02
c	280	86	11.5	12.5	12.5	6.2	51.234	40.219	393	5500	10.4	40.3	268	2.29	463	1.95
a	320	88	8.0	14	14.0	7.0	48.513	38.083	475	7600	12.5	46.5	305	2.50	552	2.24
32b	320	90	10.0	14	14.0	7.0	54.913	43.107	509	8140	12.2	59.2	336	2.47	593	2.16
c	320	92	12.0	14	14.0	7.0	61.313	48.131	543	8690	11.9	52.6	374	2.47	643	2.09
a	360	96	9.0	16	16.0	8.0	60.910	47.814	660	11900	14.0	63.5	455	2.73	818	2.44
36b	360	98	11.0	16	16.0	8.0	68.110	53.466	703	12700	13.6	66.9	497	2.70	880	2.37
c	360	100	13.0	16	16.0	8.0	75.310	59.118	746	13400	13.4	70.0	536	2.67	948	2.34
a	400	100	10.5	18	18.0	9.0	75.068	58.928	879	17600	15.3	78.8	592	2.81	1070	2.49
40b	400	102	12.5	18	18.0	9.0	83.068	65.208	932	18600	15.0	82.5	640	2.78	1140	2.44
c	400	104	14.5	18	18.0	9.0	91.068	71.488	986	19700	14.7	86.2	688	2.75	1220	2.42

表 4 热轧工字钢（GB 706—88）

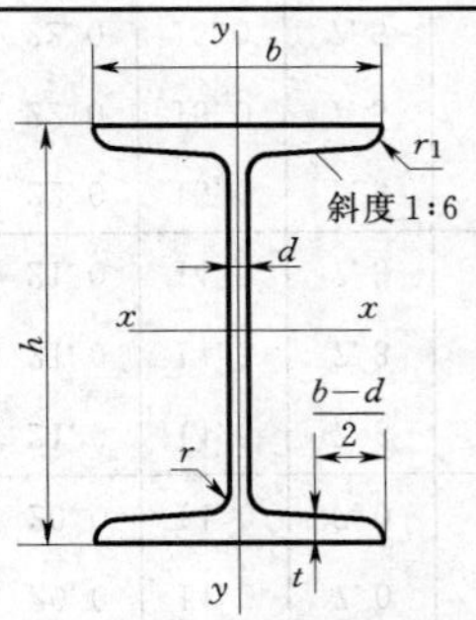

符号意义：h—高度；r_1—腿端圆弧半径；
b—腿宽度；I—惯性矩；
d—腰厚度；W—抗弯截面系数；
t—平均腿厚度；i—惯性半径；
r—内圆弧半径；S—半截面的静力矩

型号	尺寸 (mm)						截面面积 (cm^2)	理论重量 (kg/m)	参考数值						
									$x-x$				$y-y$		
	h	b	d	t	r	r_1			I_x (cm^4)	W_x (cm^3)	i_x (cm)	$I_x : S_x$ (cm)	I_y (cm^4)	W_y (cm^3)	i_y (cm)
10	100	68	4.5	7.6	6.5	3.3	14.345	11.261	245	49.0	4.14	8.59	33.0	9.72	1.52
12.6	126	74	5.0	8.4	7.0	3.5	18.118	14.223	488	77.5	5.20	10.8	46.9	12.7	1.61
14	140	80	5.5	9.1	7.5	3.8	21.516	16.890	712	102	5.76	12.0	64.4	16.1	1.73
16	160	88	6.0	9.9	8.0	4.0	26.131	20.513	1130	141	6.58	13.8	93.1	21.2	1.89
18	180	94	6.5	10.7	8.5	4.3	30.756	24.143	1660	185	7.36	15.4	122	26.0	2.00
20a	200	100	7.0	11.4	9.0	4.5	35.578	27.929	2370	237	8.15	17.2	158	31.5	2.12
20b	200	102	9.0	11.4	9.0	4.5	39.578	31.069	2500	250	7.96	16.9	169	33.1	2.06
22a	220	110	7.5	12.3	9.5	4.8	42.128	33.070	3400	309	8.99	18.9	225	40.9	2.31
22b	220	112	9.5	12.3	9.5	4.8	46.528	36.524	3570	325	8.78	18.7	239	42.7	2.27
25a	250	116	8.0	13.0	10.0	5.0	48.541	38.105	5020	402	10.2	21.6	280	48.3	2.40
25b	250	118	10.0	13.0	10.0	5.0	53.541	42.030	5280	423	9.94	21.3	309	52.4	2.40
28a	280	122	8.5	13.7	10.5	5.3	55.404	43.492	7110	508	11.3	24.6	345	56.6	2.50

续表

型号	尺寸 (mm)						截面面积 (cm^2)	理论重量 (kg/m)	参考数值						
									x—x				y—y		
	h	b	d	t	r	r_1			I_x (cm^4)	W_x (cm^3)	i_x (cm)	$I_x : S_x$ (cm)	I_y (cm^4)	W_y (cm^3)	i_y (cm)
28b	280	124	10.5	13.7	10.5	5.3	61.004	47.888	7480	534	11.1	24.2	379	61.2	2.49
32a	320	130	9.5	15.0	11.5	5.8	67.156	52.717	11100	692	12.8	27.5	460	70.8	2.62
32b	320	132	11.5	15.0	11.5	5.8	73.556	57.741	11600	726	12.6	27.1	502	76.0	2.61
32c	320	134	13.5	15.0	11.5	5.8	79.956	62.765	12200	760	12.3	26.3	544	81.2	2.61
36a	360	136	10.0	15.8	12.0	6.0	76.480	60.037	15800	875	14.4	30.7	552	81.2	2.69
36b	360	138	12.0	15.8	12.0	6.0	83.680	65.689	16500	919	14.1	30.3	582	84.3	2.64
36c	360	140	14.0	15.8	12.0	6.0	90.880	71.341	17300	962	13.8	29.9	612	87.4	2.60
40a	400	142	10.5	16.5	12.5	6.3	86.112	67.598	21700	1090	15.9	34.1	660	93.2	2.77
40b	400	144	12.5	16.5	12.5	6.3	94.112	73.878	22800	1140	16.5	33.6	692	96.2	2.71
40c	400	146	14.5	16.5	12.5	6.3	102.112	80.158	23900	1190	15.2	33.2	727	99.6	2.65
45a	450	150	11.5	18.0	13.5	6.8	102.446	80.420	32200	1430	17.7	38.6	855	114	2.89
45b	450	152	13.5	18.0	13.5	6.8	111.446	87.485	33800	1500	17.4	38.0	894	118	2.84
45c	450	154	15.5	18.0	13.5	6.8	120.446	94.550	35300	1570	17.1	37.6	938	122	2.79
50a	500	158	12.0	20.0	14.0	7.0	119.304	93.654	46500	1860	19.7	42.8	1120	142	3.07
50b	500	160	14.0	20.0	14.0	7.0	129.304	101.504	48600	1940	19.4	42.4	1170	146	3.01
50c	500	162	16.0	20.0	14.0	7.0	139.304	109.354	50600	2080	19.0	41.8	1220	151	2.96
56a	560	166	12.5	21.0	14.5	7.3	135.435	106.316	65600	2340	22.0	47.7	1370	165	3.18
56b	560	168	14.5	21.0	14.5	7.3	146.635	115.108	68500	2450	21.6	47.2	1490	174	3.16
56c	560	170	16.5	21.0	14.5	7.3	157.835	123.900	71400	2550	21.3	46.7	1560	183	3.16
63a	630	176	13.0	22.0	15.0	7.5	154.658	121.407	93900	2980	24.5	54.2	1700	193	3.31
63b	630	178	15.0	22.0	15.0	7.5	167.258	131.298	98100	3160	24.2	53.5	1810	204	3.29
63c	630	180	17.0	22.0	15.0	7.5	179.858	141.189	102000	3300	23.8	52.9	1920	214	3.27

注 截面图和表中标注的圆弧半径 r 和 r_1 值，用于孔型设计，不作为交货条件。

部分习题参考答案

第　二　章

2-4　$\sigma_{\mathrm{I}}=-20\text{MPa}$，$\sigma_{\mathrm{II}}=5\text{MPa}$，$\sigma_{\mathrm{III}}=15\text{MPa}$

2-5　$\sigma_{AB}=25\text{MPa}$，$\sigma_{BC}=-41.7\text{MPa}$，$\sigma_{AC}=33.3\text{MPa}$，$\sigma_{CD}=-25\text{MPa}$

2-6　左柱$\begin{cases}\sigma_{上}=-0.6\text{MPa}\\ \sigma_{中}=-1.0\text{MPa}\\ \sigma_{下}=-0.85\text{MPa}\end{cases}$；　右柱$\begin{cases}\sigma_{上}=-0.3\text{MPa}\\ \sigma_{中}=-0.2\text{MPa}\\ \sigma_{下}=-0.65\text{MPa}\end{cases}$

2-7　$\theta=54°44'$

2-8　(1) $\sigma_{\frac{\pi}{6}}=0.75\text{MPa}$

(2) $\tau_{\frac{\pi}{6}}=0.433\text{MPa}$

2-9　$\varepsilon_{\mathrm{I}}=0.05\%$，$\varepsilon_{\mathrm{III}}=-0.05\%$

$\Delta l_{\mathrm{I}}=0.5\text{mm}$，$\Delta l_{\mathrm{III}}=-1\text{mm}$

2-10　$x=\dfrac{E_2A_2}{E_1A_1+E_2A_2}l$

2-11　$\Delta_A=5.6\text{mm}$，与水平轴成 113.65°

2-12　$\Delta_{AB}=\dfrac{Pl}{EA}(2+\sqrt{2})$

2-13　$\Delta l=-0.239\times10^{-3}\text{m}$，$\varepsilon_d==0.018\%$

2-14　$\sigma_{AB}=159\text{MPa}$，安全；$\sigma_{AB}=150\text{MPa}$，安全

2-15　$D_{AC}=78\text{mm}$

2-16　CD 杆取∟ 63×63×6，AC 杆取∟ 40×40×5

2-17　$a=228\text{mm}$，$b=398\text{mm}$

2-18　420kN

2-19　$W=30\text{kN}$

2-20　$\sigma_{上}=108\text{MPa}$，$\sigma_{中}=8.3\text{MPa}$，$\sigma_{下}=-141.7\text{MPa}$

2-21　$F_{N1}=-F_P/6$，$F_{N2}=F_P/3$

2-22　$\sigma_{上}=-64\text{MPa}$

2-23　$F_{N1}=78.25\text{kN}$，$F_{N2}=50.23\text{kN}$

2-24　$F_{NBC}=22\text{kN}$

第　四　章

4-1　铜丝 $\tau=50.9\text{MPa}$，销子 $\tau=61.1\text{MPa}$

4-2　$\tau=66.3\text{MPa}<[\tau]$，$\sigma_c=102\text{MPa}<[\sigma_c]$

4-3　$\tau=30.3\text{MPa}<[\tau]$，$\sigma_c=44\text{MPa}<[\sigma_c]$

4-4　$d=14\text{mm}$

4-5　$l\geqslant200\text{mm}$，$a\geqslant20\text{mm}$

4-6　$\delta\geqslant10\text{mm}$，$l\geqslant100\text{mm}$

4-7　$F_p=161\text{kN}$

第五章

5-5 $t=0.0135$kNm/m

5-6 $\tau_{max}=15.3$MPa，$\varphi_{CD}=1.273\times10^{-3}$rad，$\varphi_{AD}=1.91\times10^{-3}$rad

5-7 $\tau_{ABmax}=17.9\text{MPa}<[\tau]$，$\tau_{Hmax}=17.5\text{MPa}<[\tau]$，$\tau_{Cmax}=16.6\text{MPa}<[\tau]$

5-8 $d\geqslant21.7$mm，$Q=1120$N

5-9 $d_1\geqslant45$mm，$D_2\geqslant46$mm

5-10 (1) $d_1\geqslant84.6$mm，$d_2\geqslant74.5$mm；(2) $d\geqslant84.6$mm；(3) 主动轮1放在从动轮2，3之间较合理

5-11 $\tau=13.8$MPa

5-12 按强度：$d_1\geqslant0.06976$m，$d_2\geqslant0.08790$m，$d_3\geqslant0.06976$m；按刚度：$d_1\geqslant0.07350$m，$d_2\geqslant0.08740$m，$d_3\geqslant0.07350$m；$\phi_{AD}=0.9°$

5-13 AB段：$\tau=20.84\text{MPa}<[\tau]$，$\varphi=0.3732°/\text{m}<[\varphi]$

AC段：$\tau=19.45\text{MPa}<[\tau]$，$\varphi=0.5573°/\text{m}>[\varphi]$，不满足刚度要求；$\varphi_{AC}=0.6687°$

5-14 $\tau_A=\dfrac{I_{pA}G_a}{I_{pA}G_a+I_{pB}G_b}\times\dfrac{M_r}{I_{pA}}\quad(0\leqslant r\leqslant R_A)$

$\tau_B=\dfrac{I_{pB}G_b}{I_{pA}G_a+I_{pB}G_b}\times\dfrac{M_r}{I_{pB}}\quad(R_A\leqslant r\leqslant R_B)$

5-15 (1) $\tau_{max}=46.6$MPa；(2) $N_k=71.8$kW

5-16 按强度 $m\leqslant107.6$Nm，按刚度 $m\leqslant75.15$Nm

第六章

6-1 (a) $F_{Q1}=6$kN，$M_1=-10$kN·m　$F_{Q2}=0$，$M_2=-4$kN·m

(b) $F_{Q3}=-4$kN，$M_1=-4$kN·m　$F_{Q2}=-7$kN，$M_2=-4$kN·m

(c) $F_{Q1}=-16$kN，$M_1=-62$kN·m　$F_{Q2}=8$kN，$M_2=-8$kN·m

(d) $F_{Q1}=-1.67$kN，$M_1=5$kN·m

(e) $F_{Q1}=-1$kN，$M_1=-1.6$kN·m　$F_{Q2}=-1$kN，$M_2=2.4$kN·m

(f) $F_{Q1}=30$kN，$M_1=-45$kN·m　$F_{Q2}=0$，$M_2=-40$kN·m

6-2 (a) $|F_Q|_{max}=100$kN，$|M|_{max}=600$kN·m　(b) $|F_Q|_{max}=35$kN，$|M|_{max}=97.5$kN

(c) $|F_Q|_{max}=qa$，$|M|_{max}=\dfrac{qa^2}{2}$　(d) $|F_Q|_{max}=2$kN，$|M|_{max}=6$kN·m

(e) $|F_Q|_{max}=2qa$，$|M|_{max}=qa^2$　(f) $|F_Q|_{max}=4$kN，$|M|_{max}=4$kN·m

6-3 (a) $|F_Q|_{max}=qa$，$|M|_{max}=qa^2$　(b) $|F_Q|_{max}=2qa$，$|M|_{max}=qa^2$

(c) $|F_Q|_{max}=qa$，$|M|_{max}=\dfrac{qa^2}{2}$　(d) $|F_Q|_{max}=qa$，$|M|_{max}=1.25qa^2$

(e) $|F_Q|_{max}=\dfrac{M_0}{3a}$，$|M|_{max}=2M_0$　(f) $|F_Q|_{max}=20$kN，$|M|_{max}=10$kN·m

6-4 (a) $|F_Q|_{max}=\dfrac{M_0}{2a}$，$|M|_{max}=2M_0$　(b) $|F_Q|_{max}=\dfrac{5qa}{6}$，$|M|_{max}=\dfrac{5qa^2}{6}$

(c) $|F_Q|_{max}=qa$，$|M|_{max}=\dfrac{3qa^2}{4}$　(d) $|F_Q|_{max}=14$kN，$|M|_{max}=20$kN·m

(e) $|F_Q|_{max}=2$kN，$|M|_{max}=2$kN·m　(f) $|F_Q|_{max}=2$kN，$|M|_{max}=1$kN·m

(g) $|F_Q|_{max}=40$kN，$|M|_{max}=60$kN·m　(h) $|F_Q|_{max}=14$kN，$|M|_{max}=\dfrac{20}{3}$kN·m

(i) $|F_Q|_{max}=\dfrac{1}{4}q_o l$，$|M|_{max}=\dfrac{1}{12}q_o l^2$　(j) $|F_Q|_{max}=\dfrac{q_0 l}{4}$，$|M|_{max}=\dfrac{1}{24}q_o l^2$

6-8 (a) $|F_Q|_{max}=1.5qa$, $|M|_{max}=1.5qa^2$ (b) $|F_Q|_{max}=10kN$, $|M|_{max}=8kN\cdot m$

6-9 $a=0.207l$

6-10 (a) $|F_Q|_{max}=2qa$, $|M|_{max}=qa^2$ (b) $|F_Q|_{max}=qa$, $|M|_{max}=\frac{qa^2}{2}$

(c) $|F_Q|_{max}=qa$, $|M|_{max}=qa^2$ (d) $|F_Q|_{max}=\frac{3F_P}{4}$, $|M|_{max}=\frac{F_Pa}{2}$

6-11 (a) $|F_N|_{max}=15kN$, $|F_Q|_{max}=13kN$, $M_{max}=22.5kN\cdot m$

(b) $|F_N|_{max}=2.682kN$, $|F_Q|_{max}=9kN$, $M_{max}=13.5kN\cdot m$

6-12 (a) $|F_N|_{max}=2qa$, $|F_Q|_{max}=2qa$, $|M|_{max}=2qa^2$

(b) $|F_N|_{max}=\frac{3}{2}qa$, $|F_Q|_{max}=\frac{3qa}{2}$, $|M|_{max}=2qa^2$

(c) $|F_N|_{max}=3qa$, $|F_Q|_{max}=2qa$, $|M|_{max}=2qa^2$

(d) $|F_N|_{max}=qa$, $|F_Q|_{max}=qa$, $|M|_{max}=\frac{3}{2}qa^2$

第 七 章

7-1 (1) √ (2) √× (3) √ (4) ×

7-3 $\sigma_{max}=\frac{Ed}{d+D}$

7-4 (1)

7-5 1. $\sigma=0$, $\tau=-\frac{3F_P}{2bh}$; 2. $\sigma=\frac{3F_Pa}{bh^2}$, $\tau=-\frac{9F_P}{8bh}$; 3. $\sigma=\frac{6F_Pa}{bh^2}$, $\tau=0$;

4. $\sigma=0$, $\tau=0$; 5. $\sigma=\frac{3F_Pa}{bh^2}$, $\tau=0$; 6. $\sigma=\frac{3F_Pa}{2bh^2}$, $\tau=\frac{9F_P}{8bh}$

7-6 Ⅰ 截面 $\sigma_A=-7.41MPa$, $\sigma_B=4.93MPa$, $\sigma_c=0$, $\sigma_D=7.41MPa$

Ⅱ 截面 $\sigma_A=9.26MPa$, $\sigma_B=-6.17MPa$, $\sigma_c=0$, $\sigma_D=-9.26MPa$

7-7 $h/b=\sqrt{2}$, $d=224mm$

7-8 (1) $b=150mm$, (2) $b=230mm$, (3) $b=280mm$

7-9 (1) 工字钢 24b, (2) 2 个 22a 槽钢

7-10 225mm

7-11 安全

7-12 $q=15.7kN/m$, $d=20mm$

7-13 $a=1.385m$

7-15 $\sigma_{max}=15MPa>[\sigma]$, $\tau_{max}=3MPa<[\tau]$, 强度不够

7-17 (1) $h(x)=\sqrt{\frac{3q}{b[\sigma]}x}$, (2) 50%

第 八 章

8-2 (a) $x_1=2a, y_1=0, x_2=4.5a, y_2=0, x_1=x_2=2a, y_1=y_2, \theta_1=\theta_2$

(b) $x_1=0, y_1=0, x_2=2a, y_2=0, x_1=a, y_1=y_2, \theta_1=\theta_2 x_2=2a, y_2=y_3, \theta_2=\theta_3$

(c) $x=0, y=0; x=l, y=\Delta l_{BC}$

(d) $x=0, y=0; x=l, y=-\frac{ql}{2k}$

8-3 $\theta_A=-\frac{7ql^3}{360EI}(\downarrow)$, $\theta_B=\frac{ql^3}{45EI}(\uparrow)$ $y_{max}=-0.00652\frac{ql^4}{EI}(\downarrow)$

8-4　$y_c=-\dfrac{F_Pa^3}{EI}(\downarrow)$，$y_D=\dfrac{F_Pa^3}{4EI}(\downarrow)$，$\theta_A=\dfrac{F_Pa^3}{3EI}(\uparrow)$

8-5　(a) $\theta_B=\dfrac{ql^3}{24EI}(\uparrow)$，$y_c=-\dfrac{ql^4}{24EI}(\downarrow)$

(b) $\theta_B=\dfrac{-qa^3}{3EI}(\downarrow)$，$y_c=-\dfrac{-11qa^4}{24EI}(\downarrow)$

8-6　(a) $y_c=-\dfrac{-19qa^4}{24EI}(\downarrow)$，$y_D=-\dfrac{7qa^4}{6EI}(\downarrow)$

(b) $y_c=-\dfrac{qa^4}{EI}(\downarrow)$，$y_D=\dfrac{-qa^4}{EI}(\downarrow)$

8-7　(a) $y_c=-\dfrac{qal^2}{24EI}(5l+6a)(\downarrow)$，$\theta_B=\dfrac{5ql^3}{24EI}(\uparrow)$

(b) $y_c=-\dfrac{1}{EI}\left(\dfrac{F_Pa^3}{4}-\dfrac{13qa^4}{48}\right)(\downarrow)$，$\theta_B=-\dfrac{a^2}{48EI}(qa-12F_P)(\downarrow)$

8-8　$F_P=\dfrac{3ql}{4}$

8-9　$y_c=-\dfrac{qa^4}{EI}$ $(\downarrow)$

8-10　工字钢 22a

8-11　$\Delta l=2.28\text{mm}$，$\Delta=7.39\text{mm}$

8-12　选用两个 22a 槽钢

8-13　$F_c=\dfrac{5}{4}F_P$，M_{max}减小 50%，y_B 减小 39%

8-14　$F_c=\dfrac{13F_P}{6}$，$y_A=y_C=\dfrac{10F_Pa^3}{9EI}$

第九章

9-6　(1) $\theta_{+30°}=+60\text{MPa}$，$\tau_{+30°}=+52\text{MPa}$

(2) $\alpha=+60°$，$\tau_\alpha=+52\text{MPa}$；$\alpha=-60°$，$\tau_\alpha=-52\text{MPa}$

9-7　(a)$\sigma_\alpha=35\text{MPa}$，$\tau_\alpha=60.6\text{MPa}$；(b)$\sigma_\alpha=70\text{MPa}$，$\tau_\alpha=0$；

(c)$\sigma_\alpha=62.5\text{MPa}$，$\tau_\alpha=21.6\text{MPa}$；(d)$\sigma_\alpha=-12.5\text{MPa}$，$\tau_\alpha=65\text{MPa}$

9-8　(a) $\sigma_1=57\text{MPa}$，$\sigma_3=-7\text{MPa}$；$\alpha_0=-19°20'$；$\tau_{max}=32\text{MPa}$

(b) $\sigma_1=57\text{MPa}$，$\sigma_3=-7\text{MPa}$，$\alpha_0=19°20'$，$\tau_{max}=32\text{MPa}$

(c) $\sigma_1=25\text{MPa}$，$\sigma_3=-25\text{MPa}$；$\alpha_0=-45°$；$\tau_{max}=25\text{MPa}$

(d) $\sigma_1=11.2\text{MPa}$，$\sigma_3=-71.2\text{MPa}$；$\alpha_0=-37°59'$；$\tau_{max}=41.2\text{MPa}$

(e) $\sigma_1=4.7\text{MPa}$，$\sigma_3=-84.7\text{MPa}$，$\alpha_0=-13°17'$；$\tau_{max}=44.7\text{MPa}$

(f) $\sigma_1=37\text{MPa}$，$\sigma_3=-27\text{MPa}$；$\alpha_0=19°20'$；$\tau_{max}=32\text{MPa}$

9-9　(1) $\sigma_1=150\text{MPa}$，$\sigma_2=75\text{MPa}$；$\tau_{max}=75\text{MPa}$

(2) $\sigma_\alpha=131\text{MPa}$，$\tau_\alpha=-32.5\text{MPa}$

9-10　$\sigma_1=80\text{MPa}$，$\sigma_2=40\text{MPa}$，$\sigma_3=0$

9-11　$\sigma_1=5p$，$\sigma_2=p$，$\sigma_3=0$，$\alpha_0=-60°$（与 AB 面法线夹角）

9-12　(a) $\sigma_1=+51.1\text{MPa}$，$\sigma_2=0$，$\sigma_3=-41.1\text{MPa}$，由水平方向顺时针转 20°18′转到 σ_1 方向，$\tau_{max}=46.1\text{MPa}$；

(b) $\sigma_1=+80\text{MPa}$，$\sigma_2=+50\text{MPa}$，$\sigma_3=-50\text{MPa}$，由水平方向反时针转 45°转到 σ_2 方向，$\tau_{max}=65\text{MPa}$；

(c) $\sigma_1=+57.7\text{MPa}$，$\sigma_2=+50\text{MPa}$，$\sigma_3=-27.7\text{MPa}$，从右方向看，由水平顺时针转34°43′转到 σ_1 方向，$\tau_{max}=42.7\text{MPa}$

9-14 铜柱：$\sigma_1=\sigma_2=-2.47\text{MPa}$，$\sigma_3=-102\text{MPa}$；

钢筒：$\sigma_1=61.8\text{MPa}$，$\sigma_2=0$，$\sigma_3=-2.47\text{MPa}$

9-15 $\alpha=135°$

9-16 $\sigma_x=80\text{MPa}$，$\sigma_y=0$

9-17 (a) $\sigma_{r3}=p$，$\sigma_{r4}=p$ (b) $\sigma_{r3}=\frac{1-2\mu}{1-\mu}p$，$\sigma_{r4}=\frac{1-2\mu}{1-\mu}p$

9-19 $t=14\text{mm}$

9-20 按第三和第四强度理论计算的 t 相同，都等于 $4.68\approx4.7\text{mm}$。

9-21 $\sigma_{r3}=300\text{MPa}=[\sigma]$，$\sigma_{r4}=264\text{MPa}<[\sigma]$，安全。

9-22 $\sigma_{r3}=900\text{MPa}$，$\sigma_{r4}=842.6\text{MPa}$

9-23 $\sigma_{r2}=26.8\text{MPa}<[\sigma]^+$，$\sigma_{rM}=25.7\text{MPa}<[\sigma]^+$，安全。

9-24 $m=125.7\text{N}\cdot\text{m}$

第 十 章

10-1 $\sigma_{max}=9.98\text{MPa}$，$f_{max}=19.8\text{mm}$

10-2 $h=108\text{mm}$，$b=54\text{mm}$

10-3 N030c 工字钢

10-4 $\sigma_{max}=6.75\text{MPa}$，$\sigma_{min}=-6.99\text{MPa}$

10-5 No16 工字钢

10-6 $d=122\text{mm}$

10-7 (1) 最大压应力 0.72MPa；(2) $D=4.16\text{m}$

10-8 $x=5.25\times10^{-3}\text{m}$

10-9 $\sigma_A=-0.193\text{MPa}$，$\sigma_B=-0.0114\text{MPa}$

10-11 $\sigma_1=33.4\text{MPa}$，$\sigma_3=-10\text{MPa}$ $\tau_{max}=21.7\text{MPa}$

10-13 按第三强度理论计算 $d=112\text{mm}$，按第四强度理论计算 $d=111\text{mm}$

10-14 $t=2.7\text{mm}$

10-15 $l=0.545\text{m}$

10-16 $d=60\text{mm}$

10-17 $\sigma_{r3}=84.2\text{MPa}<[\sigma]$，安全

第 十 一 章

11-1 (a) $V_\varepsilon=\frac{2F_p^2l}{\pi Ed^2}$，(b) $V_\varepsilon=\frac{7F_p^2l}{8\pi Ed^2}$

11-2 $V_{\varepsilon a}/V_{\varepsilon b}=\frac{64}{19}$

11-3 $V_\varepsilon=\frac{27F_p^2a}{4EA}$，$\Delta_{By}=\frac{27F_pa}{2EA}$

11-4 (a) $\Delta_{Ay}=\frac{F_pl^3}{3EI}(\downarrow)$，$\Delta_{By}=\frac{4F_pl^3}{81EI}(\downarrow)$，$\theta_A=\frac{F_pl^2}{2EI}$(↻)

(b) $\Delta_{Ay}=\frac{2Ma^2}{EI}(\downarrow)$，$\Delta_{By}=\frac{Ma^2}{2EI}(\downarrow)$，$\theta_A=\frac{2Ma}{EI}$(↻)

11-5 (a) $\Delta_{Ay}=\frac{5F_pa^3}{6EI}$ $(\downarrow)$，$\theta_B=\frac{F_pa^2}{EI}$ (↻)

(b) $\Delta_{Ay}=\frac{Ma^2}{4EI}$ $(\uparrow)$，$\theta_B=\frac{Ma}{2EI}$ (↻)

(c) $\Delta_{Ay}=\dfrac{11ql^4}{24EI}$（↓），$\theta_B=\dfrac{2ql^3}{3EI}$（↺）

(d) $\Delta_{Ay}=\dfrac{2ql^4}{3EI}$（↓），$\theta_B=\dfrac{ql^3}{3EI}$（↻）

(e) $\Delta_{Ay}=\dfrac{qa^4}{2EI}$（↑），$\theta_B=\dfrac{5qa^3}{8EI}$（↻）

(f) $\Delta_{Ay}=\dfrac{7qa^4}{3EI}$（↓），$\theta_B=\dfrac{3qa^3}{2EI}$（↻）

11-6 (a) $\Delta_{By}=\dfrac{Ml^2}{8EI}+\dfrac{F_pl^3}{24EI}$(↓)，$\Delta_{Cy}=\dfrac{Ml^2}{2EI}+\dfrac{5F_pl^3}{48EI}$(↓)，$\theta_C=\dfrac{Ml}{EI}+\dfrac{F_pl^2}{8EI}$(↺)

(b) $\Delta_{By}=\dfrac{F_pl^3}{48EI}$(↓)，$\Delta_{Cy}=0$，$\theta_C=\dfrac{F_pl^2}{16EI}$(↻)

(c) $\Delta_{By}=\dfrac{5ql^4}{384EI}$(↓)，$\Delta_{Cy}=0$，$\theta_C=\dfrac{ql^3}{24EI}$(↻)

(d) $\Delta_{By}=\dfrac{F_pa^3}{48EI}$(↓)，$\Delta_{Cy}=0$，$\theta_C=\dfrac{F_pa^2}{16EI}$(↻)

(e) $w_B=w_C=0$，$\theta_C=\dfrac{Ml}{24EI}$(↻)

(f) $\Delta_{By}=\dfrac{13ql^4}{384EI}$(↓)，$\Delta_{Cy}=0$，$\theta_C=\dfrac{5ql^3}{48EI}$(↻)

(g) $\Delta_{By}=\dfrac{7ql^4}{192EI}$(↓)，$\Delta_{Cy}=\dfrac{41ql^4}{384EI}$(↓)，$\theta_C=\dfrac{7ql^3}{48EI}$(↺)

(h) $\Delta_{By}=\dfrac{5ql^4}{768EI}$(↓)，$\Delta_{Cy}=0$，$\theta_C=\dfrac{7ql^3}{384EI}$(↻)

11-7 $\Delta_{Ax}=\dfrac{6F_pa}{EA}$(←)，$\Delta_{Ay}=\dfrac{F_pa^3}{EI}+\dfrac{18F_pa}{EA}+\dfrac{45\sqrt{5}}{4}\dfrac{F_pa}{E_1A_1}$(↓)

11-8 $\Delta_{Ax}=\dfrac{F_pa^3}{6EI}$(→)，$\Delta_{Ay}=\dfrac{5F_pa^3}{6EI}$(↓)，$\theta_A=\dfrac{F_pa^2}{EI}$(↺)

11-9 $\Delta_{Bx}=\dfrac{2F_pa^3}{3EI}$(→)，$\theta_B=\dfrac{F_pa^2}{6EI}$(↻)

11-10 $\theta_A=\dfrac{qa^3}{2EI}$(↺)，$\Delta_{Bx}=\dfrac{11qa^4}{24EI}$(→)，$\Delta_{Cy}=\dfrac{qa^4}{32EI}$(↓)

11-11 $F_{p2}=\dfrac{F_pa(l_1^2-a^2)}{2l_1l_2(l_1+l_2)}$

第 十 二 章

12-1 $F_{pcr}=19.7\text{kN}$

12-2 $F_{pcr}=400\text{kN}$，$\sigma_{cr}=665\text{MPa}$

12-3 1 杆：$F_{pcr}=2540\text{kN}$，2 杆：$F_{pcr}=4705\text{KN}$，3 杆：$F_{pcr}=4820\text{kN}$

12-4 $n=11.5$

12-5 $n=2.49$

12-6 $n=2.58<n_{st}$，不安全

12-7 $\dfrac{F_p}{\varphi A}=137.4\text{MPa}<[\sigma]$，稳定

12-8 $n=4.33<n_{st}$，安全

12-9 $F_p=509\text{kN}$

12-10 $F_p=25.1\text{kN}$

12-11 $d=97\text{mm}$

12-12 选择两个 16a 槽钢

12-13 横梁 $\sigma_{max}=163MPa$，超出 $[\sigma]$ 的 1.9%，安全；

竖杆 $\varphi A[\sigma]=27kN$，安全

第十三章

13-1 $\sigma_d=\frac{1}{A}\left[F_1+\frac{x}{l}(F_2-F_1)\right]$

13-2 $F_{Nd}=90.6kN$

13-3 $\sigma_{dmax}=\rho gl\left(1+\frac{a}{g}\right)$

13-4 梁中央截面上的最大应力的增量 $\Delta\sigma_{max}=15.6MPa$；

吊索应力的增量 $\Delta\sigma_{max}=2.55MPa$。

13-5 $\Delta l=\frac{\omega^2 l^2}{3EAg}(3P+P_1)$

13-6 $\sigma_{dmax}=12.5MPa$

13-7 $\sigma_{dmax}=107MPa$

13-8 $\tau_{dmax}=20MPa$

13-9 $\sigma_{dmax}=\frac{2Pl}{9W}\left(1+\sqrt{1+\frac{243EIh}{2Pl^3}}\right)$，$\sigma_{\frac{1}{2}}=\frac{23Pl^3}{1296EI}\left(1+\sqrt{1+\frac{243EIh}{2Pl^3}}\right)$

13-10 $\sigma_{dmax}=160MPa$

13-11 $\sigma_{dmax}=134MPa$

13-12 $\sigma_{dmax}=\sqrt{\frac{3EIv^2P}{gaW^2}}$

13-13 $\sigma_{dmax}=16.9MPa$

13-14 $\sigma_{max}=\sigma_{min}=-75.5MPa$，$r=-1$

13-15 $\Delta\sigma=12MPa$，$r=0.957$

13-17 $K_\sigma=1.53$

13-18 $K_\tau=1.19$

附录

1 (a) $S_z=\frac{bh^2}{2}$，$S_y=\frac{hb^2}{2}$；(b) $S_z=-\frac{bh^2}{2}$，$S_y=-\frac{hb^2}{2}$；(c) $S_z=S_y=0$

2 (a) $y_c=102mm$；$z_c=125mm$；(b) $y_c=93.9mm$；$z_c=71.2mm$；(c) $y_c=200mm$；$z_c=50mm$

3 $I_z=162399130.4cm^4$

4 $y_c=383.3mm$；$z_c=600mm$

$I_{yc}=3.0525\times10^{10}mm^4$，$I_{zc}=9.225\times10^9mm^4$

5 $I_y=22635.15m^4$，$I_z=8.74m^4$

6 (a) $I_y=682.7cm^4$，$I_z=10.7cm^4$

(b) $z_c=4cm$，$y_c=3.5cm$；$I_{yc}=234.7cm^4$；$I_{zc}=98.7cm^4$

7 $I_{zc}=58.37\times10^6mm^4$

8 $y_c=100mm$，$z_c=250mm$；$I_{yc}=895833333.4mm^4$；$I_{zc}=52083333.4mm^4$

9 $\alpha_0=17.7°$，$I_{z_0}=26.6\times10^7mm^4$

参 考 文 献

[1] 刘鸿文．材料力学（第4版）．北京：高等教育出版社，2004.
[2] 范钦珊．材料力学．北京：高等教育出版社，2000.
[3] 单辉祖．材料力学．北京：高等教育出版社，1999.
[4] 孙训方，胡增强修订．材料力学（第四版）．北京：高等教育出版社，2002.
[5] 徐道远，黄孟生，朱为玄，王向东．材料力学．南京：河海大学出版社，2001.
[6] 龚志钰，李章政．材料力学．北京：科学出版社，1999.
[7] 张良成．材料力学．北京：中国农业出版社，2003.
[8] 申向东．材料力学．北京：中国水利水电出版社，2005.